Helmut Hubacher
Geschichten à la carte

D1669292

Helmut Hubacher

Geschichten à la carte

Kolumnen und Anekdoten

Vorwort Peter Bichsel

Zytglogge

Alle Rechte vorbehalten
Copyright: Zytglogge Verlag, 2010
Lektorat: Hugo Ramseyer
Korrektorat: Jakob Salzmann, Heinz Schenk
Fotos: Valérie Chételat, Biel
Gestaltung/Satz: Franziska Muster Schenk, Zytglogge Verlag
Druck: fgb · freiburger graphische betriebe
ISBN 978-3-7296-0806-1

Zytglogge Verlag · Schoren 7 · CH-3653 Oberhofen am Thunersee
info@zytglogge.ch · www.zytglogge.ch

Inhalt

ANEKDOTEN

Vorwort

Helmut Hubacher kandidierte einmal als Kampfkandidat für den Basler Regierungsrat. Als er nicht gewählt wurde, hatte ich das Bedürfnis, ihn zu besuchen. Ich fuhr also nach Basel, überlegte mir, was ich ihm alles sagen könnte zum Trost, und traf einen völlig gelassenen Helmut Hubacher, der sich über meinen Besuch freute. Wir setzten uns in die Beiz seiner wunderbaren Frau Gret. Von seiner gestrigen Nichtwahl war keine Rede.

Das habe ich an Helmut immer bewundert, seine Gelassenheit, mit der er sein hartnäckiges Engagement betrieb. Ein entschiedener Linker, einer, der mit den Leidenden mitlitt und für sie vehement kämpfte und dabei nicht die geringste Neigung zum Fanatismus hatte.

Als er später von allen Ämtern zurücktrat und pensioniert wurde, fragte ich ihn, was er nun mache. Ja, er habe da noch einen Pflanzplätz, und da werde er ein bisschen gärtnern, sagte er. Und ich nehme an, dass er das auch getan hat. Und als ich später mal seine wunderbare Frau Gret nach ihm fragte, sagte sie, dass er es jetzt ruhig nehme, im Häuschen im Jura sitze und die Krähen beobachte. Und ich nehme an, dass das auch so war und ist.

Helmut liebt das Leben, liebt die Menschen, lebt gern. Das schützt ihn vor Fanatismus. Ein harter und unerbittlicher Kämpfer, der eine Waffe hatte, die seine Gegner in die Verzweiflung trieb – die Gelassenheit. Ein Basler aus dem Bernbiet. Einer, der die Krähen beobachtet und sein Gärtchen pflegt, ein Candide ohne Resignation.

Nun lese ich seine Kolumnen aus den letzten Jahren: Politik, Politik, Politik, nichts anderes – hartnäckig und immer wieder gescheit, brillant, wissend und weise –, und ich frage mich, wie er das macht, wie ihm dieses Immer-wieder, dieses Und-jetzt-noch-einmal gelingt, und ich entdecke im Hintergund der Texte die Krähen und den Garten und seine gute Gret.

Politik ist ein bitteres Geschäft und führt mitunter in die Verbitterung, in die Resignation. Hier schreibt einer, der das Leben liebt, über das, was ihn das Leben lieben lässt, über eine vorstellbare soziale, solidarische, gerechte Welt, über eine vorstellbare Demokratie, von der er glaubt, dass sie erreichbar sei und dereinst erreicht werde: Brüder zur Sonne, zur Freiheit.

Ich mag es, wenn ich höre, dass jemand einen meiner Freunde lobt. Wenn es um Helmut geht, tut mir das Lob oft weh. All jene Bürgerlichen, die sich darin gefallen, den Sozialdemokraten gute Vorschläge zu machen, kommen nun und erklären, dass der Hubacher damals noch ein hervorragender Präsident war, ein richtiger und vernünftiger Sozialdemokrat und nicht so einer wie die heute. Es sind dieselben Leute, die in ihm damals den Teufel in Person sahen. Die auch davon zu erzählen wussten, dass Hubacher dem Ritschard das Leben schwer mache. Das ist nicht wahr. Aber Hubacher war bei Ritschards Wahl enttäuscht – zu Recht enttäuscht darüber, dass nicht der offizielle Kandidat gewählt wurde.

Ich kannte Willi gut, und ich wusste, dass er unerbittlich nachtragend sein konnte und fast ausnahmslos war. Im Falle Hubacher dauerte das nur sehr kurze Zeit – Hubacher überzeugte ihn, und im Stillen bewunderte er ihn für seinen selbstverständlichen und gradlinigen Sozialismus.

Ich habe Hubacher im letzten Sommer getroffen – Grillparty einer sehr kleinen SP-Sektion. Ein paar gutwillige Leute, die es wieder einmal versuchten, wieder einmal von vorn begannen. Sie luden Helmut Hubacher als Referenten ein, und er kam. Es waren kaum zwanzig Leute. Hubacher ging von Tisch zu Tisch, erzählte und fragte und liess sich befragen. Und er stellte sich vor das Häufchen und referierte über die politischen Themen der Zeit. Genau so, wie er es damals als Präsident der SP Schweiz vor Hunderten getan hatte.

Mit der Rede vor den wenigen hat er wohl nichts verändert an dieser Welt. So wenig wie mit seinen Kolumnen. Aber gesagt ist gesagt, und geschrieben ist geschrieben. Die Arbeit selbst, die politische Arbeit an und für sich, war immer auch das Ziel. Der politische Erfolg war zu erhoffen, die politische Arbeit war zu machen – Engagement und Gelassenheit. Hubachers Zeit als Präsident der SP war für uns damals eine Zeit der Hoffnung – auch uns begann die Arbeit wieder Spass zu machen. Wir verspürten eine Zeit des Aufbruchs, und der Aufbruch gefiel uns, wir waren auf dem Weg. Am Weg kann man nicht resignieren, nur am Ziel, und das Ziel gibt es, es ist aber noch ein bisschen weit – kommt Genossen, wir freuen uns, so lange wir unterwegs sind, am Weg: Brüder zur Sonne, zur Freiheit.

Ich habe vor ihm und nach ihm keinen Ähnlichen getroffen, und jene Bürgerlichen, die ihn heute gnädig loben, ärgern mich. Ich habe mich damals, als sie ihn noch verfluchten, gern mit ihnen gestritten, ich habe Helmut gern verteidigt.

Ich habe seine Kolumnen, die hier gesammelt vorliegen, noch einmal durchgelesen. Ich habe gestaunt, wie viel es zur alltäglichen Politik zu sagen gibt – immer wieder und noch einmal und hartnäckig zu sagen gibt, und ich habe dabei ab und zu das Thema vergessen und mich um so mehr an die Person erinnert, die das schreibt.

So wurde mir das Buch zu so etwas wie einem Selbstportrait – nicht eine Autobiographie, sondern ein Portrait. Hier schaut einer in den Spiegel und spricht mit sich selbst über seine Zeit, über ein Leben, das er liebt und das vordergründig aus nichts anderem besteht als aus Politik und Politik und Politik, und wem es gelingt, durch die Sätze hindurchzusehen, entdeckt das Gärtchen und den Pflanzplätz, und die Krähen und die Gret Hubacher, und die Freundinnen und Freunde – entdeckt einen, der leidenschaftlich gern lebt.

PETER BICHSEL

13

✚ Kolumnen

Signale vom Leuchtturm

S ie war die mächtigste Partei im Land. Während über 100 Jahren. Sie
beherrschte Bundesrat. Parlament, Verwaltung, Armee und Wirtschaft.
Seit 1983 verliert sie konstant Stimmen. Die «NZZ am Sonntag» vom
21.2.2010 ist verzweifelt: «Wäre die FDP ein Mensch aus Fleisch und Blut,
man würde ihr vermutlich eine Psychotherapie verordnen.»

Oje, das tut weh. Was fehlt ihr denn, der Freisinnig-Demokratischen Partei
der Schweiz? Sie leide, lesen wir weiter, «am selbstgerechten Reflex, die Schuld
stets bei den anderen zu suchen». Zudem sei sie «orientierungslos, ohne klare
Positionen und neue Ideen. Sie verwaltet nur noch ihr verblasstes Erbe.»

WAS DIE FREISINNIGEN besonders schmerzen wird: Der Verriss kommt nicht
von links. Nicht vom politischen Gegner. Das Elend mit dieser Partei begann
vor 30 Jahren. Die FDP machte ideologisch rechtsumkehrt: «Weniger Staat,
mehr Freiheit». Auf einmal wurde der Staat zum Feind. Es zählte nur noch
der Markt. Mit den drei Begriffen Deregulieren, Privatisieren, Liberalisieren.
Das war ein Schuss ins eigene linke Bein. Seither hinkt die Partei. Sie ist von
der Blocher-SVP längst rechts überholt worden. Die prügelt den Staat noch
ungenierter. Sie hat ihn ja nie beherrscht. Das schaffte nur die FDP. Und ist
ihm untreu geworden. Damit sich selber.

Die SVP hat die FDP als stärkste Partei abgelöst. Sie hat sich als Bundesratspartei bis heute nicht etabliert. Die SVP funktioniert wie eine Opposition. Ihr Personal ist der Grösse der Idee nicht gewachsen. Das Erfolgsrezept
der Schweiz ist der Ausgleich. Der viel geschmähte Kompromiss. Bei dem
keiner alles bekommt und keiner alles verliert. Der SVP fehlt die Klasse, sich
zugunsten des Ganzen zurückzunehmen. Sie ist als Nummer eins kein
gleichwertiger Ersatz für die FDP. Die SVP ist vor allem gut im Abreissen.
Weniger im Aufbauen.

Der abgemagerte Freisinn ist noch immer in politischer Rücklage. Am
Parteitag vom April 2008 verkündete Präsident Fulvio Pelli die Wende. Zum
einen «bekämpfen wir die Politik der SVP». Zum anderen wäre «die Koalition der Vernunft mit CVP und SP ein Fehler. Unsere Kultur ist anders als

die der anderen Parteien.» Das ist wie das Pfeifen im Wald. Pelli macht sich selber Mut. Als ob seine Partei Politik allein bestimmen würde.

WAS DIE FDP BRAUCHE, sei mehr Disziplin, so der Tessiner. «Öffentlich ausgetragene Diskussionen über Kernthemen werden nicht mehr toleriert.» Basta. Der intellektuelle Ideenwettbewerb jedoch ist für jede Partei ein Muss. Sonst verkalkt sie. Der öffentliche Meinungsstreit zwischen dem konservativen und dem liberalen Lager gehört zur Stärke der FDP. Nicht der Maulkorb.

Pellis Trumpf jedoch ist, so wörtlich, sein «Leuchtturm». Drei davon gibts in der Deutschschweiz. Sie haben alle einen Namen. Und sitzen im Nationalrat. Der FDP-Chef hat sie zu politischen Leuchttürmen ernannt: Johannes Schneider-Ammann sei zuständig für Arbeitsplätze. Christa Markwalder für den nationalen Zusammenhalt. Philipp Müller für den schlanken und bürgernahen Staat. Seit zwei Jahren leuchten sie. Angeblich.

DIE IDEE IST WEIT HERGEHOLT. Leuchttürme passen nicht so richtig zum Binnenland Schweiz. Vom Alpenglühen werden sie eh überstrahlt. Auch gegen die SVP-Fahnenschwinger sind sie chancenlos. Wenn ich mich im Bekanntenkreis umhöre und frage, wer die drei FDP-Leuchttürme kenne, verstehen die nur Bahnhof. Oder meinen, das sei ein Witz. Pellis Leuchttürme erinnern irgendwie an den Osterhasen. Sucht sie, die Eier.

Die FDP hat es schwer. Selbst wenn sie einen mutigen Entscheid fällt, gelingt ihr der Befreiungsschlag nicht. Dabei hat sie einen Salto vorgeturnt, den man ihr nie zugetraut hätte. Die Parteiführung hat den Glauben an das Bankgeheimnis aufgegeben. Banken dürften kein unversteuertes Fluchtgeld mehr annehmen, fordert sie. Noch im Februar schien unvorstellbar, was im März als Antrag für den Parteitag im April vorgelegt wird.

Es ist für jede Partei schwer, sich von einem Tabu zu trennen. Wem das gelingt, Hut ab. Ob verspätet, im richtigen oder falschen Zeitpunkt, das Nein zum jetzigen Bankgeheimnis ist ein bemerkenswerter Entscheid. Hingegen kein kühner Durchbruch. Die FDP gibt auf, was nicht mehr zu halten ist. Das erst noch verspätet. Sozusagen als Nachvollzug in allerletzter Minute. Gegen den die eigene Bankenlobby rebelliert. Wie sollen da Leuchttürme leuchten? *15.3.2010* ✦

Begegnung in Sofia

An der Kasse in einem Haushaltgeschäft in Meran hängt der Spruch «Was wir nicht haben, braucht es nicht». Marketingprofis werden zugeben, der Einfall ist himmlisch gut. Der Bundesrat wäre dankbar, könnte er vom Bankgeheimnis sagen: «Braucht es nicht.» Stattdessen steht er von überall her unter Beschuss. Das Bankgeheimnis ist zum grossen Ärgernis geworden. Bis vor Kurzem war das anders. Bundesräte und Parlamentarier schworen im Chor, das Bankgeheimnis sei nicht verhandelbar. Für sie war es in Granit gemeisselt.

Banker waren happy. Zum Beispiel Robert Studer, Chef der Schweizerischen Bankgesellschaft. Nach der Fusion mit dem Bankverein entstand die UBS. Studer schwärmte 1993: «Wir leben in einem wunderbaren Land. Es kommt nicht von ungefähr, dass uns in der Welt so viel Respekt entgegengebracht wird.» Das waren noch goldene Zeiten. Der damalige Präsident der Deutschen Bundesbank, Otto Pöhl, spottete: «Die Schweiz ist kein Land, die Schweiz ist eine Bank.»

Für den Aufstieg des Finanzplatzes Schweiz gibt es ein Kennwort: Bankgeheimnis. Es steht im Gesetz und bietet Schutz für Steuerhinterzieher. Nur Steuerbetrug ist strafbar. Worin der Unterschied besteht, blieb stets Geschäftsgeheimnis.

STEUERHINTERZIEHUNG WURDE ZUM ERFOLGREICHEN GESCHÄFTSMODELL der Banken. Und das erst noch gesetzlich geschützt. Ausgeschlossen davon sind jene, die ihr Einkommen mit dem Lohnausweis versteuern. Da gibt es kaum etwas zu hinterziehen. Ein paar Franken aus Schwarzarbeit vielleicht. Aber das ist Kleinmist.

Während 85 Prozent der Steuerpflichtigen mit dem Lohnausweis gar nicht «bschissen» können, lohnt sich Steuerhinterziehung für Vermögende. Das erklärt die grosse Zahl ausländischer Steuerflüchtlinge. Insgesamt werden 4000 Milliarden Franken Vermögen bei Schweizer Banken parkiert. Davon 1100 Milliarden Franken aus den EU-Ländern. 80 Prozent sind Schwarzgeld. Macht 880 Milliarden Franken. Ein Viertel davon von Deutschen. 220 Milliarden Franken wurden demnach am deutschen Finanzminister vorbeigeschleust. Kunststück, regt sich der saumässig auf.

Der Finanzplatz Schweiz bietet viele Zehntausend überdurchschnittlich gut bezahlte Arbeitsplätze. Das Steueraufkommen der Banken schenkt in guten Jahren ein. Alle haben profitiert. Wirtschaft und Gesellschaft, Staat und Beschäftigte. Der Szenenwechsel ist entsprechend brutal. Im letzten Jahr hat allein die UBS 12 500 Stellen gestrichen. Davon 2500 in der Schweiz.

Die UBS, man muss immer wieder daran erinnern, stand vor dem Abgrund. Ohne Hilfe von Bund und Nationalbank hätte sie nicht überlebt. Die neue Führung kämpft verzweifelt um das verlorene Vertrauen. Die UBS hat 2009 147 Milliarden Franken an Kundengeldern verloren. 147 000 Millionen Franken sind abgezogen worden. Andere Banken hätte das umgehauen.

Der deutsche Finanzminister Wolfgang Schäuble will «das Bankgeheimnis in Europa abschaffen». Das hat kürzlich auch das EU-Parlament beschlossen. Von links bis rechts. Der Druck nimmt zu.

DER BUNDESRAT IST IM DAUEREINSATZ. Sieben Bundesräten aus fünf Parteien gelingt die Krisenbewältigung nicht mit leichter Hand. Dafür ist das System zu schwerfällig. Zudem ist der Finanzminister mit seinem Schlüsseldepartement der Schwachpunkt. Merz ist kein Stratege. Er beschränkt sich auf den nächsten Schritt. Mal nach vorn, auf die Seite oder rückwärts. Immer mit der gleichen eloquenten Begründung. Es redet ihm fast wie von selber. Merz hat jeweils die Lösung. Nur passt sie nicht immer zum Problem. Dennoch ist der Gesamtbundesrat besser als sein Ruf. Böse Zungen lästern, er sei von den schlechten noch der beste.

Für die Zeit nach dem Bankgeheimnis brauchts neue Ideen. Einsichtige Bankiers haben längst begriffen, für ausländische Kunden hat das Bankgeheimnis ausgedient. Kreative Köpfe im Bundeshaus sind gefragt, daraus die richtigen Schlüsse zu ziehen.

Zum Schluss fällt mir ein Besuch in Bulgarien ein. Das war 1986. Mit einer SP-Delegation. Es gab eine Audienz beim kommunistischen Partei- und Staatschef Todor Schiwkow. «Sie wissen, wir haben ein paar Milliarden Lew auf euren Banken», begrüsste er uns. «Nein, das wissen wir nicht, wir haben das Bankgeheimnis», gab ich zurück. Schiwkow nickte zufrieden: «Das wollte ich hören.» Kompliment des Kommunisten an Kapitalisten. *15.2.2010* ✚

Schweiz: Rückblick und Ausblick

Soeben hat die Credit Suisse wieder ihr neues Sorgenbarometer veröffentlicht. Sorge Nummer eins in diesem Jahr war die Arbeitslosigkeit. 66 Prozent der Schweizer haben Angst, arbeitslos zu werden. Im Wohlstandsland Schweiz sind zwei Drittel der Menschen verunsichert. Machen sich Sorgen um ihre Zukunft. Das ist in vielen Fällen bestimmt unbegründet. Aber Angstgefühle können nicht einfach abgeschminkt werden. Die Wirtschaftskrise schlägt halt aufs Gemüt.

ANGST SCHÜRT ÄNGSTE. Zum Beispiel vor Ausländern, die einem die Stelle wegnehmen könnten. Und die trotz Krise weiterhin zuwandern. Professorale Erklärungen, die Wirtschaft brauche sie, putzen Bedenken nicht einfach weg.

Im Schweizerland herrscht, das zu notieren ist nicht Panikmache, allgemeines Unbehagen. Erfahrungsgemäss macht sich das mal Luft. Diesmal an den Minaretten. 57,5 Prozent stimmten für deren Verbot. Wetten, dass es den meisten gar nicht um diese komischen Bauwerke ging. Eher schon um das Symbol einer unheimlich fremden Glaubenslehre. Der Bauch stimmte mit: «Jetzt reicht es aber!»

Nun stehen wir Schweizerinnen und Schweizer mit dem Vorwurf da, wir seien fremdenfeindlich. Quatsch. 22 Prozent der Bevölkerung sind Ausländer. Das ist europäischer Höchstwert. Und taugt bestimmt nicht als Beweis für Fremdenfeindlichkeit.

Das Thema jedoch, was eine Gesellschaft überhaupt zu verkraften mag, ist tabu. Nehmen wir die 400 000 Muslime in der Schweiz. Sie sind nicht zufällig da. Man hat sie geholt. Die Wirtschaft brauche sie. Sie arbeiten in der Wirtschaft oder in Spitälern zum Beispiel. Wie hatte Max Frisch gesagt? «Wir wollten Arbeitskräfte, und es kamen Menschen.»

Menschen haben und schaffen Probleme. Nicht alle Ausländer sind so, wie wir sie gerne hätten. Sie betreiben Sozialmissbrauch, sind gewalttätig, sind kriminell. Das ist leider so. Für die SVP ist das ein politisches «Fressen». Sie thematisiert nur das Negative. Und macht daraus den politischen Schwerpunkt, Kennwort: «Die Ausländer sind an allem schuld».

Das mühsame Geschäft der Integration interessiert sie nicht, Fraktionschef Caspar Baader dazu: «Es liegt einzig und allein an den Ausländern, sich zu integrieren.» Die Wirtschaft holt sie – mit dem Einverständnis der SVP –, die Gesellschaft hat sie, «nun schaut aber, wie ihr euch bei uns zurechtfindet».

SO GEHTS JA WOHL NICHT. Gefordert sind die drei Bundesratsparteien CVP, FDP, SP. Die aber sind nach dem jüngsten Minarett-Volksentscheid wie betäubt. CVP-Maulheld Darbellay wollte jüdische Friedhöfe verbieten. FDP-Chef Pelli möchte an islamischen Feiertagen nicht mehr schulfrei geben. Und SP-Präsident Levrat glaubt an das gute Beispiel: Asyl für Guantanamo-Häftlinge. Sorry, das wirkt alles recht hilf- und ratlos.

Wenn nichts geschieht, passierts. Dann fährt die SVP den drei Konkurrenten davon. Nach der Abwahl Blochers geriet sie vorübergehend aus dem Tritt. Bereits aber fährt sie erneut auf der Überholspur. Ziel: Ankunft im Bundeshaus 2011. Als Wahlsieger.

Für CVP, FDP, SP geht es nicht gerade um das Überleben. Um das Wie aber schon. Wie wollen sie verhindern, dass die SVP unser Land nicht immer noch mehr in die Isolation drängt? Sind sie willens und fähig, eine Gegenstrategie zum SVP-Crash-Kurs zu entwerfen? Gibt es dafür einen gemeinsamen Nenner? Oder wollen die drei im Alleingang noch stärker zurückfallen?

Nötig wäre jetzt eine Koalition der Vernunft. Im Interesse der Schweiz könnten Mitte-rechts und Mitte-links für einmal das Trennende zurückstellen. Es geht nicht darum, den «Klub zur Harmonie» zu gründen. Es geht darum, Politik nicht auf den Missbrauch durch Ausländer zu beschränken. Wirtschaft, Gesellschaft und Staat sind für die Volkswirtschaft gemeinsam verantwortlich. Volkswirtschaft ist die Wirtschaft für das Volk. Ausländer sind nicht primär Schädlinge, wie die SVP vorgibt, Ausländer müssen integriert werden. Mit einem von FDP, CVP, SP mitgetragenen Integrationsgesetz.

Was für eine Schweiz und wie viele Ausländer wollen wir? Was tolerieren wir, was nicht? Darüber brauchts den offenen Disput. Zuständig dafür ist die Politik. Entscheidend ist nicht das Gutgemeinte, vielmehr das Gutgemachte. Die Koalition der Vernunft darf das Land nicht der SVP über lassen. Zu viel Blocher-Medizin erträgt sie nicht, unsere geliebte Schweiz. *21.12.2009* ✦

Schweizer Hängepartie zwischen Stuhl und Bank

Der Fall der Berliner Mauer am 9. November 1989 ist ein historisches Datum. Er hat das Ende der DDR eingeläutet und damit die Wiedervereinigung Deutschlands ermöglicht. Zum 20. Jahrestag des Mauerfalls gabs am Brandenburger Tor eine Erinnerungsfeier. Vertreten waren die vier Siegermächte im Zweiten Weltkrieg. Auf der Ehrentribüne sassen Staatsgäste aus ganz Europa. Nur keine aus der Schweiz.

ZUM STICHWORT BERLIN herrscht im Bundeshaus verlegenes diplomatisches Schweigen. Die Schweiz «glänzte» durch Abwesenheit, weil sie gar nicht eingeladen war. Dabei hat doch der neue deutsche Aussenminister Guido Westerwelle bei seinem Antrittsbesuch die Schweiz geradezu umarmt. Er warf mit Komplimenten und Liebeserklärungen an die Schweiz nur so um sich. Und dann dies. Einfach ausgeladen. Gesucht wird nach Erklärungen. Die einleuchtendste liegt auf der Hand. Es wurden einfach die EU-Mitgliedstaaten eingeladen. Die Schweiz ist nun mal nicht in der EU. Und wer nicht dabei sein will, gehört halt auch nicht dazu.

Da schleichen in den Bundeshausgängen allerdings noch leichte Zweifel herum. Das Gerücht nämlich, die Einladung an die Schweiz sei irgendwie liegen geblieben. Also vergessen worden. Wie gesagt, das ist ein Gerücht. Was, wenn es denn stimmen sollte? Was wir nicht hoffen, denn das wäre nun wirklich die deprimierendste Version. Die Schweiz vergessen? Wie der Regenschirm von Frau Müller? Das darf doch nicht wahr sein.

Darüber nachdenken, weshalb «wir» in Berlin nicht dabei waren, müssen wir schon. Zumal das bereits beim G-20-Gipfel geschah. Dort gehörte die Schweiz mit ihrem Finanzplatz dazu. Statt der Einladung kam sie auf die schwarze Liste. Als Angeklagte der wichtigsten Industriestaaten. Grund: das Bankgeheimnis.

Dass Länder, die selber Dreck am Stecken haben, mitgemacht haben, stört uns. Anderseits schleckt es keine Geiss weg, das Bankgeheimnis wurde zum Ärgernis weltweit. Dazu fiel dem Bundesrat immer nur das eine ein: Das Bankgeheimnis sei nicht verhandelbar.

Der Bundesrat machte das Bankgeheimnis zu seiner Sache. Damit solidarisierte er sich mit den Banken. Er übernahm sozusagen ihr Geschäftsmodell: Steuerbetrug. Schweizer Gross- und Privatbanken haben sich auf reiche Kunden spezialisiert, die ihnen ihr Geld anvertrauten. Nicht einfach so, sondern in der Absicht, das steuerfrei tun zu können. Genau das wurde garantiert. Steuerflüchtlinge aus allen Kontinenten haben ihren Staat um die Steuern betrogen. Dank dem vom Schweizer Staat patentierten Bankgeheimnis. Die schwarze Liste der G-20-Länder war das Signal: «Uns reichts!»

BUNDESPRÄSIDENT HANS-RUDOLF MERZ wollte das viel zu lange nicht wahrhaben. «Merz flog als einsamer Feuerlöscher in die Welt hinaus und versuchte, alle Bedrohungen mit seinem Grinsen zu verscheuchen» («Der Spiegel», Ausgabe vom 16. November 2009). Despektierlicher ist ein Bundesrat kaum einmal blossgestellt worden. Der Respekt vor der Schweiz ist schon mal grösser gewesen.

Wenn der Ruf der Schweiz so schlecht ist, weshalb hat denn zum Beispiel die Uno ihren Zweitsitz ausgerechnet in Genf? Im Verbund mit der Weltorganisation WHO, dem Internationalen Arbeitsamt und vielen anderen Institutionen. Das sind die Früchte einer guten Politik aus früheren Zeiten.

NACH DEM ERSTEN WELTKRIEG hallte der Ruf «Nie wieder Krieg!» durch Europa. Es war die Sehnsucht nach Frieden. Alle Hoffnungen wurden in den Völkerbund gesetzt, Vorläufer der heutigen Uno. Der Völkerbund scheiterte dann an Hitler-Deutschland. Aber die Idee, eine Völker verbindende Organisation zu schaffen, war vom Bundesrat aufgenommen und engagiert vertreten worden.

In einem Aufruf vom 11. Mai 1920 an das Volk hiess es, internationale Solidarität sei der «vornehmste Daseinszweck» der Schweiz. Die gerechte Sache auf dieser Welt sei auch unsere Angelegenheit. Was dem Menschheitsinteresse diene, «liegt auch in der Linie der schweizerischen Politik».

Bundesrat Giuseppe Motta war der erste Präsident des Völkerbunds. Genf wurde als Sitzort bestimmt. Sonst wäre die Uno nicht dort. Das war und ist die Schweiz ohne Bankgeheimnis. Übrigens: Die Bankiervereinigung will ein neues Geschäftsmodell: «Wir müssen uns auf Steuerehrlichkeit fokussieren.» Vielleicht kriegen wir die Kurve doch noch. Und befreien uns aus der Hängepartie zwischen Stuhl und Bank. *23.11.2009* ✢

Weiter so? Um Himmels willen

Der Bundesrat ist wieder komplett. Neues Klubmitglied wird Didier Burkhalter. Ob er den Job ordentlich machen wird, wissen wir in etwa zwei Jahren. Vorläufig gilt er als Hoffnungsträger. Wie immer: ohne Gewähr. Burkhalter möchte den Teamgeist festigen. Sachkonflikte seien dort auszutragen, wo sie hingehören: an den Sitzungen. Nicht auf dem Bundesplatz. «Die Zeit» ist zweifellos Deutschlands führende Wochenzeitung. Mit dem hochkarätigen Verleger-Berater Helmut Schmidt, alt Bundeskanzler. Kürzlich erschien von Adolf Muschg eine brillante Auslegeordnung zum «Fall Schweiz». Muschg ist auf der Spurensuche, weshalb sie ein Opfer der UBS wurde. Er deckt auf, nicht zu.

VOR EINEM JAHR rannte das UBS-Führungsduo ums Überleben der grössten Schweizer Bank. Mitte Oktober, an einem Sonntag, schlug es im Bundeshaus Alarm. Man traute seinen Augen nicht, so verzweifelt waren die sonst so mächtigen Herren. Ohne Soforthilfe drohe der Bank das Aus, so ihre Fürbitte. Sie hatten sich im globalen Kasino verspekuliert. Nun standen sie nackt als Bettelstudenten da. Der Bundesrat organisierte mit der Nationalbank eine beispiellose Rettungsaktion. Risikoeinlage: 66 Milliarden Franken. 66 000 Millionen!

Der Einsatz der Nationalbank betrug 60 Milliarden Franken. Heute sind es noch 28 Milliarden. Der Bund hat seine UBS-Aktien gar mit Gewinn veräussert. Fest steht: Ohne Staat gäbe es die UBS nicht mehr.

Die staatliche Hilfe für ein einzelnes Unternehmen wirft Fragen auf. Die Schweiz sei erpresst worden, sagt Muschg. Die Garantie des Bankgeheimnisses habe sie zum Komplizen der UBS gemacht. Mit fatalen Folgen. Hinter dieser Schweigemauer entstand die Mentalität der Banker, alles sei erlaubt. Gewinn um jeden Preis also.

Als sich die UBS-Manager verzockt und damit die Bank in eine nie für möglich gehaltene Notlage gebracht hatten, gabs nur eine Alternative, meint Muschg: «Der Bürger soll eine Bank, an der ihm nichts gehört, als seine eigene betrachten, wenn sie Pleite macht.»

Mitgegangen, mitgehangen, sagt man. Der Staat war erpressbar geworden. Er musste die UBS retten. Er hat zu lange toleriert, dass fremde Staaten um ihre Steuern betrogen wurden. Zweitens: Die Bank vor die Hunde gehen zu lassen, hätte die Volkswirtschaft mehr gekostet als das Rettungspaket. Faktisch war der Staat in Geiselhaft der UBS. Die 66 Milliarden sind wohl das Lösegeld gewesen.

WIE KONNTE ES SO WEIT KOMMEN? 1995 proklamierten die mächtigsten Konzernbosse mit ihren Ökonomen den politischen Kurswechsel. Die Operation hiess «Mut zum Aufbruch». Alles Öffentliche sollte privatisiert werden: SBB, Post, Swisscom, Stromversorgung, Schulen, Spitäler, Radio, Fernsehen und so fort. Daraus werde ein «schlanker Staat» entstehen. Gemeint war weniger Sozialstaat. Noch mehr Macht für die schon Mächtigen.

Im Bundeshaus gabs dafür (zu) viele politische Fürsprecher, denen das neoliberale Glaubensbekenntnis gefiel. Die Stimmberechtigten hingegen widerstanden den Verlockungen, wo immer sie zu entscheiden hatten. Stets lehnten sie die Privatisierung kommunaler Werke ab. Dennoch hat der Versuch, unser ganzes Leben zu vermarkten und zu verkommerzialisieren, einen hohen Preis gefordert. Ohne Blessuren sind wir nicht davongekommen. Ob daraus die richtigen Lehren gezogen werden? Wir werdens sehen.

In diesem Land will praktisch niemand die Allmacht des Staates. Das Gegenteil allerdings auch nicht: die Ohnmacht des Staates. In der Eidgenossenschaft gefragt war immer der Mittelweg. Das Gleichgewicht zwischen Staat, Wirtschaft, Gesellschaft, privaten und öffentlichen Interessen. Die Balance zwischen Selbstverantwortung, so viel wie möglich, und öffentlicher Sozialpolitik, so viel wie nötig. Dieser Mix bewirkte eine einmalige politische Stabilität und soziale Solidarität. Da gibts keinen Sankt Markt als Säulenheiligen der Nation.

DAS NEOLIBERALE REZEPT ist brutal. Jene, die ihre Millionenboni kassierten, forderten: Gürtel enger schnallen. Auf Dauer geht das nicht. Wir notieren denn auch lustvoll den grösstmöglichen Misserfolg. Die Fastpleite der UBS ist dafür Beweis genug. Die neoliberale Reform nach rückwärts ist demaskiert worden. Dennoch weiter so? Um Himmels willen, nein. Nötig ist mehr soziale Wärme statt Kälte.

Noch etwas: Bonne chance, Didier Burkhalter! *28.9.2009* ✤

Böses Erwachen

Mal angenommen, das Bundeshaus wäre eine Kirche. Dann hätten die Glocken läuten müssen. Im Gedenken an das von vermögenden Steuerflüchtlingen innig geliebte Bankgeheimnis. Es ist nach langer Leidenszeit gleichwohl unerwartet plötzlich von uns gegangen. Die zahlreichen Hinterbliebenen verschmerzen den schweren Verlust mit unschuldiger Opfermiene. Vermischt mit Krokodilstränen. Was eigentlich ist passiert?

Bundespräsident Merz erschien mit den Kolleginnen Calmy-Rey und Widmer-Schlumpf zur Pressekonferenz. Das Grossaufgebot verriet Aussergewöhnliches. Die drei rapportierten über den Abwehrkampf der UBS in den USA. Ein Sieg lag von Anfang an ausser Reichweite. Für den Bundesrat ist ein erfolgreicher Rückzug das bestmögliche Ergebnis. Damit ist die UBS gerettet worden. Das Bankgeheimnis hingegen blieb auf der Strecke. Noch vor Kurzem wäre das undenkbar gewesen. Ein indianisches Sprichwort lautet: «Wenn du merkst, dass du ein totes Pferd reitest, steig ab».

Der St. Galler Bankier Konrad Hummler ist Präsident des Verbands der Privatbanken. Also ein wichtiger Mann. Er reise nicht mehr in die USA, hat er kürzlich dem «SonntagsBlick» anvertraut. «Weil ich keine Lust habe, in einer Zelle am Kennedy-Airport die Nacht zu verbringen.» Hört, hört, der grosse Bankier befürchtet eine Verhaftung. Das gar nicht zu Unrecht. Erinnern wir uns an Martin Liechti. Er wurde letztes Jahr in Miami während vier Monaten unter Hausarrest festgehalten. Liechti gehörte damals zur erweiterten Konzernleitung der UBS.

Die USA bleiben für die UBS trotz alledem der wichtigste Heimmarkt. Diese beschäftigt «drüben» mehr Personal als im eigenen Land. Vor acht Jahren kams zur Wende. Washington diktierte harte Bandagen. Das Bankgeheimnis dürfe für amerikanische Kunden nicht zur Steuerhinterziehung missbraucht werden. Die UBS-Oberen gaben dafür ihre Unterschrift. Nicht jedoch das Ehrenwort. Sie machten wie bisher weiter. Steuerhinterziehung sei ein Gentleman-Delikt, hiess es. Nur Steuerbetrug werde bestraft. Die Herrschaften hatten übersehen, dass man in Washington diese raffinierte

Nuance nie akzeptiert hatte. Steuerhinterziehung und Steuerbetrug seien Hans was Heiri.

Dann kams zum Beinbruch. Bradley Birkenfeld, UBS-Kadermann in New York, hatte «gesungen». Und lieferte der US-Steuerbehörde beigenweise Unterlagen. Die erhob gegen die UBS Anklage. Das Bankgeheimnis müsse für alle 52 000 US-Kunden aufgehoben werden. Andernfalls drohte Lizenzentzug. Geschäftsverbot also.

DIE UBS BRAUCHTE HILFE VOM STAAT. Vom Bundesrat mit seinen Diplomaten und Juristen. Die handelten einen Vergleich aus. Damit war ein jahrelanger Prozess vom Tisch. Ebenso die befürchtete Milliardenbusse. Statt für 52 000 muss das Bankgeheimnis «nur» noch für 4450 US-Kunden preisgegeben werden. Das seien Steuerbetrüger. Wer sagt das? Die Kontrolleure der UBS. «Damit ist das Bankgeheimnis dahin», so die «NZZ am Sonntag».

Privatbankier Hummler serviert schärfste Kost wie Schoggimousse. Mit unverschämtem Charme. «Wer nicht Steuern hinterzieht, ist dumm», sagt er einfach so dahin. Deutschland sei ein «Unrechtsstaat», deshalb müsse man deutschen Steuerflüchtlingen «Asyl» gewähren. Sie handelten aus «Notwehr». Das war die Begründung, um deutsche Millionäre vor ihrem Fiskus zu schützen. Mit dem Bankgeheimnis. «Made in Switzerland». Und da wunderten sich die Herren über den Grobian im Berliner Finanzministerium.

Vor 25 Jahren stimmten wir über die SP-Bankeninitiative ab. Missbräuche mit dem Bankgeheimnis sollten abgestellt werden. Dafür gab es 77 Prozent Nein-Stimmen. Die Schweizerische Bankiervereinigung brachte es mit einem Inserat auf den Punkt: «Das Bankgeheimnis ist Teil unserer Demokratie.» Ein Kleinstaat wie die Schweiz müsse sich mit allen Mitteln gegen die Grossen und Mächtigen dieser Welt zu behaupten versuchen. Dazu gehörte das Bankgeheimnis, sagten sie. Das fanden sie mehr oder weniger in Ordnung.

Fazit: Zufällig ist die UBS – oder muss es heissen: war? – bei der Vermögensverwaltung nicht die Nummer 1 der Welt. Das Bankgeheimnis sorgte für reiche Kunden. Die UBS-Herren selber mussten sie nun verraten. Um ihre Haut zu retten. Steuerbetrug ist kein Geschäftsmodell mehr.

Die Schweizer Banken müssen umdenken. Ihre grösste Herausforderung: Erfolg zu haben ohne Steuerflüchtlinge. Zuerst mal gabs im Bundeshaus und in den Chefetagen ein böses Erwachen. *7.9.2009* ✚

Die Wüste lebt

Eigenlob stinkt bekanntlich. Doch hat auch Bescheidenheit ihre Grenzen. Schweizerinnen und Schweizer sind nun mal im Allgemeinen tüchtige Leute. Die Summe ihres Könnens erkennen wir am Wohlstand, um den uns andere beneiden. Dass die Wirtschaft eines rohstoffarmen Landes in der Weltliga mithält, ist kein Zufall. Das geht nur mit einem arbeitsamen Volk. Und in Sachen Demokratie soll uns keiner etwas vorsingen wollen. Mehr Volksrechte als bei uns gibts in keinem anderen Staat. Alles paletti also? Schön wärs.

GÜNTER GRASS SAGT, Politik sei eine Schnecke. Sie könnte unser Wappentier sein. Wo radikale Reformen nötig wären, hapert es im Bundeshaus. Schneckentempo hat dort Vorfahrt. Kaum einmal sorgen die gewählten Volksvertreter für ein Aha-Erlebnis. Für einen kühnen Wurf. Und wenn ausnahmsweise dennoch, sagt das Stimmvolk im Zweifelsfall eher Nein. So sind wir halt. Wenns um die Wirtschaft, ums Geschäft geht, sind wir offensiv. Politisch eher defensiv konservativ.

Nehmen wir als Beispiel den Gewässerschutz. Aus der Vergangenheit sollte man lernen. Womit wir beim Thema wären.

Ich erinnere mich, als ob es gestern gewesen wäre. Unsere Familie machte 1966 in Ruvigliana bei Lugano Ferien. Um im Lago di Lugano zu baden. Eine Affiche verdarb uns den Spass: «Baden verboten!» So sah es aus damals. Die Meldungen über verschmutzte Seen und Flüsse gehörten zum Alltag. Das Fischsterben ebenso. Die Gewässer litten an Sauerstoffmangel. Als Ursache für diese «Sauerei» wurde Phosphat in Waschmitteln ausgemacht. Jede Hausfrau kannte damals den Klassiker: «Persil wäscht weisse Wäsche weisser».

Die Politik tat sich schwer mit einem Phosphatverbot. Sie brauchte Jahre dafür. Man hätte meinen können, es würde nie mehr saubere Wäsche geben. Heute sind wir klüger. Es geht auch ohne Phosphat. Und wie gut. Das kleine Opfer hat unsere Gewässer gerettet. Ihre Sanierung schritt auf einmal zügig voran. Bis heute dürften gegen 25 Milliarden Franken in den Gewässerschutz investiert worden sein. Eine imposante Aufholjagd.

DER KAMPF UM SAUBERES WASSER löste einen innovativen Schub aus. Die Schweiz entdeckte den Umweltschutz. Die Erkenntnis setzte sich durch, es gibt in einer kaputten Umwelt, in einer zerstörten Natur keine erfolgreiche Wirtschaft und keine gesunde Gesellschaft. Wir wurden ein Pionierland für Umwelttechnologie. Speziell bei den Solarzellen. David Stickelberger vom Fachverband für Sonnenenergie muss heute zurückbuchstabieren: «Beim Solarstrom hat die Schweiz ihre einstige Führungsrolle längst preisgegeben.»

Was ist passiert? Im September 2000 gabs den Rückschlag. Wir stimmten über drei Vorlagen zur Förderung der Sonnenenergie ab. Alle drei Varianten wurden bachab geschickt. Darüber triumphierten Economiesuisse, FDP, SVP und Atomlobby. Damit sei der Heimmarkt für Solarzellen kaputt gemacht worden, so der Fachverband. «Viele Firmen gaben auf und fehlen uns heute.»

Einmal mehr hat sich die Schweiz selber geschlagen. Aus dem Vorsprung ist ein Rückstand geworden. Die Sieger vom September 2000 schwören auf die Atomenergie. Drei neue AKW sollen gebaut werden. Solarstrom sei ein Nischenprodukt im Zweiprozentbereich. Stimmt nicht, erklärt Robert Kröni von der Firma Edisun Power, Zürich: «Deutschland verbaut an einem Werktag so viele Solarzellen wie die Schweiz in einem Jahr.» 2008 seien weitere 1500 Megawatt Solarstrom ans Netz gegangen. Das entspricht der Kapazität vom AKW Leibstadt.

UND NUN DAS. Zwölf Konzerne unter Führung der Münchner Rückversicherung – grösster Rückversicherer Europas – planen Solarkraftwerke in der Sahara für 400 Milliarden Euro. «Noch vor Kurzem wäre man dafür belächelt worden», kommentiert das deutsche «Handelsblatt». Siemens-Chef Peter Löscher erklärt, wie der Strom von Afrika nach Europa transportiert werden soll: «Auf Stromautobahnen.» So wie Siemens schon 1874 unter dem Atlantik Amerika und Europa mit Telefonkabeln verbunden habe, werde auch das Sahara-Projekt gelingen. Europa soll 2050 15 Prozent seines Stroms aus Afrika beziehen.

Noch etwas. Im Oktober geht eine weitere Windkraftanlage in der Nordsee ans Netz. Strom für 50 000 deutsche Haushalte. Das ist nur der Anfang. Von unseren Politikern darf man eines verlangen: das Denken nicht der Atomlobby zu überlassen. Die Wüste lebt. Und der Wind weht. *3.8.2009* ✦

Pascal Couchepin: mehr respektiert als geliebt

Pascal Couchepins Rücktritt aus dem Bundesrat macht eines klar: Moritz Leuenberger will als Dienstältester bis zu den Wahlen 2011 weitermachen. Sonst müsste er jetzt auch aufhören. Das wäre für die FDP und SP das absolute Wunschticket gewesen.

Bei Umfragen landete der Walliser regelmässig auf dem hintersten Platz. Wieso eigentlich? Couchepin ist ein Machtpolitiker. Und er zeigt es auch. Er inszeniert sich am liebsten selber. Als Syndic von Martigny liess er das Hôtel de Ville, sein kleines Elysée, nachts beleuchten. Dazu passt: «Ich bin der festen Meinung, dass sich die Staatsmacht von Zeit zu Zeit in ihrem vollen Glanz zeigen sollte.»

Couchepin ist zweimal Bundespräsident gewesen. Das war seine Lieblingsrolle. Da konnte er sein zweifellos vorhandenes staatsmännisches Format ausspielen: auf den vielen Auslandreisen zu den Grossen der Welt. Er hat wie keiner sonst die Schweiz selbstbewusst repräsentiert. Couchepin liebt nicht nur den bedeutenden Auftritt, er liebt auch sein Land. Der unverkennbare Hang zur grossen Geste wird hierzulande gerne als unnötiger Kult kritisiert. Man hats lieber etwas bescheidener.

Die spürbare Verliebtheit ins Pompöse verrät: Seine Lieblingsbeschäftigung ist nicht das Bearbeiten von Dossiers, Berichten, Akten. Couchepin reagiert eigentlich erst auf politischen Druck. Er sucht die Probleme nicht, sie werden ihm aufgedrängt. Er denkt wohl, man soll schlafende Hunde nicht wecken.

Couchepin verfügt über viel Verhandlungsgeschick. Zuerst provoziert er, löst Aufregung aus, um dann zu Lösungen vorzustossen. Das ist die eine Methode. Die andere: Er bringt Beteiligte zusammen. Wie bei der Personenfreizügigkeit mit der EU. SP und Gewerkschaften drohten mit dem Nein. Offene Grenzen brächten Lohndumping, so die Angst. Ausländische Billigarbeiter würden die schweizerischen Löhne nach unten drücken. Als Wirtschaftsminister war ihm das Abkommen mit damals noch 15 EU-Staaten ein erstrangiges Anliegen. Also nahm er die Wirtschaft in die Pflicht. Ihre Vertreter sagten Ja zu flankierenden Massnahmen gegen Lohndumping. So brachte er die Linke ins Boot.

1993, bei der Wahl von Ruth Dreifuss in den Bundesrat, demonstrierte Couchepin Mut und Stärke. Die bürgerliche Rechte hatte Vreni Spoerry, damals noch Nationalrätin, als Kampfkandidatin aufgestellt. Couchepin ging als Präsident der FDP-Fraktion ans Rednerpult. Und votierte für Ruth Dreifuss, für die Konkordanz, gegen seine Parteikollegin Vreni Spoerry. Das muss zuerst mal einer nachmachen.

COUCHEPIN IST AUCH EIN SCHLITZOHR. Ein Zivildienst für Dienstverweigerer wurde während Jahrzehnten von den Bürgerlichen abgelehnt. 1990 gab es wieder einmal einen Anlauf. Nationalrat Couchepin leitete die vorbereitende Kommission. Und eröffnete die Sitzung so: «Ich denke, in 20 Minuten sind wir fertig. Es ist jetzt Zeit für einen Zivildienst.» So ists gelaufen. SVP-Nationalrat Fritz Hari, ein Bauer aus dem Berner Oberland, kam gerade nach Sitzungsschluss. Zuerst hatte er die Kühe melken müssen, Couchepin gab ihm den Tarif durch. Hari parierte: «Ich bin Train-Oberst, habe Dienstverweigerer immer bekämpft, aber wenn du sagst, es sei Zeit für einen Zivildienst, mache ich mit.» Couchepin liess ihm keine andere Wahl.

Nun ist wahr, der Demissionär hinterlässt Baustellen. Bei den Krankenkassen, der Invalidenversicherung, der AHV. Im September stimmen wir über die Zusatzfinanzierung der verschuldeten Invalidenversicherung ab. Vor drei Jahren hatte Couchepin eine grosszügigere Sanierungsvorlage vorgelegt. Aus mir noch immer unerfindlichen Gründen wurde sie von der unheiligen SVP-SP-Allianz torpediert. Um heute die Empörten zu mimen, der Sozialminister habe versagt.

Die Krankenkassenprämien sind für Couchepin ein trübes Kapitel. Er hat sie auf Kosten von Reserven der Kassen künstlich tief gehalten. Für 2010 folgt nun die Quittung. Couchepin stolperte über den gelegentlichen Leichtsinn, Probleme schlittern zu lassen.

Christoph Blochers Kurzaufenthalt im Bundesrat hat mit Couchepin zu tun. Keiner hat ihn so hart drangenommen wie er. Er rechnete mit Blochers Demokratiedefizit, mit seinen, so wörtlich, «Duce»-Allüren gnadenlos ab. Couchepin war Blochers härtester Gegenspieler.

Fazit: Couchepin ist ein widersprüchlicher, begnadeter, umstrittener Politiker. Er wird mehr respektiert als geliebt. Sein Buch «Ich liebe die Politik» ist eine faszinierende Lektüre. Mit ihm verlässt der stärkste Politiker den Bundesrat. Eigentlich halt doch schade. *15.6.2009* ✦

Gehts eigentlich noch?

Wir hocken tief in der Tinte. Noch vor gar nicht langer Zeit dümpelte die Konjunktur ordentlich vor sich hin. Der Himmel hing nicht nur voller Satelliten, auch voller Geigen. Einspruch, höre ich, derart himmlische Zeiten habe es niemals gegeben. Einverstanden. Sagen wir einfach, unsere kleine Alltagswelt sei einigermassen in Ordnung gewesen.

Im letzten Herbst fegte die globale Finanz- und Wirtschaftskrise «made in USA» auch über die Schweiz hinweg. Sie traf uns unvorbereitet. Die grösste Bank des Landes ist für uns zur grössten Last geworden. Das unternehmerische Verlustrisiko wurde auf den Staat und die Nationalbank abgewälzt. Die für die Notlage Verantwortlichen sind untergetaucht. Damit ebenfalls ihre Verantwortung, für die sie ja ihre Millionensaläre kassiert haben. Keiner nimmt sie mehr wahr, seine Verantwortung.

Der einst höchste Politiker des Landes ist zum Banker abgestiegen. Es ist schon ungewöhnlich, wie sich Ex-Bundesrat Kaspar Villiger als neuer UBS-Verwaltungsratspräsident zurechtfindet. Der Rollentausch vom Staatsmann zum Bank-Ideologen bereitet ihm kaum Probleme. Auf einmal degradiert er Politiker zu Laien, die sich bitte nicht einmischen sollen. Villiger wörtlich im «Blick»: «Die Profis wissen schon, was zu tun ist.» Die Profis, das sind die, die uns in den Schlamassel geritten haben. Mein Gott, Kaspar. Warum tun Sie sich das an?

IN DER FINANZBRANCHE herrschten schon immer raue Sitten. Ich blende 25 Jahre zurück. Der Mann, um den es geht, leitet die Filiale einer Grossbank in Kleinbasel. Nennen wir ihn Hans Meier. Er habe, vernahm ich von ihm, den Umsatz stets gesteigert. Letztes Jahr um neun Prozent. Gemeint war 1983. Das sei zugleich die Messlatte für das laufende Geschäftsjahr geworden. So gehe das nun schon seit Jahren. Verlangt werde immer mehr, mehr als im Vorjahr. Dieser Leistungsdruck mache ihn zunehmend fertig. Ihn plagten Herz- und Schlafstörungen, auch Angstzustände, gestand Meier. Er komme sich wie ein Hamster im Rad vor. Der renne und renne und komme doch nie ins Ziel. Er schaffe und schaffe, seinen Vorgesetzten sei das nie genug.

Hans Meier konsultierte seinen Hausarzt. Der nahm ihm die Beichte ab. Und stellte ihn dann vor eine brutale Wahl. Wörtlich: «Herr Meier, wenn Sie krepieren wollen, dann machen Sie so weiter. Möchten Sie weiterleben, müssen Sie aufhören.» Die Schocktherapie wirkte. Meier zog die Notbremse und stieg vorzeitig aus. Als Opfer des Wachstums.

WER MEINT, DOPING SEI EINZIG im Radrennsport ein Problem, der liegt falsch. Es existiert auch in der Wirtschaft. Der globale Konkurrenzdruck überträgt sich auch auf unsere Arbeitswelt. Auch hier wird immer mehr verlangt. Um den Anforderungen zu genügen, wird gedopt. Mit leistungsfördernden Pillen oder Drogen. Anders schaffen es viele nicht – das Wachstum.

Typisch für unsere wachstumsgestörte Wahrnehmung war die «Tagesschau» vom vergangenen 19. Mai. Es wurde über «dramatische Einbrüche» bei den Hotelübernachtungen berichtet. Gemäss den Prognosen für 2009 sollen sie auf 35 Millionen zurückgehen. Im Vorjahr waren es 37 Millionen gewesen. Mich dünkt, für ein Krisenjahr seien diese Prognosen gar nicht so schlecht. Schauen wir auf 2003 zurück, wirds noch besser. Damals wurden in der Schweiz 32 Millionen Übernachtungen gebucht. Verglichen damit, gäbe es nicht den geringsten Grund zum Jammern. Aber nein, dieses Jahr sollen es etwas weniger Übernachtungen sein als 2008. Das allein genügt schon für «düstere Sommerprognosen», so auch die «Neue Zürcher Zeitung». Ohne Wachstum ist offenbar alles nichts. Das ist krank.

In dieser Illustrierten hat der Amerikaner Thomas Friedman, Kolumnist der «New York Times», die Krise als «Herzinfarkt des bestehenden Systems» bezeichnet. Jedes Jahr mehr Wachstum haben zu wollen, ende tödlich: «Der voll auf Wachstum ausgerichtete Kapitalismus hat immer mehr natürliche Ressourcen vernichtet.» Auf Dauer, so Friedman, halte Mutter Erde diesen Wachstumswahn nicht aus. In einer kaputten Umwelt und zerstörten Natur gebe es auch keine gesunde Wirtschaft mehr. Schon gar kein Wachstum.

DIE KLEINE SCHWEIZ wird die Erde nicht retten. Das ist noch lange kein Grund, nichts lernen zu wollen. Genau darauf würde es hinauslaufen: zu glauben, «die Profis wissen schon, was zu machen ist». Wir sollen, statt umzudenken, den Bankrotteuren unsere Zukunft anvertrauen? Gehts eigentlich noch? *25.5.2009* ✢

Es geht um die Wurst

Die Frage, ob die Schweiz nicht doch der Europäischen Union beitreten sollte, kommt immer wieder auf. Wer sich bei den Leuten umhört, verliert allfällige Illusionen. Sieben von zehn sind dagegen. Auf absehbare Zeit jedenfalls. Für sie gibt es Unabhängigkeit, Freiheit, direkte Demokratie nur ohne EU. Lassen wir das mal so stehen.

Nun können auch hartgesottenste Gegner eines nicht bestreiten: Die EU existiert. Und wie! Sie ist mit Abstand unser wichtigster Handelspartner. Um keine Zweifel aufkommen zu lassen: Die EU ist für die Schweizer Wirtschaft die Nummer eins. Denn wenn es ums Geschäft geht, sind wir pragmatisch. Geschäftstüchtig eben. Eine feste Beziehung mit der EU aber, so etwas wie eine politische Vernunftehe, verstiesse nach Meinung der Gegner gegen unsere Unabhängigkeit. Dass die Schweiz hingegen mit ihr ein «Verhältnis» hat – dagegen haben sie wenig bis nichts einzuwenden. Nehmen wir auch das einfach zur Kenntnis.

IN DER POLITIK gibt es nicht einfach schwarz auf weiss. Politik ist farbig, hat Zwischentöne. Das soll heissen, ein Zustand ist nicht statisch, sondern verändert sich fortwährend. Die Beziehungen zur EU sind ein ständiger Prozess. Politik soll nicht nur verwalten, vielmehr gestalten, soll neue Möglichkeiten prüfen und dafür offen sein. Wenn die EU-Gegner recht haben sollten, wäre die Schweiz so unabhängig, dass es unabhängiger gar nicht mehr ginge. Darüber mache ich mir Gedanken. Ich möchte an einem einfachen Beispiel darlegen, was ich meine.

SEIT LANGEM IMPORTIERT die hiesige Fleischwirtschaft Rinderdärme aus Brasilien. Es gibt keine besseren für unsere Volkswurst, den Cervelat (in Basel sagen wir «Klöpfer»). Därmen von Rindern aus der Schweiz fehlt das gewisse Etwas. Sie sind für den Cervelat schlicht unbrauchbar. Dieser ist ein kulinarischer Hit. Im letzten Jahr wurden sage und schreibe 160 Millionen Stück konsumiert. Das schafft keine andere Wurst. Auch nicht die berühmte und köstliche Bratwurst aus St. Gallen.

Im Frühjahr 2006 hat die EU-Kommission in Brüssel einen auch für die Schweiz folgenschweren Entscheid gefällt. Sie verbot die Einfuhr von Rinderdärmen aus Brasilien. Aus gesundheitlichen Gründen, wie es hiess. Brasilianische Därme könnten BSE-verseucht sein, vorsichtshalber müsse auf sie verzichtet werden. BSE wütete in Europa, weniger in Brasilien. Das Einfuhrverbot hat deshalb einen leicht handelspolitischen Beigeschmack. Könnte es sein, dass ein südamerikanischer Konkurrent aus dem EU-Markt vertrieben wurde? Ganz ausschliessen würde ich den Verdacht nicht.

WAS HAT DIESES EINFUHRVERBOT mit uns zu tun? Das ist doch Sache der EU und nicht die der Schweiz? Denkste! «Bern» hat im «autonomen Nachvollzug», so der Bundeshaus-Jargon, mit «Brüssel» gleichgezogen. Statt «autonom» sollte es heissen: «der automatische Nachvollzug». Die Schweiz macht in solchen Fällen praktisch immer, was die EU vorgibt.

Vom Importverbot am härtesten betroffen ist unser Cervelat. Der fühlt sich nur in der feinen südamerikanischen Haut wohl. Ersatz in der Schweiz gibt es nicht. Eine Zeit lang hatten die Metzger genug Därme auf Vorrat. Vorübergehend wurde Ersatz in Paraguay gefunden. Die Grillparty 2009 ist gerettet. Auf Dauer könne auf Brasilien nicht verzichtet werden, sagen die Metzger. Ständerat Rolf Büttiker hat als Präsident des Schweizer Fleischverbands bei der EU interveniert. Bisher erfolglos.

DIE SCHWEIZ LIEGT nun mal in Europa, mit oder ohne EU. Unsere Wirtschaft ist mit diesem Europa vernetzt, mit oder ohne EU. Die Macht des Faktischen ist die reale Wirklichkeit. Auf dem heimischen Feldweg kommen wir nicht an der EU vorbei. Wenn Bundesrat und Parlament neue Gesetze beraten oder bestehende revidieren, ist ein Punkt wichtig: Sie müssen EU-kompatibel sein. Nicht weil uns das «Brüssel» diktiert. Wir haben gar keine andere Wahl. Die Wirtschaft ist global vernetzt und im EU-Verbund fest integriert. Daraus entsteht Partnerschaft, aber halt auch Abhängigkeit. Es ist störend, dass die Schweiz am Laufmeter fremdes EU-Recht übernimmt und nichts dazu zu sagen hat. Um es auf den Punkt zu bringen: Die Schweiz kann nicht einmal gegen den Willen der EU Rinderdärme aus Brasilien einführen.

Die Frage sei erlaubt: Wie unabhängig ist sie wirklich? *24.4.2009* ✦

Das Kapital ist scharf auf Nullen

Der Kellner fragte den Gast, ob er noch einen Wunsch habe. «Ja, bringen Sie mir Geld, ich will zahlen.»

Genau gleich bedienen sich die Banken. Sie wollen Geld vom Staat, um ihre Schulden zu bezahlen. Angefangen hat das in Amerika. Einst solide und renommierte Geldhäuser überleben nur noch mit Milliardenspritzen vom Staat. Finanzielle Schwindsucht ist offenbar ansteckend. Sie hat sich wie eine Seuche über die ganze Welt verbreitet. Regierungen von links bis rechts riskieren viele Hundert Milliarden Franken, um Banken zu retten. Die globale Finanzkrise ist dennoch ausgebrochen. Und zwar in einem Ausmass, wie es sie seit dem Kriegsende nicht gegeben hat.

KORYPHÄEN UND ANDERE Kompetente sind bemüht, Rezepte zur Überwindung der Finanzkrise zu finden. Aber das «Kochbuch», in dem man nachschlagen könnte, gibt es nicht. Es herrscht vielmehr allgemeine Ratlosigkeit. Den Beweis dafür lieferte das World Economic Forum in Davos von Ende Januar. Immerhin reisten 40 Regierungs- und Staatschefs, 36 Finanzminister, 3 Bundesräte sowie jede Menge Unternehmer, Wissenschafter und Politiker nach Davos. Insgesamt trafen sich dort 2500 Leute mit meist prominenten Namen. Das ist schon mal eine beeindruckende logistische Leistung. Wenig imposant hingegen ist das, was herausgeschaut hat. Es sind halt zu viele am WEF erschienen, die den Schlamassel mitzuverantworten haben. Von denen hätte man das Einfachste erwarten dürfen. Reue nämlich. Nicht einer hat sich für das, was sie angerichtet haben, entschuldigt.

SEIT DREISSIG JAHREN werden wir politisch drangsaliert. Ausgehend von den USA schwappte die Heilslehre über England nach Europa herüber. Ich meine die neoliberale Glaubenslehre. Die politische Rechte verliebte sich auch bei uns in diese Ideologie. Sie will weniger Staat und mehr Freiheit. Konkret heisst das, gewünscht wird ein schwacher Staat, dafür viel Markt mit starker Konzernmacht. Lukas Mühlemann, damals Boss von Credit Suisse, ernannte sich zum Sprecher der Marktfundis. Er träumte von der Impotenz des Staates.

Auf Teufel komm raus sollte privatisiert werden: SBB, Post, Swisscom, Spitäler, Kantonalbanken, Schulen, Radio und Fernsehen. «Lasst uns einfach machen, wir können das besser», posaunte er ins politische Horn. Dann stürzte er ab. Als Swissair-Verwaltungsrat. Seither hören wir vom Bruchpiloten keinen Pieps mehr.

«LASST UNS EINFACH MACHEN» versteht sich als Freibrief. Alles ist erlaubt, was rentiert. Das Kapital ist scharf auf Nullen. Je mehr, desto lieber. Nach dem Milliardenrausch herrscht jetzt Katzenjammer. Der geprügelte und verpönte Staat soll für die Milliardenpleite der neoliberalen Hasardeure aufkommen. Der Staat sind wir, die Steuerzahler. Das ist nicht alles. Die globale Finanzkrise bringt nun auch die Wirtschaft in Not. Die Angst vor Arbeitslosigkeit geht um. Das haben wir denen zu verdanken, die alles besser gewusst haben wollen.

VOR 52 JAHREN machte Ludwig Erhard, deutscher Wirtschaftsminister, Furore mit dem Buch «Wohlstand für alle». Machbar sei das mit der sozialen Marktwirtschaft. Sie basiere auf der Einsicht: so viel Markt wie möglich und so viel öffentliche Aufsicht wie nötig. Marktwirtschaft brauche Spielregeln, erklärte Ludwig Erhard. Sonst gerate die soziale Komponente unter die Räder. Dann ginge es zu wie im Wilden Westen. Jeder mache, was er wolle. Das wäre dann, so der Deutsche, das Regime der Stärkeren und Mächtigeren. Heute wissen wir, das geht weder im Strassenverkehr noch in einer humanen Gesellschaft.

US-PRÄSIDENT OBAMA setzt Zeichen. Bankmanager, die Staatshilfe brauchen, sollen höchstens 500 000 Dollar verdienen. Boni werden gestrichen. Etwas anderes verstünden die Menschen nicht, so der Präsident. Die zweite gute Nachricht kommt aus Biel. Nick Hayek vom Swatch-Konzern macht Mut: «Wir haben vier, fünf gute Jahre hinter uns. Wenn nun der Umsatz zurückgeht und wir weniger verdienen, ist das für uns keine Krise. Und schon gar kein Grund, Leute zu entlassen.» Für Neoliberale tönt das ungewohnt. Für uns wie Musik. *9.2.2009* ✦

Die eitlen Selbstgerechten

Eine Lehrerin schilderte mir ihr Dilemma. Sie kam mit einem Buben kaum mehr zurecht. Als er sich erneut unmöglich aufführte, rutschte ihr die Hand aus. Zum ersten Mal in 35 Jahren verpasste sie einem Schüler eine Ohrfeige.

Sie meldete den Vorfall sofort der Rektorin. Die machte nicht viel Federlesen: «Du weisst, dass man das nicht tut. Aber ich habe mit dir noch nie Probleme gehabt. Also ziehen wir einen Strich darunter.» Dem sage ich souveräne Personalführung.

In einem solchen Fall sind offenbar häufig die Eltern das grössere Problem. Oft seien sie schnell bereit, ein grosses «Geschiss» zu veranstalten. Und gar mit dem Anwalt zu drohen. Item. Die Lehrerin sprach mit der Mutter. Die wollte wissen, was ihr Bub angestellt habe. «Ich hätte ihm zwei Ohrfeigen gegeben», quittierte sie den Fall. Sie ist Russin.

Das ist doch vielen unter uns auch schon passiert. Man fühlt sich beleidigt, ohnmächtig über die erlittene Erniedrigung. Dann meldet sich die innere Stimme mit der bösen Versuchung: «Am liebsten würde ich mal dreinhauen.»

IN EINER ÄHNLICHEN SITUATION muss sich Massimo Busacca befunden haben. Er ist der zurzeit berühmteste Fussball-Schiedsrichter der Schweiz. Am vergangenen 19. September pfiff er den Cupmatch Baden gegen die Berner Young Boys. Schon beim Einlaufen, also noch vor Spielbeginn, wurde Busacca angepöbelt. Die Schwachköpfe schrien «Arschloch» oder «Idiot». Das ungefähr war ihr Wortschatz. Er habe sich, so Busacca, noch nie so erniedrigt gefühlt. Und reagierte mit dem ausgestreckten Mittelfinger. Die Deutschen sagen dem «Stinkefinger». Im Fussballtempel herrschte Bestürzung.

Urs Meier ist Obmann der Schiedsrichter. Er weilte über dieses Wochenende in Köln. Von dort aus kommentierte er in der Fernseh-«Sportschau» den angeblich gravierenden Vorfall. Er hoffe, Busaccas Karriere werde damit nicht «zunichtegemacht. Aber die Szene wird Konsequenzen haben.»

Aufgeregte und wichtigtuerische Herren beim Fussballverband doppelten nach. Sie spekulierten, ob der Schiedsrichter auch für internationale Spiele gesperrt werde. Sie taten das mit blasser Miene, als ob sie gerade von einer Beerdigung gekommen wären.

DER AUSGESTRECKTE MITTELFINGER löste folglich grosse Worte aus. Busacca fasste drei Spielsperren. Was hatte er eigentlich verbrochen? Er reagierte wie ein Mensch. Nur ist er halt Schiedsrichter. Der sollte nach Meinung der Selbstgerechten wohl unfehlbar sein.

Der Weltverband Fifa, also Sepp Blatter, bewies Stil. Er teilte dem Tessiner den wichtigen WM-Qualifikationsmatch Russland gegen Deutschland zu. Das war ein demonstrativer Vertrauensbeweis für Busacca. Zugleich eine «Ohrfeige» für die eitlen Fussballgewaltigen.

Der Schiedsrichter ist eine Reizfigur. Mein Schwiegervater war ein friedfertiger Mensch. Beim Match im alten Basler Joggeli-Stadion gabs spätestens in der 75. Minute «Mais». Mit den Umstehenden. Auslöser war stets der Schiedsrichter. Ich hatte lange nicht einmal geahnt, dass mein Schwiegervater sich so erhitzen konnte. Auf dem Heimweg war er munter und entspannt. Er hatte Dampf abgelassen.

Massimo Busacca ist nicht nur ein sehr guter Schiedsrichter, er beweist auch Sozialkompetenz. Er ist sich beispielsweise nicht zu schade, mal ein Spiel von Junioren oder Sträflingen zu pfeifen.

2008 leitete er den Final in der Champions League: Manchester United gegen Barcelona. Die beiden Starfussballer Ronaldo und Messi bedankten sich bei ihm mit einer ungewöhnlichen Geste. Sie schenkten Busacca ihre Trikots. Das ist noch nicht manchem Schiedsrichter passiert.

Und nun dies. Der internationale Verband für Fussball-Geschichte hat kürzlich Massimo Busacca zum weltbesten Schiedsrichter gewählt. Ein paar Herren stehen derzeit in schäbigen Kleidern da. Die kleine Schwäche Busaccas musste unbedingt an die grosse Glocke gehängt werden. Da hat die eingangs erwähnte Rektorin vorgemacht, was Klasse ist.

WIR SIND JA IN VIELEM GUT. Als tüchtig berühmt. Frauen und Männer. Gelegentlich sind wir wohl zu kleinlich. Könnten kleine Vergehen gelassener angehen. Ohne grosses Getue. Ein Italiener hat uns auf seine Art durchschaut: «In Italien ist ein Zug, der 15 Minuten verspätet ist, noch pünktlich. In der Schweiz werden die Leute schon bei einer Minute Verspätung nervös.»

22.12.2008 ✣

Schein und Sein

Davos gleicht immer im Januar einer belagerten Stadt. Seit über dreissig Jahren findet dann das World Economic Forum (Wef) statt. In den letzten Jahren mit viel Polizei- und Armeeschutz. Die Zufahrten auf der Schiene und Strasse werden kontrolliert, das Kongresszentrum wird beschützt, Strassenpatrouillen sind unterwegs. Armee-Helikopter überwachen den Luftraum rund um die Uhr. Das kostet den Kanton Graubünden und den Bund jedes Mal einige Millionen Franken. Das Wef sei zu wichtig, heisst es, um ein Sicherheitsrisiko eingehen zu dürfen. Auf einmal gibt es dazu Fragezeichen.

Das Wef ist eine private Veranstaltung mit viel Öffentlichkeit. Es steht im Zentrum der Medienwelt. Angefangen hat Klaus Schwab 1971 mit dem Managersymposium. Daraus ist das Wef geworden. Die Reichen und Mächtigen aus Politik und Wirtschaft reisen ans Wef – und zwar aus der ganzen Welt. Während Tagen werden die Probleme der Welt diskutiert, sagt Klaus Schwab. Es gehe um den Weltfrieden, den Klimawandel, um mehr Gerechtigkeit im Kampf gegen Hunger und Armut. Um Fragen der Menschheit, um deren Zukunft.

Der Anspruch des Wef ist hoch. Klaus Schwab ist gelungen, was kein anderer erreicht hat. Amtierende und ehemalige Staatschefs, Regierungspräsidenten, Minister, Konzernbosse und andere Wirtschaftsgrössen kommen zu Hunderten nach Davos. Oft auch ein US-Präsident a. D. Der Eintrittspreis ist exorbitant hoch. Damit bleiben «Gewöhnliche» ausgeschlossen. Man ist im exklusiven Nobelklub unter sich. Die Auserlesenen seien dafür beseelt vom «Geist von Davos», schwärmt Klaus Schwab. Das heisst vom guten Willen, Gutes zu tun. Das gelinge im gediegenen privaten Rahmen vielfach besser als am Verhandlungstisch. Der Wef-Gründer sieht sich als globalen Wohltäter. Das tönt doch sehr nach froher Weihnachtsbotschaft. Halt im Januar statt im Dezember. Irgendwie zu schön, um wahr zu sein. Das sieht überraschenderweise Klaus Schwab ähnlich.

Damit das nicht vergessen geht: Für Mitglieder des Bundesrates ist ein Besuch des Wef beinahe schon Pflichtprogramm. So wie die 1.-August-Rede.

In den Januartagen begegnet man deshalb mehr Bundesräten in Davos als im Bundeshaus.

Nicolas Hayek ist der grösste Uhrenhersteller der Welt. Er würde zum Wef passen. Hayek fällt jedoch immer wieder aus dem Rahmen. Auch als Arbeitgeber. Von den zehn grössten Konzernen der Schweiz beschäftigt Hayek noch als Einziger über 50 Prozent des Personals im eigenen Land. Bei den anderen sind es im Durchschnitt gerade noch 8 Prozent. Ans Wef geht Hayek nicht. Vor bald drei Jahren hat er im «Blick» erklärt, warum nicht: «Die Oberflächlichkeit der Menschen, die sich an den immer wieder gleichen gesellschaftlichen Anlässen treffen, ist für mich ebenso sinnlos wie die Eitelkeit des Wef-Treffens, wo jeder zeigen will, dass er der Grösste und Schönste sei. Denn wissen Sie: Von einigen wenigen Ausnahmen abgesehen wird am Wef bloss heisse Luft kommuniziert.»

Nicolas Hayek lässt Klaus Schwab alt aussehen. Der «Uhrenmacher» hat da seine Grundsätze, der Wef-Mann surft hingegen mit dem Zeitgeist. So viel Opportunismus ist unappetitlich. Klaus Schwab passt sich an. Die Banker sind am Boden. Sie haben Wirtschaft und Gesellschaft mit ihrem Finanz-Kasino rund um die Welt in die Krise gestürzt. Nun tritt er die einst verehrten, erfolgreichen und mächtigen Banken-Chefs mit Füssen. Jede «Puffmutter» kennt das eiserne Gesetz: Kein Wort über einen Kunden dringt nach aussen. Das ist im ältesten Gewerbe der Welt absolute Ehrensache. Was aber macht der Wef-Verantwortliche? Auf einmal werden seine Banker an den öffentlichen Pranger gestellt. Als liederliche Kerle, die in Davos nur das Amüsement gesucht hätten. Die von einer Party zur anderen gerutscht seien. Wörtlich: «Die Partys haben nach und nach überhandgenommen.» Plötzlich empört sich Klaus Schwab über seine vergnügungssüchtigen Wef-Teilnehmer. Das ist peinlich. Peinlich für ihn. Man «scheisst» nicht ins eigene Nest. So will es das ungeschriebene Gesetz des Anstands. Das ist nun das Problem des Klaus Schwab. Er muss schauen, wie er mit sich ins Reine kommt. Ungestraft hat er wohl «seine» Banker nicht blossgestellt.

Wir haben mit dem Wef-King ein anderes Problem. Warum werden ihm viele Hunderte Polizisten und Soldaten auf Kosten der Steuerzahler zur Verfügung gestellt? Damit seine Partyboys ungeniert feiern können? Sind die dafür budgetierten Millionen noch zu verantworten? Wo Schein und Sein in Schwabs Privatklub kaum mehr zu trennen sind, haftet doch nicht der Staat. Man wird doch noch fragen dürfen. *24.11.2008* ✛

Dreimal ein Hoch auf die Schweiz

Albert Einstein sagte: «Im Falle eines Atomkriegs gehe ich in die Schweiz. Dort findet alles zwanzig Jahre später statt.» Wie ist das zu verstehen? Politik funktioniert bei uns nach dem Prinzip der Langsamkeit: Im Zweifelsfall sei spät besser als zu früh. Das war so beim Uno-Beitritt. Genf ist nach New York nun schon seit 60 Jahren Uno-Zweitsitz. Das ist für die Schweiz ein unschätzbares Privileg. Die halbe Welt beneidet uns darum. Gleichwohl verging ein halbes Jahrhundert, bis die Schweiz endlich Uno-Mitglied wurde. Es ist höchste Zeit gewesen. Nur noch gut ein halbes Dutzend Zwergstaaten dieser Welt sind nicht in der Uno.

Das Frauenstimmrecht ist ein anderes Beispiel für Albert Einsteins These. Unser Land hinkte im europäischen Umzug als Schlusslicht hinterher. 1971 schliesslich wurden die Frauen politisch gleichgestellt. 22 Jahre danach war Ruth Dreifuss noch immer die einzige Frau im Bundesrat. Und nun dies. Auf einmal ging alles ganz schnell. Auf einmal sind wir weit vorne dabei. Das ist schon eine erstaunliche Entwicklung.

Nach dem langen Anlauf gelang ein grosser Sprung. Seit diesem Jahr haben wir drei Frauen im Bundesrat. Der vierte Mann, Hans-Rudolf Merz, ist krankheitshalber ausser Dienst. Sein Departement wird interimistisch von der Justizministerin geführt. Vorübergehend sind demnach vier von sieben Departementen in Frauenhand. Endlich regieren die Töchter von Mutter Helvetia das Land. Mit guten Noten. Nach der letzten Umfrage belegen die drei Bundesrätinnen die ersten Plätze. Das sind Momentaufnahmen, sicher. Entscheidendes jedoch hat sich getan: Das Vaterland ist im Mutterland angekommen.

Im Februar 1991 fand im Nationalratsaal eine Frauensession statt. CVP-Ständerätin Josi Meier aus Luzern sagte mit sieben Worten alles: «Die Frau gehört ins Haus. Ins Bundeshaus!» Heute sind die Frauen im Bundesrat ein starkes Team zu dritt. Wir nehmen das hin, als ob es schon immer so gewesen wäre. Die Schweiz ist gar nicht so konservativ, wie wir oft selber meinen.

Wer sind diese Frauen? Fangen wir mit Eveline Widmer-Schlumpf an. Über das Drum und Dran ihrer Wahl wurde alles gesagt. Bleiben wir also beim Frust der SVP-Oberen. Die Ex-Parteifreundin treibt die Herren zur puren Verzweiflung. Sie macht eine exzellente Arbeit. Ihr Vorgänger ist als Justizminister bereits in Vergessenheit geraten. Kaum jemand behauptet noch, er sei unersetzlich geblieben. In der grössten Finanzkrise führt Widmer-Schlumpf nebenbei noch das Finanzdepartement. Wie sie letzte Woche das Rettungspaket für die UBS präsentierte, war beeindruckend. Die Frau ist kompetent, bis auf die Knochen sachlich, sie arbeitet angenehm unaufgeregt. Schon geistert durch die SVP-Reihen die vorwurfsvolle Frage, warum sie überhaupt aus der Partei ausgeschlossen worden sei. Die dafür Verantwortlichen sind wortkarg geworden. Sie spüren, mit dieser Frau könnte die Partei punkten. Eveline Widmer-Schlumpf wäre eine gute SVP-Bundesrätin. Nun ist sie es halt trotzdem.

Doris Leuthard ist das Kontrastprogramm zur Bündnerin. Die CVP-Frau hat viel Zuversicht in den Genen. Die Strahlefrau geht auf die Leute zu und kommt gut an. Zurzeit ist sie der Darling der Nation. Ob die Leistung als Wirtschaftsministerin dem guten Ruf entspricht, ist schwer zu beurteilen. Nicht zuletzt deshalb, weil in der Schweiz Wirtschaft Sache der Wirtschaft ist. So haben es uns in den zurückliegenden Jahren die neoliberalen Konzernchefs bis zum Gehtnichtmehr doziert. Nun lehnen sie sich an Doris an. Ernüchtert rufen sie nach dem Staat. Mit der gleichen Anmassung, wie sie ihn vor die Türe stellten, fordern sie nun seine Hilfe. Das wird Leuthards Bewährungsprobe. Man darf durchaus optimistisch sein.

Bleibt Micheline Calmy-Rey. Die mit dem Lächeln. Fröhlich ist das nicht. Oft verdeckt es eisige Kälte. Sie ist dafür eine gute Aussenministerin. Calmy-Rey hat Aussenpolitik zum innenpolitischen Thema gemacht. Das ärgert die politische Rechte. Die Genferin steht unter Dauerbeschuss. Sie habe zum Beispiel in Uganda mit dem Rebellenführer, einem «Terroristen», verhandelt. Das sei unverzeihlich. Wer Frieden wolle, müsse mit dem Feind reden, gibt Calmy-Rey zurück. Nur so kam der Waffenstillstand zwischen Regierung und Rebellen zustande.

Russland und Georgien haben ihre Beziehungen eingefroren. Moskau hat die Schweiz ersucht, seine Interessen in Tiflis wahrzunehmen. Michelines Kritiker sind vorerst verstummt. Dass die kleine Schweiz das grosse Russland in Georgien vertritt, ist denn doch des Guten zu viel.

Was bleibt? Dreimal ein Hoch auf die Schweiz und ihre drei starken Frauen.

20.10.2008 ✚

Keiner will es

Acht Verteidigungsminister habe ich im Bundeshaus erlebt. Drei würde ich für diensttauglich erklären: Nello Celio, Kaspar Villiger, Adolf Ogi. Samuel Schmid ist keine Ausnahme.

Das VBS, Departement für Verteidigung, Bevölkerungsschutz und Sport, hiess bis 1995 EMD, Eidgenössisches Militärdepartement.

Ob VBS oder EMD, es war und ist das ungeliebteste aller Departemente. Kaum einer übernahm es freiwillig. Norm ist, der zuletzt Gewählte muss dranglauben. Um es so schnell wie möglich wieder loszuwerden. Von 1980 bis 2000 zum Beispiel hatten wir fünf Verteidigungsminister. Das ergibt eine durchschnittliche Dienstzeit von gerade noch vier Jahren. 2001 wurde Samuel Schmid zum Bundesrat gewählt. Als Neuer landete er im VBS. Nach den Wahlen 2003 hätte er gerne ins Justizdepartement gewechselt, musste jedoch Christoph Blocher den Vortritt lassen. Jetzt ist Schmid Rekordhalter. In den letzten vier Jahrzehnten war keiner länger beim Militär als er.

Nello Celio erzählte mir mal, wie er als Bundesrat das EMD führte. Ein Korpskommandant forderte öffentlich einen «Friedensgeneral». Celio handelte sofort. Er kommandierte die sieben Korpskommandanten zu sich: «Meine Herren, es ist die Rede von einem Friedensgeneral. Der Friedensgeneral bin ich, Chef EMD. Diskussion geschlossen!» Das war der Unterschied zu Schmid.

Celio wechselte nach drei Jahren ins Finanzdepartement. «Meinst du, ich sei von Lugano nach Bern gekommen, um mich jeden Tag im EMD grün und blau zu ärgern», kokettierte er beim selbst gekochten Risotto. «Mit Rotwein», wie er betonte. Celio sperrte den Kredit für die vom EMD beantragten US-Kampfflugzeuge Corsair. Mit der Begründung, «wir brauchen keine Grossmachtarmee im Taschenformat». Der Tessiner Bundesrat regierte souverän. Schmid reagiert. Meistens zu spät.

Kaspar Villiger brauchte einen neuen Generalstabschef, heute Armeechef. Wie stümperhaft Schmid das Dossier Nef vergeigte, wissen wir. Nun darf er im zweiten Anlauf nachholen, was er nicht kann. Sofern er nicht doch aufgibt. Villiger holte mit Arthur Liener einen unbequemen Vordenker. Der auch als höchster Offizier immer zuerst Bürger und Demokrat war. «Genau so einen brauchen wir», betonte Villiger. Mit Liener gelang ihm ein Volltreffer. Unfähige, ob Oberst oder Divisionär, hatten unter ihm nichts zu lachen. Liener ist in meinen 34 Jahren als Nationalrat der beste Generalstabschef gewesen.

Georges-André Chevallaz war ein erfolgloser Finanzminister. Er verlor jede Abstimmung. Zweimal zum Beispiel beim Versuch, die Mehrwertsteuer einzuführen. Nach einer Abstimmung stellt sich der zuständige Bundesrat den Medien. Wenn er wieder verloren habe, solle er wenigstens eine ernste Miene machen und nicht doof lächeln, ermahnten ihn seine Kollegen. So ist das eben im Kollegialsystem.

Chevallaz wurde ins EMD strafversetzt. Er blieb auch dort überfordert. Für die Beschaffung von 420 Leopard-Panzern beantragte er einen Kredit von 4,5 Milliarden Franken. Fast eine Milliarde zu viel, wie wir in der Militärkommission nachweisen konnten. Sonst schaute Chevallaz die Schweiz am liebsten von oben im Helikopter an. Nach drei Jahren gab er auf. Für ihn folgte sein Lausanner Spezi Pascal Delamuraz. Der musste die versalzene Leopardsuppe auslöffeln. Auch er hielt es im EMD nur drei Jahre aus.

1987 wählte die Bundesversammlung Arnold Koller in den Bundesrat. Zugeteilt wurde ihm natürlich das EMD. Koller sollte neue Kampfflugzeuge beschaffen. Im Rennen waren vier Typen: F-16, F/A-18, Mirage, Gripen. Die beiden letzten schieden aus. Die zwei Amerikaner F-16 und F/A-18 waren Favoriten. Damit waren Höchstpreise garantiert. Denn eine echte Konkurrenz gab es nicht mehr. Die beiden US-Lieferanten taten sich gegenseitig nicht weh. Koller blieb zwei Jahre. Der Bruchpilot wurde ein guter Justizminister. Sein Nachfolger entschied sich dann für den F/A-18. 100 Millionen Franken das Stück.

Das EMD/VBS hat entweder einen Chef auf Abruf oder einen, der zum Bleiben verknurrt wurde. Damit haben die Militärs das Sagen. Besonders ausgeprägt war das unter Bundesrat Rudolf Gnägi. Sein Generalstabschef Jörg Zumstein war der starke Mann. Hinter dem Rücken von Bundesrat und Parlament organisierte und finanzierte er eine illegale «Geheimarmee». Zumstein war ein «Putschgeneral». Das fand eine parlamentarische Untersuchungskommission heraus.

Fazit: Samuel Schmid ist bei Weitem nicht der einzige Versager als Verteidigungsminister. Im Gegenteil, er ist in «guter» Gesellschaft. *15.9.2008* ✦

45

Warum immer wir?

Es ist nicht wegzudiskutieren: Die unteren Lohnkategorien haben prozentual weniger Cash zur Verfügung als noch vor zehn Jahren.» Das sagte nicht etwa ein Gewerkschafter, sondern Thomas Schmidheiny. Der Name steht für eine mächtige Unternehmerdynastie. Drei Brüder übernahmen das Wirtschaftsimperium von Vater Max Schmidheiny und bauten es aus. Thomas Schmidheiny war bis vor Kurzem Chef der Holcim Holding, zweitgrösster Zementkonzern der Welt. Das von ihm Zitierte ist brisant: Die kleinen Leute unserer Gesellschaft – sie machen die grosse Mehrheit aus – haben lohnmässig rückwärtsgemacht. Sie haben Kaufkraft eingebüsst. Die Teuerung wurde ihnen über längere Zeit nicht voll ausgeglichen. Mit dem Lohn können sie sich nicht mehr gleich viel leisten wie früher.

Hat sich der kürzlich verstorbene Schriftsteller Solschenizyn also getäuscht? Für ihn war das System der schweizerischen Demokratie vorbildlich. «Es gehört weltweit zum Besten, was ich kenne», fügte er hinzu. International verglichen gehört die Schweiz in der Länderrangliste zur Spitzengruppe. Allerdings war sie schon besser klassiert gewesen. Während Jahrzehnten war sie punkto politischer Stabilität und sozialer Solidität unschlagbar. Der soziale Ausgleich zwischen oben und unten funktionierte. Am besten bei der AHV. Heute hätte sie so im Bundeshaus keine Chance mehr.

Hans-Jochen Vogel war deutscher Justizminister und SPD-Vorsitzender als Nachfolger von Willy Brandt. Wir trafen uns in Basel. Um die deutsche Altersvorsorge mit unserer AHV zu vergleichen. Vogel kam aus dem Staunen nicht heraus. Die Renten der beiden Systeme differieren zwar, aber Welten liegen nicht dazwischen. Bei der Finanzierung schon. Bei uns zahlen Arbeitgeber und Arbeitnehmer je 4,2 Prozent vom vollen Lohn an die AHV. Macht zusammen 8,4 Prozent. In Deutschland sind es 19,3 Prozent. Bei nicht «wahnsinnig» unterschiedlichen Renten. «Wie ist das möglich?», fragte ein verblüffter Hans-Jochen Vogel.

Rechnen wir den Lohn eines Konzernchefs mit fünf Millionen Franken. Das soll es ja geben. Davon zahlen er und die Firma 5 × 84 000 Franken = 420 000 Franken in die AHV-Ausgleichskasse. Pro Jahr! Würde er 65, bekäme er heute die Maximalrente von 3315 Franken. Die gibt es ab etwa 80 000 Franken Jahreseinkommen. Wer mehr verdient, bekommt dennoch nicht mehr Rente. Er zahlt nur mehr. Sehr viel mehr.

In Deutschland ist die Altersvorsorge nicht für alle obligatorisch. Beitragspflichtig sind nur Monatseinkommen bis 5200 Euro. Was darüber liegt, ist beitragsfrei. Der Konzernchef bezahlte deshalb nicht wie bei uns 420 000 Franken, sondern nur 20 000 Franken. Grossverdiener leisten keinen Solidaritätszuschlag. Das erklärt die 19,3 Prozent. Weil Gutverdiener entlastet sind, zahlen alle anderen mehr.

Unsere AHV feiert dieses Jahr ihr 60. Dienstjubiläum. Happy Birthday! So viel sozialen Ausgleich gab es vorher nie. Und seither nie mehr.

Die AHV ist nach dem Zweiten Weltkrieg als Gemeinschaftswerk 1948 geschaffen worden. Die damals mächtige FDP hatte mit der SP und den Gewerkschaften einen historischen Kompromiss geschlossen. Der freisinnige Bundesrat Walter Stampfli war dabei sogar federführend. Er vertrat den für Reiche teuren Finanzausgleich vor dem Parlament und bei der Abstimmung vor dem Volk. Heute wäre das undenkbar. Bundesrat Hans-Rudolf Merz fände dafür gar keine Worte. Er rudert lieber zurück wie bei der Mehrwertsteuer.

Heute zahlen wir 7,6 Prozent Mehrwertsteuer. Daneben gibt es zwei Dutzend Ausnahmen. Lebensmittel werden nur mit 2,4 Prozent belastet. Kultur- und Gesundheitsausgaben gar nicht. Der Hotellerie werden 3,6 Prozent verrechnet. Das System sei für die Wirtschaft zu aufwendig, sagt Merz. Deshalb müsse es vereinfacht werden: 6,1 Prozent für alle und alles, ohne Ausnahme.

Einfach ist noch nicht sozial. Der Einheitssatz von 6,1 Prozent hätte Folgen. Luxusgüter würden um 1,5 Prozent entlastet, Lebensmittel dafür um 3,7 Prozent mehr belastet, Gesundheitsausgaben gar um volle 6,1 Prozent. Damit würden die Krankenkassenprämien, hat die «Neue Zürcher Zeitung» ausgerechnet, um sicher 2,5 Prozent erhöht. Als ob sie nicht schon happig genug wären. Für Merz ist Politik ganz einfach: oben geben, unten nehmen.

Das Beste daran ist, wir werden über das Mehrwert-Abenteuer unseres Finanzministers abstimmen können. Coop und Migros haben bereits signalisiert: «Wir sind dagegen.» Hans-Rudolf Merz wird sich warm anziehen müssen. Warum sollen wir ihm den Gefallen erweisen, für den täglichen Lebensbedarf mehr zu bezahlen? «Ich bin doch nicht blöd! Warum immer wir?», fragt mein Briefträger. Ja, warum eigentlich?   *18.8.2008* ✛

Manege frei für Marokkaner

Zirkus bringt Farbe in unsere kommerzialisierte Wüste. Er ist eine Tankstelle für Emotionen, für besondere Glücksmomente. Das Sägemehl in der Manege schmeckt nach Pferdeschweiss und Poesie des Clowns. Zirkus erinnert an die Bubenzeit. Als der kleine Circus Gasser im Dorf gastierte. Damals noch ohne Zelt. Bei Regen musste die Vorstellung abgesagt werden. Es wäre für die Artisten zu gefährlich gewesen. Besonders für die auf den beiden etwa 22 Meter hohen Masten. Sie hielten uns mit ihrer tollkühnen Akrobatik in Atem. Begleitet von einer Herzschmerzmelodie von Matrosen und Liebe am Golf von Biscaya. So etwas vergisst man(n) nicht.

Zirkus fasziniert heute mehr denn je. Wo sonst laufen Angestellte in kitschig-knallroten Uniformen herum? Sie bilden den herrlichen Kontrast zur kalten Internetwelt.

Monti ist der etwas andere Zirkus. Ohne Tiere. Höchstens mit einer Geiss. Artisten präsentieren ihre hohe Kunst mit spielerischer Heiterkeit. Dann besuche ich mal den Circus Nock, das nächste Jahr den Knie. Bei Nock ist alles eine Nummer bescheidener. Artisten verkaufen in der Pause Popcorn, Glace oder Bier. Fast jeder hat zwei Jobs. Nocks familiäre Genügsamkeit macht den besonderen Reiz aus.

Knie ist der Schweizer «National-Circus». Prunkstück war und ist die Dressur mit Elefanten und Pferden. Fanatische Tierschützer reden von Tierquälerei. Mit meinem simplen Gespür meine ich vergnügte Elefanten und motivierte Pferde an der Arbeit zu sehen. Das denkt auch Sepp Breitenmoser. Bevor er Grenzwächter beim Zoll wurde, arbeitete er als Pferdepfleger beim Circus Knie. «Würden Elefanten wirklich gequält, könnte man mit ihnen nicht in der Manege auftreten», sagt Sepp. Das beweist eine wahre Geschichte aus Österreich. Ein Elefant sei mit dem Dreizack misshandelt worden. 18 Jahre später habe der damals Entlassene die alten Zirkus-Elefanten besucht. Der eine erkannte seinen Peiniger. Der habe die Begegnung nicht überlebt, weiss Sepp.

Fredy und Rolf Knie seien im Umgang mit Tieren unerbittlich streng gewesen, erzählt mein Bekannter. Das sei bis heute gleich geblieben. Bei Fehlern sei stets das Personal drangekommen, nie das Tier.

Warum mich die Manege interessiert? Ab 2009 sollen beim Circus Knie keine Marokkaner mehr arbeiten dürfen. So wolle das das neue Ausländergesetz aus Blochers Zeiten, war am Bildschirm bei «10vor10» zu erfahren. Franco Knie wirkte sichtlich ratlos. Sein Zirkus beschäftigt seit Jahrzehnten Marokkaner. Für Unterhalt und Betrieb sind sie fast schon unentbehrlich. Marokkaner arbeiten bereits in der dritten Generation bei Knie. Vater und Grossvater gehörten schon dazu.

Schweizer beispielsweise sind offenbar für das doch sehr unstete Zirkusleben nicht besonders geeignet. Jedenfalls wären Zirkusse, müssten sie sich allein auf sie verlassen, ganz schön aufgeschmissen.

Aus was für Gründen immer: Marokkaner sind für Knie die idealen Mitarbeiter. Zuverlässig, fleissig, genügsam, Tag und Nacht im Einsatz. An negative Schlagzeilen erinnert sich keiner. Marokkaner arbeiten nicht nur gut, sie trinken zum Beispiel auch keinen Alkohol. Das erspart dem Arbeitgeber eine Menge Probleme. Es könnte sein, dass die Nordafrikaner den Rekord halten. Sie bilden vielleicht oder wahrscheinlich die Ausländergruppe mit den wenigsten Klagen. Die Zirkusarbeiter verlassen die Schweiz im November nach der letzten Vorstellung. Und kommen zu Saisonbeginn im März zurück. In Marokko leben zig Familien von ihrem Verdienst. Darauf haben sie sich eingerichtet. Eine dermassen ideale Kooperation darf doch nicht willkürlich aufgekündigt werden. Das verstiesse gegen Treu und Glauben. Das wäre Wortbruch.

Wir reden viel über die Personenfreizügigkeit mit der Europäischen Union. Wirtschaft und Gesellschaft profitieren dabei. Was zum Teufel haben denn die Marokkaner verbrochen? Natürlich nichts. Die Schweiz ändert ihre Praxis. Weniger qualifizierte Arbeitskräfte aus Drittweltländern sollen nicht mehr zugelassen werden. Die Wirtschaft braucht hoch qualifizierte Leute, heisst es. Nicht Hilfsarbeiter.

Nun haben die Knie-Marokkaner wirklich keine Hochschule absolviert. Dennoch sind sie einmalige Spezialisten, die nicht beliebig auf dem Arbeitsmarkt zu finden sind. In diesem Sinn ist ihr Status klar: hoch qualifiziert. Das ist die eine Seite. Die andere: Gesetze sind interpretationsfähig. Sind also flexibel. Justizministerin Widmer-Schlumpf ist gefordert. Der Schweizer «National-Circus» braucht ihre Hilfe. Darum: Manege frei für die politische Vernunft. *23.6.2008* ✛

Politik und Fussball

Aufgewachsen bin ich bei den Grosseltern in Zollikofen bei Bern. Sport wurde kleingeschrieben. Jäten im Garten dafür gross. Grossvater interessierte sich für das Schwingen. Zum jährlichen Schwingfest im benachbarten Münchenbuchsee nahm er mich mit. Dabei wäre ich lieber ins Wankdorf-Stadion gegangen. Fussball war meine heimliche Liebe. «Löölizügs», wetterte Grossvater, «nur ein Ball für 22 Spieler, was soll das?» Er hatte von Fussball keine Ahnung. Weshalb ich darunter zu leiden hatte, blieb für mich unverständlich. Das Wankdorf der Berner Young Boys «ist nichts für dich», lautete das erzieherische Diktat. Das sollte sich ändern.

Für die Jüngeren unter uns sind das Handy, Internet und Fernsehen Selbstverständlichkeiten. In meiner Jugendzeit gab es weder das eine noch die anderen. Radio gehörte zum Luxus. Ich war zwölf, als 1938 der erste Radio gekauft wurde. Erst noch ein Schweizer Produkt, Marke Paillard aus Ste-Croix. Dass uns dereinst die Japaner im Hightechbereich überrunden würden, wäre damals unvorstellbar gewesen. Importe aus Japan waren der Inbegriff für Ramschware.

1938 fand in Paris die Fussball-Weltmeisterschaft statt. Die Schweiz spielte gegen Grossdeutschland. Als Österreich in Hitlers Drittes Reich einverleibt wurde, ergab sich daraus die Supermacht. Der Match wurde übertragen. Grossvater hörte zum ersten Mal einer Fussballreportage zu. Für ihn war es ein politischer Match gegen das verhasste Nazi-Regime. Die Schweiz gewann sensationell 4:2. Grossvater feierte diesen historischen Sieg mit beträchtlichem patriotischem Einsatz. «Die Schweizer haben es den Schwoben gezeigt», plagierte er im Dorf herum. Doch das Allerschönste für mich: Von nun an durfte ich an die YB-Matches im Wankdorf gehen.

Fussball blieb auch im Bundeshaus ein Thema. Zusammen mit dem Basler CVP-Nationalrat Albin Breitenmoser gründete ich 1967 den FC Nationalrat. Um etwas für unsere körperliche Kondition zu tun. Den ersten Match spielten wir gegen den FC Bundestag. Die Deutschen wären gerne im Wankdorf angetreten. In Erinnerung an 1954, als ihre Nationalmannschaft dort Weltmeister wurde. Für einen Plauschmatch wäre diese Arena zu gross gewesen. So spielten wir in Magglingen. Das Stadion hiess «Am Ende der Welt». Wir verloren 5:0. Wir brachten den Ball kaum einmal vor das gegnerische Tor. Für das Rückspiel in Bonn mussten wir uns etwas einfallen lassen. Die Deutschen hatten einen Nichtparlamentarier im Team. Wir zogen nach. Und suchten einen Torhüter. Den fanden wir: Walter Eich, den legendären Schlussmann bei YB. Zudem hatte er auch in der Nationalmannschaft gespielt. Wir hielten das 0:0. Eich blieb gegen die Kicker vom Bundestag ungeschlagen. Das ärgerte sie masslos. Der Schweizer Botschafter hatte beide Mannschaften zum Essen am Abend aufs Schiff eingeladen. Von unseren Gegnern erschien nur ihr Spielführer. Um sich für seine Kollegen zu entschuldigen. Sie mochten nicht mitessen, weil ihnen das Unentschieden auf den Magen geschlagen hatte. Für Politprofis war das ein kläglich unsportlicher Abgang.

Einmal wurden wir zur Eröffnung eines Sportzentrums in Altstätten im Rheintal aufgeboten. Zusammen mit dem FC Nationalrat aus Wien sowie dem FC Bundestag aus Bonn. Die Österreicher wollten nur die Deutschen schlagen. Sie taten es mit 2:1. Wir spielten gegen beide 1:1. Damit landeten die Deutschen auf dem letzten Rang. Sie reisten sofort ab. Für den fröhlichen zweiten Teil war ihnen die Lust vergangen. Sie liessen uns mit den Österreichern alleine in der Festhütte zurück. Da half auch Franz Beckenbauers Spruch nicht: «Verlieren ist wie gewinnen, nur umgekehrt.»

Die Deutschen können auch anders. Das haben sie 2006 an der Fussball-WM bewiesen. Nun also folgt bei uns die grosse Fussballgala. Mit dem Eröffnungsspiel am 7. Juni Schweiz gegen Tschechien. Ständig wird uns vorgehalten, es fehle an der Begeisterung. Als ob man die als «Trockenskikurs» organisieren könnte. Sollten unsere Fussballer über sich hinauswachsen, käme die Begeisterung von selbst. Wenn nicht, haben wir vorgesorgt. Hintendrein wussten wir es schon immer, dass Köbi Kuhns Mannen nicht so gut spielen, wie sie meinten. Im Übrigen: Jedes Ziel ist zu erreichen. Man muss nur zurückstecken können.

Was auffällt: Seit Monaten stehen im Zusammenhang mit der Fussball-EM Angst und Sicherheitsprobleme im Zentrum. Angst vor den Hooligans. Oder vor Anschlägen. Zur Sicherheit werden 15 000 Soldaten als Reserve aufgeboten. Die Luftwaffe übt den Abschuss von «verdächtigen» Zivilflugzeugen. Als ob der «Fussballkrieg» bevorstünde. Dabei kämpfen 22 Spieler immer nur um eines: um den Ball. Viel Vergnügen! <i>26.5.2008</i> ✦

Im Machtrausch

Der Mann hatte Grosses vor. Mit einer Bilderbuchkarriere wurde er CEO (Chief Executive Officer) der Credit Suisse. Er war ganz oben angekommen. Lukas Mühlemann, um den es sich handelt, dirigierte mit der Credit Suisse eine Weltfirma. Sie ist auf allen fünf Kontinenten zu Hause. Ihr Geschäft ist global. Mühlemann verhandelte in Tokio, Moskau, Washington, London oder wo immer auf dieser Welt. Warum also sollte er nicht auch in Bern mitreden? Ergo machte Mühlemann den Politikern und Parteien klar, wo Gott hockt: nicht im Bundeshaus.

Lukas Mühlemann trat am Neujahrstag 2000 mit einem Zehnpunkteprogramm vor die Nation. Für Wochen spielte er den Politstar. Er beherrschte die Schlagzeilen und den Bildschirm. Der Banker verschrieb Land und Volk eine ideologische Rosskur. Das Schlüsselwort hiess Privatisierung. Öffentliche Betriebe und Dienstleistungen sollten in private Hände übergehen. Mühlemann zählte sie auf: SBB, Post, Swisscom, Radio und Fernsehen, Kantonalbanken, sogar die Schulen. Mehr private Macht helfe der Eidgenossenschaft auf die Beine. Bringe sie vorwärts. Es kam anders. Ganz anders.

Der mächtige Banker markierte den Zampano. Wenn einer wisse, was Politik zu tun habe, dann er. Das war sie, die Arroganz der Macht. Die Leute spürten das. Mühlemann arbeitete ja nicht bei der Caritas. Gegen Manager von Grosskonzernen sind sie schon mal grundsätzlich misstrauisch. Zu Recht, wie sich zeigte. Denn Mühlemann befand sich als Verwaltungsrat der Swissair in schlechter Gesellschaft. Er endete kläglich. Als Bruchpilot.

Die Swissair, daran darf erinnert werden, war eine der erfolgreichsten Airlines der Welt. Man nannte sie die «fliegende Bank». Die Kasse stimmte. Auch die Vermögensbilanz. Es brauchte schon viel Misswirtschaft, diese Swissair zugrunde zu richten. Im Herbst 2003 war es so weit. Fassungslos nahmen Swissair-Bewunderer das Grounding zur Kenntnis. Die Maschinen blieben am Boden. Der einst reichen Fluggesellschaft fehlte es an Barem für den Treibstoff. Im Verwaltungsrat hatten sich die führenden Köpfe der Wirtschaft versammelt. Dass sie es so weit hatten kommen lassen, löste

öffentliches Entsetzen aus. Von den politischen Ratschlägen der Mühle-
männer & Co. hatten wir endgültig die Nase voll.

Die Credit Suisse kanns auch ohne Mühlemann nicht lassen. Sie hat eine
Studie vorgelegt. Nein, nicht über den US-Hypothekenmarkt, sondern über
den Personenverkehr auf der Schiene. Man macht sich Sorgen – um SBB,
BLS und Rhätische Bahn zum Beispiel. Sie sind die Profis für Personenver-
kehr. Mit grossem Erfolg. Herr und Frau Schweizer sind Europameister im
Bahnfahren. Die CS-Studie schlägt vor, den Personenverkehr zu liberalisie-
ren. Dem sagt man Wettbewerb. Wer fahren möchte, könnte sich melden.
Der günstige Anbieter bekäme den Zuschlag.

Es gibt rentable und andere Bahnlinien. Delémont–Boncourt ist unrentabel. Hier verkehrt praktisch eine Schülerbahn. Das ist nicht das grosse Geschäft. Umso mehr ein wichtiger öffentlicher Dienst für die Kinder. Darum
gäbe es keinen Konkurrenzkampf. Wohl aber um die SBB-Paradelinie St. Gallen–Zürich–Bern–Genf. Zürich–Bern und umgekehrt ist die meistbefah-
rene Strecke überhaupt. Die Züge verkehren beinahe im Viertelstundentakt.
Damit kann Geld verdient werden. An Interessenten bestünde kein Mangel.

Angenommen, die Deutsche Bahn würde auf der SBB-Paradelinie als
Konkurrent mitfahren. Dann würden wir halt in einem DB-Zug sitzen.
Wäre das so schlimm? Die Frage ist eine andere. Möchten wir das? Wollen
wir auch noch die SBB verhökern? Mir genügt es, dass typische Schweizer
Produkte wie Feldschlösschen-Bier, Toblerone oder Ovomaltine ausländisch
geworden sind. Auch die Swiss. Nicht zu vergessen die UBS. Ausländische
Aktionäre haben die Mehrheit.

Die Credit Suisse hat neben der UBS lange gut ausgesehen. Bis auch sie
beichten musste: 13 Milliarden Franken in den US-Sand gesetzt. Weniger als
die UBS. Und doch zu viel. Nun möchten uns diese Versager die SBB unter
dem Sitz wegliberalisieren. Die Herrschaften sollen doch gefälligst im eigenen
Laden für Ordnung sorgen.

Das Geheimnis der Schweiz ist der Mix: private und öffentliche Unternehmen. Privatwirtschaft und Service public also. Deshalb sind wir eine
Eidgenossenschaft und nicht die Schweiz AG. Private Macht braucht ein
öffentliches Gegengewicht. Sonst eskaliert und überbordet sie. Die beiden
Grossbanken haben es vorgemacht. In ihrem Machtrausch hielten sie sich
wohl für unwiderstehlich. Und stecken mit anderen in einer Finanzkrise, wie
sie die Welt noch nie gesehen hat. Zu viel Macht macht besoffen. *28.4.2008* ✢

Blocher im Glück

Am 3. März 1993 wurde SP-Nationalrat Francis Matthey zum Bundesrat gewählt. Er verlangte eine Woche Bedenkzeit. Partei und Fraktion reagierten hart: «Du bist nicht unser Mann.»
Eine Woche danach verzichtete der Gewählte auf die Annahme der Wahl. Ruth Dreifuss wurde so Bundesrätin. Vor ihr war Christiane Brunner offizielle SP-Kandidatin gewesen. Die Bürgerlichen wählten aber Matthey. Immer wieder machten sie dieses Spielchen. Sie bestimmten, wer SP-Bundesrat sein durfte. Das machte die Linke nicht mehr mit. Deshalb musste Matthey widerrufen.

Keine Partei schätzt es, wenn der politische Gegner ihr den Vertreter im Bundesrat vorschreibt. Das trifft nicht nur für die SP zu. Auch für die SVP. Sollte also die Bundesversammlung nur noch absegnen, was ihr die Fraktionen vorschlagen? Nein. Es wurde ein eleganter Ausweg aus dem Dilemma gefunden. Die Bundesversammlung ist Wahl- und nicht eine Vollzugsbehörde. In den letzten Jahren wurde bei einer Ersatzwahl jeweils ein Zweiervorschlag gemacht. Damit hat die Bundesversammlung zwischen zwei offiziellen Kandidaten die (Aus-)Wahl.

Nicht daran gehalten hat sich die SVP. 2003 machte sie Druck: «Entweder wird Christoph Blocher in den Bundesrat gewählt, oder die SVP geht in die Opposition.» Blocher wurde gewählt. Mit hauchdünnem Mehr. Nur für vier Jahre. Er schaffte am 12. Dezember 2007 die Wiederwahl nicht. Sonst wurden bisherige Bundesräte stets bestätigt. Die einen mit mehr, die anderen mit weniger Stimmen. Die Bundesversammlung verteilte damit ihre Noten. Eine Ausnahme war Ruth Metzler. Sie wurde am 10. Dezember 2003 Opfer des Sitzverlustes der CVP. Einzig für Blocher gab es die Höchststrafe: die Rote Karte.

Nun haben SVP und die Politik insgesamt ein Problem. Die beiden SVP-Bundesräte sind von ihrer Fraktion exkommuniziert worden. Das Label SVP wird ihnen aberkannt. Samuel Schmid war seinerzeit als Ogi-Nachfolger nicht der offizielle Kandidat gewesen. Erst mit Blocher wurde er als Beilage toleriert. Mehr nie. Seit der Boss im Bundesrat weg ist, wird Schmid erneut als Muster ohne politischen Wert gehandelt.

Noch schlimmer geht es Eveline Widmer-Schlumpf. Sie gilt als Verräterin. Sie gab sich dazu her, Blocher zu ersetzen. Das verzeiht ihr die SVP-Führung nicht. Seit dem geschwätzigen Dok-Film im Fernsehen – Thema: Blochers Abwahl – hat sich ihre Lage verschlechtert. Nun werden juristische Wege gesucht, die Bundesrätin aus der SVP auszuschliessen. Der nicht minder verhasste Schmid ist vorerst etwas aus der Schusslinie geraten. Die Wut richtet sich vor allem gegen die Frau.

Dass Blochers Abwahl Irritationen auslösen würde, war voraussehbar. Der SVP-Anführer scheiterte nicht als Politiker, sondern als Bundesrat. Ihm mangelt es an der Achtung vor den demokratischen Institutionen unseres Staates und am Respekt vor Andersdenkenden. Die Suche nach einem Kompromiss und Ausgleich ist nicht seine Leidenschaft. Blocher will die Macht. Und zwar die ganze. So hat er seine Ems-Chemie geführt. Mit grossem Erfolg übrigens. So machte er die SVP zur stärksten Partei. Ein Meisterstück. Und so wollte er im Bundesrat regieren. Kollegialität hin, Konkordanz her. Unser System dagegen ist darauf angelegt, die Minderheit einzubeziehen, nicht sie auszugrenzen. Blocher sieht das anders. Er wollte einen Bundesrat nach der Formel 3-2-2. Ohne SP. Mit CVP und FDP in seinem Windschatten. Das wäre dann die Regierung nach seinem Gusto gewesen: auf SVP-Kurs, mit bürgerlichen Satelliten. Diese Absicht hat er unverblümt propagiert.

Die Abwahl ist Blochers grösste politische Niederlage. Er hat an Macht eingebüsst. Die sucht er in der Opposition vergeblich. Das tut weh. Zugeben wird er das natürlich nie. Im Gegenteil. Im «SonntagsBlick» sieht Blocher seinen Sturz verklärt: «Ein Glück, dass ich nicht mehr Bundesrat bin. Ich bin nämlich aufgestiegen. Ich gehöre jetzt wieder zum Volk.» Der Bundesrat offenbar nicht. Seit er nicht mehr dabei ist, versteht sich.

Zweifel sind erlaubt, ob Blocher den Abschied vom Bundeshaus wirklich als Glücksfall versteht. Das wäre ja das Eingeständnis, eine Fehlbesetzung gewesen zu sein. Solches will er seiner Silvia doch nicht antun. Zudem hatte er das Amt zu lange und zu sehr angestrebt. Sein neues Glücksgefühl könnte bedeuten, Blocher habe sich wieder aufgefangen. Anderes blieb ihm auch nicht übrig.

Zwei Bundesräte haben einen Feind: ihre Partei. Schmid und Widmer-Schlumpf sind faktisch parteilos. Eine starke Regierung sähe anders aus. Blocher ist entzaubert worden. Als Mythos hingegen bleibt er bedrohlich. Ob die Abrechnung mit ihm aufgehen wird, bleibt die Frage. Der Match endet 2011. Mit den Wahlen. *31.3.2008* ✦

Horrorklasse? Brave Kids?

Zwölfjährige Primarschüler hielten uns vor den Sommerferien in Atem. Die 6. Primarklasse im Schulhaus am Borrweg in Zürich sorgte damals für Schlagzeilen. Das Schulzimmer war zur Kampfzone geworden. Empört berichteten die Medien, in zweieinhalb Jahren seien sechs Lehrer und Lehrerinnen fix und fertig gemacht worden. Die Lehrkräfte seien am Ende ihres pädagogischen Lateins. Sie erklärten sich ausserstande, den Unterricht weiterzuführen. Mit dieser Klasse könne nicht vernünftig gearbeitet werden. Und schon lag das allgemeine Urteil auf der Hand: Lehrer als Opfer von Jugendgewalt. Chancenlos im Kampf gegen die «Horrorklasse», wie die Zwölfjährigen inzwischen katalogisiert wurden.

Dann geschah das Unerwartete. Das weitherum für unmöglich Gehaltene. Eine 24-jährige Lehrerin übernahm die Klasse. Daraus wurde für sie nicht etwa ein schulisches Himmelfahrtskommando. Im Gegenteil. Die junge Frau arbeitete mit den Kindern aus der angeblichen «Horrorklasse» bestens zusammen. Sie seien freundlich und hätten hart gearbeitet, attestierte sie den Kids. 16 von ihnen hätten sogar freiwillig Zusatzstunden genommen, um besser zu werden. In Sachen Benehmen und Disziplin habe sie keine Probleme. Nach 14 Wochen legte sie eine erstaunliche Bilanz vor: Alle 19 Schüler erreichten die nächste Stufe. Niemand blieb sitzen.

WIE WAR DAS MÖGLICH? Psychologen, Pädagogen und andere Gescheite werden uns das erklären können. Vorläufig verlasse ich mich auf meine Theorie. Sie basiert auf Erfahrungen. Wohl auf den gleichen, die auch Sie gemacht haben.

Immer wieder treffe ich Erwachsene an, die so tun, als ob sie in ihrer Jugend in einer heilen Welt gelebt hätten. Und durchwegs brav gewesen seien. Um dann am Stammtisch, unter Männern, mit Jugendstreichen aufzutrumpfen. Die wir zum Beispiel in der Schule inszeniert hatten. Für die wir vom Lehrer prompt bestraft wurden. Mit Ohrfeigen oder «Tatzen». Das waren harte Schläge mit dem Lineal auf die Hand. Schmerzhaft ist dafür nur das Vorwort.

Für das Schikanieren des Lehrers gab es einen Fachausdruck: Wir «schälten» ihn. Dranglauben mussten solche, die wir für unfähig hielten. Nie einer, vor dem wir Achtung hatten, dessen Unterricht interessant und lehrreich war. Schüler haben dafür einen gesunden Instinkt.

Ich erinnere mich an den Deutschlehrer in der Verkehrsschule Biel. Eine pädagogische Katastrophe. Im Literaturunterricht nervte er uns monatelang mit Walther von der Vogelweide aus dem 13. Jahrhundert. Einem Dichter und Minnesänger. Das Ganze langweilte uns von der ersten bis zur letzten Minute. Das ist Humus für dumme Gedanken. Etwa: wie wir den Lehrer «schälen» konnten. Wir verfügten über ein beachtliches Repertoire.

Zum Beispiel diese Variante: Wir liessen die Türe einen Spalt breit offen und stellten obendrauf ein Becken mit Wasser. Das Spannende war, ob der Lehrer darauf hereinfiel und geduscht wurde. Es klappte. Er geriet darob ausser Rand und Band, verlor die Selbstkontrolle, verkam vor unseren Augen zur lächerlichen Figur. An einen vernünftigen Unterricht war von da an nicht mehr zu denken.

Ich bin in Zollikofen bei Bern aufgewachsen. Wir Buben von Oberzollikofen führten «Krieg» gegen die von Unterzollikofen. Im Wald verhauten wir einander den «Ranzen». Mit «Hellebarden» und ähnlichen «Waffen». Oder wir «bombardierten» eine Villa im feindlichen Lager. Mit faulen Tomaten und Äpfeln, mit Farbbeuteln und Steinen. Einige Scheiben überstanden den Angriff nicht.

Gut, das tönt wesentlich harmloser, als was wir heute erleben. Die Aufregung im Dorf allerdings war nicht minder gross gewesen.

Wir profitierten damals von günstigen Verhältnissen. Wir waren die Wohlstandskinder des beispiellosen Nachkriegsaufschwungs. Arbeitslosigkeit war ein Fremdwort geworden. Keinem wäre eingefallen, was die 15-jährige Mirjam heute sagt: «Wer schlechter ist als andere in der Schule, hat keine Chance mehr auf einen Job.»

So viel gesellschaftspolitische Hoffnungslosigkeit war bei uns nie. Auch nicht Mirjams Feststellung, Gewalt sei heute Alltag. Jeden Abend in der «Tagesschau»: Überschwemmungen, Krieg, Terroranschläge, Verkehrstote. Oder Brutalo-Videos zu Discountpreisen. Tödliche Spiele im Internet. Gewalt wird den Jungen vorgelebt.

Waren wir als Jugendliche besser? Ordentlicher? Sicher ist nur: Wir sind in eine bessere Zeit hineingeboren worden. *21.1.2008* ✦

«Ich schwöre es»

Das neu gewählte Parlament ist zur ersten Session zusammengetreten. Im Bundeshaus herrscht Hochbetrieb. Seit vielen Jahrzehnten ist das Prozedere immer das gleiche: Wahl des National- und des Ständeratspräsidenten sowie des Gesamtbundesrates.

Nicht so in Belgien. Dort gibt es sechs Monate nach den Wahlen weiterhin keine Regierung. Wieder einmal riskieren Flamen und Wallonen eine Zerreissprobe. Belgien steckt tief in der Krise. Die Wallonen sind mit einem Drittel Bevölkerungsanteil die französisch sprechende Minderheit. Sie wehrt sich dagegen, majorisiert zu werden. Für die Flamen hingegen scheint Minderheitenschutz ein Fremdwort zu sein. Beide blockieren sich bei der Regierungsbildung. Dagegen ist unser «Röstigraben» ein Nebengeräusch. Was sich in Belgien zurzeit abspielt, ist für Schweizer nur schwer zu fassen.

Soll damit gesagt sein, eidgenössische Politik funktioniere reibungslos? Natürlich nicht. Bundesräte, National- und Ständeräte versprechen, die Bundesverfassung einzuhalten. Sie tun das nicht einfach nur so. Vielmehr mit den Worten: «Ich schwöre es!»

Vor Gericht schwören Zeugen, «die Wahrheit, nichts als die Wahrheit» zu sagen. Tun sie es nicht und werden dabei erwischt, machen sie sich strafbar. So streng werden Politiker nicht beim Wort genommen. Allerdings sollten sie die Bundesverfassung gelesen haben. Wenigstens bis zum Artikel 2. Das ist nun wirklich nicht zu viel verlangt.

Worum geht es in diesem Artikel? Man nennt ihn den Zweckartikel. Er umschreibt, wie unser Staat, die Schweizerische Eidgenossenschaft, zu gestalten ist. Artikel 2 umfasst den Auftrag an die Politik: die Freiheit und Rechte des Volkes zu schützen. Für die Unabhängigkeit und Sicherheit des Landes zu sorgen, die allgemeine Wohlfahrt zu fördern sowie grösstmögliche Chancengleichheit für alle anzustreben.

Das alles wird in verständlicher Sprache vorgeschrieben. Sollte man meinen. Das Spezielle an der Politik jedoch ist, dass auch das scheinbar Einfachste unterschiedlich verstanden werden kann. Das geht bis zum Gegenteil dessen, was zum Beispiel ich meine. Oder Sie. Ich versuche, das an einem Exempel zu erklären.

Wir werden 2008 über die sogenannte Unternehmenssteuerreform abstimmen. Zur Hauptsache allerdings geht es dabei um Aktionäre. Präziser gesagt: um Grossaktionäre. Um solche, die mindestens 10 Prozent der Aktien einer Firma besitzen. Das sind in der Schweiz rund 40 000. Exakter: 40 000 sind ein Prozent aller Steuerpflichtigen. Ihnen soll ein Geschenk von zwei Milliarden Franken gemacht werden. Wie? Sie müssten nur noch 60 Prozent der Dividende versteuern. Im Durchschnitt brächte das dem Grossaktionär 50 000 Franken ein. Dagegen gibt es das Referendum. Von der SP. Herr und Frau Schweizer haben nun das letzte Wort. Sie entscheiden, ob solche Steuergeschenke an eine keineswegs Not leidende Minderheit zu verantworten sind. Ob sie dem Verfassungsauftrag entsprechen oder nicht.

Was dient der allgemeinen Wohlfahrt? Das ist die alles entscheidende Frage. Darüber streiten sich die Parteien. Nicht nur bei uns. In allen Ländern. Im Bundeshaus setzt sich Rot-Grün für einen starken Sozialstaat ein. CVP und FDP bejahen ihn grundsätzlich ebenso. Allerdings mit Vorbehalten. Die SVP mag ihn nicht. Je mehr rechts ein SVP-Politiker steht, desto mehr «Linke» sieht er. Bis weit in die Reihen von CVP und FDP hinein. Wer sozialpolitische Kompromisse mitträgt, dem wird der bürgerliche Heimatschein aberkannt. Diese Verleumdungsarie singen die SVP-Chorknaben nun schon seit Jahrzehnten.

Glaubt jemand, Multikonzerne zum Beispiel würden für uns soziale Sicherheit gewährleisten? Nestlé, UBS, Novartis oder Credit Suisse also? Deren Auftrag ist ein anderer: möglichst hohe Gewinne machen. Und das erst noch auf unsere Kosten. Nein, allgemeine Wohlfahrt bleibt Sache des (Sozial-)Staates.

Etwas Erfreulicheres. Minderheitenschutz wird bei uns ganz grossgeschrieben. Nehmen wir die SRG. Romandie und Tessin haben eigene Radio- und Fernsehstudios mit eigenen Programmen. Wie die Deutschschweiz. Allein könnten sie das niemals finanzieren. Wie denn? Mit dem Finanzausgleich. Ein Teil der Konzessionsgebühren aus der Deutschschweiz wird nach Lugano, Lausanne und Genf umgeleitet. Der Stärkere hilft den Kleineren. Das ist eine grossartige staatspolitische Leistung. Ein Kompliment an uns selber. Die Schweiz ist halt nicht Belgien. Und Grossaktionäre gehören nicht unter den Artenschutz. Dem Allgemeinwohl zuliebe. *10.12.2007* ✦

Früchte des Zorns

Wäre vor sieben Jahren Al Gore Präsident geworden, Amerika stünde heute wohl besser da. Al Gore machte zwar mehr Stimmen, George W. Bush aber übernahm das Amt. Ein unaufgeklärt gebliebener Kunstgriff. Madeleine Albright, Aussenministerin in der Regierung Bill Clinton, beschreibt Bush so: «Er hat nicht nur gesagt: ‹Gott will, dass ich Präsident werde›, sondern auch: ‹Gott ist auf unserer Seite.› Bush glaubt zu wissen, was Gott will.»

NACH DEM TERRORANSCHLAG vom 11. September 2001 auf das World Trade Center in New York schwor Bush Rache. Der Drahtzieher sei Saddam Hussein in Bagdad. Er bedrohe mit Massenvernichtungswaffen die USA. Saddam Hussein ist zwar ein schrecklicher Despot gewesen. Früher jedoch auch ein Verbündeter Washingtons. Bushs Antiterrorberater Richard Clarke widerlegte Bush, Saddam habe mit Al Kaida nichts zu tun gehabt. Clarke wurde gefeuert. Der US-Präsident wollte den Irak-Krieg. Am 19. März 2003 befahl Bush, «die Operation Freiheit für den Irak auszuführen». Vorher musste Aussenminister Colin Powell vor dem Uno-Sicherheitsrat nachweisen, dass Saddam Hussein tatsächlich Massenvernichtungswaffen besitze. Damit sollte der Krieg legitimiert werden. Nach seinem Ausscheiden aus dem Amt gab Powell zu, die Welt angelogen zu haben. Im Auftrag der Regierung. «Das ist ein Schandfleck», gestand Colin Powell am 5. Februar 2005.

Hinter der «Operation Freiheit» versteckte sich die «Operation Öl». Alan Greenspan, mächtiger Notenbankchef der USA, ist vor einem Jahr zurückgetreten. Nun könne er offen reden: «Ich finde es traurig, dass man nicht sagen darf, was jedermann weiss: dass es beim Irak-Krieg in erster Linie um Öl geht.»

Anderthalb Monate nach dem Einmarsch im Irak verkündete Präsident Bush den Sieg: «Mission ausgeführt.» Er inszenierte auf dem Flugzeugträger «Abraham Lincoln» für die Welt eine Riesenshow. Viereinhalb Jahre später stehen noch immer 167 000 Mann der US-Army im Irak. Dazu nach unabhängigen Experten ebenso viele private Söldner als Hilfstruppen der Streitkräfte. Sie verdienen für ihren dreckigen Job gutes Geld. 450 bis 600 Dollar im Tag. Nach dem angeblichen Sieg ging der eigentliche Krieg erst richtig los. Die Verluste der Amerikaner haben sich vervielfacht. Offiziell werden allein 25 000 Verletzte zugegeben. Die Verluste der Zivilbevölkerung werden auf 600 000 Frauen, Kinder und Männer geschätzt. 4 Millionen sind geflüchtet oder auf der Flucht im eigenen Land.

DAS IST EINE FÜRCHTERLICHE BILANZ. Doch der unheimlich verklärte Bush sieht das anders: «Gott hat mir aufgetragen, die Al Kaida zu vernichten, und ich habe sie vernichtet. Dann hat er mich angewiesen, Saddam zu schlagen, und ich habe ihn geschlagen. Und Gott hat mir aufgetragen, Frieden im Nahen Osten zu schaffen, und das werde ich auch schaffen.» Wer so redet, hält sich für unfehlbar. Das grenzt beinahe an Wahnvorstellungen. Bush negiert die Realität. Sein Irak-Krieg ist ein einziges Desaster. Der bekannte Fernsehkommentator Ulrich Tilgner sagt: «Heute ist Irak das Weltzentrum des Terrorismus.» Der amerikanische Schriftsteller John Steinbeck hat in den Sechzigerjahren den Roman «Früchte des Zorns» geschrieben. Die erntet heute Amerika. Und mit ihm die westliche Welt.

Eigentlich sind wir alle von Amerika fasziniert. Deshalb trifft uns, was Bush angerichtet hat. Mit Wehmut denken wir an Präsident John F. Kennedy. Er symbolisierte das gute Amerika. 1963 wurde er ermordet. Nach heutigen Erkenntnissen von der Mafia. Der vielleicht grösste US-Präsident im letzten Jahrhundert hiess Franklin Delano Roosevelt. Ein Demokrat. Im Kampf gegen Nazi-Deutschland war er die entscheidende Figur. Nach der Kapitulation der Wehrmacht lag Europa am Boden. Mit dem Marshall-Plan, genannt nach dem damaligen Aussenminister, leistete Amerika grosszügig Hilfe beim Wiederaufbau. Mit 13 Milliarden Dollar. Das waren beim damaligen Kurs 55 Milliarden Franken. Nach heutiger Rechnung wäre es das Dreifache.

Der fast schon legendäre Hollywoodstar Robert Redford hat über das heutige Amerika einen Film gedreht: «Von Löwen und Lämmern». Er kommt demnächst ins Kino. Redford erinnert daran, wie die USA nach dem 11. September «die ganze Welt auf unserer Seite hatten». Und heute? Amerika ist zerrissen, gespalten, verhasst. Schuld daran «ist unsere gegenwärtige Regierung». Bush ist als Präsident eine Katastrophe. Für uns alle. *12.11.2007* ✢

Sind Politiker einfach Lügner?

Die Belgier wählten im Juni ein neues Parlament. Vier Monate später gibt es noch immer keine Regierung. Die Parteien sind zerstritten. Der alte Konflikt zwischen Flamen und Wallonen lähmt die Politik. An ihm scheiterte bisher die Regierungsbildung. In Brüssel geht die Angst um, Belgien könnte auseinanderfallen. Die Stimmen der politischen Vernunft werden immerhin zunehmend lauter.

Ein solches Trauerspiel wäre im Bundeshaus nicht möglich. In ein paar Tagen wird gewählt. Anfang Dezember beginnt dann die Wintersession. Am 12. Dezember tritt die Bundesversammlung zusammen. Sie besteht aus den 200 National- und 46 Ständeräten. Auf der Tagesordnung steht die Wahl des Bundesrates. Alle Bisherigen treten erneut an. Die Reihenfolge ist festgeschrieben. Es geht nach dem Dienstalter. Moritz Leuenberger ist der Amtsälteste. Er kommt zuerst dran. Dann Pascal Couchepin, Samuel Schmid, Micheline Calmy-Rey, Christoph Blocher, Hans-Rudolf Merz, Doris Leuthard.

Das Ganze erinnerte an ein Ritual. Alle wurden stets wiedergewählt. Das bisschen Spannung entstand allenfalls beim Resultat. Dabei, wie viele oder wie wenige Stimmen er oder sie machte. Das änderte vor vier Jahren. Ruth Metzler wurde als Bundesrätin abgewählt. Das hatte es 131 Jahre lang nie gegeben. Die CVP verlor ihren zweiten Sitz an die SVP. Blocher setzte sich auf Metzlers Stuhl. Die Jüngste musste dem Ältesten Platz machen. Nach Elisabeth Kopp schied die zweite Frau vorzeitig aus dem Rennen. Bisher schaffte einzig Ruth Dreifuss den reibungslosen Übergang in den Ruhestand.

Wie immer am 12. Dezember die Bundesratswahlen ausgehen mögen, wir werden auf jeden Fall eine Regierung haben. Belgische Zustände sind ausgeschlossen. Unser System ist wetterfest. Das Drehbuch der Eidgenossenschaft ist so angelegt, dass es nicht einen Tag ohne Regierung gibt, geschweige denn Monate. Nicht von ungefähr ist die Schweiz für ihre politische Stabilität weltberühmt.

Die politische Maschinerie, System Konkordanz, funktioniert. Mal besser, mal lärmiger. Mich stört daher, was der erfolgreiche und sympathische

Unternehmer Bernhard Alpstaeg in der «Schweizer Illustrierten» deponiert hat: «Unsere Politiker sollten weniger lügen.» Das heisst doch, sie lügen. Offenbar alle. Politiker werden sowieso immer in den gleichen Kübel geschmissen. Solche Pauschalanklagen sind ungerecht. Zu behaupten, alle Unternehmer seien geldgierig, seien profitsüchtig, wäre unfair. Viele sind es offensichtlich. Aber nicht alle. Auch Politiker haben das Anrecht, differenziert beurteilt zu werden.

Schweizerische Politik ist einmalig. Die Macht wird geteilt. Das ist in der Gemeinde so, im Kanton ebenfalls, im Bund auch schon seit einem halben Jahrhundert. Keine Partei hat die Mehrheit, keine kann allein regieren. Parteien, die sich ideologisch als Gegenteil erweisen, regieren zusammen. Wir sagen dem Konkordanz. Alle politisch relevanten Kräfte sollen in die politische Verantwortung eingebunden werden. Das einem Ausländer verständlich zu machen, ist ein mühsames Unterfangen.

Politik pauschal zu diffamieren, hilft keinem. Es geht nun einmal nicht ohne. Zurzeit fällt einer aus dem Rahmen. Er gibt sich als Retter des Landes und reklamiert persönlich den Führungsanspruch. Das widerspricht dem Kollegialitätsprinzip. Das Ganze wird mit einem Millionenaufwand propagiert. Die Schweiz erlebt eine bis anhin noch nie dagewesene flächendeckende Werbekampagne. Trotzdem wird das Episode bleiben. Sie steht und fällt mit einem Mann. Dessen Zeit läuft ab. In ein paar Jahren. So lange müssen wir Demokraten durchhalten.

Der zweite Mann neben dem grossen Manitu heisst Samuel Schmid. Seine Freunde nennen ihn Sämi. Von seiner Partei wird er wie ein Aussätziger behandelt. Er kommt in der Millionenwerbung gar nicht vor. Samuel Schmid ist für diese Partei der Mister Niemand. Geduldet, aber nicht dazugehörend. Dennoch: Schmid wird am 12. Dezember glanzvoll wiedergewählt. Das ist eben auch Politik. Typisch schweizerische halt.

Günter Grass wird in ein paar Tagen 80. «In der Politik leben wir vom Kompromiss», sagt er im Geburtstagsinterview. Nur so könnten wir «in einer zankwütigen Welt überhaupt überleben». Momentan wird bei uns der Kompromiss mit Füssen getreten. Noch reagiert die politische Konkurrenz hilflos. Wie betäubt. Sie wird sich davon erholen und sich zusammenraufen. Im Interesse des Gemeinsamen. Der Schweiz zuliebe. Deren Erfolgsstory einen Namen hat: Konkordanz.

15.10.2007 ✦

Was ist gerecht?

Die Gesellschaft wird nie gerecht, frei, sozial sein, sondern nur gerechter, freier, sozialer.» So Friedrich Dürrenmatt.

Absolute Gerechtigkeit bleibt ein Wunschtraum. Sie zu definieren, ist schier unmöglich. Jeder hat dazu andere Vorstellungen. Wir müssen uns mit weniger begnügen. Es geht darum, eine humane Gesellschaft zu schaffen. Wie, darüber gehen die Auffassungen auseinander. Damit sind wir mitten in der Politik. Bei uns hat keine Partei die Möglichkeit, den anderen ihren Kurs aufzudrängen. Schweizerische Politik ist komplizierter. Ihr Geheimnis ist der Konsens. Der ständige Versuch, den Kompromiss zwischen links und rechts zu erreichen. Zurzeit jedoch ist Sand im Getriebe. Das Gemeinsame hat im Bundeshaus einen schweren Stand. Sogar Bundesräte sind auf Abwege geraten.

Economiesuisse ist der grösste Wirtschaftsverband im Land. Er veröffentlichte soeben eine Studie über Steuern in der Schweiz. Mit der Feststellung, «der Staat wird mehrheitlich von einer Minderheit finanziert». Gemeint ist die reiche Minderheit. 250 000 Steuerpflichtige, so die Studie, finanzieren 35 Prozent der Einnahmen für Gemeinden, Kantone und Bund. Die Unternehmen zahlen 22 Prozent, der Mittelstand partizipiert mit 31 Prozent, das einkommensschwächste Viertel mit 5 Prozent. Wirtschaft und Oberschicht seien, liest sich die Studie, sozusagen die Lastesel der Nation. Auf Dauer sei das nicht mehr hinnehmbar. Das ist eine Drohung. Sie muss ernst genommen werden. Absender ist immerhin die stärkste Wirtschaftslobby.

Die Bundesverfassung hält fest, Steuern seien nach der «wirtschaftlichen Leistungsfähigkeit» zu erheben: Wer mehr verdient, zahlt mehr. So ist es bei uns. Die Studie von economiesuisse bestätigt also den Ist-Zustand. In einer Solidargesellschaft helfen die Starken den Schwächeren. Oder, wie es der sogenannte Immobilienkönig von Winterthur, Robert Heuberger, formuliert: «Wenn Sie viel Steuern bezahlen müssen, haben Sie auch viel verdient.» Das ist ein Kompliment an die Politik. Ihr ist es gelungen, Elemente des Ausgleichs in das Steuersystem einzubauen. Davon profitieren alle. Auch jene, die mehr zahlen als andere.

Politiker ganz rechts aussen am Rand behaupten, der Fiskus gehe den Reichen an die Substanz. Das würde bedeuten, sie werden «ärmer». Stimmt nicht. Vor 25 Jahren gab es in der Schweiz 40 000 Millionäre. Heute sind es bereits über 200 000. Sie gehören nicht einmal mehr zur Superklasse. Dafür muss man Milliardär sein. Noch eine Zahl: 3 Prozent der Steuerpflichtigen haben gleich viel Vermögen wie die «übrigen» 97 Prozent. Nämlich die Hälfte. Und sie werden immer noch reicher. Trotz der angeblich hohen Steuern.

BUNDESRÄTIN DORIS LEUTHARD besuchte China. «Unermüdlich preist sie die tiefen Steuern in der Schweiz» als Standortvorteil, so der «Tages-Anzeiger». Finanzminister Hans-Rudolf Merz gibt sich lernfähig. Ihn hat die Studie von economiesuisse beeindruckt. Er will für die geplagten Reichen Gutes tun. Mit einem Korb voller Steuergeschenke:

1. Die Wirtschaft zahlt 6,5 Milliarden Franken Gewinnsteuer. Merz hat vorgeschlagen, sie massiv zu reduzieren.

2. Dividenden sollen nur zu 60 Prozent versteuert werden. 40 Prozent sind steuerfrei. Aber nur für die Grossaktionäre, die mindestens 10 Prozent der Aktien einer Unternehmung besitzen. Das sind 40 000. Genau 1 Prozent der 4 Millionen Steuerpflichtigen. Bundesrat und Parlament stimmten dem zu. Die SP hat dagegen das Referendum ergriffen.

3. Für Topmanager wird der Lohn zum Teil mit Aktien verrechnet. Verkauft Daniel Vasella nach fünf Jahren Aktien für sagen wir 10 Millionen Franken, soll er nur mehr die Hälfte versteuern müssen. Bundesrat und Parlament haben dem vorläufig zugestimmt. Aus Angst vor dem Wahlvolk ist das Vorhaben vorläufig zurückgestellt worden. Bis Weihnachten.

4. Bundesrat Merz will die Mehrwertsteuer vereinfachen. Heute beträgt sie 7,6 Prozent. Für Lebensmittel, Medikamente, Bücher 2,4 Prozent. Einfacher sei für alles 6 Prozent, so Merz. Lebensmittel würden mehr, Luxus weniger als bisher belastet.

Prof. Gerhard Kirchgässner macht die Rechnung. Was Millionären geschenkt würde, müssten andere bezahlen. «Insbesondere der Mittelstand», so der Professor. Die Gesellschaft kann nicht nur gerechter, sie kann auch ungerechter werden. Daran arbeiten Merz und Verbündete. *17.9.2007* ✛

In herzlicher Abneigung verbunden

Der Meinungsaustausch mit dem politischen Gegner ist wichtig. So trafen sich Bundesrat Flavio Cotti und ich, damals war ich SP-Präsident, zum Arbeitsessen. Doch beim Treffen schaute wenig heraus. «Ist dir etwas aufgefallen?», fragte ich beim Hinausgehen. «Nein, warum?» «Du hast die ganze Zeit nur Otto Stich kritisiert.» Cotti schaute unschuldig drein. Als ob er über das Wetter geredet hätte.

Drei Wochen später übernachtete ich nach einer Sitzung im Bundeshaus im Hotel Bern. Und ass im Restaurant Znacht. Es haute mich fast um. Ich traute meinen Augen kaum. Die Bundesräte Cotti und Stich jassten gegen zwei Nationalräte. «Heilanddonner, die jassen ja zusammen», murmelte ich vor mich hin. Vom Chef de Service wollte ich wissen, ob das eine Premiere sei. «Nein, die jassen fast jeden Donnerstag zusammen.» – Hoch lebe die Kollegialität!

Moral der Geschichte: Es ist ratsam, nicht jede politische Aufgeregtheit ernst zu nehmen. Man kann gemeinsam regieren, ohne sich persönlich zu mögen. Bundesräte sollen ihren Job gut machen. Wie sie miteinander umgehen, ist Privatsache. Der legendäre deutsche Bundeskanzler Konrad Adenauer zum Beispiel liess seine Minister auf Auslandreisen oft überwachen. Geriet einer in Paris auf erotische Abwege, liess er ihn das wissen. Adenauer wusste, von nun an hatte er ihn in der Hand. Aus Angst, «es» könnte auskommen.

Willy Brandt, Helmut Schmidt und Herbert Wehner bildeten bis Mitte der 80er-Jahre eine erfolgreiche Führungstroika der SPD. Persönlich herrschte zwischen ihnen strahlende Kälte. Sie gingen sich privat aus dem Weg. Der Partei zuliebe hingegen arbeiteten sie politisch hervorragend zusammen.

Es war 1979 in Bonn. Der SPD-Vorsitzende Willy Brandt hatte uns Schweizer Sozialdemokraten zu einem Arbeitstreffen eingeladen. Beim Nachtessen sassen Prominente der deutschen Sozialdemokraten am Tisch. Unter anderem Herbert Wehner, Chef der Fraktion im Bundestag. Am folgenden Tag durften wir an einer Fraktionssitzung teilnehmen. Zwei Highlights bleiben in Erinnerung.

Ob es stimme, wurden wir noch und noch gefragt, dass gestern Abend Willy Brandt und Herbert Wehner mit uns Schweizern am gleichen Tisch gesessen seien. «Ja, warum nicht?», bestätigten wir. Wir verstanden nicht, was dabei das Besondere hätte sein sollen. Weil das seit fünf Jahren nie mehr vorgekommen sei, erklärte mir der Fraktionsvize.

Herbert Wehner eröffnete die Fraktionssitzung, begrüsste uns und erteilte mir das Wort. Darauf war ich überhaupt nicht vorbereitet. Aus dem Stegreif versuchte ich, das Beste aus der unerwarteten Situation zu machen. Am Abend zuvor war ich ausgerechnet neben Wehner platziert worden. Er hätte mich auf diesen Auftritt aufmerksam machen können, sagte ich zu Wehner. «Nein, dann hättest du zu lange geredet.»

«Die kann das nicht», behauptete Gerhard Schröder nach seiner Wahlniederlage 2005 am Fernsehen. Er sprach Angela Merkel das Format zur Bundeskanzlerin schlichtweg ab. Das erst noch in ihrem Beisein. Das hätte für eine lebenslängliche Feindschaft ausreichen können.

Vor zwei Wochen besuchte Schröder seine Nachfolgerin im Bundeskanzleramt. Der Grund für seine Visite: Zurückgetretene Bundeskanzler werden mit einem Porträt in Öl verewigt. Schröders Aufnahme in die Bildergalerie stand auf dem Programm. Der Ex-Kanzler scherzte mit Angela Merkel. Sie gab doppeldeutig zurück: «Die Besucher müssen jetzt nicht mehr fragen: ‹Warum wird Schröder nicht aufgehängt?›»

Es herrschte rundum gute Laune, als ob es die wüsten Attacken nie gegeben hätte. Auch das ist eben Politik: Schwamm drüber.

Ségolène Royal verlor die Wahl gegen Nicolas Sarkozy. Und nach 30 Jahren auch noch ihren Lebenspartner François Hollande, Chef der französischen Sozialisten. Er hätte ebenfalls gerne kandidiert, musste jedoch seiner Ségolène den Vortritt lassen.

Schlimmer noch: Jetzt hat sie ihn aus der Wohnung gewiesen: «Ich habe François gebeten, seine Liebesgeschichte für sich auszuleben», begründete sie den Rausschmiss. Nicht genug damit. Sie möchte auch noch sein Amt an der Parteispitze. Politik ist nichts für zarte Seelen.

Hans Joneli, hoher Basler Staatsbeamter vor dem Zweiten Weltkrieg, war mit den sieben Regierungsräten offensichtlich in herzlicher Abneigung verbunden gewesen. Als Spruch auf dem Grabstein wünschte er sich diese vielsagende Inschrift: «Hier ruht Hans Joneli. Er war nichts. Nicht einmal Regierungsrat.» *23.7.2007* ✦

«Notizen am politischen Sandkasten»

Politik kann zuweilen amüsant sein. Zum Beispiel, wenn ein Bubentraum politisches Programm wird. Den Schreiber befällt dann ironische Heiterkeit. Was ist passiert?

Menschen häufen im Laufe der Zeit Erfahrungskapital an. Die einen viel, andere weniger. Man könnte auch sagen, der Mensch werde mit den Jahren gescheiter. Diese Feststellung hingegen ist wissenschaftlich nicht bewiesen. Grossmutter drohte gerne mit dem Zeigefinger: «Was Hänschen nicht lernt, lernt Hans nimmermehr.» Das wäre ja furchtbar. Erwachsene, die nie aus den Kinderschuhen herauskämen.

Ich meine Folgendes begriffen zu haben: Man muss nicht alles haben, was man nicht braucht. Das sagt sich so leicht. Ein Kleiderverkäufer meinte mal zu mir, wenn er nur noch verkaufen könnte, was die Leute brauchen, müsste er den Laden schliessen. Kontrollieren Sie doch Ihren Kleiderschrank. Alles bis aufs letzte Hemd und die letzte Bluse unentbehrlich? Kein Stück zu viel? Eben.

Nun stosse ich zum eigentlichen Thema vor. Brauchen wir in der Schweiz Formel-1-Rennen? Darum drehte sich im Bundeshaus das politische Karussell. Mit der Zugabe, es gehe auch um neue Arbeitsplätze. Womit dem Rennzirkus das soziale Mäntelchen umgehängt wäre.

Am 5. Juni zeigte die «Tagesschau» einen ansteckend lachenden Nationalrat Ulrich Giezendanner. Der Transportunternehmer aus Rothrist, Fuhrmann genannt, strahlte aus sämtlichen Poren über den Bildschirm. Nach vier Jahren verbuchte er einen Etappensieg. Dafür hat er viel Herzblut vergossen. Es geht um die «Wiederzulassung von Formel-1-Rennen in der Schweiz».

Vor vier Jahren hat er den entsprechenden Vorstoss eingereicht. Seither befasste sich damit die nationalrätliche Verkehrskommission. Nach dem Beratungsmarathon beantragte die Mehrheit Zustimmung. Das Ratsplenum folgte ihr mit 97 zu 77 Stimmen. Das Geschäft geht nun an den Ständerat. Macht dieser mit, müsste das Strassenverkehrsgesetz geändert werden. Gemäss Artikel 52 «sind Rundstreckenrennen mit Motorfahrzeugen verboten». Wird das Verbot aufgehoben, könnte das Referendum ergriffen werden, und es käme zur Abstimmung.

«Wiederzulassung», wie Giezendanner vorschlägt, bedeutet doch, es gab in der Schweiz schon mal Formel-1-Rennen. Richtig. Von 1934 bis 1939, dann nach Kriegsende von 1947 bis 1954. Der Grosse Preis der Schweiz wurde auf der legendären Bremgartenstrecke bei Bern 14-mal ausgetragen. Am Start erschienen die damals berühmtesten Piloten. Rudolf Caracciola auf Mercedes, Hans Stuck auf Auto Union oder Juan Manuel Fangio auf Alfa Romeo. Sie donnerten mit ihren Boliden mit bis zu 280 Stundenkilometern über den Asphalt. Vor 100 000 Zuschauern.

Für mich folgte das Besondere nach dem Rennen. Ich durfte mit Grossvater an die Hauptstrasse in Zollikofen. Um mitzuerleben, wie ein Auto nach dem anderen der heimkehrenden Zuschauer an uns vorbeifuhr. Das war 1937 für den alten Mann und seinen elfjährigen Enkel ein Schauspiel ohnegleichen. So viele Autos «auf einem Haufen». Wahnsinn!

1955 gab es beim 24-Stunden-Rennen in Le Mans 82 Tote. Ein Fahrer war in Zuschauer hineingefahren. Daraufhin wurde der Grosse Preis der Schweiz verboten. Das Stichwort kam von der Kanzel. Die Bürgerlichen nahmen es auf. Die pastorale Mahnung beeindruckt sie heute nicht mehr gleichermassen.

Formel-1-Rennen sind nun mal ein Herzenswunsch des Fuhrmanns im Nationalrat. Jeder tut, was er kann. Dafür bringe ich den heiligen Ernst, mit dem Für und Wider ausgetauscht wurden, nicht auf. Eine tote Sau kann man nicht mehr impfen. Für Formel-l-Rennen in der Schweiz ist die Zeit abgelaufen. Europa verliert ein Rennen nach dem anderen. Peter Sauber, Fachmann Nummer eins, weiss warum. Sie ziehen nach Bahrain, Istanbul, Seoul, Schanghai, Singapur, Malaysia, Russland. Das sind die neuen Märkte für den Formel-1-Zirkus. Dort wird Geld verdient. Die Schweiz ist uninteressant. Warum? Zu klein.

Nationalrat Giezendanner sucht denn auch schon einen Ausweg. Auf der Rennstrecke müssten ja nicht unbedingt Rennen abgehalten, es könnten «auch Raser ausgebildet werden». Was immer das heissen mag. Sollen sich Raser austoben können? Eine Rennbahn für Gaspedalfans also? Ein etwas teurer Spass. Aber nichts ist bekanntlich unmöglich. Nur einen Vorbehalt habe ich. Mit Politik hat das alles herzlich wenig zu tun. Schon eher mit einem persönlichen Hobby am politischen Sandkasten. *25.6.2007* ✢

Die Heuschreckenplage

Das Würfelspiel Monopoly gehörte in unserer Familie eine Zeit lang zum beliebten «Sport». Es geht um Geld und Besitz, um Kauf und Verkauf von Liegenschaften. Zurück bleiben Gewinner und Verlierer. Aus dem Spiel ist Ernst geworden.

Tatort ist die Wirtschaft. «Gespielt» wird an der Börse. Die Akteure heissen Raider. Auf gut Deutsch sind das Spekulanten. Sie kaufen Aktien eines Unternehmens so lange zusammen, bis sie die Mehrheit haben. Man sagt dem feindliche Übernahme. Das Unternehmen wird gegen den Willen des Besitzers übernommen. Warum das? Raider wollen nur eines: das schnelle Geld. Sie verkaufen das Unternehmen so rasch wie möglich mit Gewinn weiter. Bei diesem Monopoly geht es zu wie im Spielcasino am Roulettetisch.

IN DEN LETZTEN MONATEN wurden mit Sulzer, Saurer, Ascom, SIG und Implenia eine ganze Reihe schweizerischer Industriekonzerne Opfer feindlicher Übernahmen. Empörung löste speziell der Fall Sulzer Winterthur aus. Hinter dem Rücken der Geschäftsleitung kaufte der russische Milliardär Viktor Vekselberg Sulzer-Papiere zusammen. Sein Berater ist übrigens der frühere Botschafter Thomas Borer. Eine traurige Rolle spielte die ZKB, die Zürcher Kantonalbank. Zum einen ist sie die Hausbank von Sulzer. Zum anderen machte sie bei der feindlichen Übernahme mit. «Die ZKB hat während Monaten geholfen, heimlich ein 32-Prozent-Paket zu schnüren», beklagt Sulzer-Chef Ulf Berg. Wer schon 32 Prozent der Aktien besitzt, will die Mehrheit.

Die Sulzer-Hausbank betrieb ein übles Doppelspiel. Die ZKB hat ihren Kunden buchstäblich ans Messer geliefert. Das aus purer Gewinnsucht. Denn der Aktienhandel ist profitabel. Ihr Auftrag ist das nicht. Im Vordergrund muss das öffentliche Interesse stehen. Macht die ZKB die gleiche Geschäftspolitik wie jede private Bank, braucht es sie nicht mehr. Hans Vögeli, ZKB-CEO (Chief Executive Officer), früher sagte man einfach Direktionspräsident, muss vorzeitig das Pult räumen. Andere haben bei diesem Deal auch schmutzige Hände bekommen. Zum Beispiel versagten sämtliche Kontrollmechanismen. Haben bei der grössten Kantonalbank der Schweiz die Kontrollierten ihre Kontrolleure kontrolliert?

Viktor Vekselberg spannte mit dem österreichischen Hedgefonds Victory zusammen. Hedgefonds bedeutet nach Duden «eine besondere Form des Investmentfonds». Das Besondere ist, statt investiert wird spekuliert. Darin unterscheiden sich Raider von Unternehmern. Der deutsche Vizekanzler Franz Müntefering nennt sie denn auch «Heuschrecken». Aus der Bibel kennen wir sie. Heuschreckenschwärme fressen ganze Landschaften ratzekahl. Finanzberater Stephan Rietiker zieht für die Wirtschaft beängstigende Parallelen: «Praktisch jedes gut geführte, schuldenarme börsenkotierte Schweizer Unternehmen könnte ins Visier ausländischer Investoren (Raider) geraten.» Bloss ganz wenige seien nicht gefährdet, sagt er: «Wohl nur noch Roche, Novartis, Nestlé, UBS und vielleicht Credit Suisse.» Gerade beruhigend ist das nicht.

WIR HABEN LÄNGST BEGRIFFEN, dass wir in einer globalisierten Wirtschaft leben. Wirtschaftlicher Heimatschutz sei Heuchelei, lesen wir in der «Neuen Zürcher Zeitung» vom 12./13. Mai 2007. Wörtlich: «Ob Ausländer oder Schweizer eine Firma unter Kontrolle zu bringen versuchen, darf weder ordnungs- noch staatspolitisch eine Rolle spielen.» Wirklich nicht? Weiter heisst es: «Wer Übernahmen verhindert, weil sie ‹feindlich› sind, bremst Fortschritt und Wohlstand.»

So also ist das: Alles müsse erlaubt sein. Die Ovomaltine, Toblerone, Bally-Schuhe und andere Schweizer Traditionsmarken sind längst «fremdgegangen». Das Swissair-Baby Swiss gehört der Lufthansa. Sollen Aldi und Lidl dereinst Migros und Coop übernehmen? Die Deutsche Telekom unsere Swisscom, die DB die SBB oder die Deutsche Post die Post Schweiz? Braucht ein Volk wie wir keine Symbole mehr? Soll der Ausverkauf der Wirtschaft unter dem Titel «Wohlstand und Fortschritt» unsere Zukunft sein?

Im Oktober wird gewählt. Die Parteien druckten schöne Wahlprogramme. Für die SVP ist die Ausländergefahr der Schwerpunkt schlechthin. Gemeint sind nicht die «Heuschrecken». Die sind kein Thema. Offenbar bleibt es dabei: «Geschäft ist Geschäft» und «Geld stinkt nicht». Gegen die Heuschreckenplage müssen wir uns aber wehren. Wir, das sind Volk, Staat, Politik. Halt ohne SVP. *26.5.2007* ✢

Der Ruf ist schlecht. Zu Recht?

Politiker gehören nicht zu den edlen Gestalten der Nation. Das habe ich längst begriffen. Bei Meinungsumfragen landen sie stets auf den hintersten Rängen. Häufigster Vorwurf: Sie würden nicht mehr die Interessen des Volkes vertreten. Das Politmagazin «Facts» machte eine Umfrage: «Glauben Sie den Aussagen der Politiker?» 92,8 Prozent antworteten mit Nein. Gerade mal klägliche 4,2 Prozent mit Ja. Der Rest war Schweigen.

Das Ergebnis ist vernichtend. Auf den zweiten Blick spüre ich Zweifel. Was ist denn von einem Volk zu halten, das immer wieder Politiker wählt, denen es für keine fünf Rappen Vertrauen schenkt? Wie soll ein System funktionieren, wenn man den Repräsentanten kein Wort mehr glaubt? Damit sind wir bei der Frage, welchen Stellenwert solche Umfragen haben. Wie seriös sind sie?

Nehmen wir ein aktuelles Beispiel: Köbi Kuhn, Trainer der Fussball-Nationalmannschaft. Die spielte letzten Sommer in Deutschland ein ordentliches WM-Turnier. Es herrschte Fussballfieber im Land. Köbi Kuhn wurde zum Schweizer des Jahres gewählt. Seither sind noch keine drei Monate verflossen. Und schon hat das Zuckerpapier abgeschlagen. Köbi steht im Regen. Ob er noch der richtige Trainer sei, wird vielfach gefragt und bezweifelt. Zwei Drittel sollen das gemäss einer Umfrage nicht mehr bejahen. Wie ist ein solcher Meinungsumschwung zu erklären?

KÖBIS MANNSCHAFT hat in diesem Jahr bereits vier Freundschaftsspiele verloren. Zum Beispiel gegen den fünffachen Weltmeister Brasilien und gegen die Deutschen, auch schon dreimal Weltmeister. Gegen solche Brocken darf die Schweiz verlieren. Sollte man meinen. «Aber nicht so», höre ich. Wie denn? «Mit mehr Einsatz», heisst es. «Wer gegen Österreich und Kolumbien verliert, wird niemals Europameister», belehrt mich ein sogenannter Fussballfan. Deshalb müsse ein neuer Trainer her. «Kuhn schafft das nie», meint er trotzig. Schon sind die vielen Erfolge der letzten Jahre vergessen. Umso grösser sind die Erwartungen für die Europameisterschaft 2008. Die richten sich nach dem fussballerischen Grössenwahn. Denen wird Köbi Kuhn nicht gerecht.

Wenn die Schweizer Nationalelf am 2. Juni gegen Argentinien ein gutes Spiel zeigt, wird sich die Stimmungsmache gegen Köbi Kuhn legen. Wie aber ist das in der Politik?

«GLAUBEN SIE DEN AUSSAGEN der Politiker?» – Diese Frage ist falsch gestellt. Wer sind «die» Politiker? Das würde ja bedeuten, alle seien gleich. Linke und Rechte, Frauen und Männer, Alte und Junge, Städter und Bergler, Blocher wie Leuenberger, Couchepin wie Calmy-Rey. Es gibt sie eben nicht, «die» Politiker. Sondern nur die Politikerin, den Politiker. Zusammengezählt sind es in der Schweiz einige tausend Gemeinde-, Kantons- und Bundespolitiker. Da will man uns weismachen, von denen seien lediglich noch 4,2 Prozent ehrlich, während man 92,8 Prozent kein Wort mehr glauben sollte. Eine solche Umfrage ist das Papier nicht wert. Wäre es so, gäbe es die Schweiz nicht mehr. Unsere Demokratie hätte den Bankrott erklären müssen.

Das ist kein Persilschein für die Politik und die Politiker. Natürlich kennen wir solche, die vor Wahlen versprechen, was sie nach den Wahlen nie halten wollen. Ein Stück weit sind Wähler und Gewählte Komplizen. Das heisst, die Wähler wissen sehr wohl, dass sie nicht alles für bare Münze nehmen können. Aber sie mögen nun mal Politiker nicht besonders, die ihnen Unangenehmes zumuten. Zum Beispiel, was der deutsche Finanzminister Peer Steinbrück sagt: «Jeder weiss es, der es wissen will. Wenn wir alles so lassen, wie es ist, fährt der Sozialstaat in zehn Jahren gegen die Wand.» Für eine solche Botschaft bekommt er keinen Beifall. Da machte es Norbert Blüm, 16 Jahre Arbeits- und Sozialminister unter Helmut Kohl, schlauer. Er liess im ganzen Land Plakate aushängen: «Die Rente ist sicher.» Das war Musik. Auch wenn die Deutschen heute wissen, Blüms These war eine Mogelpackung. Aber er hat es gut gemeint.

WIR SIND IN EINEM WAHLJAHR. So viele Klimaschützer wie jetzt hat es im Bundeshaus noch nie gehabt. SVP-Nationalrat Ulrich Giezendanner bestätigte das vor einer Woche: «Ich bin ein Grüner.» Darauf wäre nun wirklich niemand gekommen. Die Angst vor dem Wähler muss gross sein, wenn sogar einer wie Giezendanner im Öko-Trikot zur Wahl antritt. Was sagt das dem Wähler? Ein Politiker ist glaubwürdig, wenn er sich schon bisher daran hielt: «Man muss tun, was man sagt, und sagen, was man tut.» *2.4.2007* ✤

Gehen die Lichter aus?

Wer hätte das gedacht. Wir haben sie wieder, die AKW-Debatte. Bundesrat, bürgerliche Parteien, Stromkonzerne, economiesuisse sind sich einig: Es braucht neue Atomkraftwerke. Grüne, SP und 50 Umweltorganisationen lancieren im März eine Energieinitiative, um sie zu verhindern. Der Bundesrat hat kürzlich eine energiepolitische Auslegeordnung vorgenommen. Er setzt auf erneuerbare Energien, auf Optimierung der Wasserkraftwerke, vorübergehend auf Gaskraftwerke sowie auf die Option Kernenergie. Der Glaubenskrieg um die richtige Energiepolitik mit seinen ideologischen Grabenkämpfen kann also wieder losgehen.

Hätten namhafte Politiker vor, sagen wir, drei Jahrzehnten gefordert, alle konventionellen Glühbirnen seien zu verbieten, hätte man sie zuerst mal nicht verstanden. Und sich dann gewundert, ob sie noch alle Tassen im Schrank haben. Vor zehn Tagen hat Malcolm Turnbull, Umweltminister von Australien, genau das angekündigt. Bis 2010 sollen die althergebrachten Glühbirnen verschwinden. Das meiste des verbrauchten Stroms verpufft als Wärme in die Luft und heizt das Klima an. Nur magere fünf Prozent geben Licht. 95 Prozent sind «Abfall». Die Glühbirne sei daher durch effiziente Stromspar-Leuchtkörper zu ersetzen. Schon zieht der deutsche Umweltminister Sigmar Gabriel nach. Er überlegt ein Verbot der Glühbirnen, um Strom und Atomkraftwerke einzusparen.

MIT SOLCHEN «KLEINIGKEITEN» gibt sich unsere Regierung kaum ab. Dabei hat der deutsche Politiker Erhard Eppler in seinem Buch «Wege aus der Gefahr» das Wesentliche vor genau 26 Jahren erkannt: «Die grösste Energiequelle ist das Energiesparen.» In diesem Punkt ist man im Bundeshaus schwerhörig. Sparen wird mit schmerzhaftem Verlust verwechselt. Die Stromkonzerne bauen zudem sowieso lieber Atomkraftwerke.

Axpo ist der grösste Stromkonzern der Schweiz. In seinem Auftrag sind Femsehwerbespots gedreht worden. Darin macht man sich lustig über die Solarenergie. Hauptdarsteller ist Köbi Kuhn, Trainer der Fussball-Nationalmannschaft. Axpo ist schliesslich ihr Sponsor. Da konnte Köbi kaum absagen.

Ein Spot wurde inzwischen schon zurückgezogen. Die anderen laufen. Sie verraten eine klägliche Mentalität der Axpo-Verantwortlichen. Die könnten vom schwedischen Energiekonzern Vattenfall viel lernen. Der hat beschlossen, 40 Milliarden Kronen in erneuerbare Energien zu investieren. Das sind immerhin zehn Milliarden Schweizer Franken. Während sich die Axpo-Herren dabei amüsieren, wie man die Solarenergie «zur Sau» machen kann, denken ihre Kollegen bei Vattenfall positiv: wie man auf neue Art Strom produziert.

BEIM WORT WINDENERGIE reagieren schweizerische Strombarone mit süffisantem Lächeln: «Schon recht, aber ...» Daran würden, meinen sie, an sich liebenswerte Menschen glauben. Spinner halt, im besten Fall weltfremde Idealisten. Nun mal Klartext: Im Jahr 2006 betrug die Stromproduktion aus Windkraft in Deutschland 20 600 Megawatt, in Spanien 10 200 Megawatt, in Dänemark 3000 Megawatt. Zusammen sind das 33 800 Megawatt oder 34 Atomkraftwerke Modell Gösgen. In der Schweiz, um auch unsere Produktion mit Windenergie zu erwähnen, waren es 12 Megawatt.

Die britische Regierung hat soeben beschlossen, vor der Küste Südenglands einen Windpark für 1000 Megawatt zu bauen. Das, wie es aus London heisst, als Anfang. Bereits 2005 gingen in Europa jeden Monat 1000 Megawatt mehr aus Windenergie ans Netz. In Deutschland ist die Windkraft-Industrie eine Erfolgsstory. In 20 Jahren gab es 60 000 neue Arbeitsplätze. Jahr für Jahr wurden und werden es mehr. Der Export boomt. Das Geschäft rentiert. Windenergie hat beim Wachstum den Atomstrom längst überholt.

Die CDU ist durch und durch eine bürgerliche Partei. Sie gab sich einen Schupf. 35 Prozent des deutschen Stromverbrauchs sollen bis 2020 aus erneuerbaren Energien kommen. Bei uns macht die Atomenergie am Gesamtverbrauch 40 Prozent aus. Was die CDU vorhat, müsste in der Schweiz nicht unmöglich sein. Stromkonzerne, Politiker aller Parteien sollen sich doch wenigstens die Mühe nehmen, sich zu informieren, statt einfach den Betonköpfen der Atomlobby zu glauben.

Im erneuerbaren Energiebereich arbeiten die klügsten Fachleute, die innovativsten Denker, die umweltfreundlichsten Realisten. Von denen müssten doch unsere Politiker mehr wissen und lernen wollen, statt unsere Gesellschaft wieder in Atomanhänger und Atomgegner aufzuspalten. Bitte die Glühbirne im eigenen Kopf auswechseln. *5.3.2007* ✦

Wie demokratisch sind wir?

Der 26. November war für dieses Jahr der letzte eidgenössische Abstimmungssonntag. Nur eine Minderheit machte mit: 44,4 Prozent. So hoch war die Stimmbeteiligung. Oder muss ich schreiben, so tief? Imposant ist das gewiss nicht. Die ewige Frage: Was ist mit den anderen 55,6 Prozent? Einfach bequem? Verärgert? Oder was?

Ein Bekannter hat mich wirklich verblüfft. Wir trafen uns nach längerer Zeit in der Stadt. Und «feierten» das Wiedersehen bei einem Bier. Wir redeten über Persönliches, über Politik auch. Da erwischte er mich auf dem linken Fuss: «Ich gehe nie mehr stimmen und wählen.» Ich muss ihn bedeppert angeschaut haben. «Und warum nicht?», wollte ich erfahren. «Wir haben seinerzeit über die Sommerzeit abgestimmt. Sie wurde abgelehnt und dann gleichwohl eingeführt. Das ist mit dem Volk das Kalb gemacht. Nicht mit mir. Nicht mehr.»

«Heilanddonner, schon wieder diese faule Ausrede», fluchte ich still in mich hinein. Wie oft habe ich das mit der Sommerzeit schon gehört. Ist es wirklich möglich, dass Herr und Frau Schweizer deswegen noch immer verärgert sind? Offenbar, denn mein Bekannter ist kein Blödmann. Dafür kenne ich ihn zu gut. Wenn selbst er in den staatspolitischen Streik getreten ist, muss die Verletzung der demokratischen Seele schlimmer gewesen sein, als ich gemeint habe.

Was ist mit dieser Sommerzeitstory? Wie kommt es, dass sie immer wieder auftaucht? Europa hatte sich geeinigt, die Sommerzeit einzuführen. In der Schweiz meldete sich Widerstand. Von den Bauern. Die Kühe würden weniger Milch geben, lamentierten sie. Bundesrat und Parlament beschlossen gleichwohl, sich der europäischen Zeit anzuschliessen. Dagegen wurde das Referendum ergriffen. Es musste abgestimmt werden. Und zwar im Mai 1978. Das Stimmvolk entsprach mit 52 Prozent dem Wunsch der Bauern. Also für ihre Kühe. Nun hatten wir den «Salat».

In New York, Tokio oder in der Mongolei gehen die Uhren anders als bei uns. Eine Zeitverschiebung zwischen Basel und Lörrach, Chiasso und Mailand, Kreuzlingen und Konstanz hingegen war irgendwie absurd. Der zeitliche Alleingang der Schweiz erinnerte sehr an Seldwyla. Bundesrat und Parlament beschlossen daher, sich nolens volens der Sommerzeit anzuschliessen. Das Referendum wurde nicht mehr lanciert.

Juristisch war alles rechtens zu- und hergegangen. Politisch allerdings nicht. Man darf nicht abstimmen lassen, wenn nichts zu entscheiden ist. Wenn, wie bei der Sommerzeit, die Schweiz gar keine andere Wahl hatte als mitzumachen.

Das Erstaunliche an dieser Geschichte ist ihre politische Langzeitwirkung. Noch nach 28 Jahren erinnert mich mein Bekannter an den demokratischen Sündenfall und seinen politischen Ausstand. Er ist beileibe nicht der Einzige. Das zeigt mir, die Politik muss mit den demokratischen Rechten sorgfältig umgehen. Bürgerinnen und Bürger verzeihen, wenn sie düpiert werden, nur schwer. Die Demokratie braucht Spielregeln. Zum Beispiel Respekt vor dem Souverän, politische Kultur, ein Minimum an Fairness im Umgang miteinander. Wenn solche Werte nicht mehr gelten, verludert Politik.

Am 26. November gab es zweimal ein Ja: 53,4 Prozent für die Osthilfe, 68 Prozent für die Harmonisierung der Kinderzulagen. Am Abend diskutierten im Fernsehen wie üblich die vier Präsidenten der Bundesratsparteien. Dieses Rendezvous nennt sich Elefantenrunde. Verlierer haben parteiübergreifend im Allgemeinen Mühe, eine Niederlage zuzugeben. Mit manchmal wirklich läppischen Ausreden wird versucht, dem Zuschauer vorzugaukeln, Verlieren sei wie Gewinnen. Nur umgekehrt.

SVP-Präsident Ueli Maurer schoss auch diesmal den Vogel ab. Seine Partei hatte die Osthilfe bekämpft. Damit sei die Schleuse für weitere Milliarden geöffnet worden, meinte Maurer stinkfrech. Das hiesse, im Bundeshaus herrsche politische Willkür: Wer Ja zu einer Milliarde Franken stimmte, habe Tür und Tor für weitere Milliarden geöffnet. Das ist nicht nur unfair, das ist einfach gelogen. Maurer weiss das natürlich. Sollte die Osthilfe aufgestockt werden, brauchte es neue, referendumspflichtige Beschlüsse, über die wir abstimmen könnten.

Politik hat es an sich schwer. Demokratie braucht Vertrauen, politische Glaubwürdigkeit. Das Vorurteil, sie machten in Bern sowieso, was sie wollen, hält sich hartnäckig. Nun ist Politik sicher nicht das Geschäft für sanfte Gemüter. Aber sie ist kein Dreckgeschäft. Es gilt, zu ihr Sorge zu tragen. Das darf man auch von einem Parteipräsidenten erwarten. *4.12.2006* ✚

«Stoppt den Appenzeller!»

E in gescheiter Chef hat eines begriffen: Zufriedene Mitarbeiter leisten
mehr. Wenn also die Klimaanlage besser funktioniert als das Betriebsklima, besteht Handlungsbedarf.

Staatsbeamte sind privilegiert. So die allgemeine Auffassung. Aus vier
Gründen: sichere Lebensstelle, gut bezahlt, Pension, wenig Leistungsdruck.
Wenn, dann war das mal. Seit sechs Jahren gibt es keine Bundesbeamten
mehr, sondern öffentliche Angestellte mit kündbarem Arbeitsvertrag. Die
absolute Sicherheit von einst ist weg.

Die Wirtschaftszeitung «Cash» berichtet, eine Umfrage zeige Unerfreuli-
ches: «Jeder dritte Bundesangestellte hat innerlich gekündigt.» Also stimmt
etwas beim Arbeitsklima nicht. Oberster Personalchef beim Bund ist Finanzminister Hans-Rudolf Merz. Er will 4000 Stellen abbauen. Motivierend ist
das bestimmt nicht.

Sein Gesinnungsfreund Christoph Blocher hat die Bundesverwaltung mit
einer «geschützten Werkstatt» verglichen. Das ist kein Kompliment, sondern
eine pauschale Diffamierung. Warum tut das Blocher? Als direkter Vor-
gesetzter wird er nämlich geschätzt. Er mag einfach den Staat nicht. Den
Sozialstaat schon gar nicht. Das war so und bleibt so. Auch als Bundesrat.

Nun wissen wir, Blocher provoziert. Er tut das selten spontan. Seine Aus-
brüche sind keine Versprecher, sondern kalkuliert. Blocher hält sich an das
Kollegialsystem. Aber nur, wenn es ihm passt. Quält er sich damit, sollen
seine Wähler das spüren. Denn auch das ist einstudiert. Das mögen sie an
ihm. Das Gefühl haben zu können, ihr Bundesrat verbiege sich nicht. Und
bringe Leben in «die Bude». Zwei Blocher allerdings, und der Bundesrat wäre
handlungsunfähig. Von den sechs anderen haben zumindest fünf Bundesräte echt Mühe, das auszuhalten. Dafür kassieren sie den Vorwurf, sie seien
Weichlinge und liessen sich zu viel gefallen. Dank ihnen jedoch hält die
Konkordanz trotz alledem.

Als er noch Kandidat war, hatte Blocher Kreide «gefressen». Öffentlich.
Zum Beispiel in der «Rundschau» im Fernsehen. Er werde, so sein Schwur,
das Kollegialsystem voll respektieren. Das kann und will er gar nicht. Eine

Satzung allerdings ist in Granit gemeisselt: Kein Bundesrat kann sich alles erlauben.

Merz ist anders. Der Finanzminister operiert wie ein U-Boot: unverhofft oft. «Facts» hat ihn gefragt: «Zweifeln Sie nie?» – «Nein. Nie. Was ich tue, ist richtig.» Das zu lesen, tut richtig weh. Mich packt die Sehnsucht nach Willi Ritschard. Auch er war Finanzminister. Er hatte einen echten Horror vor denen, die die Wahrheit immer zu kennen glauben. «Ich suche sie ständig», meinte er.

Vor einem Jahr hat Merz bei den Putzfrauen zugeschlagen. 600 arbeiten beim Bund. Man könnte meinen, sie seien die Grossverdiener. Ihre Lohnsumme wurde um 1,5 Millionen Franken reduziert. Pro Frau sind das 2500 Franken weniger Lohn. Dafür werden sie angewiesen, sich regelmässig zu duschen, die Hände zu waschen und: «Benutzen Sie Deodorants.» Das war der erste Streich. Der nächste folgt sogleich.

Finanzminister Merz möchte den Chefbeamten und Kaderleuten Boni auszahlen. Erfolgsprämien zum Lohn also. Da kam er, wie wir in «Cash» lesen, auf die Schnapsidee, das Geld für die Oberen bei den Unteren zu holen. Angestellte in den unteren und mittleren Lohnklassen sollen «etwas» weniger bekommen als bisher. Wie zum Beispiel die 600 Putzfrauen. Mit dem bei anderen Abgezwackten würden die Boni finanziert. Wen wunderts, wenn das Arbeitsklima im Bundeshaus im Keller ist.

Das ist nicht alles. Finanzminister Merz bietet noch mehr. Soeben hat die Geschäftsprüfungskommission des Ständerates den Mahnfinger erhoben. Es werde zu viel Geld für externe Berater und Experten ausgegeben. In einzelnen Bundesämtern offenbar bereits mehr als für das eigene Personal. Das ist eine schleichende Privatisierung der Bundesverwaltung. Stellen sollen gestrichen, dafür mehr externe Berater beschäftigt werden. Die, das ist bekannt, zu allem Elend auch noch viel mehr kosten. Im letzen Jahr sollen es 700 Millionen Franken gewesen sein.

Nun will Merz die Mehrwertsteuer «vereinfachen». In der «NZZ am Sonntag» heisst es dazu: «Bei der Umstellung würden einkommensschwache Personen, insbesondere Familien, stärker belastet.» So einfach ist das. Wie sagt Merz: «Was ich tue, ist richtig.» Aber doch nicht so. Da müssen Politiker und Parteien laut Einspruch anmelden: Stoppt den Appenzeller! Seine Lösungen sind zwar einfach, aber sie passen nicht zum Problem. *6.11.2006* ✢

Willkommen im Heidiland

Die gängigen Sujets einer Postkartenschweiz sind uns hinreichend bekannt. Es sind die Berge, Gletscher, Wälder, Kühe und Geissen, das Alphorn und Schwyzerörgeli, die Trachten, Jodler oder Fahnenschwinger. Wer sich für einen modern-aufgeschlossenen Menschen hält, kann damit wenig anfangen. Seine Schweiz sieht anders aus. Sie ist kein Sinnbild von Harmonie zwischen Mensch und Natur mehr. Die bleibt für Touristen reserviert.

«Wenn du im Ausland lebst, ändert sich deine Wahrnehmung», meint ein Bekannter von mir. Für ihn ist Heimat mehr als ein abstrakter Begriff. Zu ihr hat er eine innige Beziehung. Ausgelöst durch ein positives Schockerlebnis.

Mein Bekannter lebt seit zwölf Jahren in New York. Er ist wieder mal auf Besuch in Basel. Ich möchte von ihm wissen, ob sich die Schweiz aus seiner Sicht verändert hat. Er weicht mir aus: «Vielleicht habe ich mich ja geändert.» Damit spielt er auf eine wunderbare Begegnung an. Nachdem er schon ein paar Jahre drüben gewesen war, gastierte in New York eine Jodler- und Trachtengruppe aus der Schweiz. In Basel hätte sie ihn nicht interessiert. In New York schon. Vermutlich muss man weit weg von seinem Land sein, um geniessen zu können, was einem daheim nichts bedeutet hat. Das erinnert an den Spruch «Er fühlte sich immer dann zu Hause, wenn er nicht zu Hause war».

Item, die Jodler, Fahnenschwinger und Handörgeler übermittelten in New York Liebesgrüsse aus der Heimat. «Ich hätte nie geglaubt, dass es mich derart packen würde», gestand mein Bekannter. «Mein Lieber, so etwas musst du miterlebt haben. Wenn zuletzt noch die Alphornbläser ihren Soundteppich legen, wirst du einfach mitgerissen. Ich habe geheult wie ein ‹Schlosshund›. Meine Gefühle haben mich völlig übermannt.»

In diese Gefühlswelt tauchen wohl auch die Werbefachleute von Tourismus Schweiz ein. Ihr Auftrag ist es, die Schweiz im Ausland zu vermarkten. Der Fremdenverkehr ist schliesslich unser drittgrösster Wirtschaftszweig. Tourismuswerbung zählt daher zum Service public und wird vom Bund finanziert.

Postauto und Tourismus Schweiz haben vor noch nicht langer Zeit 150 Frauen und Männer aus dem Journalismus in die Schweiz eingeladen. Das sicher nicht aus Nächstenliebe. Den Medienprofis aus aller Welt sollte die Schweiz als Reise- und Ferienland ans Herz gelegt werden. Damit sie darüber wohlwollend schreiben und berichten. Wer dabei ein Haar in der Suppe findet und glaubt, das sei eine besonders subtile Form von Bestechung, muss einen schlechten Charakter haben. Das ist nur zielgerichtete Gastfreundschaft. Wie sie übrigens jedes Land praktiziert. Österreich zum Beispiel gibt dafür mehr Geld aus als die Schweiz.

Zum Einstieg wurden die neugierigen Medienleute im Freilichtmuseum Ballenberg empfangen. Wer es kennt, weiss um seine zauberhafte Nostalgie. Gezeigt wird eine Schweiz aus der Zeit vor dem Zweiten Weltkrieg. Und noch von viel früher. Gelegentlich wird man an Jeremias Gotthelf erinnert. So eindrücklich, dass ein polnischer Journalist schrieb: «Sogar der Dreck, in dem sich die Schweine suhlen, wirkt sauber.»

Die Medienschar landete auch auf dem Männlichen. Gegenüber grüssen Eiger, Mönch und Jungfrau. Eine Bergwelt also, die wohl jeden fasziniert. Da wurde gefilmt, fotografiert und fleissig notiert. Star hingegen war ein Abwesender. Der berühmte Autobauer Louis Chevrolet nämlich. Ein Schweizer, der vor hundert Jahren nach Amerika ausgewandert war. Mit ihm wurde auf eine Schweiz mit Köpfchen angestossen. Mit Ländlermusik, Jodeln und Fahnenschwingen. Das auf über 3000 Metern Höhe über Meer. Wer da nicht hingerissen wird, dem wäre nicht zu helfen.

Jürg Schmid ist Direktor von Tourismus Schweiz. Er will unser Land «in seiner ganzen Vielfalt zeigen». Im Trend jedoch sei die Folklore. Sie komme bei den Touristen besonders gut an. Gemeint ist die Schweiz als Heidiland. «Ja, Heidi und Alphorn, dass will man sehen», berichtete Karuya Sakakide im Magazin «Rakuda» in Tokio.

Die kleine Schweiz ist eine mittlere Wirtschaftsgrossmacht. Ihre Multikonzerne gehören zur Champions League der globalisierten Wirtschaft. KMU, Klein- und Mittelunternehmen, aber sind das Rückgrat. Staatspolitisch ist die Schweiz mit ihrer direkten Demokratie einmalig. All das und noch viel mehr könnte von Tourismus Schweiz ins Schaufenster gestellt werden. Von dort aber grüsst das Heidiland. Nach dem Kalkül: Was den Heimwehschweizer in New York folkloristisch umhaut, gilt auch für Touristen. So einfach ist Werbung.   *9.10.2006* ✦

Was ist nur aus Amerika geworden!

Bush sollte vom Kongress angeklagt, aus dem Amt entfernt, nach Den Haag überstellt und als Kriegsverbrecher vor Gericht gestellt werden – genauso wie Vizepräsident Cheney, Verteidigungsminister Rumsfeld und Aussenministerin Condoleezza Rice.» Das meint Paul Craig Roberts. Wer ist das? Ein Republikaner wie Bush. Und zwar nicht irgendwer. Er gehörte als Staatssekretär im Finanzministerium zur Regierungsmannschaft von Ronald Reagan. Roberts gilt als einer der einflussreichsten republikanischen Wirtschaftsexperten.

Mit George W. Bush hätten die Neokonservativen die Macht in der Republikanischen Partei übernommen, beklagt der Genannte. Roberts wörtlich: «Ich nenne sie jetzt die ‹Partei der Braunhemden›, die immun ist gegen Fakten.» Braunhemden nannte man die Nazis in Hitler-Deutschland.

Immer mehr Amerikaner empfinden Bush als eine Katastrophe für ihr Land. Schon seine Wahl war umstritten gewesen. Dann schien er doch Format zu zeigen. Und zwar nach den Terroranschlägen vom 11. September 2001. Bush erklärte die Welt. Doch der Präsident hatte den Goodwill bald verspielt.

Spätestens der Angriff auf den Irak leitete den Meinungsumschwung ein. Der Sturz von Diktator Saddam Hussein ist zwar bejubelt worden. Bush erklärte ihn zum Drahtzieher des 11. September. Das war nachweisbar eine Zwecklüge. Ebenso die Behauptung, Saddam Hussein besitze Atomwaffen. Colin Powell, erster Aussenminister von Bush, gab jetzt öffentlich zu, die seinerzeit dem Uno-Sicherheitsrat vorgelegten «Beweise» seien gefälscht gewesen.

BUSH WOLLTE DEN KRIEG. Um, wie er betonte, dem irakischen Volk Freiheit und Demokratie zu bringen. Das war im besten Fall Zweckoptimismus. Das strategische Ziel Washingtons war ein anderes: die Ölquellen. Irak besitzt die grössten Ölreserven der Welt. Darum ging und geht es. In der Bush-Regierung sitzt schliesslich die Mafia der Ölmultis. Bush ist ihr Vertreter. Böse gesagt: ihr Handlanger. Denn der Chef ist Vizepräsident Cheney.

Eigentlich wäre der Krieg im Irak zu Ende. Bush persönlich erklärte das am 1. Mai 2003. Er feierte den «Sieg» auf dem Flugzeugträger «Abraham Lincoln» vor einer begeisterten Besatzung. Der Irak sei befreit, triumphierte er. Daraus ist die grosse Illusion geworden.

Drei Jahre später wird kleinlaut zurückbuchstabiert. Rumsfeld muss zugeben, im Irak drohe ein Bürgerkrieg. Schon werden Stimmen laut, die US-Army abzuziehen. Noch stemmt sich Bush dagegen. Vor Kriegsveteranen markiert er den Tapferen: «Die Lage ist schlimm. Aber ohne US-Besatzer könnte es noch schlimmer kommen.»

WER SO REDET, steht mit dem Rücken zur Wand. Zwar gibt sich Bush weiterhin kämpferisch. Er notiert sogar Erfolge im Kampf gegen den Terrorismus. Das sieht der bekannte und kompetente Fernsehkorrespondent Ulrich Tilgner anders. Völlig anders: «Heute ist der Irak das Weltzentrum des Terrorismus.» Was meint er damit?

In der arabischen Welt sind die USA verhasst. Präsident Bush ist für diesen Negativrekord verantwortlich. Er hat die Bemühungen um Frieden zwischen Israel und Palästina eingestellt. Dafür droht er Syrien und Iran nach dem Überfall auf den Irak regelmässig ebenfalls mit militärischer Gewalt. Mit der Hisbollah und der Hamas gehören sie zur «Achse des Bösen». Bush weigert sich, mit ihnen auch nur Gespräche zu führen. Frieden aber muss mit dem Feind ausgehandelt werden. Mit wem denn sonst? Der Sicherheitsberater von Bill Clinton, Zbigniew Brzezinski, mokiert sich denn auch über die Aussenministerin Condoleezza Rice: «Sie redet vor dem Spiegel nur noch mit sich selber.»

Vor und nach dem Zweiten Weltkrieg kannten wir ein anderes Amerika. Der amerikanische Traum gehörte zum Arsenal persönlicher Sehnsüchte. Die USA waren für viele das Flaggschiff des freien Westens. Ohne sie wäre Nazi-Deutschland nicht besiegt worden. Nach dem Krieg finanzierte Washington den Wiederaufbau im zerstörten Europa. Präsident Franklin Delano Roosevelt hatte mit dem «New Deal» für eine beispiellos vorbildliche Sozialpolitik gesorgt. Und John F. Kennedy war der Hoffnungsträger für Frieden im Kalten Krieg. Bush hingegen ist ein Versager. Er setzt das Ansehen der USA aufs Spiel. Er ist unfähig, sozial-, gesellschafts- und umweltpolitische Probleme zu erkennen. Das ist nicht nur für die USA schlimm, sondern auch für uns. Wir sitzen im gleichen Boot. Was ist nur aus Amerika geworden! *11.9.2006* ✚

«Tagesschau» und Rotes Kreuz

E s ist Montag, 7. August, 19.30 Uhr. Zeit für die «Tagesschau». Nach 20 Minuten bin ich wie erschlagen. Ich halte es fast nicht mehr aus. Jeden Tag das gleiche Elend. Ein paar Stichworte dazu.

Libanon-Krieg. Nun ist auch noch die letzte Brücke zerstört worden. Das Land ist von der Aussenwelt abgeschnitten. Selbst die Fluchtwege sind zerbombt. Den Spitälern gehen die Medikamente aus. Ein Viertel der Menschen ist auf der Flucht. Das wären, auf die Schweiz übertragen, 1,8 Millionen Frauen, Männer, Kinder.

Nach dem Libanon folgt der Irak. In Bagdad und anderen Städten Tote durch Selbstmordattentäter. Es hört nie auf. US-Präsident Bush schwafelt etwas von erfolgreicher Demokratisierung. Ich mag diese Visage nicht mehr anschauen. Die nächsten Kämpfe werden aus Sri Lanka gemeldet. Auch in Somalia gärt es. Auf den Philippinen bedroht ein Vulkan viele Dörfer. 50 000 Menschen wurden evakuiert. In Portugal und Spanien wüten Waldbrände. In der Antarktis schmilzt das Eis. Und in Alaska rosten die Rohre der BP-Öl-Pipeline. Eine Million Liter Öl sind schon ausgeflossen. Nun wird die Produktion abgestellt. Um die Pipeline instand zu stellen. Dafür meldet BP für das 1. Halbjahr 2006 einen Rekordgewinn: 13 Milliarden Dollar. Juhui, endlich ein Aufsteller. Allerdings nur für die Aktionäre. Die Umwelt wird geschunden. Es folgen noch zwei, drei Meldungen aus der Schweiz. Dann das Wetter. Das wars. Die «Tagesschau» als Horrorfilm, der reinste Wahnsinn. Jeden Abend.

Nach so viel Leid spürt auch der zurückhaltendste Eidgenosse, wo wir leben. In einem wunderbaren Land. «Wenn da nicht diese Asylanten wären», meinen ein paar hartgesottene Politiker von ganz rechts aussen. Im September stimmen wir ab. Wieder mal soll das Asylgesetz verschärft werden. Diesmal knallhart. Asylanten, möchte man meinen, seien moderne Strassenräuber. Sie nutzen unsere Gutmütigkeit aus. Sie wollen nur eines, ran an die Fürsorgekasse. Genau das soll ein für alle Mal verunmöglicht werden.

Die Schweiz könne doch nicht alle Flüchtlinge dieser Welt aufnehmen, werden wir belehrt. Natürlich nicht. Das ist doch keine Frage. Zudem gehen die meisten der vielen Millionen Flüchtlinge von einem armen in das andere arme Land. Oder sie sind auf der Flucht im eigenen Land. Wie im Libanon. Die wenigsten schaffen es bis nach Europa. Uns dünken das noch immer zu viele. Bei der Abstimmung im September gehe es nur darum, den Missbrauch zu bekämpfen, so die Plakate. Für viele ist Missbrauch, wenn Menschen nicht verfolgt werden, sondern «nur» aus Hunger flüchten. Um ihnen die Schweiz so richtig zu verleiden, sollen ihre Asylgesuche entweder gar nicht behandelt oder sicher abgelehnt werden, und es soll keine Sozialhilfe mehr gegeben werden. Dann vergeht ihnen der Spass, es sich bei uns bequem zu machen.

Linke, Grüne, Kirchen, Hilfswerke haben gegen dieses Gesetz das Referendum eingereicht. Nun weitet sich der Widerstand aus. Stadtregierungen propagieren die Nein-Parole. Sogar der brav bürgerliche St. Galler Regierungsrat ist mehrheitlich laut und deutlich für das Nein. Ein bürgerliches Nein-Komitee mit weit über hundert Namen hat die Hardliner auf dem rechten Fuss erwischt. Markus Rauh, bis vor Kurzem Verwaltungsratspräsident der Swisscom, steht an der Spitze. René Rhinow mischt sich als Präsident des Roten Kreuzes nicht direkt in den Abstimmungskampf ein. «Aber als Freisinniger verteidige ich die Menschlichkeit», votiert er für ein Nein. Das sei keine Frage von «links, rechts, bürgerlich oder nicht bürgerlich».

Das revidierte Asylgesetz trägt die harte Handschrift von Bundesrat Christoph Blocher. Fairerweise ist zu sagen, die bürgerliche Mehrheit im Bundesrat und Parlament ist ihm gefolgt. Vor allem aus Schiss, sonst Wählerstimmen zu verlieren. Asylanten haben keine Stimme und keine Lobby. Es rentiert nicht, sich für sie zu wehren. Gegen so viel Opportunismus melden sich nun immer mehr Bürgerliche aus dem liberalen Lager zu Wort. Das wiederum schlägt dem SVP-Chef Ueli Maurer auf den Magen. Die Abwehrfront von links bis Mitte rechts passt ihm nicht. Da würden «Gutmenschen ihr Unwesen treiben», lästert er. Mit Gutmenschen meint er Naivlinge, politische Dummköpfe.

Das revidierte Asylgesetz sei mit «dem Grundsatz der Menschlichkeit» nicht vereinbar, sagt René Rhinow im Namen des Schweizerischen Roten Kreuzes. Darum geht es: Humanität hat der Schweiz noch nie geschadet. Das Rote Kreuz ist unsere «Erfindung», ist eine grossartige Idee, eine der grössten Heldentaten der Schweiz. Es passt nicht zu uns, gegen Schwache grösste Härte zu demonstrieren. *14.8.2006* ✣

Weit und breit kein Feind in Sicht

Die Schweizer Armee leidet an öffentlichem Desinteresse. Das schlägt den «Generälen» aufs Gemüt. Die Armee regt kaum mehr jemanden auf oder an. Sie ist einfach noch da. Wie das Landesmuseum.

Es wird weiter Geld für die Modernisierung der Armee ausgegeben. Das ist eine Investition in die Abwehrbereitschaft für den militärischen Ernstfall. Der aber ist unwahrscheinlich geworden. Das sagt selbst Armeechef Christophe Keckeis. «Es ist weit und breit kein Feind in Sicht», klagte schon vor Jahren Heinz Häsler. Er war damals als Generalstabschef der höchste Offizier. Häsler wusste, eine Armee ohne Feind ist verloren.

Die Schweizer Armee genoss während Jahrzehnten den Nimbus aus dem Zweiten Weltkrieg. Ohne sie wäre die Schweiz von Nazi-Deutschland besetzt worden. So die amtliche Version. Sicher verschaffte die Armee dem Volk die Gewissheit, sich nötigenfalls wehren zu können. Nicht von ungefähr war General Henri Guisan weitaus beliebter als jeder Bundesrat. Der General hatte das Vertrauen und die Herzen der Menschen gewonnen. Er verkörperte den Willen zum Widerstand.

Zu neuer Hochform liefen die Militärs und ihre politischen Fans im Kalten Krieg auf. Er dauerte von 1950 bis etwa 1990. Die USA und die Sowjetunion beherrschten die Welt. Sie standen sich schwer bewaffnet gegenüber. Beide verfügten über die atomare Zweitschlagkapazität. Was bedeutete das? Keiner konnte den anderen mit Atombomben angreifen, ohne sich selber zu gefährden. Der Angegriffene hätte, bevor sein Land zerstört worden wäre, zurückschlagen können. Der Angreifer wäre ebenfalls ausgelöscht worden. Das atomare Patt ging als «Gleichgewicht des Schreckens» in die Geschichte ein. Als Zwang zum «Frieden» im Kalten Krieg.

Die Schweizer Armee übte permanent die Abwehr gegen einen Angriff aus dem Osten. Bei jedem Gefecht und Manöver wurde supponiert, der «rote Feind» habe zugeschlagen. Gemeint war die Sowjetunion. Für viele Politiker der bürgerlichen Rechten bestand die Schweiz damals praktisch nur aus der Armee. Der Bundesrat zeichnete sie als «Schule der Nation» aus. Wer diesen militärischen Jubelpatriotismus nicht mitmachte, galt als ein Verdächtiger.

Vielleicht als ein Subversiver. Als einer, der kein richtiger Schweizer war. Sicher kein Eidgenosse.

Im Kalten Krieg litten gewisse Kreise an einer ideologischen Überdosis. Kritische Geister wurden zu schnell als Freunde der Sowjetunion und damit als innere Feinde registriert. Ende 1989 berichtete eine parlamentarische Untersuchungskommission darüber. Im Kalten Krieg waren 900 000 Personen von der Bundespolizei observiert und fichiert worden. Als sogenannt unzuverlässige «Elemente». Für ein 7-Millionen-Volk, das sich mit dem Etikett schmückt, die beste und älteste Demokratie zu sein, war das eine bittere Bilanz.

Und nun dies. War die Armee der Prüfstand für vaterländische Gesinnung gewesen, kämpft sie heute um ihre Daseinsberechtigung. Verteidigungsminister Samuel Schmid muss vor allem immer wieder die Armee selber verteidigen. Ob er Helikopter, Truppentransporter, Geniepanzer, Geländewagen oder neue Flugzeuge verlangt, der «gemischte Chor» im Parlament singt sofort wüste Lieder. Im Kalten Krieg war den Militärs jeder Wunsch von den Augen abgelesen worden. Zu viele Volksvertreter standen stramm, Augen zu, in geistiger Achtungstellung. Heute mault schon der jüngste Hinterbänkler in den Ratssaal und lässt den Verteidigungsminister im Stich. Und zwar nicht nur Linke und Grüne. Auch Bürgerliche machen Obstruktion. Die Armeeführung ist immer öfter recht einsam.

Wie ist diese Entwicklung vom Liebling zum Überbein der Nation zu beurteilen? Weltweit herrscht Rüstungswahnsinn und in vielen Ländern Krieg. Nicht in Europa. Feinde aus dem Ersten und Zweiten Weltkrieg sind in der EU. Statt Krieg gegeneinander führen sie Handel miteinander. Davon profitiert auch die Schweiz. Wir sind von lauter Freunden umzingelt. Der Armeebestand ist seit dem Ende des Kalten Krieges von 800 000 auf 200 000 Mann reduziert worden. Gleichwohl leistet sich die Schweiz in Europa eine der grössten Armeen. Die deutsche Bundeswehr zum Beispiel hat nur unwesentlich mehr Personal. Damit ist für die Swiss Army eines vorprogrammiert: Ihr Rückzug wird weitergehen. Sie ist zum grossen Teil entbehrlich geworden. Der Frieden setzt ihr hart zu. Das wiederum ist erfreulich. In diesem Fall heisst weniger Armee mehr Sicherheit. Europa ist friedlicher geworden. *19.6.2006* ✚

Der privatisierte Staat

In der Bundesverfassung steht, die Wohlfahrt sei zu fördern. Es steht nicht, der Staat sei zu demontieren. Der Verfassungsauftrag ist demnach klar: Ziel ist ein sozialer Staat. Nun gehen aber im Bundeshaus Politiker ein und aus, die das Gegenteil für richtig halten. Sie wollen einen schlanken Staat. Das tönt schön, ist jedoch ein vergiftetes Bonbon. Schlank bedeutet knallhart Sozialabbau.

Vor dreissig Jahren wurden die politischen Weichen umgestellt: «Weniger Staat – mehr Freiheit». Ein paar Jahre später forderten jugendliche Chaoten die Gesellschaft heraus: «Macht aus dem Staat Gurkensalat». In beiden Fällen bekam der Staat Prügel. Mit dem süffigen Slogan «Weniger Staat – mehr Freiheit» hatte die FDP ihre neue Politik propagiert. Konservativen Freisinnigen war der von ihren liberalen Vorgängern gegründete, aufgebaute und verwaltete Staat zu sozial geworden. Sie versuchten das Rad zurückzudrehen. Diese Rosskur bekam der FDP schlecht. Seither befindet sie sich auf dem Krebsgang. Bis zum heutigen Tag.

Für eine andere Partei passte das Weniger-Staat-Syndrom wie ein ideologischer Massanzug. Christoph Blocher übernahm das Stichwort für seine SVP. Und radikalisierte es. Nicht nur weniger, sondern so wenig Staat wie überhaupt möglich, lautet die Kampfparole. Eine freisinnige Erfindung ist zur Doktrin der SVP mutiert. Deren Strategen halten den Staat unter Dauerbeschuss. Er soll geschwächt werden. Mit Steuerabbau. Beim Bund sollen es minus 40 Prozent sein. Das würde faktisch den Abschied vom Sozialstaat bedeuten. Für die SVP kein Problem, die Reichen brauchen ihn nicht.

Weil die SVP ihre Abbruchpolitik populistisch verkauft, ist sie für viele appetitlich. Jedenfalls ist es der SVP gelungen, dem Freisinn am rechten Rand das Wasser abzugraben. FDP-Wähler sind in Scharen übergelaufen. Andere von der liberalen Mitte wechselten zur SP und zu den Grünen. Die FDP hat sich mit der neuen Doktrin von weniger Staat und mehr privater Konzernmacht von der eigenen Geschichte abgemeldet. Die einst mächtigste Partei befindet sich im permanenten Fall.

Die SVP hingegen hat gepunktet. Sie hat nicht ihren eigenen Staat verleugnet, sondern den ihrer freisinnigen Konkurrenz. Das brachte Stimmen. Vorläufig wenigstens. Die Bestzeiten scheinen erreicht zu sein. Die Bauern zum Beispiel sind von der SVP verunsichert. Dafür sorgte Bundesrat Blocher an der Olma 2005. Mit der Kampfansage, die Subventionen für die Landwirtschaft massiv zu kürzen. Blocher wörtlich: «Sie dienen unter keinem Szenario Land und Leuten.» Blochers Idee, mit den USA ein Freihandelsabkommen abzuschliessen, lag den Bauern auf dem Magen. Sie wären den amerikanischen Farmern ans Messer geliefert worden. «Dank» Blochers Politik: weniger Staat und mehr US-Markt.

Blochers Idee, die Swisscom zu privatisieren, ist politisch konsequent. Vielen macht das Angst. Dass er auch die Suva, die Schweizerische Unfallversicherungsanstalt, privatisieren möchte, verstehen wenige. Sie wird partnerschaftlich geführt. Von Vertretern der Arbeitgeber und Arbeitnehmer. Und wird vom Staat kontrolliert. Blocher möchte das Suva-Geschäft der privaten Versicherungsbranche zuschanzen.

Die SBB sind das erfolgreichste Bahnunternehmen in Europa. Ein Geschäft jedoch sind sie nicht. Sie müssen zu viele unrentable Strecken bedienen. Deshalb reissen sich keine privaten Investoren um SBB-Aktien. Der Bund ist einziger Aktionär. SVP-Nationalrat Hans Kaufmann möchte daher wenigstens die Filetstücke der SBB verkaufen. Das sind die grossen Bahnhöfe. Sie könne man privatisieren, meint er. Ist der Mann noch bei politischem Verstand?

Der frühere Bankier Hans Kaufmann möchte ebenfalls den Goldesel der Post privatisieren. Postfinance sei für die Banken eine unlautere Konkurrenz, behautet er. Also soll man sie am besten verkaufen. Damit bekämen die Grossbanken endlich auch das Postcheckgeschäft in ihre Hände.

Die SVP wird auf ihrer Privatisierungstour beim Ausverkauf der Schweiz scheitern. «Die Leute sind doch nicht blöd.» Die FDP sollte sich vom ideologischen Schatten der SVP befreien. Sonst verliert sie ihre politische Lizenz. Die CVP ist da schon selbstbewusster. Und Rot-Grün bleibt sowieso SVP-immun.

Sozialstaat und Service public bleiben im globalisierten Zeitalter Werte. Eher noch wichtigere. Speziell für die Wirtschaft. In einer Eidgenossenschaft muss der Staat nicht auch noch privatisiert werden.   *24.4.2006* ✢

Wie immer ohne Gewähr

Es gibt politische Versprechungen, die sich dann als Versprecher erweisen. Nicht immer steckt böse Absicht dahinter. Ein Projekt kann misslingen, weil es auf falschen Annahmen basiert. Auf Selbstüberschätzung zum Beispiel. Auf der Annahme «Unmögliches wird sofort erledigt, Wunder dauern etwas länger».

Ende der Siebzigerjahre hatte der Nationalrat einer Kommission den Auftrag erteilt, das Endlager für hochradioaktive Abfälle, Atommüll genannt, auszumachen. Zuhanden des Ratsplenums musste dieses Geschäft vorbereitet werden. Ich war Mitglied der Kommission. Und erinnere mich an Zusicherungen der Atomlobby, die sich als Täuschung erwiesen. Die Ausgangslage schien klar zu sein. Ohne ein sicheres Endlager für den Atommüll durften a) keine neuen Atomkraftwerke (AKW) mehr gebaut werden und hätten b) die bestehenden abgestellt werden müssen. Unter diesem Druck fasste die Nagra (Nationale Genossenschaft für die Lagerung radioaktiver Abfälle) den Auftrag, die Entsorgung zu lösen. Sie ist bis heute dafür zuständig geblieben. Das im Auftrag von Bund und Atomlobby.

In der genannten Kommission war die Entsorgung des Atommülls zeitlich exakt definiert worden. Bis 1985 blieb der Nagra Zeit, den Standort für ein Endlager gefunden und das ausführungsreife Projekt ausgearbeitet zu haben. Das sei kein Problem, meinten die Verantwortlichen. Es tönte wie: «Zu Befehl, Auftrag wird ausgeführt». Die Herren waren überzeugt, die vorgegebene Frist 1985 einhalten zu können. Sie boten dafür Gewähr. Von nun an hiess die Übung «Projekt Gewähr».

1985 liegt, wie unschwer nachzuweisen ist, hinter uns. Schon ziemlich lange. Also müsste das Endlager stehen. Tut es aber nicht. Die Nagra-Geologen sind noch immer auf der Suche nach dem Endlager. Es ist ja auch ein unmöglicher Auftrag. Der Atommüll nämlich muss für 100 000 Jahre sicher gelagert werden. Eine Zeitspanne, die unser Vorstellungsvermögen überfordert. Wir schreiben gerade mal das Jahr 2006 nach Christi Geburt. Und meinen, das sei die Ewigkeit gewesen. In der Schule büffelten wir Geschichte von den Pfahlbauern über die Römer bis zu Napoleon. Schon nur diese

2000 Jährchen setzten uns zu. Im Vergleich zu den 100 000 Nagra-Jahren sind sie Episoden.

Das Verrückte am Ganzen: Die Nagra soll für den Atommüll ein sicheres Endlager bauen. Soll dafür garantieren. Für volle 100 000 Jahre. Wie immer wir das Unterfangen beurteilen, eines können wir nicht wegleugnen: Die hochradioaktiven AKW-Abfälle gibt es. Sie müssen entsorgt werden. Die Atomlobby hat uns diese Erbschaft eingebrockt. Und auch die AKW-Gegner müssen sie schlucken.

Das «Projekt Gewähr» hätte also 1985 erfüllt sein müssen. 21 Jahre später warten wir noch immer darauf. Kein AKW ist deswegen abgestellt worden. Natürlich nicht. Es wurde einfach zurückbuchstabiert. Mit der Zusicherung, man befinde sich auf gutem Weg. Das allerdings doch schon ziemlich lange. Die Frist ist massiv überschritten worden. Jetzt endlich glauben die Nagra-Leute, den passenden Standort in Benken, Zürcher Weinland, gefunden zu haben. Allerdings werden sie dort von der Bevölkerung nicht mit Beifall empfangen. Im Gegenteil. Der Widerstand formiert sich. Niemand will die AKW-Abfälle. Obschon «Abfälle» harmlos tönt. Die Atomlobby hat es schon immer verstanden, Risiken sprachlich zu entschärfen. Ein AKW sei «bombensicher», erklären sie. Bis auf ein Restrisiko. «Tschernobyl» war ein solches Restrisiko. Die Reaktorkatastrophe vor 20 Jahren, am 26. April 1986, hat vielen tausend Menschen das Leben und noch mehr die Gesundheit gekostet.

Der neue Termin für das «Projekt Gewähr» ist das Jahr 2040. Bis dann soll das Endlager gebaut sein. Mal sehen. Bereits planen AKW-Anhänger am Ersatz für das Werk in Mühleberg. Es ist das älteste AKW der Schweiz. Ein neues soll gebaut werden, vernehmen wir. Für etwa 5 Milliarden Franken. Die Atomlobby will noch immer nichts von Alternativenergie wissen. Obschon 2005 weltweit allein die Windenergie 55 000 Megawatt produziert hat. Das ist die Leistung von 55 Atomkraftwerken.

Wind- und Sonnenenergie wagen sich aus den Kinderschuhen heraus. Der Stromkonzern Axpo hat immerhin aus Norwegen für 1000 Megawatt Windenergie gebucht. In der Schweiz jedoch tut die Atomlobby noch immer, als ob die Alternativen etwas für idealistische Bastler wären, die man nicht ernst nehmen kann. Dabei haben Sie uns gelehrt, wie sie es mit uns meinen: wie immer «ohne Gewähr». *27.3.2006* ✠

Die Schweiz liegt nicht in China

Neujahrsempfang im Nobelhotel von Bad Ragaz. Der alte «Kasten» ist vor wenigen Jahren für 162 Millionen Franken wundervoll restauriert worden. Allein nur schon das Treppengeländer von der Eingangshalle hinauf kostet so viel wie der neue Formel-1-Ferrari von Michael Schumacher. Selbst ein gewöhnlicher Stuhl ist ein handwerkliches Meisterstück. Der gehaltvolle Stil zieht sich durch das ganze Hotel. Wohin man schaut – und es lohnt sich –, ist einstiger Luxus herausgeputzt worden. Die Vergangenheit wurde aufgefrischt. Ein Hauch von morbid gewordener Schönheit allerdings prägt die verschwenderische Ambiance.

In dieser üppigen Kulisse also trafen sich zum verspäteten Neujahrsempfang Prominente aus der Wirtschaft und ein paar aus der Politik. Für die Geladenen zählte vor allem eines: dabei zu sein, sehen und gesehen zu werden. Um in bester Gesellschaft die Leichtigkeit ihres Seins zu geniessen. Thomas Schmidheiny, Hauptaktionär der Prachtsherberge, schickte vom Ballonfahren über Burma schöne Grüsse. Seine Gäste haben das gesellschaftliche Highlight in vollen Zügen genossen. Wer sollte da etwas dagegen einwenden? Wir sind ja erfreut, wenn Unternehmer erfolgreich sind, Arbeitsplätze erhalten und schaffen, anständige Löhne zahlen, für Land und Volk Gutes tun. Dann gönnen wir ihnen noch so gerne den Smalltalk im illustren Kreis.

Zornig werden wir, wenn die Herrschaften in Champagnerlaune über uns Kleine herziehen. Wenn sie vergessen, dass die Frauen und Männer in der Fabrik, im Büro oder wo immer zu ihrem Erfolg beitragen, ja, ihn erst ermöglichen.

Nicolas Hayek sagt, der Fisch stinke vom Kopf her. Damit meint er, wenn es im Betrieb nicht gut läuft, wenn Umsatz und Rendite nicht stimmen, sind in der Regel nicht die da unten, sondern die da oben schuld. Der gute Unternehmer zeichne sich dadurch aus, so Hayek, tüchtige Leute zu beschäftigen. Der Geist, der von der Chefetage ausgeht, bestimmt den Alltag in der Arbeitswelt. Ein Team, das sich für die Firma zerreisst, ist kein Zufallsprodukt, sondern hat viel mit Vertrauen zu tun. Vertrauen in die Firma, in deren

Führung. Vertrauen basiert auf Erfahrung. Mitarbeiter brauchen eine bestimmte Sicherheit, brauchen Anerkennung, müssen spüren, geschätzt und respektiert zu werden. Wenn das die Vorgesetzten schaffen, zahlt es die Belegschaft mit einer Leistung zurück, die praktisch unbezahlbar ist. Dann kann sich die Firma hundertprozentig auf sie verlassen. Doch das war nicht das Thema in Bad Ragaz.

Vielmehr pflegten gewisse Herren das übliche Geklöne von den Schweizern, für die Leistung ein Fremdwort geworden sein soll. «Verglichen mit den Asiaten» sei bei uns in der Schweiz die Leistungsbereitschaft abhanden gekommen, klagte der Thurgauer Unternehmer Peter Spuhler. Swisscom-Verwaltungsratspräsident Markus Rauh nickte zustimmend mit dem Kopf: «Wir müssen wieder mehr arbeiten.» Mit «wir» sind die Arbeitnehmer gemeint.

Nationalrat Ueli Maurer blies andernorts ins gleiche Horn: Leistung müsse sich wieder lohnen. «Wer mehr leistet, soll belohnt und nicht bestraft werden.» Das kann doch nur so verstanden werden, heute lohne sich Leistung nicht, deshalb sei sie allgemein zurückgegangen.

Der Unternehmensberater Johannes Czwalina hingegen warnt vor «dem totalen Wirtschaftlichkeitsdenken», warnt «vor einer geschlossenen Gesellschaft von Hochleistungsmenschen». Zählt in einer «lebenswerten Welt wirklich nur ökonomische Effizienz?» Wohl kaum, sonst wären die Herrschaften nicht nach Bad Ragaz gefahren.

Es ist Mode geworden, die Arbeitsleistung von Herrn und Frau Schweizer schlechtzureden. Ihnen werden «die Asiaten» als Vorbilder empfohlen. Die Chinesen speziell, die wie Ameisen krampfen, zehn bis zwölf Stunden im Tag, unter Bedingungen und mit Löhnen, die zum Schreien sind. Zweitens: Wann immer eine internationale Organisation Ranglisten aufstellt, die Wirtschaftsnation Schweiz belegt stets vorderste Plätze. Drittens: Das von Credit Suisse erstellte Sorgenbarometer zeigt an, wo uns der Schuh drückt. Am meisten die Angst, arbeitslos zu werden.

Angst lähmt. Zu sehen, dass der Aktienkurs vielfach wichtiger ist als die Arbeitsplatzsicherheit, drückt aufs Gemüt. Es ist noch schlimmer: Die Börse jubelt, wenn Leute entlassen werden. Dann steigt der Gewinn. Die Bosse in der Wirtschaft sollten wieder stärker die Mitarbeiter würdigen, statt ihnen vorzuwerfen, sie seien nicht wie die Asiaten. Die Leistungen der Schweizer nämlich sind gut. Aber die Schweiz liegt nun mal nicht in China. *30.1.2006* ✦

«Nicht immer ist Hilfe hilfreich»

Jean Ziegler ist Uno-Sonderberichterstatter für das Recht auf Nahrung. Bereits als Nationalrat hat er regelmässig die Länder der Dritten Welt bereist und sich für deren Menschen engagiert. Er war schon immer ihr bester Anwalt. Das machte ihn zum bekanntesten Schweizer Politiker weltweit. Kein helvetischer Aussenminister, auch kein Bundespräsident, erreicht nur annähernd seine Bekanntheit.

Kürzlich kehrte Jean Ziegler wieder mal von einer Uno-Dienstreise aus Afrika zurück. Er machte einen Zwischenhalt in Dakar, der Hauptstadt von Senegal mit über zwei Millionen Einwohnern. Eine Attraktion ist der Markt. Es sei der grösste von ganz Westafrika. Jean Ziegler entdeckte dort Gemüse und Obst aus Frankreich, Italien, Spanien. Bei uns wäre das nichts Besonderes. In Dakar ist es das. Das europäische Grünzeug koste, berichtet der Uno-Mann aus der Schweiz, nur etwa halb so viel wie entsprechende einheimische Produkts. Das hingegen ist dramatisch. Die Folgen sind katastrophal.

EIN PAAR KILOMETER VON DAKAR entfernt schuften afrikanische Bauern 15 Stunden am Tag unter brennender Sonne. Wenn es irgendwo auf dieser Welt Billigarbeiter gibt, dann in Afrika. Und dennoch sind sie gegen die Westware auf dem Markt ihrer Hauptstadt nicht konkurrenzfähig. Da stimmt doch etwas nicht. Und wie nicht! Gemüse und Obst aus EU-Ländern werden mit Exportsubventionen so verbilligt, dass den einheimischen Bauern der Schnauf ausgeht. Man stelle sich das mal vor: Afrikanische Bauern produzieren mit ihren Hungerlöhnen zu teuer. Sie kommen gegen die europäische Dumpingkonkurrenz nicht auf. Es ist der absolute Irrsinn.

In der Europäischen Union verschlingen die Agrarausgaben fast die Hälfte des EU-Haushalts. Die Bauernlobby hat es verstanden, einmal erreichte Privilegien über die Jahrzehnte hinweg zu retten. Die Bauern kosten nicht nur viel, sie produzieren zudem auch noch viel zu viel. Die Überschüsse werden im Ausland abgesetzt. Zum Beispiel eben in Afrika. Um sie loszuwerden, wird so viel Geld draufgelegt, bis Zucker, Baumwolle, Obst, Gemüse, Milchprodukte oder was sonst auch immer sogar in Afrika unschlagbar billig sind. Den Preis zahlen die Steuerzahler in Europa und die Bauern in Afrika.

JAMES SHIKWATI, EIN WIRTSCHAFTSEXPERTE aus Kenia, erwähnt eine andere Unsitte: die Kleiderspenden. «Der Spiegel» aus Hamburg hat ihn dazu befragt: «Mit diesem Zeugs werden unsere Märkte überschwemmt. Wir können die gespendeten Kleider billig kaufen», schimpft er. Und meint: «Was sollen diese Kleidersäcke? Hier friert niemand, stattdessen werden unsere Schneider arbeitslos. Ihnen geht es wie den Bauern. So kostengünstig kann niemand aus der afrikanischen Billiglohnwelt sein, dass er mit den gespendeten Produkten mithalten könnte. Die Industriestaaten sollten endlich diese furchtbare Hilfe streichen.» Und fährt fort, es gehe jenen Ländern am schlechtesten, «welche die meiste Hilfe kassiert haben».

Solche Worte sollten uns nachdenklich stimmen. Brigitte Erler, die im deutschen Bundesministerium für Entwicklungshilfe Referentin war, nannte solche Spenden oder Agrarüberschussverwertung eine «tödliche Hilfe».

EIN PROFESSOR AUS SÜDAFRIKA, er heisst Themba Sono, warnt «vor dem süssen Gift Entwicklungshilfe». Warum? Die meisten afrikanischen Politiker «haben stets eine Politik der Sammelbüchse betrieben und immer nur gebettelt: mehr Hilfe, mehr Hilfe». Diese Mentalität sei verheerend, so der Professor. Sie zerstöre das eigene Wollen und Können und führe vielfach zu Korruption. Diese Art Hilfe fördere die Rekolonialisierung Afrikas, sagt er. «Dann werden wir auch weiterhin nichts haben.»

Was wirklich helfe, seien auf lange Zeit angelegte Infrastrukturprojekte, um untereinander Handel betreiben zu können. Prof. Sono gibt dem Westen eines zu bedenken: «Wenn den afrikanischen Völkern nicht geholfen wird, sich selbst zu helfen, werden sie auf Europas Arbeitsmärkte strömen wie die Lateinamerikaner in die USA.»

Wer meint, das sei ein Plädoyer gegen Entwicklungshilfe, hätte mich missverstanden. Hilfe soll helfen. Darum geht es. André Heller, der grossartige österreichische Künstler, hat für die Fussball-WM 2006 in Deutschland eine wunderbare Show inszeniert: «Afrika, Afrika». Wer sie gesehen hat, ist fasziniert. Künstler aus allen afrikanischen Ländern begeistern. «Afrika lebt», schreibt ein Kritiker. Das lässt hoffen. *31.12.2005* ✛

Von den Schlechten noch die Besten?

Im März jagte uns Jean-Daniel Gerber einen gehörigen Schrecken ein. Wenn es so weitergehe, werde die Schweiz im Jahr 2028 eines der ärmsten Länder Europas sein, orakelte er. Wer ist Jean-Daniel Gerber? Als Staatssekretär der höchste Mitarbeiter von Bundesrat Joseph Deiss. Also nicht irgendein Plauderi. Für den Staatssekretär geht es mit der Schweiz «d Schyssgass» ab, wie wir in Basel sagen. Anders Bundesrat Pascal Couchepin. Im «Blick» hat er kürzlich deponiert: «Wir jammern ohne Grund, wir leben fantastisch.» Nicht alle, hätte er beifügen sollen. Ein Walliser provoziere gerne, meint Peter Bodenmann. Das funktioniere im kleinen Kreis. «Und mit Leuten, die seine Arbeitsweise kennen. Sonst nicht.»

Couchepin wollte die Miesmacherei à la Gerber kontern. Steht er mit seiner Jubel-Arie völlig daneben? Um ihn nicht allein «im Schilf» stehen zu lassen, sei Nicolas Hayek zitiert. Ihm gehört der erfolgreichste Uhrenkonzern der Welt. Von den 15 grössten der Schweiz ist der von Hayek der einzige Multi, der noch über 50 Prozent der Arbeitsplätze im eigenen Land hat. Bei Nestlé, Novartis, Roche, Holcim, Schindler oder ABB sind es nur 5 bis höchstens 10 Prozent. Was also meint Hayek zur Schweiz? «Unser Steuerniveau ist im internationalen Vergleich akzeptabel, ist kein Problem für die Unternehmen. Schliesslich haben wir auch die beste Infrastruktur Europas, die tiefsten Kapitalzinsen und am wenigsten Bürokratie, wenn es darum geht, eine neue Firma zu gründen. Die Schweiz ist ein fantastisches Land.» («Blick», 29.12.1999)

So viel Begeisterung ist selten. Wenn wir Hayeks Befund mit dem von Staatssekretär Gerber vergleichen, würde man nicht glauben, beide meinten die gleiche Schweiz. Seit 15 Jahren wütet bei uns die Lobby der Untergangspropheten. 1991 veröffentlichte ein gutes Dutzend Konzernchefs zusammen mit Professoren ein Weissbuch. 1995 doppelten sie mit dem Manifest «Mut zum Aufbruch» nach. Wirtschaft, Politik, Gesellschaft und Staat werden darin krankgeschrieben. Diagnose: akute Leistungs- und Wachstumsschwäche. Nötig sei eine neoliberale Radikalkur. Für neoliberale Ideologen ist der Markt das Mass aller Dinge. Der Staat hingegen ist ein lästiges Überbein. Die Therapie lautet: weniger Eidgenossenschaft, mehr Schweiz AG.

Das Erfolgsrezept der Schweiz ist die Mischung: Privatwirtschaft und Service public. Öffentliche Dienste seien zu privatisieren, fordern die Weissbuch-Autoren. Genannt werden öffentlicher Verkehr, Energie, Post, Swisscom, Gesundheitswesen, Radio und Fernsehen. Der Fall Cablecom müsste abschrecken. Der grösste Kabelnetzbetreiber mit 1,5 Millionen Kunden gehörte mal der Swisscom. Dann wurde Cablecom an Private verkauft. Heute gehört Cablecom einem US-Konzern. Soll das die Zukunft für öffentliche Dienste sein? Nein, tönt es von links bis Mitte-rechts. Der Service public ist mal eine Erfindung des Freisinns gewesen. Vor 100 und noch mehr Jahren.

Professor Silvio Borner, Basel, gilt als Guru seiner Zunft. Er äusserte sich am 23.9.2002 in der «Sonntags-Zeitung» so: «Wir haben das Internet, da brauchen wir doch die Post nicht mehr.» Ist Borner so gescheit, wie wir es von einem Professor erwarten? Sicher. Nur macht ihn die Ideologie realitätsblind. 14 Grosskonzerne gründeten ihr Denklabor Avenir Suisse. Zusammen mit neoliberalen Professoren und mit dem grössten Wirtschaftsverband, economiesuisse, wird seit Jahren eine konzertierte Aktion gegen die soziale Schweiz inszeniert. Im Visier ist der Sozialstaat. Er habe sich «überfressen», müsse schlanker werden, so das Rezept. Und mit der AHV gehe es so auch nicht mehr weiter. Überhaupt stehe alles Soziale auf dem Prüfstand. Weil «die da oben» den Sozialstaat nicht nötig haben, träfe es die «anderen». Uns also. Deshalb ist neoliberale Politik unsozial. Das müsste auch der Staatssekretär begreifen.

Für Avenir Suisse & Co. ist aber die zu hohe Staatsquote das Hauptübel, die Staatsausgaben einschliesslich Sozialversicherung. Die würden das Wirtschaftswachstum blockieren. Interessant ist ein Blick nach Norden. Die Staatsquote von Schweden, Finnland, Dänemark ist weitaus höher als die der Schweiz. Die Wirtschaft wächst in diesen Ländern der schweizerischen davon. Skandinavische Professoren sagen, entscheidend sei nicht die Höhe der Staatsausgaben, sondern was der Staat mit dem Geld mache. Die Skandinavier investieren weitaus üppiger als wir in Bildung, Forschung, soziale Sicherheit. Und sind bei Pisa ganz vorn. Unsere neoliberalen Wissenschafter jedoch meiden Skandinavien wie der Teufel das Weihwasser. Sie verlieren über diese Erfolgsstory kein Wort. Die Herren Professoren schweigen dazu in allen Landessprachen. Penetrant und mit wissenschaftlichem Anspruch reden sie dafür die Schweiz kaputt. Wir seien höchstens von den Schlechten noch die Besten. Sogar Staatssekretär Gerber kolportiert diesen Quatsch. Und Pascal Couchepin darf ruhig deutlicher dagegen protestieren. Der Schweiz zuliebe. *7.11.2005* ✤

Frostschutz gegen soziale Kälte

Manchmal wundere ich mich über Bundesräte. Dem Kollegium fehlt der Teamgeist. Ich vermisse das Positive, die Liebe zum eigenen Volk. Die sechs Herren plus Frau sind erstens eine freudlose Gesellschaft und machen zweitens selten den Eindruck, als ob sie der gleichen Regierung angehörten. Über Adolf Ogi lächelten viele leicht gönnerhaft, als er dem ersten Schweizer Astronauten im Weltall mit den Worten «Freude herrscht!» gratulierte. Hand aufs Herz, da war einer aus dem amtlichen Rahmen gesprungen und freute sich einfach. Das fehlt heute.

Die Älteren schwärmen noch immer vom 1983 verstorbenen Bundesrat Willi Ritschard. Er war der bisher einzige Arbeiter im Bundesrat. «Der Willi hätte im Überkleid an die Bundesratssitzung gehen können», sagte mir ein Arbeiter nach der Trauerfeier. «Das hätte zu ihm gepasst.» Damit wollte er bestätigen, Ritschard sei sich treu geblieben und habe sich auch im hohen Amt nicht verbiegen lassen. Auf ihn war Verlass. Nie wäre ihm eingefallen, für jene einzustehen, die schon privilegiert waren. Er nahm Partei für die anderen. Mit Botschaften, die jeder verstand. Zum Beispiel: «Nur die Reichen können sich einen armen Staat leisten.» Wann haben Sie ein solches Bekenntnis von einem Bundesrat zum letzten Mal gehört? Eben.

Heute spielt im Bundeshaus eine andere Musik. Vornehmlich Streichkonzerte. Am liebsten die Abschiedssinfonie vom Wohlfahrtsstaat. Den können wir uns schlicht nicht mehr leisten, haben Professoren in ihren geschützten Uni-Werkstätten herausgefunden. Das ist die neoliberale Lehre nach der Devise «Vorwärts, wir müssen zurück». Politische Gläubige vom rechten Flügel haben das neue Evangelium verinnerlicht. Es gibt Zeitgenossen, die sich damit abgefunden haben, es habe schon immer Arme und Reiche gegeben. Was ja zutrifft. Zu einer Demokratie jedoch gehört immer auch das Bemühen, die Gegensätze zwischen oben und unten abzuschwächen. Der demokratische Staat sorgt für eine soziale Balance. Sie darf nicht kippen. Diese Balance ist so etwas wie eine Existenzgarantie für die sogenannt kleinen Leute. Diese bilden die Mehrheit und brauchen die soziale Sicherheit. Nur so ist der Mensch frei. Das Stichwort dafür heisst soziale Marktwirtschaft. Die Wirtschaft ist zuständig für den Markt, der Staat für die soziale Absicherung. Ohne diesen sozialen Schutz blasen die mächtigen Marktplayer den Marsch.

Das Wunder Schweiz ist die Synthese aus Macht und Markt. Dafür sorgt der Staat. Die Politik also. Gegen diesen Sozialstaat laufen Blocher, Merz und Konsorten Sturm. Sie plädieren für den «schlanken» Staat, der sich zurückhält, wenn er die Grossen stört. Die stört es nicht, dass die Gegensätze in unserer Gesellschaft sich massiv verschärft haben. Der Spruch «Die Reichen werden immer reicher» tönt banal. Aber er stimmt. Zumindest für die Schweiz. Millionäre und Milliardäre vermehren sich fast schon wie die Kaninchen.

Der Spruch scheint zu stimmen: Wer viel hat, will immer mehr. Das mache, werden wir belehrt, den Erfolg aus. Stillstand sei Misserfolg. Je mehr der private Reichtum boomt, desto grösser wird die Abneigung zum Staat. Denn der will Steuern. Es gehörte bisher zum gesellschaftlichen Konsens, dass Grossverdiener entsprechend dem progressiven Steuertarif mehr an die Staatskasse ablieferten. Diese Einstellung ist bei vielen aus der Mode gekommen. Sie gehen dorthin, wo es den «schlanken» Staat gibt. In helvetische Steueroasen namens Wollerau oder Freienbach. Und sparen Millionen. Neoliberale Lehrmeister begründen diesen Service soigné für Multimillionäre als gesunde Konkurrenz unter den Kantonen. Mit dem Resultat, dass zum Beispiel die drei Basler Konzernchefs Daniel Vasella, Franz Humer und Marcel Ospel ihre Stadt rechts auf dem Trockenen liegen lassen. Finanzminister Hans-Rudolf Merz will dafür die Mehrwertsteuer umbauen. Die grosse Masse, zu der die meisten von uns gehören, würde dann mehr bezahlen als jetzt. Als Ausgleich für das, was die Millionenverdiener einsparen. Heute wird den Reichen mit den Worten «Wie es euch gefällt» flattiert. Das war mal anders.

Bundesräte sind oft Angstmacher. Die AHV, könnte man meinen, pfeife aus dem letzten Loch. Sie ist weltweit das genialste Altersvorsorgesystem. Ältere Mensehen seien für das Gesundheitswesen zu teuer geworden, hören wir. Schulkinder bräuchten Tagesschulen wie in Finnland. Dafür fehlt das Geld. Neuerdings spart der Bund sogar bei den Putzfrauen. Und der Finanzminister möchte lieber heute als erst morgen die Swisscom privatisieren. Damit sie wie Cablecom von einem US-Multi übernommen würde. Diese ganze Bundeshaustristesse schlägt aufs Gemüt. Bundesräte sollten aufhören, ständig Steine gegen das eigene Volk zu schmeissen. Statt Frostschutz gegen soziale Kälte hätten wir gerne wieder mal bundesrätliche Wärme. Und Unterstützung. Das Gefühl, der Bundesrat sei für uns da. Nicht nur für die da oben. *10.10.2005* ✢

Wenn Politiker einen Blindenhund brauchen

Zu dritt waren wir am Sonntag, 21. August, unterwegs nach Interlaken. In Oberhofen am Thunersee kehrten wir um. Am Ende des Sees warnte uns eine in dieser Bedrohlichkeit kaum je erlebte schwarze Wolkenwand. «Das sieht ja aus wie vor dem Weltuntergang», meinte Gret, meine Frau. In der folgenden Nacht hat dann die Natur zugeschlagen. Wir blicken auf die wohl schwerste Hochwasserkatastrophe in der Schweiz zurück.

Eine solche Katastrophe ist immer auch ein Politikum. Die Frage bleibt gestellt, wie es um die vorsorglichen Schutzmassnahmen stand. Darf davon ausgegangen werden, sie seien genügend gewesen? Oder hätte mehr getan werden müssen? Wurde rechtzeitig gewarnt? Oder zu spät? Auf dem Prüfstand steht der Staat. Die Politik also. Zu verantworten haben sich in erster Linie Bundesrat und Parlament. In der Pflicht stehen ebenfalls Gemeinde- und Kantonsbehörden. Sie alle sind für das, was getan und unterlassen wurde, mitverantwortlich.

IM BUNDESHAUS IST der Grundkonsens verloren gegangen. Das schon seit langer Zeit. Nehmen wir zum Vergleich einen Verwaltungsrat vom Chemiekonzern Novartis. Wir werden von ihm nie Abfälliges über seine Firma hören. Anders in der Politik. Im National- und Ständerat hat es jede Menge Abgeordnete, die nichts lieber tun, als auf dem Staat herumzuhacken und ihn an seiner Dienstpflicht zu hindern. Sie sehen sich dann erfolgreich, wenn es ihnen gelungen ist, Bundesausgaben zu kürzen und Bundesaufgaben ganz zu streichen. Selbst beim Umweltschutz oder beim Bundesamt für Wasser und Geologie. Da wurden die Budgets massiv abgebaut. Umweltschutz jedoch ist auch Katastrophenschutz.

SPAREN IST ZUM POLITISCHEN PROGRAMM, ja, zur eigentlichen Ideologie geworden. Im Namen der Freiheit soll der staatliche Aktionsradius eingeschränkt werden. Als ob Staat und Freiheit unvereinbar wären. Unser demokratischer Staat sorgt doch dafür, dass Land und Volk in Freiheit leben können. Das ist sein prioritärer politischer Auftrag. Deshalb ist es absurd, wenn Parlamentarier und sogar Bundesräte am liebsten eines tun: diesen Staat nach Strich und Faden schlechtmachen.

Damit angefangen hat die FDP. Vor mehr als zwei Jahrzehnten. Mit der Forderung: «Mehr Freiheit und weniger Staat». Der Freisinn verleugnete seinen eigenen Staat, den er gegründet und über hundert Jahre lang beherrscht hatte. Der süffige Slogan zahlte sich schlecht aus. Seit den Achtzigerjahren hat die FDP ständig Wähleranteile verloren. Sie ist vom ersten auf den dritten Platz in der Parteienrangliste abgerutscht. Nun hat der neue Präsident Fulvio Pelli eine Kurskorrektur angekündigt. Pelli will «einen starken Staat». Er kehrt zu den liberalen Wurzeln zurück. Und überlässt es der SVP, den Staat zu verprügeln. «Mehr Freiheit, weniger Staat ist das Credo der SVP», sagte kürzlich Nationalrat Peter Spuhler.

SEIT DER HOCHWASSERKATASTROPHE sind die Sparideologen schweigsam geworden. Mit gutem Grund. Hochwasser, Schlammlawinen, Erdrutsche bekämpft man nicht mit Sparen. Schon gar nicht erfolgreich.

Andreas Götz vom Bundesamt für Wasser und Geologie bringt es auf den Punkt: «Das Geld ist knapper, das Risiko grösser geworden.» Gescheiter und billiger sei es, vorher Schutzmassnahmen zu finanzieren, statt hinterher Schäden zu reparieren. Er verweist auf das Beispiel der Engelberger Aa. 26 Millionen Franken sind in Schutzbauten investiert worden. Damit ist erst die Hälfte des Flusses korrigiert. Bei vollständiger Sanierung hätten Schäden «von mindestens 100 Millionen Franken vermieden werden können».

Ein anderes Kapitel: die Gefahrenkarte der Schweiz. Erst sie verschafft den Überblick, wo und welche Schutzbauten notwendig sind. Aber auch da wurde gespart. Die Gefahrenkarte soll erst 2011 vorliegen. Das Spiel Eile mit Weile aber ist jetzt aus.

Der Hydrologe Prof. Rolf Weingartner verweist auf Brig. 1993 wurde die Stadt von der Saltina überschwemmt. Es entstanden Schäden für 600 Mio Franken. Um eine Wiederholung zu verhindern, wurden Schutzmassnahmen durchgeführt Sie kosteten nur 6 Millionen Franken. Und haben sich beim grossen Unwetter 2002 bewährt. Umweltschutz rentiert eben. Politiker, die das nicht kapieren, brauchen einen Blindenhund, der ihnen den Weg weist. *12.9.2005* ✤

Flaschenpost von der Ferieninsel

Vorurteile sind hartnäckig. Man hat sie und wird sie nicht so schnell wieder los. Nehmen wir die Einschätzung von Süden und Norden. Wer bei den Sommerferien auf Nummer sicher geht, fährt in den Süden. Erzähle ich Leuten, wir hätten sie auch dieses Jahr im skandinavischen Norden verbracht, spüre ich, wie es sie innerlich friert. In ihrer Vorstellung ist es dort eben meistens regnerisch. Ungemütlich also. Falsch, sage ich.

Zum x-ten Mal hat unsere Familie die Sommerferien auf Bornholm verbracht. Das ist eine dänische Insel in der Ostsee. Vor drei Tagen kehrten wir zurück. Der Regenschirm blieb unbenutzt. Petrus geizte auch heuer nicht mit blauem Himmel, Sonne und imposantem Wolkengeschiebe. Tagsüber war es durchwegs angenehm warm. Telefonierte ich mit Basel, hat es dort geregnet. Einmal sogar gestürmt und gehagelt. Fröhlich meldete ich dann: «Hier herrscht gutes Wetter.» Das immerhin 1000 Kilometer weiter nördlich.

VERMUTLICH FASZINIERT MICH die politische Philosophie der Dänen. Wenn ich an die privatisierte Goldküste am Zürichsee denke, ist Bornholm ein Eldorado. Dort sind Ufer unverbaut. Das bedeutet, man kann stundenlang dem Meer entlanglaufen. Nie stört das Schild «Privat». Die Ufer sind Allgemeingut. Sie gehören allen, nicht wenigen Privilegierten. Dafür sorgt ein Bauverbot. Das nächstgelegene Strandbeizli liegt hinter den Dünen. 150 Kilometer bilden die fantastische Kulisse aus Sand, Felsen und Meer.

Die Bornholmer sind ungewöhnlich geschäftsuntüchtig. Das jedenfalls aus unserer Sicht. Nehmen wir die Gastronomie. Nicht selten bringen Gäste ihre Verpflegung mit, bestellen dazu ein Mineralwasser oder Bier. Man kann oft sogar Platz nehmen, ohne überhaupt etwas konsumieren zu müssen. Das wäre mit unserem Umsatzdenken schlicht unvereinbar.

Bornholm hat Europa während Jahrzehnten mit Lachs versorgt. Bis Konkurrenten aus Spanien die Ostsee mit modernen Schiffen beinahe leer gefischt hatten. Gegen diese schwimmenden Fischfabriken gingen die Bornholmer mit ihren Fischerbooten buchstäblich unter. Heute reicht der Fischfang gerade noch für die Selbstversorgung. Die wichtigste Einnahmequelle ist nun der Tourismus.

BORNHOLM ZÄHLT 44 000 EINWOHNER. Mehr Gäste sollen es auch in der Hochsaison nicht sein. In Zermatt zum Beispiel sind es zehnmal mehr als Dorfbewohner. Das wären für Bornholm 440 000 und nicht 44 000 Gäste. «Wir wollen kein nordisches Mallorca werden», erklärte mir die zuständige Frau Direktor. Man sagt nicht etwa Frau Direktorin. Auf Bornholm ist die Berufsbezeichnung für alle die gleiche. Der Lehrer oder die Krankenschwester kann eine Frau oder ein Mann sein. So wird dort Gleichberechtigung verstanden: Frau Minister.

Dänemark ist nicht billig. Es hat hohe Einkommenssteuern und dazu 25 Prozent Mehrwertsteuer! Im Bundeshaus wimmelt es von Politikern, für die eine solche Politik den Untergang bedeutete. Sie kennen nur zwei Szenarien: Sparen und niedrige Staatsquote. Konkret heisst das weniger Sozialstaat. Dänemark macht genau das Gegenteil. Und hat auch Erfolg. Die Arbeitslosigkeit liegt weit unter dem EU-Durchschnitt. Es führen eben verschiedene Wege nach Rom. Das müsste eigentlich auch im Bundeshaus bekannt sein. Aber die ideologische Schutzbrille versperrt vielen den klaren Blick.

Wir reisen mit dem Auto auf die Insel, verladen es aber im Autonachtzug von Lörrach nach Hamburg-Altona. Gret, meine Frau, «chärrelet» halt leidenschaftlich gern auf Bomholm herum. Es hat wenig Verkehr, kaum Lastwagen, Höchstgeschwindigkeit 80 Kilometer. Für eine Reparatur verrechnet die Garage die 25 Prozent Mehrwertsteuer. Die Ausländer zahlen kräftig mit. Für alles, was sie kaufen, konsumieren, als Dienstleistung nutzen. Man kann auch so die Staatskasse alimentieren. Bei uns läuft es umgekehrt. Reiche Ausländer kassieren gigantische Steuergeschenke. Zwei Länder, zwei Auffassungen.

In der Bahnhofapotheke Hamburg, das zum Schluss, postete Gret Papiernastücher. Es gab sie nur in der Grosspackung. «Ich brauche nur zwei Päckchen.» «Die schenke ich Ihnen», so der Apotheker. Das einer Kundin, die er noch nie gesehen hatte. Eine kleine Geste, die uns unvergessen bleibt. Es braucht so wenig für so viel Herzlichkeit. *15.8.2005* ✝

Dann soll Mami halt warten

Im Verhältnis zur Fläche und Bevölkerung hat die Schweiz weltweit wahrscheinlich das dichteste Autobahnnetz. Das Auto ist uns diesen Luxus wert. 1958 war dem zugestimmt worden. Die Autobahnen hiessen damals noch Nationalstrassen. Das vor 50 Jahren entworfene Nationalstrassennetz ist bis auf ein paar Dutzend Kilometer realisiert worden. Im Jura beispielsweise wird noch an der A6 gebaut. Heute führt sie erst von Delsberg bis Pruntrut. In ein paar Jahren soll die Verbindung mit Frankreich hergestellt sein.

Die Kosten sind ins Astronomische angestiegen. 1958 wurden sie vom Bundesrat auf 3,5 Milliarden Franken geschätzt. Effektiv sind bereits gegen 70 Milliarden Franken investiert worden. Bei jedem anderen Projekt hätte eine solche Kostenüberschreitung zu aufgeregten politischen Auseinandersetzungen geführt.

Nicht so bei den Autobahnen. Namhafte Proteste sind ausgeblieben. Im Volk und in der Politik. Dafür gibt es Gründe. Zum einen musste die Planung von 1958 immer wieder neuen Erkenntnissen angepasst werden. Das Autobahnnetz verteuerte sich damit automatisch. Zum anderen hat das fast schon geniale Finanzierungssystem Proteste erstickt. Im Benzinpreis ist bekanntlich ein happiger Autobahnzuschlag inbegriffen. Damit war und ist immer genug Geld in der Kasse. Jahraus, jahrein fliessen Milliarden in den Autobahntopf. Jeder, der Benzin oder Diesel tankt, zahlt mit. Ohne dass er es merkt. Schön nach der Melodie «Ich hab mich so an dich gewöhnt».

Herr und Frau Schweizer sind passionierte Autofahrer. Sie halten auch noch den Bahnrekord. Niemand in Europa fährt mehr mit der Bahn als wir Eidgenossen. Die Region Basel hat mit dem Umwelt-Abo seinerzeit eine Pionierleistung für den öffentlichen Verkehr vollbracht.

Andere Städte und Regionen zogen nach. Im grössten Ballungsraum der Schweiz, in der Region Zürich, bietet die S-Bahn ein Angebot, das seinesgleichen sucht. Die SBB fahren mit dem Taktfahrplan zudem konkurrenzlose Städteverbindungen. Modernes Rollmaterial hat den Reisekomfort aufs Angenehmste erhöht. Privatbahnen wie Rhätische Bahn oder BLS machen mit. Selbst auf Nebenlinien ist das Eisenbahnfahren ein Vergnügen. Die Touristen aus aller Welt staunen immer wieder über dieses Angebot. Sogar auf das Jungfraujoch fährt eine richtige Bahn. Wahnsinn!

Wo die Bahn nicht hinkommt, fährt das Postauto. Bis ins hinterste Tal. Das im ganzen Land. Das Postautonetz ist doppelt so gross wie das der SBB. Unglaublich!

Dieser Service public hat seinen Preis. Mit dem Projekt «Bahn 2000» ist das Schienennetz saniert und ausgebaut worden. Mit der Neat (Neue Eisenbahn-Alpen-Transversale) soll der Verkehr auf der Nord-Süd-Achse beschleunigt und sollen möglichst viele Güter von der Strasse auf die Schiene umgelagert werden. Dazu braucht es die Neat im Lötschberg und Gotthard. In wenigen Jahren ist der Lötschbergtunnel fertig. Für die 53 Kilometer durch den Gotthard sind noch etwa zehn Jahre eingeplant. Neat und «Bahn 2000» kosten uns 20 bis 25 Milliarden Franken.

Nun zum Thema: Tagesschulen. In Skandinavien gehören sie zum Standard. Die Kinder essen am Mittag und machen ihre Aufgaben in der Schule. Zu Hause haben sie frei. Aber auch ihre Eltern. Bei uns sind Tagesschulen fast schon vom Teufel. «Keine Staatskinder», erklärt die SVP. Kinder gehörten der Familie, nicht dem Staat. Nur: Vier von fünf Frauen sind berufstätig. Die Familie wie zu Grossmutters Zeiten gibt es kaum mehr. Dafür Strassenkinder.

Zum ersten Mal verlangte ein Bürgerlicher Tagesschulen. Peter Hasler, Direktor des Arbeitgeberverbandes, hat die ideologische Verkrampfung überwunden. Er fordert die Arbeitgeber auf, sich für Tagesschulen einzusetzen. Damit die Mütter ohne schlechtes Gewissen berufstätig sein können. Das tut er nicht uneigennützig. Die Wirtschaft braucht die Mütter. Immer mehr. Hasler hat eines erreicht: Tagesschulen sind ein politisches Thema geworden.

Unsere Gesellschaft darf ruhig kinderfreundlicher werden. Finnland, Schweden und die anderen Skandinavier liegen bei Pisa nicht zufällig vorne. Tagesschulen fördern die schulische Qualität.

Wenn ich die über Jahrzehnte nachhaltig praktizierte Verkehrspolitik erwähne, dann mit einem Hintergedanken: Ein flächendeckendes Netz von Tagesschulen entsteht nicht in einem Jahr. Mögen Planung und Finanzierung grosszügig erfolgen. Wie das beim Autobahnnetz, bei der Neat und der «Bahn 2000» vorgemacht wird. Denn Mami soll nicht weitere Jahrzehnte warten müssen. *18.7.2005* ✠

Der letzte Schrei: Einnahmen sparen

Seit Jahren vernahmen wir aus dem Bundeshaus stets das Gleiche: Defizit in der Staatsrechnung. Mal ist es «nur» eine Milliarde, mal sind es vier Milliarden Franken. Der Knatsch im Bundesrat ist ebenfalls eine Konstante in der eidgenössischen Politik. Die politischen Mühlen mahlen immer noch langsam. Der Evergreen «Wer kann das bezahlen, wer hat so viel Geld?» ersetzt fast die Nationalhymne. Und sparen ist für viele die einzige politische Perspektive. Neu allerdings ist, dass Einnahmen weggespart werden sollen. Das ist schwer zu verstehen. Dazu mehr. Vorerst jedoch erfrischt uns Hans-Rudolf Merz, von Beruf neuerdings Finanzminister, mit eigenwilliger Prosa:

IM FDP-PRESSEDIENST vom 12. Mai 2009 lässt er seinen Gedanken über Grundwerte der Gesellschaft freien Lauf. Merz findet politischen Halt in der liberalen Weltanschauung. Sie «geht vom Bild des selbstbestimmten, reifen Menschen aus, der Verantwortung für sich und das Umfeld wahrnimmt», schreibt er. Der Mensch sei ein vernünftiges Wesen. Man «müsse ihm nur mit Toleranz begegnen», fährt er fort, «damit werden die Selbstverantwortung und die Achtung gegenüber dem Mitmenschen gestärkt».

Wenn ich daran denke, was sich auf unseren Strassen abspielt, wie wir mit der Umwelt und Natur umgehen, wie gewalttätig und fies Menschen anderen gegenüber sein können, möchte ich mich nicht allein auf die Einsicht anderer verlassen müssen.

Bundesrat Merz beklagt sich über «enger werdende Netze der Kontrolle, Aufsicht und Verbote in Richtung der Geldwäscherei und der Terrorimusbekämpfung». Er vermisst den «Mut zur Lücke». Will heissen: statt öffentliche mehr Selbstkontrolle. Motto: Die Kontrollierten kontrollieren die Kontrolleure. Für einen Finanzminister schon eine seltsame Botschaft.

SELBST IM SCHÄBIGSTEN KRIMI war zu lesen, dass auch noch der hinterletzte Gauner und Drogenmafiaboss sein schmutziges Geld bei einer Schweizer Bank deponierte, um es sauberwaschen zu lassen. Das heisst, Blutgeld aus

Waffen- und Drogenhandel verliess die Bank «sauber». Wie das auf unserem Lohnkonto. Damit war die Schweiz weltweit in Verruf geraten. Mit dem Geldwäschereigesetz wurde der Kampf gegen die international organisierte Kriminalität aufgenommen. Der Finanzplatz Schweiz darf nicht zum Umschlagplatz für die russische, italienische, japanische oder sonstige Mafia werden. Dafür braucht es strenge öffentliche Kontrollen. Nicht den «Mut zur Lücke».

Vielleicht hat Merz es gar nicht so gemeint. In seinem Essay steht: «In der Aufklärung begannen die Philosophen auszulegen, was wahr ist, im anschliessenden Jahrhundert wurde festgelegt, was wahr war. Heute ist alles wahr, auch das Gegenteil.» Nun sind wir völlig verunsichert. Eigentlich wissen wir überhaupt nicht mehr, was er uns sagen will. Heisst das, was immer er als Finanzminister entscheidet, sei richtig? Auch das Gegenteil?

ENDE APRIL HAT MERZ uns auf dem linken Fuss erwischt. Er will bei der Mehrwertsteuerabteilung 15 Steuerinspektoren einsparen. Um Personalkosten zu senken. Demnach sind diese Beamten ein Verlustgeschäft. Sollte man meinen. Falsch. Sie rentieren. Warum also 15 weniger? Geschäftsgeheimnis.

Ein Steuerinspektor kostet den Bund 200 000 Franken im Jahr. Dafür bezahlt er das Zehnfache zurück, jeder liefert im Schnitt zwei Millionen Franken in die Bundeskasse. Bei 15 sind das netto 27 Millionen immerhin. Müssen wir davon ausgehen, unser Finanzminister könne nicht rechnen? Denkste. Er stolpert über seine Ideologie: Selbstkontrolle statt öffentliche Aufsicht. Weil ja der Mensch per se vernünftig und verantwortungsbewusst ist. Scheints.

HEUTE WERDEN FIRMEN UND BETRIEBE, die Mehrwertsteuer abrechnen, vom Staat nur etwa alle 15 Jahre kontrolliert. Das ist weiss Gott nicht übertrieben, sondern schon fahrlässig selten. Eigentlich müsste Merz noch ein paar Inspektoren einstellen. Stattdessen will er sogar abbauen. Weil, wie er selber geschrieben hat, für ihn auch das Gegenteil richtig ist. Ich glaube, der Finanzminister braucht dringend eine ideologische Wurzelbehandlung. Damit ihm sein Job klar wird. Gespart wird, wenn schon, bei den Ausgaben. Das Gegenteil ist eben gerade nicht richtig. Das liberale Hemd von Merz ist zu kurz. Das wiederum beunruhigt uns.   *23.5.2005* ✤

107

Die polizeipolitische Bankrotterklärung

Ⓘn der Basler «Herbschtmäss» gibt es ihn noch, den billigen Jakob. Er verkauft Küchengeräte, Marke Wunder. Selbstverständlich unerreicht billig. Oder noch billiger. Er unterhält sein Publikum blendend. Der billige Jakob ist kein gewöhnlicher Verkäufer. Er inszeniert eine Vorstellung. Küchengeräte werden als etwas noch nie Dagewesenes angeboten. Das Kaufen wird zum Vergnügen. Wissend, dass die Ware kaum dermassen sensationell beispiellos sein wird, wie der herrliche Gaukler sie lobpreist. Das macht nichts. Der Spass ist die kleine Investition allemal wert.

Auch Politik hat ihren Preis. Nur dass dort der billige Jakob teuer, sehr teuer werden kann. Das zeigt sich am Beispiel des Kantons Zürich. Hier führt die SVP ihren Kampf gegen den eigenen Staat gnadenlos. Sie hat sich in die Forderung verbissen, die Steuern um 20 Prozent zu senken. Das schenkt vor allem oben ein. Damit gerät die Regierung unter permanenten Spardruck. Ihre Hauptbeschäftigung ist Sparen, damit die roten Zahlen nicht noch röter werden. Gleichwohl schlittert sie von einem Defizit ins andere.

SPAREN IST BEIM VOLK POPULÄR. «Wir müssen schliesslich auch mit dem Geld auskommen, das wir einnehmen», räsonieren Herr und Frau Schweizer. Und wählen Parteien, die Steuergeschenke versprechen. Ohne zu sagen, was sie kosten. Gratis ist Steuerabbau nicht. Wer das behauptet, verkauft Illusionen.

Im Kanton Zürich ist die einst übermächtige freisinnige Partei von der SVP rechts überholt worden. Die FDP ist heute nicht mehr die Nummer 1, sondern Nummer 3. Seither leidet sie unter einem politischen Schleudertrauma. Früher führte sie das grosse Wort in Wirtschaft und Politik. Heute bemüht sie sich, der SVP Paroli zu bieten. Die Zürcher FDP tut das auf sonderbare Art. Sie kopiert die SVP. Das heisst, sie will die bessere SVP sein. Eine Taktik, die niemals zum Erfolg führen kann. Die Schweiz jedoch braucht eine eigenständige FDP, eine, die offen ist nach rechts und links. Eine, die eigene Akzente setzt und nicht im Seitenwagen Platz nimmt. Die ihre liberale Tradition hochhält. Das ist die freisinnige Partei diesem Land schuldig.

Die Zürcher Regierung hat wieder ein neues Sparprogramm vorlegen müssen. Daraus nur eine Position: Das Polizeikorps soll um fast 10 Prozent, um 150 Mann, verkleinert werden. Allein die Kriminalpolizei verliert von 150 Mann einen Drittel. Das bei zunehmender Kriminalität. Der «Tages-Anzeiger» dazu: «Was zum Kuckuck soll der Zürcher Regierungsrat tun? SVP und FDP entziehen dem Kanton seit Jahren systematisch Mittel.» Dabei fehlen bis 2008 vier Milliarden Franken.

POLIZEIKOMMANDANT PETER GRÜTTER ist aufgebracht. Der Abbau sei nicht zu verantworten, erklärt er öffentlich. «Ein Polizeikorps ist rasch kaputt gemacht», warnt er.

Vor vier Jahren musste die Stadt Zürich gegen ihren Willen die Hälfte ihrer Kriminalpolizei an den Kanton abtreten.

Nun baut dieser genau bei der Kripo massiv ab. «Wir sind nicht mehr in der Lage, der Stadt bei der kriminalpolizeilichen Grundversorgung zu helfen», mahnt Kommandant Grütter. «Das werden die Kriminellen dankbar zur Kenntnis nehmen», fügt er bei.

Grütter befürchtet, «dass es wieder offene Drogenszenen gibt. Die Händler werden immer dreister.» Es bräuchte mehr Polizei, nicht weniger. «Ich hätte es mir nie träumen lassen, dass wir überhaupt so weit kommen würden», so der zornige Polizeikommandant.

Die Zürcher Polizei meldet sich zum Teil von ihrem Dienst ab. Sie ist nicht mehr imstande, die Stadt bei der «kriminalpolizeilichen Grundversorgung» zu unterstützen. Das ist eine politische Bankrotterklärung. Der stärkste Wirtschaftskanton hat nicht mehr genügend Geld für genügend Polizisten. In unzähligen Inseraten und Flugblättern hat die SVP «die Linken und die Netten» beschuldigt, zu wenig gegen Kriminalität und Gewalt zu unternehmen. Nun hat ausgerechnet sie den Kanton in eine sicherheitspolitische Notlage gebracht. Mit ihrer Sparpolitik, koste sie, was sie wolle.

Die Zürcher SVP-Strategen sind uneinsichtig. Dieser Tage erst wiederholten sie, der Steuerabbau und damit der Kahlschlag bei den Dienstleistungen müsse weitergehen. Eine solche Politik sollte polizeilich verboten werden.   25.4.2005 ✛

Von den Reichen und den anderen –
oder die da oben und die da unten

Die Reichen amüsieren sich, ob sie wirklich reich oder nur wohlhabend seien. Jürg Marquard zum Beispiel soll zwischen 100 und 200 Millionen Franken schwer sein. Reich sei er deswegen nicht, sagt er. «Reich ist für mich ein Milliardär. Ich betrachte mich als sehr wohlhabend.»

Das sieht Daniel Vasella ähnlich. In einem Essay hat er über seine Entlöhnung von 20 Millionen Franken im Jahr philosophiert. Und meint, reich sei er aber nicht. Damit verwirrt uns der Chef des Novartis-Konzerns sehr. Ab wann spielen denn die Grossverdiener und Mehrfachmillionäre in der Champions League der Finanzaristokratie?

ZU HILFE KOMMEN UNS ZWEI BASLER AUTOREN. Ueli Mäder und Elisa Streuli mit ihrem Buch «Reichtum in der Schweiz». Darin analysieren und sortieren sie die Zahlen der Steuerverwaltung des Bundes. Sie haben Erstaunliches zusammengetragen. Drei Prozent der Steuerpflichtigen gehören der Millionärsklasse an. Das sind 120 000. Diese drei Prozent der privaten Steuerpflichtigen verfügen über gleich viel Vermögen wie die übrigen 97 Prozent. Diese Vermögenskonzentration ist einmalig in Europa.

Das ist aber noch nicht alles. Im Club der 120 000 Mehrfachmillionäre und Milliardäre gibt es noch die Extraklasse von 12 000 Superreichen. Ihnen gehört die Hälfte des «Clubvermögens». Das heisst, diese 12 000 besitzen gleich viele Milliarden wie die anderen 108 000 im Club der Reichen. Es gibt also Reiche und dann noch mal Reichere. Diese 12 000 Reichsten der Reichen machen exakt drei Promille aller Steuerpflichtigen aus, besitzen aber 25 Prozent der Vermögen in unserem Land. Um es banal zusammenzufassen: Ganz wenige besitzen ganz viel.

DAS IST EINE SEITE DER SCHWEIZ. Die andere: Caritas Schweiz veröffentlicht jedes Jahr einen «Sozialalmanach». Im Jahrgang 2005 wird von den Menschen berichtet, die am entgegengesetzten Ende von denen da oben leben. Wir reden von denen da unten. 1,2 Millionen Menschen, das ist ein Sechstel der schweizerischen Bevölkerung, leben von Arbeitslosengeld, Invalidenrenten oder von der Sozialhilfe. Der Club der Armen ist also zehnmal grösser als der Club der Reichen. Das stimmt nachdenklich. Zumal in der Welt immer noch von der reichen Schweiz ausgegangen wird. Fassen wir nochmals zusammen: Ganz viele haben bei uns ganz wenig.

Wer Fatalist ist und meint, es habe immer Arme und Reiche gegeben, das werde so bleiben, sollte hellhörig werden. Im «Sozialalmanach 2004» nämlich ist eine alarmierende Bilanz aus den Neunzigerjahren vorgelegt worden: «Die Lage der Armutsbevölkerung hat sich massiv verschlechtert, aber auch der Lebensstandard der unteren Mittelschicht ist markant gesunken. Das Risiko zu verarmen droht einer immer grösseren Zahl von Haushalten und ist nicht mehr nur auf die unterste Schicht der Gesellschaft beschränkt. Die obere Mittelschicht konnte sich in etwa halten. Einzig die Oberschicht konnte ihr verfügbares Einkommen steigern. Damit hat sich die faktische Ungleichheit in der Schweiz deutlich verstärkt.»

Wenn dieser Trend anhält, landen wir in der Zweiklassengesellschaft. Die da unten verloren vom wenigen, das sie haben. Die untere Mittelschicht muss aufpassen, nicht abzurutschen. Der Mittelstand, Rückgrat von Wirtschaft und Gesellschaft, ist gefährdet. Die Frage steht im Raum: Wird unsere Gesellschaft das auf Dauer aushalten? Nach dem Sinn und Geist unserer Bundesverfassung ist die Schweiz eine Solidargemeinschaft. Sind wir schon so weit, sagen zu müssen, das war einmal?

DIE JUNGE GENERATION steht vor ihrer grössten Herausforderung: Arbeit zu haben. Selbst das Studium sichert keine Stelle mehr. Die Älteren kämpfen darum, im Arbeitsprozess bleiben zu dürfen. Nichts ist mehr sicher. Gleichzeitig wollen verwöhnte Wirtschaftsführer und -funktionäre herausgefunden haben, dass wir uns die AHV und den Sozialstaat so nicht mehr leisten könnten. Peter Hasler, Direktor des Arbeitgeberverbandes, bringt es auf den Punkt: «Niemand lässt sich von Millionenverdienern sagen, die Renten müssten sinken.» Volltreffer! 29.3.2005 ✦

Panzerschrott und kalte Krieger –
die Schweizer Armee ist auf dem Rückzug

I m Kalten Krieg zwischen den USA, der Sowjetunion und ihren Verbündeten hatte sich die Schweizer Armee auf einen militärischen Angriff
eingestellt. Der Verteidigungsminister war für die nötige Bewaffnung
verantwortlich. Seit dem Ende des Kalten Krieges vor 15 Jahren hat sich das
geändert. Schon Samuel Schmids Vorgänger, Adolf Ogi, liess 148 Leopard-
Panzer einmotten. Das in klimatisierten Einstellhallen. Damit die teuren
Vehikel nicht rosten. Heute also muss der Verteidigungsminister dafür
sorgen, dass seine Panzer ausser Dienst nicht verrosten. Das ist schon fast
frustrierend. Herzblut wird er dafür nicht hergeben.

DIE ARMEE UND IHRE GENERÄLE haben bessere Zeiten gekannt. 1989 verlieh
der Bundesrat der Armee die höchste demokratische Auszeichnung: Sie sei
«die Schule der Nation». Entsprechend wurden die Militärs von der Politik
verwöhnt. Jahr für Jahr musste ein Rüstungsprogramm bewilligt werden.
Nach der berühmten Frage «Darfs ein bisschen mehr sein?» war für Waffen
kein Preis zu hoch und kein Panzer zu viel. Das ging bis zum rüstungspoliti-
schen Wahnwitz. Ein Beispiel: Der frühere Direktor der Militärverwaltung,
Hans-Ulrich Ernst, hat in der «Neuen Zürcher Zeitung» vom 11.11.2004
Unglaubliches bestätigt. Nämlich, dass die Schweiz nach den USA «die weltweit grösste Flotte von Panzerhaubitzen» besitze.

Mit dem Rüstungsprogramm 1997 verlangte der Bundesrat einen Kredit
von 456 Millionen Franken für die Modernisierung der Panzerhaubitzen.
Die Geschütze sollten um zehn bis zwölf Zentimeter verlängert werden.
Wofür? Damit sechs bis sieben Kilometer weiter hätte geschossen werden
können. Warum? Das blieb militärisches Geheimnis. Eine plausible Begründung gab es in der Militärkommission des Nationalrates nicht. Dieser kürzte
den Kredit um einen Drittel. Liberale und SP wollten den ganzen streichen.
FDP und SVP die vollen 456 Millionen bewilligen. Angenommen wurde
dann ein Kornpromissantrag der CVP: minus 33 Prozent.

Übrigens: In meinen 34 Nationalratsjahren habe ich 34 Rüstungspro-
gramme mitberaten. 1997, bei meinem letzten, wurde zum ersten Mal ein

Kredit gekürzt. Die Armee stand sozusagen unter politischem Heimatschutz. Ein Teil des Parlaments bewilligte ihr alles. In der geistigen Achtungstellung.

1974 hat die Parlamentsmehrheit ein tollkühnes Stück aufgeführt. Es wurde ein Kredit für ein paar hundert Panzer P-68 genehmigt. Das, obschon die beratende Fachkommission des Verteidigungsministers diesen P-68 wörtlich als «kriegsuntauglich» bezeichnet hatte. Der zuständige Bundesrat Rudolf Gnägi setzte sich über das vernichtende Urteil hinweg. Und die bürgerliche Ratsmehrheit folgte ihm. Später, als die Panzer im Einsatz waren, setzte das Parlament eine Untersuchungskommission ein. Um abzuklären, warum der P-68 so viele Mängel aufwies. «O Herr, gib diesem Parlament mehr Vernunft!»

DAS VBS VON BUNDESPRÄSIDENT SAMUEL SCHMID hat heute andere Sorgen. Es muss überschüssige Waffen abstossen. Schon schien es, Thailand werde ein paar Dutzend Panzer P-68 kaufen. Der Deal platzte im letzten Moment. Nun werden 200 entsorgt. Altmetall sei im Preis gestiegen, jubeln sie im Departement. Eine erste Serie von 60 Panzerhaubitzen M-109 wird ebenfalls eingeschmolzen. Die Militärs jammern, es bestehe beim Loswerden von überschüssigem Material ein enormer Nachholbedarf. Bis 2010 soll für jährlich 2,5 Milliarden Franken Material entsorgt werden. Das sind 15 Milliarden. Damit wird Lagerraum im Ausmass von 150 Fussballfeldern gewonnen. Jährlich werden zudem 300 Millionen Franken an Betriebskosten eingespart.

1989 ZÄHLTE DIE ARMEE 819 000 MANN. Heute sind es noch 140 000. Plus 80 000 Reservisten. Das ist ein gewaltiger Um- und Abbau. Finnlands Armee, um einen Vergleich zu nehmen, zählt gerade mal noch 27 000 Mann. Andere Kleinstaaten leisten sich ähnlich kleine Armeen. Der Rückzug der Schweizer Armee geht weiter. *7.3.2005* ✠

«Lieben Sie eigentlich unseren Staat?»

Was für eine Frage. Gustav Heinemann, der frühere deutsche Bundespräsident, dazu: «Ich liebe nicht den Staat, ich liebe meine Frau.»

Bundesrat Christoph Blocher hat kürzlich erklärt: «Wir haben zu viel Staat.» Das ist, wie wenn Herr Loosli jammern würde: «Wir haben zu viel Coop.»

Wir hatten mal den sogenannten Nachtwächterstaat. Der nur zuständig war für die innere und äussere Sicherheit. Für Polizei und Armee also. Plus etwas Fürsorge. Das wars auch schon.

Das Pflichtenheft des modernen Staats ist vielfältiger. Er ist verantwortlich für Soziales, Stichwort AHV. In seine Kompetenz fallen, um weitere Beispiele zu erwähnen, Bildungs-, Verkehrs-, Umwelt- oder Gesundheitspolitik. Er sorgt für die «gemeinsame Wohlfahrt». So steht es in der Bundesverfassung.

Der Staat erlässt Auflagen für eine möglichst soziale Marktwirtschaft. Der Markt an sich ist nicht sozial, sondern brutal. Die Grossen fressen die Kleinen. Ohne öffentliche Leitplanken hätten wir das moderne Faustrecht.

DIE SCHWEIZ HAT EIN EINMALIGES REGIERUNGSSYSTEM. Seit nun schon 156 Jahren besteht der Bundesrat aus nur sieben Mitgliedern, im Ausland Minister genannt. Hans-Rudolf Merz ist als vorläufig letztgewählter erst der 108. Bundesrat. Seit 156 Jahren ist unser Staat mit lediglich 108 Bundesräten ausgekommen. Sieben davon sind noch im Amt. Dieses Kontingent hätte in Italien höchstens für zehn Jahre gereicht.

Keine Partei hat die Mehrheit, keine kann also allein regieren. Im Bundesrat sind die vier wählerstärksten Parteien vertreten. Als Konkurrenten und Partner. Sie bilden keine Koalition. Dazu fehlt in entscheidenden Fragen die Übereinstimmung. Bei uns regieren «Freund und Feind» gemeinsam. Das ist einmalig auf der Welt. Gleichwohl wird die Schweiz für ihre politische Stabilität bewundert.

Weil nicht eine Partei das Sagen hat, sind die Bundesratsparteien zur Zusammenarbeit «verurteilt». Politische Gegner müssen sich zusammenraufen und eine mehrheitsfähige Lösung aushandeln. Gelingt das nicht oder will die eine Seite diktieren, zeigt das Stimmvolk die Rote Karte. So geschehen letztes Jahr beim Steuerabbaupaket für die Reichen. Oder beim Versuch, mit der 11. AHV-Revision Leistungen abzubauen.

DIESES SYSTEM FUNKTIONIERT für Gemeinden, Kantone, Bund. Sozialdemokraten und Bürgerliche sind ein Team. Keiner wird zu mächtig. Auch der Staat nicht. Neoliberale sehen gleichwohl zu viel Staat. Sie schwärmen von seiner Impotenz. Gegen soziale Kälte verschreiben sie Eigenverantwortung. Sozialpolitisch schwören sie auf das Prinzip Hoffnung. Den Sozialstaat wünschen sie zum Teufel.

Schon das Vorführen des Autos bei der Motorfahrzeugkontrolle oder zum Abgastest wird als elende staatliche Schikane beschimpft. Der Autofahrer werde damit zum «potenziellen Kriminellen abgestempelt», schreibt Professor Silvio Borner in der «Weltwoche» vom 20. Januar. Sein Uni-Institut ist ein neoliberales Denklabor. Mit dem Staat als Feind Nummer 1.

Eine ähnliche Melodie spielt Bundesrat Blocher. Das Obligatorium bei der Krankenversicherung sollte abgeschafft werden, so seine Botschaft nach den ersten hundert Tagen in der Regierung. Das wäre nur der Anfang. An die AHV denke er zuletzt, tröstete der Justizminister die Nation.

DAS OBLIGATORIUM FÜR DIE KRANKENVERSICHERUNG hat grosse Vorteile. Wer immer will, kann die Krankenkasse wechseln. Das ohne Nachteile, ohne Vorbehalte, ohne Alterslimite. Vorher ist das unmöglich gewesen. Blocher stört, Herr und Frau Schweizer seien «zwangsversichert». Nur: Bundesrat, Parlament und Stimmvolk (!) stimmten vor neun Jahren dem Obligatorium zu. Gegen die Parole der SVP. Die meisten von uns wissen eben, dass nur schon eine mittelschwere Operation ihr Budget übersteigen würde. Da stehen schnell ein paar zehntausend Franken auf der Rechnung. Deshalb ist sogenannt «zwangsversichert» gut versichert.

Jeder Bundesrat wird auf die Verfassung vereidigt. Verlangt wird kein Liebesverhältnis zum Staat. Aber auch nicht das Gegenteil. Ein Bundesrat soll nicht primär den (Sozial-)Staat abbauen, sondern ihn konsolidieren helfen. So hat er es geschworen. Man darf von einem Magistraten erwarten, dass er sich an den Eid hält. Es gilt das gesprochene, nicht das gebrochene Wort. *31.1.2005* ✚

«Ich habe einen Traum»

Er hatte für die Rechte seiner unterdrückten Landsleute gekämpft. Das gewaltlos. Und selber ein Opfer der Gewalt. 1968 ist Martin Luther King, Amerikas Bürgerrechtler, ein Schwarzer, ermordet worden. Sein legendärer Ausspruch ist unvergessen geblieben: «Ich habe einen Traum.» Der Baptistenprediger träumte von einem Amerika ohne Rassendiskriminierung, ohne Gewalt, ohne soziale Not. Es war der Traum von einem Land, das für Freiheit, Demokratie, soziale Gerechtigkeit steht. Der Traum von seinem Amerika.

Diese Worte, «ich habe einen Traum», sind mir angesichts der unfassbaren Katastrophe in Ländern am Indischen Ozean in den Sinn gekommen. Aus Uno-Kreisen hört man, die grösste Hilfsaktion, die es je gegeben habe, sei angelaufen. Hilfe für die in Not geratenen Überlebenden. Das ist viel und doch zu wenig.

FÜR EINEN MOMENT MÖCHTE ICH TRÄUMEN. Von einem amerikanischen Präsidenten, der mit einem Schlag die Herzen der Menschen gewinnt. Mit den Worten: «Wir alle wissen, was Schreckliches passiert ist. Viele zehntausend, wenn nicht über hunderttausend Menschen sind tot. Natur und Umwelt sind auf weiten Strecken verwüstet worden. Noch gibt es keine gesicherten Angaben, wie viele Existenzen vernichtet wurden. Sind es 500 000? Eine Million? Oder noch mehr? Wir wissen nur eines: Wieder einmal hat es die Ärmsten der Armen am härtesten getroffen.»

DAS WÄRE EINE BOTSCHAFT DER HOFFNUNG, der Anteilnahme, wie wir sie nicht unbedingt erwartet hätten. Dann jedoch folgt in meinem Traum das bisher Undenkbare. «Wir müssen», so der US-Präsident, «anders helfen als üblich. Die wohl grösste Naturkatastrophe der jüngeren Geschichte verlangt ein Hilfsangebot, das es so noch nie gegeben hat. Ich, der Präsident der Vereinigten Staaten von Amerika, habe beschlossen, zehn Prozent unseres Militärhaushalts 2005 für den Wiederaufbau in den von der Sintflut heimgesuchten Katastrophengebieten zu spenden. Das sind 50 Milliarden Dollar.

Wichtiger als Waffen ist jetzt humanitäre Hilfe. Wichtiger als nur schöne Worte sind Taten. Das reiche Amerika ist bereit, mit gutem Beispiel voranzugehen. Das Geld soll in erster Linie den Menschen zugute kommen, die alles verloren haben und ohne Hilfe nicht überleben können.»

ZUGEGEBEN, MEIN TRAUM IST NAIV, ist unrealistisch, eben ein Traum. Nehmen wir gleichwohl an, der amerikanische Präsident George W. Bush würde tatsächlich über den eigenen Schatten springen und dieses grossartige Angebot machen. Was bewirkte er damit? Die stärkste Wirtschafts- und Militärmacht der Welt begänne einen weltweiten Goodwill, der unbezahlbar wäre. Eine Zuneigung und Dankbarkeit, die mit Waffen, Krieg, Gewalt niemals zu haben sind, sondern verspielt werden. Die USA wären in ganz Asien ein Beispiel für Menschlichkeit, ein Leuchtturm der Nächstenliebe. Das werden sie im Irak nie schaffen.

So ganz naiv müsste das nicht sein. Nach dem Zweiten Weltkrieg nämlich gab es den berühmten Marshallplan. Der damalige US-Präsident Harry S. Truman und Aussenminister George Marshall hatten nicht nur erkannt, dem zerstörten Westeuropa, ebenso dem besiegten Deutschland, beim Wiederaufbau helfen zu müssen. Sie hatten auch die Grösse dazu. Mit einem Betrag, der heute bei 50 Milliarden Dollar läge. Das war die Operation Marshallplan.

MAG DIE HILFE NICHT NUR ALTRUISTISCH, sondern auch im Eigeninteresse gewesen sein, an der grossmütigen Idee ändert das nicht das Geringste. Truman und Marshall wussten offenbar, dass Frieden und Wohlstand unteilbar sind, dass es Amerika mit einem verarmten Europa nicht gut gehen kann. Das ist heute erst recht nicht anders. Leider muss bezweifelt werden, ob Präsident Bush das auch so sieht.

EIN HUMANITÄRER GROSSEINSATZ DER USA würde andere Staaten animieren, das Gleiche zu tun. Die Welt könnte sich verändern. Die Uno als Symbol des Friedens würde im Namen der Staatengemeinschaft endlich ihren Auftrag erfüllen können. Den Kampf gegen die Armut zu führen statt gegen die Armen.

«ICH HABE EINEN TRAUM»: Dann müssten die Überlebenden etwas weniger Angst verspüren, überlebt zu haben. *3.1.2005* ✢

117

Was ich vor Jahresende noch sagen wollte

Leider habe ich nicht notiert, von wem das folgende Zitat ist: «Der immer stärker werdende Leistungsdruck in der Wirtschaft zerstört ab einem bestimmten Punkt die Fähigkeit der Menschen, ihre Gesellschaft noch menschlich zu gestalten.» Mich dünkt, dass zunehmend Anzeichen in dieser Richtung zu erkennen sind.

IM JULI IST IN DER ZÜRCHER KANTONALBANK Schreckliches passiert. Ein Angestellter erschoss zwei Vorgesetzte und sich selbst. Ein solches Ereignis darf weder verallgemeinert noch als typisch für den Tatort bezeichnet werden. Es ist eher symptomatisch für unsere Zeit. Die Anforderungen an den Einzelnen sind härter und das Klima in der Arbeitswelt ist kälter geworden. Ich höre mehr Ältere als noch vor zehn Jahren sagen: «Bin ich froh, nicht mehr jung zu sein.» Solche Bemerkungen stimmen nachdenklich.

Das in der Zürcher Kantonalbank Vorgefallene ist in den Medien ausgiebig kommentiert worden. Beeindruckt hat mich der Verwaltungspräsident dieser Bank. Er heisst Urs Oberholzer. Ich kenne ihn persönlich nicht. Im Fernseh-«Zischtigsclub» berichtete er über eigene Erfahrungen. Wie ein neuer Firmenboss ein vorher gutes Betriebsklima in wenigen Wochen in ein Angstklima verändert habe. Tüchtige Mitarbeiter mussten gehen. Oder machten, wie Urs Oberholzer, nicht mehr mit.

MIT DIESER ERFAHRUNG aus einem feindlich gewordenen Arbeitsklima wechselte Oberholzer ins Verwaltungsratpräsidium der grössten Kantonalbank. Er beobachtete dort Interessantes – und zwar vor dem traurigen Tag im Juli.

Beim Rundgang durch die Büros war ihm Folgendes aufgefallen: «Überall hocken Männer und Frauen vor dem Bildschirm. Sie reden kaum mehr miteinander. Kommunikation findet nicht mehr statt.» Ergo müsse ein Raum bereitgestellt werden, in dem sich die Leute treffen und unterhalten können. Zweitens: Bei Urs Oberholzer hatten sich nach dem ersten Schock etwa fünf Dutzend Mitarbeitende für ein persönliches Gespräch angemeldet. «Für mich überraschend hat rund die Hälfte mein Büro nicht aufsuchen wollen, sondern ein Treffen ausserhalb der Bank bevorzugt.» Da wollten Angestellte auf keinen Fall riskieren, ins Gerede zu kommen, weil sie beim Verwaltungspräsidenten eine Audienz hatten. Das könnte zum Beispiel der Direktion nicht passen.

VIELE LEBEN MIT DER ANGST, die Stelle zu verlieren. Schliesslich müssten, verkünden die Banken, in den nächsten Jahren allein auf dem Finanzplatz Zürich an die 10 000 Arbeitsplätze abgebaut werden. Keiner ist sicher, ob und wann es ihn treffen könnte. «Angst aber frisst fünfzig Prozent der Energie», meint Urs Oberholzer.

Ein Angstklima ist nicht nur aus moralischen Gründen verwerflich, es schadet dem Unternehmen auch betriebswirtschaftlich. Urs Oberholzer zieht daraus seine Schlüsse «für Vorgesetzte auf jeder Stufe». Nötig seien Einfühlungsvermögen, Fairness, Offenheit, Toleranz. «Wer diese Qualitäten nicht besitzt, ist für eine Führungsposition nicht geeignet.» Da brauche es nicht nur die fachliche, sondern auch die soziale Kompetenz. Genau die fehlt häufig.

EIN BUNDESRATSWEIBEL SAGTE MIR KÜRZLICH, er habe nun einen Chef, der ihn morgens grüsse, abends verabschiede und auch «Danke» sage. Genau da fängt soziale Kompetenz an. Sie bedeutet das Einfachste: anständig zu sein. Für viele ist das am schwersten. «Vorher war ich ein Niemand, wie Luft, eben nur der Weibel.»

SOLCHE MISSACHTUNG FRISST AN DEN NERVEN, an der Seele, am Gemüt. Zusammen mit dem Leistungsdruck wird das alles zu viel. Dann sollen Beruhigungspillen helfen oder Aufputschmittel. Nur sitzt der Stress tief im unglücklichen Menschen. Alle diese Mittel, die wie Doping zusätzliche Kräfte freisetzen sollen, vermögen das Defizit an Menschlichkeit halt nicht zu ersetzen.

SO LANDEN VIELE AUF DER COUCH DES PSYCHIATERS. Deren Wartezimmer sind gut besetzt. Weil zu viele an der Kälte des Wirtschaftsklimas leiden und damit nicht mehr zurechtkommen.   *6.12.2004* ✤

Wenn der Beste nicht mehr gut genug ist

Der Mann ist erst 20-jährig und schon Schweizer Meister. Claude Grossenbacher, so heisst er, hat den Titel als bester Karosseriespengler geholt. Er verdiente sich diese Auszeichnung Mitte Oktober an einer dreitägigen Leistungsschau in Le Locle.

DIE EIGENTLICHE GESCHICHTE hingegen ist eine andere. Der offensichtlich tüchtige Handwerker suchte, berichtete die «Basler Zeitung», nach dem Lehrabschluss eine Stelle. Nachdem er 60 Bewerbungen abgeschickt und gleich viele Absagen eingesteckt hatte, gab er das «Rennen» auf, liess aber den Kopf nicht etwa hängen. «Dann werde ich halt Unternehmer», meinte er. Das Diplom als Schweizer Meister ist für das Geschäft durchaus hilfreich. «Allmählich nimmt nun die Anzahl der Aufträge zu», freut sich der Chef seiner Ich-AG. Er darf hoffen, mit der noch kleinen Werkstatt in Münchenstein einen guten Start hingelegt zu haben. Übrigens: Claude Grossenbacher bereitete sich auf die im Mai 2005 in Helsinki stattfindende Weltmeisterschaft für Karosseriespengler vor. Bonne chance!, kann man da nur wünschen.

Diese kleine Story dünkt mich typisch für die heutige Zeit. Junge haben vielfach Mühe, überhaupt eine Lehrstelle und nachher Arbeit zu bekommen. Ältere wiederum müssen häufiger vorzeitig aus dem Arbeitsprozess ausscheiden, als für eine Gesellschaft zuträglich ist. Diese muss noch ganz anderes aushalten.

Zum Beispiel die Arbeitslosigkeit. Sicher, sie ist bei uns niedriger als in den meisten Ländern. Die Klimaveränderung ist dennoch brutal. Ich gehöre zur Generation, für die Vollbeschäftigung zur normalsten Sache der Schweiz gehörte. Das war einmal. Beim Sorgenbarometer steht die Angst vor dem Verlust des Arbeitsplatzes weit oben. Darunter leiden natürlich nicht alle. Aber weitaus mehr als noch vor wenigen Jahren.

Eine Fachfrau, die Arbeitslose betreut, erklärte mir ihr gegenwärtiges Hauptproblem: «Das sind arbeitslose Informatiker und Manager. Davon gibt es immer mehr. Das heisst, Qualifikation schützt nicht vor Stellenverlust.» Informatiker seien schwer zu vermitteln, «der Markt ist für sie momentan ausgetrocknet». Wer mal gut verdient hat, verliert mit der Stelle auch gesellschaftliches Prestige und fällt von oben tief nach unten. «Bis sie begriffen haben», so meine Gesprächspartnerin, «dass sie wahrscheinlich nie mehr den gleichen Lohn verdienen werden, vergeht viel Zeit. Viele wollen es nicht wahrhaben. Sie brauchen zunächst mal den Psychiater, um damit fertig zu werden.»

Die Frau vom Arbeitsamt berichtet von einem Direktor, «der nach 23 Jahren sein Büro räumen musste. Das innert einer Stunde! Der Mann ist kaputt.» Mein Grossvater hätte gerne gesagt, so jage man nicht einmal einen Hund in die Kälte hinaus.

Arbeitslose sind lange als Versager stigmatisiert worden. Heute wird Arbeitslosigkeit eher als ansteckende Krankheit verschwiegen. Man redet nicht gerne darüber. Eher schon über das Milliardendefizit der IV, der Invaliden-Versicherung. Daran sind nicht die sogenannten Scheininvaliden schuld. Die IV übernimmt Leistungsschwächere, die in der Wirtschaft nirgends mehr unterkommen. Vielfach auch ausgesteuerte Arbeitslose, deren Seele krank geworden ist.

IN DER HEUTIGEN ARBEITSWELT haben es Gutqualifizierte schwer, weniger Tüchtige sind fast chancenlos. Sie schuften den ganzen Tag, können aber vom Lohn nicht leben.

1957 erschien vom damaligen deutschen CDU-Wirtschaftsminister, Ludwig Erhard, das Buch: «Wohlstand für alle». Der Autor galt als Vater des deutschen Wirtschaftswunders nach dem Krieg. Seine Perspektive, «Wohlstand für alle», begeisterte auch in der Schweiz, zumal Ludwig Erhard für diese Visionen auch noch das Vehikel anbot: die «soziale Marktwirtschaft». Und heute? Nicht einmal mehr der beste Karosseriespengler fand eine Stelle. Der Beste war nicht gut genug. Es ist kalt geworden in der Arbeitswelt. *15.11.2004* ✛

Paris stellte Monaco das Wasser ab

Die Bundesverfassung der Schweizerischen Eidgenossenschaft ist eine Fundgrube. Man entdeckt immer wieder Unglaubliches. Lesen wir doch in Artikel 8: «Alle Menschen sind vor dem Gesetz gleich.» Steht das nur in der Verfassung, oder ist es die Wirklichkeit?

In Wirklichkeit ist die Schweiz ein Rechtsstaat. Da geht, sollte man meinen, alles gerecht zu und her. Das genau ist der Irrtum. Recht und Gerechtigkeit sind nicht das Gleiche. Rechtsstaat und Gerechtigkeit sind keine Zwillinge. Mehr noch: Sie haben gar nichts miteinander zu tun – hat einer geschrieben, dessen Name ich aber vergessen habe. Es muss ein kluger Kopf sein. Denn erstens zwingt er einen zu kritischem Nachdenken, wie sich Gerechtigkeit und Rechtsstaat zueinander verhalten. Zweitens wird bei diesem Denkprozess ziemlich schnell klar: An dieser Aussage ist etwas dran. Oder möchten Sie, nur weil die Schweiz ein Rechtsstaat ist, behaupten, es herrsche bei uns Gerechtigkeit? Eben.

IM RECHTSSTAAT SCHWEIZ gibt es zum Beispiel gravierende Unterschiede im Steuerrecht. Ich meine nicht die zwischen den Kantonen. Zwischen der Steueroase Zug und dem Kanton Jura zum Beispiel liegen Welten. Es geht um das Sonderrecht für eine spezielle Spezies von Zeitgenossen, Merkmal: schandbar reich und Ausländer.

In der FAZ, «Frankfurter Allgemeinen Zeitung», vom 18. September 2004 wird wieder einmal Brisantes aus der Schweiz berichtet. Der Formel-1-Weltmeister Michael Schumacher wohnt mit seiner Familie im Waadtland. Die Landschaft, der Genfersee und das Klima seien halt einmalig gut, lobt der grosse Meister. Er meint damit natürlich das Steuerklima. Laut FAZ soll das Vermögen des Rennfahrers um die 800 Millionen Franken betragen, «und dieses Jahr kommen vielleicht noch 100 Millionen hinzu. Das Finanzamt in seinem deutschen Heimatort wird davon keinen Cent sehen.»

Der Formel-1-Pilot ist zwar deutscher Bürger geblieben, aber Schweizer Steuerbürger geworden. «Er zahlt, wie alle Schweizer, Einkommenssteuern an die Gemeinde, den Kanton und Bund. Aber von einem fiktiven Einkommen.» Das heisst, Schumi versteuert nicht die 100 Millionen Einkommen aus dem Jahr 2004 oder wie viele es sein werden. Vielleicht verdient er ja «nur» 80 Millionen. Der Weltmeister versteuert, so die FAZ, «eine gute Viertelmillion Franken». 99,75 Prozent seines Einkommens 2004 bleiben demnach steuerfrei. Das Vermögen sowieso. Als Schweizer müsste Schumacher Steuern in zweistelliger Millionenhöhe entrichten. Der Deutsche wird sich nie einbürgern lassen, Motto: «Ich bin doch nicht blöd».

GEHT DIESE STEUERPOLITIK überhaupt mit rechten Dingen zu? Jawohl, alles ist schön rechtsstaatlich geregelt. Reichen Ausländern wird ein Discount-Steuertarif angeboten. Bedingung: Sie dürfen hier wohnen, sollen aber nicht in der Schweiz arbeiten. Michael Schumacher fährt seine Millionen auf allen Rennstrecken der Welt ein, passt also bestens in die «Lex bella Svizzera».

Das steuerbare Einkommen der ausländischen Multimillionäre wird nach der Methode Handgelenk mal Pi berechnet. Die Lebenshaltungskosten werden, so die FAZ, «einvernehmlich zwischen den Behörden und dem Steuerpflichtigen ausgehandelt». Am Schluss sind beide zufrieden. Der Steuerflüchtling in erster Linie. Aber auch die neue Wohngemeinde, denn die sagt sich: besser ein Schumacher als kein reicher Ausländer.

In den 60er-Jahren flüchteten reiche Franzosen in die Steueroase Monaco. Das wurde dem damaligen Staatspräsidenten in Paris, Charles de Gaulle, zu bunt. Er machte nicht lange Federlesens und kappte einfach die Wasserleitungen von Frankreich nach Monaco. Nach drei Tagen kapitulierte das Fürstentum.

Vor solchen Retorsionsmassnahmen braucht sich die offizielle Schweiz nicht zu fürchten. Deshalb wird sie als Steueroase für reiche Steuerflüchtlinge weiter bestehen. Getreu der Bundesverfassung: «Alle Menschen sind vor dem Gesetz gleich.»

Amen. *11.10.2004* ✢

Wohnungsnot an der Goldküste

Der skandinavische Norden, ich liebe ihn. Speziell die dänische Insel Bornholm. Die Ufer sind unverbaut. Sie gehören allen. Man kann stundenlang dem Meer entlanglaufen. Nirgends steht: «Privat. Durchgang verboten». Anders am Zürichsee. Die Ufer sind faktisch privatisiert. Überbaut sind sie allemal. Die Wohnlage am See ist exklusiv. Sie hat ihren Preis. Gewöhnlich Sterbliche haben dort nichts zu suchen. Nicht von ungefähr wird sie Goldküste genannt.

Man sollte annehmen, deren Bewohner hätten keine grossen Alltagsprobleme, abgesehen von gesundheitlichen. Natürlich wäre da der Fluglärm. Den lassen wir weg. Der ging bisher ja auch weitgehend an der Goldküste vorbei. Darunter leiden andere viel mehr. Was schon eher überraschte: An der Goldküste herrscht Wohnungsnot. Eine der besonderen Art.

Die «Neue Zürcher Zeitung» hat darüber ausführlich berichtet. Titel: «Unausgewogene Bevölkerungsstruktur an der Goldküste». Wie ist das zu verstehen? Es hat zu viele Herrschaften und zu wenig Personal. Die einen wohnen in Einfamilienhäusern oder Eigentumswohnungen. Die anderen in Mietwohnungen. Die sie kaum mehr bezahlen können. Damit sind wir beim springenden Punkt.

AN DER GOLDKÜSTE SIND DIE BODENPREISE EXORBITANT HOCH. Gebaut werden nur teure Mietwohnungen. Das vertreibt die «gewöhnlichen» Leute. Deshalb springen Gemeinden in die Lücke. Um Wohnungen anzubieten, die sich auch Mittelstandsfamilien leisten können. In Zollikon hat die Gemeinde ein Mehrfamilienhaus mit elf Wohnungen günstig an eine Baugenossenschaft verkauft. In Herrliberg bewilligte die Gemeindeversammlung den Projektierungskredit für 24 Mietwohnungen «zu einigermassen erschwinglichen Preisen». In Zumikon, Feldmeilen, Küsnacht und anderen Nobeladressen ist der kostengünstige Wohnungsbau eine prioritäre kommunale Aufgabe geworden. Das ist sozialer Wohnungsbau auf hohem Niveau.

AN DER GOLDKÜSTE HAT SICH EINE MILLIONÄRSKULTUR ENTWICKELT. Kommt hinzu, dass heute fast alle Zürichseegemeinden eine hohe Überalterung aufweisen. Es fehlen sogar die jungen Reichen. Noch mehr die «normalen» Bewohner. In Zumikon ist es schwierig geworden, schon nur Wohnungen für Gemeindeangestellte zu finden, die für sie noch bezahlbar sind. So bleiben die Reichen unter sich. Aber auch sie brauchen die öffentlichen Dienste. Wer räumt im Winter den Schnee von den Strassen? Wer bringt die Post? Wer besorgt die Kehrichtabfuhr? Die Ausbildung der Kinder?

Da ist aber auch die Verkäuferin, der Taxichauffeur, der Koch im Restaurant, die Kioskfrau, die Floristin, der Handwerker. Und viele andere. Sie alle verdienen keine Spitzenlöhne. Die Goldküste ist für sie ein teures Pflaster. Die Villen gehören anderen. Und die Mietzinse übersteigen schnell ihre Kaufkraft. «Die Einzigen, die für niedrige Einkommen Wohnungen anbieten können, sind die Baugenossenschaften. An ihnen sind die Gemeinden beteiligt; indem sie Grundstücke zu vorteilhaften Konditionen im Baurecht abgeben», berichtet die NZZ.

An der Goldküste herrscht Wohnungsmangel ... Nicht für die Villenbesitzer. Aber für jene, die ihnen gute Dienste verrichten. Damit sie ihren Luxus geniessen können. Man sollte meinen, bei so viel Kapital sei das kein Problem. Zumindest kein unlösbares. In die Lücke springen andere. Baugenossenschaften und Gemeinden. Die öffentliche Hand, der Staat also. Er bemüht sich, die Infrastruktur zu finanzieren, von der die Noblesse der Goldküste abhängig ist. Dazu gehören auch erschwingliche Wohnungen für das Dienstpersonal.

DIE GROSSEN WÄREN OHNE DIE KLEINEN AUFGESCHMISSEN. In einem Inserat der Bank Julius Bär & Co. AG wurde das 1978 so gesagt: «Es gibt keine vermögende Schicht ohne arbeitende Bevölkerung.» Damit diese «arbeitende Bevölkerung» nicht unter die Räder gerät, muss ihr geholfen werden. Von der öffentlichen Hand. Mit Sozialpolitik. Um zum Beispiel preisgünstige Wohnungen zu haben. Das Kapital allein schafft das nicht. *16.8.2004* ✦

Jagdszenen in der Nordwestschweiz

Wahlspenden fliessen üppiger als früher. Die Wahlkämpfe sind auch teurer geworden. Für den ersten Wahlkampf, den ich als SP-Präsident 1975 führte, betrug das Budget 320 000 Franken. Heute gibt die SP Kanton Zürich allein mehr aus. Von der SVP ganz abgesehen. Die hat Geld in Hülle und Fülle. Woher? Das sagt sie nicht. Sicher ist: Mit den Mitgliederbeiträgen wäre ihr Wahlkampf nicht zu finanzieren. Die reichen aus für die Portokasse. Die Millionen werden gespendet. Ein paar Namen von Spendern liegen in der Luft. Im Übrigen ist das bei der FDP nicht anders.

NEU IST, DASS AUCH SP-POLITIKER SPENDEN BEKOMMEN. Das soll nun plötzlich ein Skandal sein. Ein paar Gedanken zu diesem Thema könnten nicht schaden. Ich war lange Präsident der Solothurner Filmtage. Weil ich besonders kompetent für die Filmkunst war? Ach wo. Als Politiker sollte ich die Beziehungen zum Bundesamt für Kultur betreuen. Von dort kommen die Subventionen des Bundes. Da die Kultur von der Politik nicht verwöhnt wird und keine starke Lobby hat, übernahm ich das Präsidium. Zumal meine geliebte Gattin Gret meinte, ich könnte «ja auch noch etwas Anständiges machen».

Politiker geniessen zwar beim Volk im Allgemeinen kein besonders hohes Ansehen. Wenn ein paar Menschen Gutes vorhaben, bitten sie aber Politiker um Beistand. Sie sind eben doch unentbehrlich.

In Solothurn wurde vor noch nicht langer Zeit die Stiftung Pro Facile gegründet. Von einem Peter Ammann. Stiftungszweck: Finanzierung von Projekten für Behinderte, Kultur, Sport. Stiftungen werden vom Bund streng kontrolliert. Peter Ammann suchte für den Stiftungsrat ein paar prominente Namen. Roberto Zanetti, SP-Regierungsrat in Solothurn, sagte zu. Wenn ein Politiker glaubwürdig und integer ist, dann Zanetti. In dieser Hinsicht würde ich nicht für jeden Linken die Hand ins Feuer legen.

ROBERTO TELEFONIERTE NACH BASEL und «überredete» Anita Fetz mitzumachen. Die kann einfach nicht Nein sagen. Schon gar nicht bei Roberto, der ihr bester Fraktionskollege war. Dem Zanetti hingegen hat die Politik im

Bundeshaus «gestunken». Zu viele Karrieristen, Ellenbögeler und auch zu wenig kollegiale Wärme in der eigenen Fraktion, meinte er. Und kandidierte nach vier Jahren nicht mehr für den Nationalrat.

Auch an dieser Story ist nichts Aufregendes. Noch nicht. Bis Peter Ammann persönliche Spenden überwies. An Zanetti 20 000 Franken für den Regierungs- und an das «Überparteiliche Komitee Fetz» für den Ständeratswahlkampf 30 000 Franken. Das wurde publik. Seither ist der Teufel los. Dann gings schnell: Fetz und Zanetti traten aus dem Stiftungsrat zurück, schalteten die Aufsichtsbehörde ein, deponierten die Spende auf einem Sperrkonto. «Aha, da ist etwas faul», so das Gefühl. Strafrechtlich haben die beiden nichts verbrochen. Aber im öffentlichen Gerede sind sie. Das gehört zum politischen Risiko.

Am vergangenen 16. Mai stimmten wir über das Steuerpaket ab. Die CVP koordinierte die Abstimmungskampagne für die Befürworter. Bezahlt von Economiesuisse. So ist das in der Schweiz. Parteien und Politiker leben von Spenden.

ICH BRAUCHTE AUCH MAL GELD. 1982 war die SP Schweiz nach Jahrzehnten wieder Gastgeber der Sozialistischen Internationale. Willy Brandt war Präsident. Die Tagungsteilnehmer werden überall eingeladen. Das kostete die SP drei Bankette für je 15 000 Franken. Dafür hatte sie kein Geld. Aber mein Stolz liess es nicht zu, dass die SP eines reichen Landes als Einzige nicht hätte einladen können. Die Ausländer hätten das nie begriffen. Was also tun?

Ich ging auf Betteltour. Und fand drei Spender. Einer ist gestorben, ihn darf ich nennen. Die Rechnung für ein Bankett durfte ich dem Denner-Chef Karl Schweri schicken. Er verlangte von mir nie eine Gegenleistung. Meinen Genossen jedoch musste ich das jahrelang verschweigen. Die wären imstande gewesen, mich abzusetzen. Geld vom «Klassenfeind»! Ich höre die Moralisten. Dazu passt ein Witz. Kellner: «Haben Sie noch einen Wunsch?» Gast: «Ja. Bringen Sie mir Geld. Ich möchte zahlen.» *19.7.2004* ✚

Der Tanz um die schöne Konkordanz

Konkordanz wird im Duden mit «Übereinstimmung» ausgedeutscht. Das Besondere am schweizerischen Konkordanzsystem ist aber, dass die vier Bundesratsparteien eben gerade nicht miteinander übereinstimmen. Sie sind Konkurrenten, weniger Partner. Mal arbeiten sie miteinander, mal gegeneinander. Ausländer wundern sich, dass ein solches Regierungssystem überhaupt funktioniert.

Die sieben Bundesräte aus vier Parteien sind aber nicht nur in das Konkordanzsystem eingebunden. Sie sollen auch noch eine Kollegialbehörde sein. Nein, Moritz Leuenberger und Christoph Blocher müssen sich deswegen nicht lieb haben. Natürlich nicht. Schliesslich sind sie privat politische Gegner. Dienstlich hingegen haben sie den gleichen Auftrag: zum Wohl von Volk und Land zu arbeiten. «So wahr mir Gott helfe», wie Blocher bei der Annahme der Wahl erklärte.

MAN MÖCHTE MEINEN, das sei doch das Mindeste. Nur: Die Differenzen beginnen halt schon bei der Frage, wie Politik mit dem Ziel, das allgemeine Wohl zu fördern, auszusehen habe. Ausgerechnet darüber streiten sich ja Linke und Rechte. Das geht so bis zur Familie Schweizer hinunter. Deshalb wählen die einen bürgerlich, die anderen links. Das schön verteilt. Keine Partei erreicht die Mehrheit. Dafür ist gesorgt. Es müssen sich zwei, drei oder noch mehr Parteien zusammentun. Sie werden sozusagen zur Zusammenarbeit «verurteilt».

Das Konkordanzsystem ist eine geniale schweizerische Erfindung. SP und Bürgerliche sollen sich bitte schön zusammenraufen. Dieses Politmodell gibt es in den Gemeinden, Kantonen und beim Bund. Der Sinn liegt darin, alle relevanten Kräfte der Gesellschaft in die politische Verantwortung einzubinden, sie an der politischen Macht teilhaben zu lassen. Das System basiert auf dem Kompromiss. Extremlösungen werden ausgeklammert.

NUN WOLLEN WIR DAS KONKORDANZSYSTEM nicht etwa idealisieren. Es dürfte wahrscheinlich so ziemlich die mühsamste Form sein, politische

Lösungen zu finden. Sie verlangt von den Akteuren ein hohes Mass an Einsicht für das Gemeinsame. Günter Grass hat das gut erfasst: «Den Kompromiss akzeptieren heisst die Wahrheit des anderen gegen den ausschliesslichen Anspruch der eigenen Wahrheit verteidigen.»

Die Wahlen vom letzten Herbst haben die Polarisierung akzentuiert, SVP und SP als profilierteste Kontrahenten gestärkt; FDP und CVP sind als sogenannte Mitte geschwächt worden. Das erschwert die politische Zusammenarbeit. Es soll denn auch im Bundesratszimmer lauter zugehen als auch schon. Die Klimaanlage funktioniere besser als das Betriebsklima, pfeifen die Spatzen vom Bundeshausdach.

Politische Sachkonflikte sollen nicht verdrängt, sondern ausgetragen werden. Im Parlament und Bundesrat. Das ist der demokratische Ernstfall. Wenn aber, wie nach dem Rechtsrutsch vom 10. Dezember, im Bundesrat eine «Viererbande» allein regieren möchte, wäre das sehr fatal. Denn dann würden die drei Bundesräte von SP und CVP zu reinen Passivmitgliedern degradiert. Ohne Einfluss auf die Gesamtpolitik. Konkordanz aber bedingt wechselnde Mehrheiten, nicht zementierte Blöcke. Wenn es mit der Konkordanz nicht mehr geht, brauchen wir ein anderes System. Was für eines? Wer beschafft uns das?

MAN MAG PASCAL COUCHEPIN für arrogant oder sonst was halten. Er ist der stärkste Garant der Konkordanz. Der Freisinnige macht nicht mit in der «Viererbande». Er ist dagegen, die drei anderen ins Abseits zu stellen. Der Walliser spielt nicht in seinem SVP-FDP-Quartett die Flöte, sondern in der Bundesratsband die Trompete.

Der Vorwurf von SVP-Präsident Ueli Maurer, Couchepin verunmögliche eine bürgerliche Politik, ist durchsichtig. Couchepin weiss, was das Volk von seiner Regierung erwartet: dass die sieben regieren und nicht einander blockieren. Der Bundesrat kann nur als Kollektiv Erfolg haben. Gelingt das nicht, sind alle gescheitert. Auch Blocher. *21.6.2004* ✛

Demokratie ist kein Freudenhaus

Economiesuisse ist die «Gewerkschaft» der Bosse und deren Firmen. Wenn es um ihre Interessen geht, mischt sich die Wirtschaftslobby in die Politik ein. Zum Beispiel bei Abstimmungen. Auf die Frage, wie viel Geld jeweils investiert werde, antwortete Economiesuisse-Präsident Ueli Forster am 7.1.2002 im «Tages-Anzeiger»: «Wir setzen stets so viel Geld ein, wie nötig ist, um eine Abstimmung zu gewinnen.»

DIE ANTWORT IST BRUTAL OFFEN und mit unserem Demokratieverständnis unvereinbar. Der Präsident des mächtigsten Wirtschaftsverbandes hält Politik für käuflich. Im «Duden» wird Demokratie als «Volksherrschaft» definiert, nicht als Geldherrschaft.

Günter Grass sagt, Stimmen seien das Kleingeld der Demokratie. Stimmen kann man nicht kaufen, Politiker und Parteien vielleicht schon. Stimmbürger gehen nicht auf den politischen Strich. Und die Demokratie ist kein Bordell. Natürlich hat das der Economiesuisse-Präsident auch nicht gemeint. Wer aber so ungeniert überzeugt ist, jede Abstimmung mit den nötigen Millionen für sich entscheiden zu können, gerät staatspolitisch halt gefährlich ins Rutschen.

Ueli Forster muss am Abstimmungssonntag vom 16. Mai schaurig unter Kopfweh gelitten haben. Seit Jahren «bombardierte» Economiesuisse den Bundesrat mit immer den gleichen Forderungen: Die Staatsausgaben seien zu hoch, die Steuern müssten abgebaut und der Sozialstaat müsse «schlanker» werden. CVP, FDP, SVP verstanden den Wink: Vorwärts, wir müssen zurück. Und nun dies. Das Steuerpaket ist abgelehnt? Es wurde vom Sturm der Entrüstung regelrecht weggefegt. Nicht ein Kanton hat zugestimmt. Wohl aber im Kanton Zürich der Bezirk Meilen, «Goldküste» genannt.

Für Economiesuisse und ihre politischen Verbündeten hätte diese steuerpolitische Ausmarchung die sozialpolitische Wende bringen sollen. Die Wirtschaftslobby erhoffte sich, es sei ein für alle Mal Schluss mit der bisherigen Sozial-, Steuer- und Gesundheitspolitik. Nun ist es mit der Wende vorerst mal zu Ende.

Das Steuerpaket war nach einer alten Bauernregel geschnürt worden: «Eine fette Sau füttert sich besser als hundert magere». Etwas gediegener formuliert heisst das, vom Steuerpaket hätten am meisten solche profitiert, die es am wenigsten nötig haben. So hat sich auch der neue Finanzminister Hans-Rudolf Merz kürzlich in der «Schweizer Illustrierten» zu früh gefreut. «Ich zahle 18 Prozent weniger Bundessteuer», meinte er fröhlich. Sein Gehalt sei bekannt, fügte er bei. «400 000 Franken pro Jahr.» Das war ein gelungener Beitrag, um gegen das Steuerpaket zu stimmen. Der Appenzeller ist Bundesrat der Eidgenossenschaft, nicht der «Ich-AG». Das wird er auch noch kapieren.

Die bürgerliche Rechte hatte sich die Abfuhr selber eingebrockt. Kaspar Villiger hatte vergeblich gewarnt, das Ganze sei nicht mehr zu verantworten. Merz zeigte sich schwerhörig. Als Ständerat hat er halt führend mitgeholfen, das Fuder zu überladen. Und nun ist es zusammengekracht.

DIE II. AHV-REVISION SCHEITERTE ebenfalls deutlich. Die grosse Mehrheit des Volks machte nicht mit, bei den Steuern oben Geschenke verteilen und bei der AHV die Witwenrenten verschlechtern zu wollen. Der SP war es gelungen, dieses Doppelspiel zu stoppen. Beim Steuerpaket geht der Sieg zur Hälfte auf das Konto der aufständischen Kantone. Die Koalition zwischen bürgerlichen Kantonsregierungen und der schweizerischen Linken wird es so schnell nicht wieder geben. Wie weiter? Gegenwärtig reichen die Mehrheiten, um Lösungen zu blockieren. Wir brauchen jedoch solche, um Resultate zu erzielen. Das geht nur mit dem guten alten Kompromiss. FDP und CVP müssten begreifen, dass die politische Mitte nicht bei der SVP liegt. Zum Kompromiss gehört auch die Linke, soweit sie koalitionsfähig sein will. Das kann sie nicht um jeden Preis. Ein guter Kompromiss aber darf auch etwas kosten.

Der Himmel über dem Bundeshaus hängt nicht mehr voller Geigen, sondern voller Satelliten. Und die melden stürmische Zeiten. *24.5.2004* ✢

131

Die Schweiz steht mittendrin im Abseits

In ein paar Tagen wird auf den grossen politischen Bühnen Europas feierlich der Vorhang gezogen. Für eine Premiere, wie es sie in der langen Geschichte noch nicht gegeben hat.

Die Schweiz ist nicht dabei. Sie sitzt, bildlich gesehen, in der Zuschauerloge. Die Mehrheit unseres Stimmvolkes hat mal entschieden, nicht zu dieser «Festgemeinde» gehören zu wollen. Wir könnten sonst, meinen Grenzgänger zwischen Eiger, Mönch und Jungfrau, unsere politische Unschuld verlieren. Die aber wollen sie behüten, bis dass der letzte Steuerflüchtling eingebürgert sein wird. So wahr uns das Bankgeheimnis helfe.

Mit dem Gefühl des selig machenden Alleingangs haben unsere Reduitbewohner jahrelang gelästert: «Das wird doch nichts.» Es ist aber geworden. Der Beitritt von zehn weiteren Staaten zur Europäischen Union nämlich: Estland, Lettland, Litauen, Malta, Polen, Slowakei, Slowenien, Tschechien, Ungarn, Zypern.

AB DEM 1. MAI gehören dann 25 Staaten der EU an. Es wird Zeit, mit dem nötigen Ernst darüber nachzudenken, was das für uns bedeutet. Für die Schweiz, die mitten in Europa im Abseits steht.

Acht ehemalige kommunistische Länder, die zum Imperium der Sowjetunion gehört hatten, sind von der EU aufgenommen worden. Wer das vor 15 Jahren vorausgesagt hätte, wäre als Fantast abgetan worden. Kein Mensch hätte ihm das abgenommen. Dazu fällt mir ein Satz ein, der von Politikern gerne überhört wird: «Wer nicht an Wunder glaubt, ist kein Realist.»

DIE GRÜNDUNG DER EU vor bald 50 Jahren war eigentlich ein solches Wunder. Frankreich und Deutschland führten erbitterte Kriege gegeneinander. Nach dem Zweiten Weltkrieg kamen kluge Staatsmänner zur Einsicht, es sei gescheiter, Handel miteinander zu treiben, als Krieg gegeneinander zu führen. Italien, Belgien, Holland und Luxemburg begrüssten die neue Politik. Diese sechs Staaten legten den Grundstein der heutigen EU.

In der Schweiz ist die EU nie als Friedensgemeinschaft wahrgenommen worden. Irgendwie haben wir übersehen, dass mit der EU in Europa die längste Phase ohne Krieg begonnen hat. Der Balkan, für den das nicht gilt, ist nicht EU-Land.

Für «Bern» ist die EU eine Wirtschaftsorganisation. Der wir zwar nicht angehören, aber mit der wir dafür gute Geschäfte machen wollen. Der frühere EU-Kommissionspräsident, der Franzose Jacques Delors, sagte denn auch mal zu mir: «Ihr Schweizer wollt immer ‹le batzen et le weggli›.» Volltreffer. Die offizielle Schweiz hat Aussenpolitik stets als Aussenhandelspolitik verstanden. Nach der Maxime: Geschäft über allem.

Mit dem Fall der Berliner Mauer am 9. November 1989 brach der kommunistische Koloss zusammen. Damit war der Kalte Krieg, der zwischen Ost und West jahrzehntelang die Völker in Atem gehalten hatte, zu Ende. Erneut überwinden einst verfeindete Staaten das Trennende. Wieder ist es die EU, die das ermöglicht.

Holland und Belgien zum Beispiel sind im Zweiten Weltkrieg von Nazi-Deutschland besetzt und zerstört worden. Millionen Menschen sind getötet und im KZ ermordet worden. Das Gleiche erlebten die Polen. Diese und andere Länder haben mit Deutschland Frieden geschlossen. Mit dem Beitritt der acht ehemaligen Satellitenstaaten Moskaus zur EU steht dieser Friedensprozess vor dem Abschluss. Bulgarien und Rumänien werden den Schlusspunkt setzen.

WAS IMMER DIE EU für Fehler hat und macht, eines dürfen wir nicht übersehen: Bei uns läuft auch nicht alles rund. Zweitens sollten wir uns wirklich abgewöhnen, die EU mit einer unangebrachten Überheblichkeit immer nur negativ zu beurteilen. Denn drittens ist sie unsere beste und sicherste Friedensgarantie. Und zudem der mit Abstand wichtigste Handelspartner.

Ich plädiere ja gar nicht für den EU-Beitritt, der ist momentan nicht aktuell. Aber mit etwas mehr Sorgfalt und Verständnis müsste die EU schon gesehen werden. Denn ohne sie hat die Schweiz keine Chance.   *26.4.2004* ✢

Kompliment, Herr Arbeitgeberpräsident!

D er Herrgott hat bekanntlich verschiedene Kostgänger. Auch unter Politikern, Wer kennt sie nicht, die ständig das Gleiche wiederholen. Oder die auf alles und jedes – ohne eine Sekunde nachdenken zu müssen – eine Antwort parat haben. Wie aus der Pistole geschossen. Diese Vielschwätzer überraschen nie. Wir ahnen zum Voraus, was sie äussern werden. Nichts von Bedeutung. Sie reden nur. Ohne etwas zu sagen.

Dann gibt es Politiker, die nicht zuhören können. Es interessiert sie nicht, was andere denken. Sie wissen sowieso alles besser. Sie haben die Wahrheit im Sack. Mir sind Politiker viel lieber, die sie suchen. Drittens haben wir die Hemmungslosen. Die Unverfrorenen. Politische Kultur ist ihnen schnurz-egal. Demokratie nützen sie schamlos für eigene Parteizwecke aus. Der politische Gegner ist ihr Feind, der das Land ruinieren will. Nicht der Anders-denkende, mit dem man sich misst und zusammen die bestmögliche Lösung erarbeitet. Der Feind muss bekämpft werden. Mit allen Mitteln. So werden aus linken Demokraten «rote Ratten». Das ist moralischer Rufmord.

DAS GEFÄHRLICHE AN DIESER UNKULTUR: Wir dürfen uns nicht daran gewöhnen. Das «Markenzeichen» der Demokratie ist ihre politische und kulturelle Vielfalt, ist die andere Meinung, sind unterschiedliche Parteien natürlich. Das waren Selbstverständlichkeiten, die heute offenbar nicht mehr selbstverständlich sind. Sachkonflikte müssen ausgetragen werden. Hart, korrekt, möglichst fair. Ein Linker vergibt sich nichts, wenn er das bessere Argument eines Bürgerlichen aufnimmt. Er ist deshalb noch lange kein Rechter. Und ein Bürgerlicher riskiert nicht die Hölle, wenn er mit Lin-ken den Konsens findet. In der Demokratie hat niemand das Ideenmonopol. Wer andere als «rote Ratten» verleumdet, würde vom Fussball-Schiedsrichter vom Platz gestellt. Auch in der Politik ist nicht alles erlaubt. Wo die Arroganz den Anstand ersetzt, sind wir alle herausgefordert. Demokratie ist nicht gratis. Man muss etwas tun für sie.

Nun zum Aufsteller der Woche. Der Schweizerische Arbeitgeberverband gehört nicht zu meinen politischen Verwandten. Er vertritt – der Name sagt es – die Interessen der Arbeitgeber wie die Gewerkschaften die der Arbeitnehmer. Deshalb sind sie in der Wirtschaft Verhandlungspartner. Es ist daher nicht unwichtig, wie sie miteinander umgehen. Beim Arbeitgeberverband ist ein interessanter Mann Präsident. Das noch nicht lange. Aber lange genug, um von ihm Lesenswertes zu erfahren.

Der Mann heisst Rudolf Stampfli, kommt aus Bern und ist «ein einfaches FDP-Mitglied». Zum Staat hat er klare Vorstellungen: «Er muss die Wohlfahrt möglichst vieler befördern. Für mich ist das die Grundlage in einem demokratischen Staat, der diese Bezeichnung verdient.» Reichtum müsse «möglichst vielen Menschen» zugute kommen.

DIE INTERESSEN DER ARBEITNEHMER sieht er: «Die Wirtschaft braucht Gewerkschaften. Eigentlich bin ich ein Arbeitgeber-Gewerkschafter.» Was er denn zum Rechtsrutsch im Bundesrat meine, will die «Coopzeitung» wissen: «Ich hoffe nicht, dass die Arbeitgeber allein profitieren. Denn der Bundesrat soll der gesamten Schweiz und nicht nur einzelnen Gruppen dienen.» Die Schweiz vergleicht er mit einem Luxushotel, das ein bisschen heruntergekommen ist. Das – wenn wir so weitermachen – den fünften Stern verlieren wird. Wir müssen umdenken, so Stämpfli. Zum Beispiel gegenüber der Europäischen Union. Er beklagt, dass «nicht mehr offen über Vor- und Nachteile eines Beitritts zur EU» diskutiert wird. «Für mich ist klar, dass der Weg der Schweiz in die EU führen sollte.»

RUDOLF STÄMPFLI SAGT, was viele Bürgerliche sich schon lange nicht mehr getrauen. Der Mann hat Mut. Er zeigt sein liberales Profil. «Das gilt nicht mehr als chic», meint er. Umso nötiger sind solche Persönlichkeiten. Mancher National- und Ständerat könnte bei Stämpfli ein programmatisches Darlehen aufnehmen. Kompliment. Herr Präsident!   *1.3.2004* ✢

Schweiz: Gefährliche Schieflage

Jugend ist unsere Zukunft und Bildung unser einziger Rohstoff. Diese Einsichten gehören zum politischen Repertoire wie das Vaterunser zum Gebet.

Doch in der Politik gilt es, zu unterscheiden zwischen dem, was gesagt, und dem, was getan wird. Das folgende Beispiel beweist, wie sehr Wort und Tat auseinanderklaffen können. Professor Roger Blum leitet das Institut für Medienwissenschaft der Universität Bern. In seinem Neujahrsbrief vom 31. Dezember 2003 gestattet er uns Einblick in die wissenschaftliche Welt. Erfolglos hat er für eine Verstärkung des Lehrkörpers gekämpft. Im Kanton Bern wird Sparen ganz grossgeschrieben. Dazu Professor Roger Blum: «Wir haben jetzt ein Betreuungsverhältnis von 1 zu 1192 (Lehrstuhl zu Studierenden) statt 1 zu 65, wie es die Richtlinien des Bundes vorsehen. Europaweit die schlechtesten Bedingungen eines Hochschulinstitutes überhaupt!»

SIE HABEN RICHTIG GELESEN: Roger Blum ist für die 1192 Studentinnen und Studenten der einzige Professor! Das in der Schweiz und nicht etwa in einem armen Drittweltland. Beizufügen ist: Blum steht nur mit 80 Prozent auf der Lohnliste. Natürlich helfen ihm Assistentinnen und Assistenten. An der Misere ändert das nichts. Ohne Übertreibung: Das ist ein bildungspolitischer Skandal.

Das Beispiel von Bern ist besonders krass. Leider nicht das einzige. Hans-Ulrich Dörig, Chef bei Credit Suisse, plädierte für Studiengebühren. Das hat der britische Premierminister Tony Blair vor wenigen Tagen im Unterhaus auch getan. Er siegte gegen erbitterten Widerstand aus der eigenen Fraktion mit hauchdünner Mehrheit. Dörig hat für die Schweiz ausgerechnet, mit Studiengebühren könnten 800 zusätzliche Professoren finanziert werden. Das lässt eigentlich nur einen Schluss zu: An den Hochschulen herrscht akuter Lehrkräftemangel.

DAMIT NICHT GENUG: Konservative Politiker sind geradezu auf das Sparen versessen. Zuerst werden Steuern abgebaut, dann Ausgaben. Weil, heisst es, gespart werden müsse. Zum Beispiel bei den Stipendien für Studenten und Berufsschüler. 1993 gaben Bund und Kantone dafür 358 Millionen Franken aus. Acht Jahre später noch 304 Millionen. Charles Stirnimann, Präsident der Interkantonalen Stipendien-Konferenz, schlägt Alarm: «Der Schweiz droht bei den Stipendien der grösste Einbruch aller Zeiten.» Ernsthaft wird erwogen, den Bundesanteil von noch 90 Millionen Franken massiv zusammenzustreichen.

Mit dem Sparprogramm 03 hat die konservative Mehrheit im Bundeshaus sogar die Position «Jugend und Sport» um ein paar Millionen Franken gekürzt. 500 000 Jugendliche machen in 60 verschiedenen Sportarten mit. Weitere 10 bis 15 Millionen Franken scheinen beim nächsten Streichkonzert gefährdet zu sein. Das wäre dann, klagt der Verantwortliche für Jugendsport, «die absolute Katastrophe».

Das Ganze ist abstrus, wenn nicht pervers. Die gleichen Sparpolitiker können nicht genug Milliarden für Autobahnen bewilligen. Das hindert sie nicht daran, am 1. August ungeniert das Hohelied auf die Jugend anzustimmen. Sie ist ja unsere Zukunft.

Es wird noch ärger. Der Chef der Armee will unbedingt neue Kampfflugzeuge. Der Fliegergeneral schwärmt vom Eurofighter. 150 Millionen das Stück! Wetten, dass die Obersparer der Nation mitmachen werden? Sie investieren lieber in Kampfjets statt in Bildung und Sport. Der Armee ist für 2005 bis 2008 ein Etat von 16 Milliarden Franken fest zugesichert worden. Plus 3 Milliarden für die Kampfflieger. Eine solche Budgetgarantie gibt es nicht für die AHV, nicht für die Bauern, nicht für das Personal. Nur für die Armee.

ICH KENNE POLITIKER, die halten bereits ihr Lächeln für eine soziale Tat. Das sind jene, die viel reden und nichts sagen. Für die Sparen das politische A und O ist. Sparen, nur nicht bei Autobahnen oder Kampfjets. Von diesen Ewiggestrigen hat es im Bundeshaus zu viele. Lässt man sie machen, gerät das Land in eine gefährliche Schieflage. *2.2.2004* ✤

Fünfzig Meter Autobahn für ein Spital

Jesses, habe ich gerechnet. Vor- und rückwärts, immer wieder. Und noch einmal. Das Resultat blieb stets gleich. Also stimmts. Ich kann es kaum fassen!

Um was geht es? In Basel wird seit ein paar Jahren an der Autobahn-verbindung zwischen Frankreich und der Schweiz gearbeitet. Das Basler Teilstück, Nordtangente genannt, ist 3,2 Kilometer lang. Der Kostenvoran-schlag beträgt 1,3 Milliarden Franken. 400 000 Franken der Meter. So viel Geld für so wenig Autobahn: heller Wahnsinn!

Meine Rechnung geht auf eine Fernsehsendung zurück. Kurz vor Weih-nachten war Dr. Beat Richner Gast bei Frank A. Meyer im «Vis-à-vis». Mich hat sie aufgewühlt und nachdenklich gestimmt. Der Name des Kinderarztes Beat Richner ist praktisch allen bekannt. Er hat 1991 seine Praxis vom Zürich-berg nach Kambodscha verlegt. Von der Goldküste ins Armenhaus.

ICH ERLEBTE BEAT RICHNER zum ersten Mal live. Er führt in der kambod-schanischen Hauptstadt Phnom Penh ein Kinderspital, das aus vier Häusern besteht. An die 600 000 Patienten werden in der Allgemeinpraxis jährlich behandelt. Dazu kommen etwa 450 Geburten pro Woche. Beat Richner ist auf etwas besonders stolz: dass es gelungen ist, Neugeborene von Müttern mit Aids ohne diese tödliche Krankheit ins Leben zu schicken. «Unsere Behandlung garantiert hundertprozentigen Erfolg», so Richner.

80 Prozent aller Kinder in Kambodscha werden bei Beat Richner medizi-nisch versorgt. Besonders viele leiden an Tuberkulose. Im Spital arbeiten 1300 Personen. Darunter nur zwei Ausländer. Sämtliche medizinischen Leistungen sind gratis. Für das alles braucht Richner im Jahr 15 Millionen Dollar. Das sind knapp 20 Millionen Franken. 90 Prozent werden durch Spenden aufgebracht. Die «Schweizer Illustrierte» hat diese Aktion von der ersten Stunde an unterstützt.

WENN WIR 20 MILLIONEN FRANKEN auf die Kosten der Basler Nordtangente umrechnen, reichen sie für 50 Meter. 50 Meter Autobahnbau entsprechen dem Ausgabenbudget für ein paar Hunderttausend gratis behandelte Patienten sowie für die Löhne von 1300 Beschäftigten. Unglaublich!

Richners Wunschtraum wäre es, das Geld für zehn Jahre gesichert zu haben. Das sind 200 Millionen Franken oder die Kosten für 500 Meter Autobahn in Basel.

Natürlich sind Vergleiche immer problematisch. Ich möchte lediglich die Relationen aufzeigen, mit wie wenig Geld in einem armen Land «Wunder» möglich sind. Wie das von Beat Richner.

WIR KÖNNEN DEN VERGLEICH auch mit den beiden Schweizer Grossbanken machen. Im 3. Quartal meldete die UBS einen sensationellen Gewinnsprung. Die zwei Banken dürfen für 2003 happige Gewinnabschlüsse erwarten. Etwa vier Prozent davon würden schon genügen, das Spital von Beat Richner für die nächsten zehn Jahre zu finanzieren. Es blieben immer noch Milliarden.

Kambodscha ist flächenmässig viermal so gross wie die Schweiz. Es hat 12 Millionen Einwohner. Das Land verarbeitet eine grauenhafte Vergangenheit. Im Vietnamkrieg war es von den USA weitgehend zerstört worden. Daraufhin brach der Bürgerkrieg aus. Die Roten Khmer hatten zwei Millionen Menschen ermordet. Zum Beispiel 900 von 930 Ärzten. Jahrzehnte danach meinte der ehemalige US-Aussenminister Henry Kissinger, der Angriff auf Kambodscha sei ein «Irrtum» gewesen. Zumindest wäre finanzieller Schadenersatz fällig geworden. Aber eine Grossmacht kann sich Irrtümer leisten. Ohne dafür zahlen zu müssen.

DER KLEINE KINDERARZT aus der Schweiz ist in Kambodscha ein Held. Arrogante Snobs haben ihm vor Jahren vorgeworfen, er betreibe «Luxusmedizin». Das heisst, er tue für Arme zu viel. «Es gibt keine arme, nur eine richtige Medizin. Jedes Kind hat nur ein Leben», konterte Beat Richner.

Meine Generation hat Albert Schweitzer, den Urwalddoktor im afrikanischen Lambarene, verehrt. Beat Richner wird ihn ablösen. *5.1.2004* ✣

Als die Frau noch ein Fräulein war

Meine Lehrerin in der Primarschule dürfte um die fünfzig gewesen sein. So genau erinnere ich mich natürlich nicht mehr. Sicher war sie nicht mehr jung. Und zudem alleinstehend. Also nicht verheiratet. In der damaligen Gesellschaft kein angesehener Status. Denn die ledig gebliebene Lehrerin war nicht als Frau, sondern im ganzen Dorf als Fräulein angeredet worden. Dahinter steckte etwas Demütigendes. Das Vorurteil sass tief in den Menschen, eine Frau im nicht mehr ganz jugendlichen Alter habe nicht freiwillig auf einen Mann verzichtet, sondern keinen gefunden. Sie sei, hiess es, hockengeblieben. Das, weil sie eine Megäre oder nicht schön genug war. Eine Frau ohne standesamtlich verbürgten Mann blieb zur Strafe lebenslänglich ein Fräulein.

DIESE GESCHICHTE KAM MIR wieder in den Sinn, als mich drei junge Frauen um Unterstützung baten. Alle drei absolvieren eine Lehre als Coiffeuse. Die Lehrtöchter besuchen die Gewerbeschule. Dort fassten sie den Auftrag, eine Arbeit darüber zu schreiben, was sich in den letzten Jahrzehnten in unserer Gesellschaft verändert habe. Ob ich ihnen dabei helfen könne, wurde ich angefragt. Natürlich sagte ich zu. Man(n) wird älter, um Erfahrung und Wissen an Junge weiterzugeben.

ICH BEREITETE MICH AUF DAS TREFFEN mit den Gewerbsschülerinnen vor. Die Veränderung, fiel mir beim Nachdenken ein, beginnt bereits bei der Coiffeuse. Heute arbeitet sie auch im Herrensalon. Daran ist nichts Besonderes. Aber noch in den Fünfzigerjahren wäre das unvorstellbar gewesen. Der Herren- und der Damensalon waren strikte getrennt. So dass die Herren nicht etwa zu den Damen hinüberschauen konnten. Im Herrensalon arbeiteten ausschliesslich Männer. Eine Frau, die den Herrn Direktor rasiert oder ihm die Haare geschnitten hätte, gab es nicht einmal in der Fantasie. Frau mit Rasiermesser, bitte, das wäre doch viel zu riskant gewesen. Dafür brauchte es die ruhige und sichere Männerhand. Schliesslich lebten wir in einer Männergesellschaft.

UND HEUTE? DER HERRENSALON ist längst in Frauenhand. Wo es nicht übermässig hohe Löhne gibt, räumen die Kollegen bereitwillig den (Arbeits-) Platz. Wenn sie bleiben, dann am liebsten als Chef. Diese Rolle liegt ihnen am besten.

Ein anderes Beispiel. Eine Studentin lebt mit zwei «fremden» Männern in einer Wohngemeinschaft. Das wäre in meiner Jugendzeit ein Skandal, wäre unsittlich gewesen. Die Polizei hätte im Namen der «Moral» einschreiten müssen. Das Konkubinat, nach «Duden« eine «eheähnliche Gemeinschaft ohne Eheschliessung», war damals verboten. Die Jungen heute handeln pragmatisch. Die hohe Miete wird in der Wohngemeinschaft aufgeteilt. Später ändert sich das. In Zürich, Basel und anderen Städten leben in 50 Prozent der Haushalte Singles. Viele wohnen zwar getrennt und schlafen zusammen.

Ende der Fünfzigerjahre passierte bei den Basler Verkehrsbetrieben (BVB) Aufregendes. Billettautomaten gab es noch keine. Frauen lösten die Männer als Billeteusen ab. Die Herren der Schöpfung wehrten sich anfänglich mit dem Argument, dieser Dienst sei für Frauen viel zu anstrengend. Heute steuern Frauen ganze Tramzüge durch den Verkehr. Als ob das immer so gewesen wäre.

ES HAT SICH VIEL GEÄNDERT in der Arbeitswelt und Gesellschaft. Noch 1983 konnte Gret, meine Frau, ihr Restaurant am Claraplatz in Basel nur mit meiner amtlich beglaubigten Zustimmung eröffnen. Grossmutter wäre schon gar nicht auf die Idee gekommen, einen Betrieb zu übernehmen. Wenn sie «in die Stadt», wie sie sagte, einkaufen ging, war das bereits ein Abenteuer. Dass sie zum Zvieri bei «Gfeller» am Bärenplatz in Bern ein Vermicelles mit Milchkaffee bestellte, grenzte an Verwegenheit. «Grossvater sagen wir nichts», belehrte sie mich. Sie hatte ihre Kompetenz überschritten.

Die Aussprache mit den Lehrtöchtern zeigte auch mir wieder, was besser geworden ist. Und sei es nur, dass meine Lehrerin kein Fräulein mehr wäre. Sondern auch ohne Ehemann eine Frau. *8.12.2003* ✚

Von Lyss nach «made in China»

Lyss ist ein schönes Dorf im Seeland. Es liegt an der Strecke Bern–Biel. Die Arni-Schokolade zum Beispiel kommt von dort. Bekannter sind allerdings Zyliss-Küchengeräte. Der Markenname ist einfach zu klären: Firma Zysset, Lyss. Gret, meine Angetraute, arbeitet seit bald fünfzig Jahren immer noch mit der gleichen Zyliss-Trommelreibe. Sie wird von Hand betrieben. Damit werden Haselnüsse, hartes Brot, Rüebli, Randen oder Härdöpfel geraffelt, gescheibelt, gerieben. Gret möchte das Küchenwunder nicht missen müssen.

Nun ist in Lyss der Teufel los. Die Firma Zyliss hat ihren Holdingsitz in Zürich. Die Produktion soll nach China verlegt werden. In der Schweiz bliebe dann noch die Marketingabteilung zurück. Der Standort Lyss sei zu teuer geworden, heisst es. Um auf dem Markt konkurrenzfähig zu bleiben, müsse kostengünstiger produziert werden. Und da seien halt die chinesischen Löhne unschlagbar billig.

DIE BESCHÄFTIGTEN KÄMPFEN mit der Gewerkschaft gegen die Auslagerung. In Rekordzeit hatten sie 15 000 Unterschriften gesammelt. Am 20. Oktober reiste fast die gesamte Belegschaft nach Zürich, um ihre Protestpetition zu deponieren. Der Firmenchef hat Gespräche zugesagt und versprochen, vor Ende 2003 keine Kündigungen zu verschicken. Die Zyliss-Leute werden Weihnachten nach dem Prinzip Hoffnung feiern: Es möge ein Wunder geschehen.

In meiner Bubenzeit verkaufte die Epa Taschenuhren für zwei Franken. «Fotzelzeugs», lästerte Grossvater. Japanische Ware galt damals als Inbegriff für billigen Ramsch. Qualität lieferten einheimische Firmen. Dafür bürgte das amtlich beglaubigte Gütezeichen: die Armbrust mit dem Schweizerkreuz und dem Slogan «Kauft Schweizer Qualität!». Das war schon fast patriotische Pflicht damals.

BESTIMMTE EREIGNISSE IM LEBEN vergisst man nie. 1938, ich erinnere mich, als ob es gestern gewesen wäre, wurde bei uns daheim der erste Radioapparat gekauft. Für die damalige Zeit ein Riesending. Lange war gerechnet worden, ob man sich das auch wirklich leisten könne. Schliesslich landete der Radio auf dem Kachelofen in der Stube. Er versah seinen täglichen Dienst während vierzig Jahren. Schweizer Qualität halt, Marke Paillard aus Ste-Croix. Das war einmal. Nun haben japanische Hightechprodukte den Weltmarkt erobert. Das hätte sich Grossvater in den kühnsten Träumen nicht vorstellen können.

Wir haben uns an den globalisierten Markt gewöhnt. Massenkonsumgüter, Schuhe also, Hemden, Blusen, Unterwäsche oder Spielwaren, kommen schon seit Langem aus China, Indien, Malaysia, Thailand oder Osteuropa. In den Achtziger- und Neunzigerjahren sind einige Hunderttausend Fabrikjobs in diese und weitere Billiglohnländer verlegt worden. In der Schweiz allein waren es gegen 160 000.

NUN FOLGT DIE ZWEITE AUSLAGERUNGSWELLE. In Indien verlassen jedes Jahr zwei Millionen Uni-Absolventen die Schulbank. China bildet jährlich 300 000 Ingenieure aus. Es wird ihnen allgemein ein überdurchschnittlich hohes Leistungsniveau attestiert. Und: Sie arbeiten mit bis zu zehnmal niedrigeren Löhnen als bei uns im Westen. Dem können Konzernchefs kaum widerstehen.

Vor allem Multi-Konzerne lagern zunehmend bestimmte Dienstleistungen aus. Kundenanrufe werden nachts zum Beispiel vom Call-Center in Indien beantwortet. Versicherungskonzerne lassen ihre Schadenadministration in Bangalore, Indien, erledigen. Airlines vergeben ihre Buchhaltung nach Ungarn. Und so weiter. Peter Wuffli, Präsident der Konzernleitung der UBS, droht, «dass es in den nächsten 20 Jahren substanzielle Arbeitsplatzverlagerungen in den Fernen Osten geben wird».

Nun kommen also auch gut bezahlte Jobs dran. Das werde sich, so Wuffli, auf unser Lohnniveau auswirken. Nach unten, meint er. Billiglohnländer als Drohung gegen unserer Löhne, so offen hat das noch keiner gesagt. Die Zeiten und damit der Existenzkampf werden härter. Lyss ist überall. *17.11.2003* ✚

In der Not frisst der Teufel Fliegen

W er muss über die Klinge springen? Ruth Metzler oder Joseph Deiss? Das ist an sich schon eine ungewöhnliche Frage. Bisherige Bundesräte wurden immer wiedergewählt. Von mässigem Interesse war nur, wer wie viele oder wie wenige Stimmen bekam.

Diesmal ist es anders. Die SVP fordert den zweiten Sitz im Bundesrat. Ihr Wähleranteil ist fast doppelt so gross wie der von der CVP. Nach 44 Jahren wird daher der Verteiler im Bundesrat, Zauberformel genannt, angepasst. Die CVP muss als kleinste Regierungspartei einen Sitz frei machen.

Am 10. Dezember ist Bundesratswahl. Viele werden sie am Bildschirm verfolgen und fiebern, ob «dieser Blocher» tatsächlich zum Bundesrat gewählt wird. Damit sind wir beim Problem. Blocher hat bewiesen, dass er ein begnadeter Polemiker ist, Toleranz ganz klein schreibt und kein Talent hat, zweite Geige zu spielen. Er kann Andersdenkende aufs Unflätigste diffamieren. Blocher hat in Inseraten «Linke und Grüne» schon als Ungeziefer plakatieren lassen. Prügel bekommen auch die «Netten». Gemeint sind damit konsensfähige Freisinnige und CVPler. Sie spüren seine Verachtung am direktesten. Kann ein solcher Mensch wirklich Bundesrat werden? Passt er in eine Kollegialbehörde?

WIE BLOCHER SEINE KANDIDATUR verkünden liess, bestätigte sämtliche Befürchtungen. Parteipräsident Ueli Maurer teilte am Wahlsonntag der Nation mit, die SVP schlage Christoph Blocher als Bundesrat vor. Würde er nicht gewählt, müsste Samuel Schmid zurücktreten, die SVP ginge dann in die Opposition. Die Fraktion darf dieses Szenario nachträglich noch absegnen. Die Parteigremien hatten nichts zu sagen. Ein kleiner Ad-hoc-Ausschuss hatte – wie früher das Politbüro der Kommunisten – entschieden. So ist das halt bei der SVP: Blocher bestimmt, Blocher ist die Partei.

ES GIBT POLITIKER, die sind ständig betroffen. Das aus ethischen oder moralischen Gründen. Damit kann ich wenig anfangen. Politik ist nun mal keine moralische Anstalt. Ich denke an Willy Brandt. Der Antifaschist ging 1966

144

mit dem ehemaligen Nazi-Parteigänger Kurt Georg Kiesinger die grosse Koalition von CDU/CSU und SPD ein. Kiesinger war Bundeskanzler, Brandt Vizekanzler und Aussenminister. Nach moralischen Kriterien hätte Willy Brandt sich nie mit dem Nazi-Mitläufer einlassen dürfen. Er tat es der Sache zuliebe. Nur so konnte er die später erfolgreiche Entspannungspolitik mit dem Osten einleiten.

Es gibt Konstellationen, in denen scheinbar unversöhnliche Gegensätze miteinander zurechtkommen. So gesehen wäre für mich Christoph Blocher nicht einfach unwählbar.

WAS GIBT ES DENN FÜR ALTERNATIVEN? Idealisten träumen von einer Mittelinks-Regierung. Dafür fehlen so ungefähr sämtliche Voraussetzungen. Diese Idee sollte man sich abschminken. Andere akzeptieren den zweiten SVP-Sitz, nicht aber Blocher. Das macht keinen Sinn. Erstens hat sich die SVP festgelegt. Ohne Blocher ginge sie in die Opposition. Sie kann nicht mehr zurück. Zweitens arbeite ich lieber mit starken Persönlichkeiten. Sie sind verlässlicher. Drittens sähe ich für unser Land keinen Vorteil, wenn die stärkste Partei mit beinahe unerschöpflichen Finanzen sich auf das Verhindern von Lösungen festlegen würde.

Blocher hat die «Classe politique» noch und noch in die Pfanne gehauen. Den Staat hat er nach Noten vermöbelt. Vom Bundesrat hält er wenig bis nichts. Zu allem Elend plädiert er für einen schwachen Staat und eine schwache Regierung. Er bringt alle Untugenden mit, die ein Bundesrat nicht haben sollte.

ALS UNTERNEHMER HAT BLOCHER bewiesen, dass er auch anders kann. Er ist nicht zufällig erfolgreich. In der Exekutive würde er nur an sich selber scheitern. Dann, wenn er seine Masslosigkeit nicht ablegen und vor lauter Kraft kaum mehr gehen könnte.

Totale Opposition ist keine Option. Statt realisiert würde nur blockiert. In der Not frisst der Teufel Fliegen, sagte mein Grossvater. So ist es wohl.

27.10.2003 ✠

Wenn recht wenig ganz viel sein kann

Maisprach ist eine Baselbieter Landgemeinde, wie es sie in der Schweiz häufig gibt. Mit etwa 900 Einwohnern ist alles überschaubar. Alle kennen und mögen einander. Fast alle. Der fremde Besucher könnte beim flüchtigen ersten Blick dem Eindruck erliegen, so etwas wie eine heile Welt gefunden zu haben. Bis er merkt, das Dorf hat Probleme. «Eine Post haben wir noch», erzählt der Gemeindepräsident. «Lange blieb es ungewiss, bis Buus, unsere Nachbargemeinde, Zweiter machte.» Eine Wette, dass die Post für Maisprach endgültig gerettet ist, möchte niemand abschliessen. Es gibt sie vorläufig auf Bewährung. Schlimmer steht es um die «Wirtschaften». Gemeint sind Restaurants. Eine Zeit lang hockte Maisprach auf dem Trockenen. Nun hat wieder ein Wirt angefangen. Ein Dorf ohne «Wirtschaft» ist wie eine Kirche ohne Pfarrer.

DIE 1.-AUGUST-FEIER fand auf dem Schulhof statt. Maisprach bot dafür die passende Bühne mit Kulisse. Der Männerchor sang, die Musik spielte, der Turnverein sorgte für Organisation und Verpflegung. Wenn Patriotismus nicht bloss Schminke, sondern etwas emotional Schönes ist, dann in einer solchen Gemeinschaft.

Am Gästetisch sassen der Gemeindepräsident, sein Verwalter, ein Lehrer, ein Bauer, ihre Frauen, ich als Referent mit Gret und Tochter. Der Abend verlief in dieser Gesprächsrunde spannend. Wer meint, die Schweiz aus dem Effeff zu kennen und zu verstehen, sollte mehr aufs Land.

In Maisprach leben hauptsächlich Pendler, die in der Stadt arbeiten, Bauern, Gewerbler, ein Arzt, eine Künstlerin, zugezogene Rentner und dreissig Polen. Wieso Polen? Wie kommen die ausgerechnet nach Maisprach? Es sind Landarbeiter für die Bauern. Sie schaffen bei ihnen während etwa drei Monaten, wenn auf dem Bauernhof Hochbetrieb ist. Darunter hat es arbeitslose Akademiker und Berufsleute, hoch qualifizierte und ungelernte. Sie verdienen 1200 Franken im Monat plus Kost und Logis.

So wenig für so viel Arbeit sei ein Skandal, höre ich. Mag ja sein. Stoff für Empörung bietet sich da allemal. Nun hat aber bekanntlich eine Medaille zwei Seiten: vorne der Bauer, hinten der Landarbeiter. «Wir finden», wird mir glaubhaft versichert, «in der Schweiz keine Aushilfen.» «Sicher nicht für 1200 Franken», schlage ich zurück. «Mehr können wir nicht bezahlen, sonst werden die Preise für unsere Produkte zu hoch. Wir seien eh schon zu teuer, hören wir ständig», erwidert mein Gesprächspartner, ein Bauer. Lassen wir diese Behauptung einfach mal so stehen.

KLAR, 1200 FRANKEN BARES plus Kost und Logis reichten in der Schweiz gerade noch zum Überleben. Anders in Polen. Dort hat der Franken eine viel höhere Kaufkraft. Wir mögen uns über die Löhne für die Landarbeiter entrüsten, für sie zählt nur, was Bert Brecht in der Dreigroschenoper verewigt hat: «Erst kommt das Fressen, dann kommt die Moral.»

Der Schweizer Bauer und der polnische Landarbeiter bilden eine Interessengemeinschaft. Der eine nützt die Notlage des anderen aus. Das Unfassbare: Beiden ist dabei geholfen. Mit drei Monaten Arbeit in Maisprach lebt es sich in Polen ein Jahr.

MACHEN WIR EINE ANDERE RECHNUNG: Ein Sportschuh, berühmte Marke, «made in China», kostet 100 Franken. Die «Erklärung von Bern» hat folgende Kalkulation präsentiert: Die Herstellung kostet 12 Franken. Der Lohnanteil beträgt nur 40 Rappen. Der «Rest» sind Material- und Produktionskosten. Die Schuhmarke kassiert 33 Franken, Handel und Vertrieb bekommen 55 Franken. Das heisst, die Lohnkosten des 100-fränkigen Sportschlappens betragen sage und schreibe 40 Rappen. Das sind 0,4 Prozent des Verkaufspreises. Ein Skandal.

Ein Sportschuh «made in China» soll möglichst billig produziert und möglichst teuer verkauft werden. Das ist die Philosophie und das Geschäft der Multikonzerne. Das Kapital strömt in Billiglohnländer. Anders polnische Landarbeiter. Sie kommen zu den Bauern in die Schweiz. Ihr Lohn ist für unsere Begriffe schäbig. Nicht in ihren Augen. Maisprach gehört eben auch zur globalisierten Welt, in der immer die einen unten und die anderen oben sind.

18.8.2003 ✙

147

Im Bundeshaus «spinnen» sie

E s ist zum Davonlaufen. In drei Monaten wird der National- und Ständerat neu gewählt. Eigentlich wäre das die Zeit des Aufbruchs. Die Zeit des Nachdenkens, wohin es mit der Schweiz in den nächsten Jahren gehen soll: Richtung Europa oder ins helvetische Abseits? Wir brauchen auch Antworten, wie der Sozialstaat und damit die politische und soziale Stabilität gesichert werden können. Stattdessen wird im Bundeshaus trostloses Sommertheater geboten. Das Stück heisst: «Die Angst im Nacken». Regie führen sowie Hauptrollen spielen Protagonisten der vier Bundesratsparteien.

BEGINNEN WIR MIT DER FDP. Diese Partei leidet unter einem schweren S-Syndrom. S wie Swissair oder SVP. Freisinnige Bruchpiloten tragen für den Absturz der Swissair eine Hauptschuld. Seither hat die FDP ein Problem mit der politischen Navigation. Zumal sie seit Jahren unter Anklage der SVP steht, ihre bürgerliche Unschuld verloren zu haben. Wer mit der SP Konsenslösungen suche, so die SVP-Ideologen, sei selber eine Linkspartei. Wie also soll die FDP ihre bürgerliche Tugend nachweisen? Indem sie die SVP rechts überholt? Oder direkt im SVP-Seitenwagen Platz nimmt? Da wäre noch eine dritte Variante: die eigenen liberalen Bekenntnisse. Viel zu progressiv, jammern die FDP-Strategen. Vor Wahlen müsse vielmehr auch noch das letzte bisschen Rouge abgeschminkt werden. Das ist der verzweifelte Versuch, auf der glitschigen Rutschbahn aufrecht zu bleiben.

DIE CVP KÄMPFE um ihr Überleben, repetieren Kommentatoren seit Langem im Chor. Wie sieht denn die Sitzverteilung in der Bundesversammlung aus? FDP 60, SP 58, CVP 52, SVP 50. Todkrank ist diese CVP beileibe nicht. Wenn es auch beim Wähleranteil für sie bedrohlicher aussieht. Seit nun schon zwei Jahrzehnten ist dieser konstant rücklaufig. Die SVP ist in die konservativen CVP-Hochburgen eingedrungen. Nationalrat Christoph Blocher sagte einmal, die CVP sei in Bern «am stärksten nach links gerutscht». Dafür sei sie bestraft worden. Konservative Wähler des rechten CVP-Flügels sind zur SVP übergelaufen. Die CVP zittert auch diesmal um ihre konservative Stammkundschaft. Sie geht daher auf Rechtskurs.

NUN KRIEGT SIE VON DER SP Prügel. Ihr sei völlig wurscht, meinte die SP-Präsidentin, wenn der Sitz von Bundesrat Joseph Deiss zur SVP überginge. CVP und SVP seien Hans was Heiri. Damit trat sie eine politische Lawine los. Eine sehr gefährliche zudem. Politische Glaubwürdigkeit ist für eine Partei ein unverzichtbares Kapital. Die Frage drängt sich daher auf: Was will die SVP? Christoph Blocher ist gegen den Sozialstaat, den er «Wohlfahrtsstaat» nennt. Dieser mache, so wörtlich, «die Menschen zu Staatssklaven» und «zerstöre die persönliche Freiheit».

Das sind unsinnige Behauptungen. Im «Sonntags-Blick» vom 25.4.1999 erklärte Blocher: «Bei einem SVP-Sieg muss die SP raus aus dem Bundesrat!» Das war keine leere Drohung. Blocher persönlich trat gegen die beiden SP-Bundesräte an. Vor einem halben Jahr erhob die SVP Anspruch auf den Sitz von Ruth Dreifuss. Micheline Calmy-Rey war gegen die Stimmen der SVP gewählt worden.

SVP-PRÄSIDENT UELI MAURER forderte kürzlich den Rücktritt des Gesamtbundesrates. Und das sofort. Das lässt zuerst mal auf seine eigene Befindlichkeit sowie die weiterer SVP-Grössen schliessen. Entweder «spinnen» sie nun wirklich oder, noch schlimmer, sie sind grössenwahnsinnig geworden. Aber es war schon immer ihr Ziel, Regierung und Parlament zu schwächen. Dieser Partei einen zweiten Bundesratssitz auf Kosten der CVP anzubieten, war grob fahrlässig. Die eigene Position wird nicht solider, indem man die der CVP unterminiert.

Christoph Blocher hat Sozialdemokraten wiederholt mit Nazis und Kommunisten verglichen. Für ihn sind sie «geistig Schiffbrüchige». In Gemeinden und Kantonen ist die Koalition der Vernunft gängiges Regierungsmodell. Blocher will es im Bund kippen. Denn ohne SP könnte die SVP im Bundesrat die erste Geige spielen Deshalb ist der SP-Tanz auf dem SVP-Vulkan absurdes Polittheater. *21.7.2003* ✢

Betonköpfe und die Gotthardröhre

W ie war sie, die ach so gute alte Zeit? Der Sex war schmutzig und die Luft noch rein, höhnt ein Spassvogel. Ein anderer erinnert sich, dass es keine Angst um den Arbeitsplatz oder die Rente gab. Die gute alte Zeit habe es überhaupt nie gegeben, sagen viele. Ich erinnere mich an meine Kindheit bei den Grosseltern. Wenn Tante Lina und Onkel Jakob zu Besuch kamen, wurde das Fotoalbum hervorgeholt. Die Bilderschau geriet zum genussvollen Vergnügen. Wohl auch, weil man auf den alten Fotos immer am jüngsten aussieht.

Ein Fotoalbum illustriert die eigene Vergangenheit. Je älter man ist, desto weiter liegt sie zurück, desto auffälliger erkennt man die eingetretenen Veränderungen. «Veränderungen werden durch Veränderungen möglich», sagt Günter Grass. Das ist so in der Wirtschaft, Gesellschaft, Kunst oder Politik. Bleiben wir bei der Politik.

SCHWEIZERISCHE POLITIK IST ZÄHFLÜSSIG. Grosse Würfe gelingen kaum. Aha-Erlebnisse sind ein Jahrhundertereignis. Die Schweiz hat Zeit. Offenbar. Die 11. AHV-Revision beispielsweise feiert ihr Zehn-Jahre-Jubiläum. Am neuen Aktienrecht bastelten Expertenkommission, Bundesrat und eidgenössische Räte volle 22 Jahre herum. Über einen Zivildienst für Dienstverweigerer wurde im Bundeshaus jahrzehntelang gestritten. Damit werde die Armee unterwandert, fürchteten Patrioten. 1903 (!) hatte es im Nationalrat den ersten Vorstoss dafür gegeben. 93 Jahre später war es dann so weit. Die Schweiz hat trotzdem überlebt.

NUR EINMAL HANDELTE die eidgenössische Politik im Tempo Teufel: nach der Swissair-Bruchlandung. Als es darum ging, die nationale Airline so lange in der Luft zu halten, bis die Swiss startbereit war. Im Nu waren zwei Milliarden Franken beisammen. Den gleichen Betrag hatte auch die Wirtschaft gezeichnet. Dieser Schnellschuss bildet die ganz grosse Ausnahme.

Sonst nämlich sind wir im Kritisieren stärker als im zügigen Realisieren. Im Visier ist die EU, die Europäische Union. Diesen Monat legte der Konvent, ein Verfassungsrat, den neuen Verfassungsentwurf vor. Der muss sein, weil die EU ab 2004 auf 25 Mitgliedstaaten erweitert und ihr Europahaus umgebaut wird. Der Franzose Valéry Giscard d'Estaing präsidiert den Konvent. Ihm gehören 105 Mitglieder an. In der «Tagesschau» war mit vorwurfsvollem Unterton zu hören, es gebe Differenzen. Wen wundert das? Nur: Nach knapp 16 Monaten legte der Konvent diesen Monat den Verfassungsentwurf vor. Ein Werk von 105 Beteiligten aus 15 Ländern! Zum Vergleich: Basel-Stadt braucht eine neue Kantonsverfassung. Der Verfassungsrat arbeitet seit drei Jahren daran. Und ist noch nicht fertig.

WO WIR HINGEGEN RICHTIG GUT SIND, ist beim Sich-Empören. Über Bundespräsident Pascal Couchepin zum Beispiel. Weil er mit unbequemen Ideen provoziert. Über Bundesrätin Micheline Calmy-Rey. Weil sie Aussenpolitik nicht mehr in der diplomatischen Dunkelkammer ablichten, sondern öffentlich machen will. Über Finanzminister Kaspar Villiger auch. Weil er als Bürgerlicher eine eidgenössische Erbschaftssteuer befürwortet hat.

Ungewöhnliche Ideen haben zunächst ein Gutes: Sie zwingen zum Nachdenken. Bessere Vorschläge sind gefragt. Was uns in der Politik weiterbringt, ist der kreative Konflikt. Ist die Lösung zwischen den Extremen. Bedrohlich hingegen sind politische Betonköpfe. Sie möchten Bestehendes zementieren. Ihnen genügt das, was war. Es soll so bleiben. Wohl fühlen sie sich im geistigen Reduit Schweiz. Asylanten beschimpfen sie als grösste Landesgefahr. Brüssel ist feindliches Ausland. Der Uno-Beitritt war ein Irrtum. Und Hilfe an die Dritte Welt gilt als Geldverschwendung.

DIE WELT DER BETONKÖPFE ist die Gotthardröhre. Eine zweite soll her. Die ärgsten Europamuffel sind auf EU-Kurs. Denn: Gut drei Viertel der Lastwagen auf der Gotthardroute kommen aus dem Ausland. Meistens aus der EU. Wer halt zu tief in die Gotthardröhre schaut, verliert die politische Orientierung. *23.6.2003* ✦

9:0 für den Bundesrat

Unsere vier Nachbarländer werden von grossen Sorgen geplagt. Dabei ist Italien ein Sonderfall. Wahrscheinlich gehörte Silvio Berlusconi ins Gefängnis. Stattdessen ist er Regierungschef, der alles versucht, die Justiz daran zu hindern, ihm den Prozess zu machen. Er soll bestochen, gelogen und betrogen haben, was das Zeug hält. Die Italiener wissen, wie der Mann sein Milliardenimperium aufgebaut hat. Der Pate half ihm. Der Pate ist in Italien die Mafia. Diese gehört offenbar zum Staat wie der Vatikan zu Rom. Das werden wir nie begreifen. Die Annahme, ein Bundesrat stünde unter dringendem Verdacht, eher auf mafiose denn auf landesübliche Weise reich geworden zu sein, fällt so aus dem Rahmen, dass sie unvorstellbar ist.

IN DEN DREI ANDEREN NACHBARLÄNDERN gärt es gehörig. In Deutschland attackieren die Gewerkschaften die eigene rot-grüne Regierung. Das von Woche zu Woche lauter und feindseliger. Mitte Mai hat eine Million Franzosen gestreikt und das ganze Land fast lahmgelegt. In Österreich geschah Ungewohntes: Zum ersten Mal nach 50 Jahren mobilisierte der Gewerkschaftsbund zum öffentlichen Aufstand. Aus allen Landesgegenden sind 100 000 Betroffene zur Protestdemonstration nach Wien gefahren.

Die Regierungen in Berlin, Paris und Wien leiden am Gleichen. Politiker operieren wie Chirurgen. Sie nehmen schmerzhafte Eingriffe am Sozialsystem der Firma Wohlstand & Co. AG vor. Resultat: für mehr Geld weniger Leistung. Das tut weh. Nicht den Begüterten und sonstwie Privilegierten. Die sind gegen finanzielle Schmerzen immun.

DERWEIL ALSO IM BENACHBARTEN AUSLAND die Volksseele kocht, erzielte bei uns der Bundesrat am Abstimmungssonntag vom 18. Mai einen formidablen 9:0-Sieg. Das heisst, das Stimmvolk ist ihm bei allen neun Vorlagen mit meist grossem Mehr gefolgt. Das Gejammer, die Stimmbürger seien mit neun Vorlagen überfordert, blieb gescheites Geschwätz. Die Stimmbeteiligung lag gar etwas höher als üblich.

Aber wir wollen nicht übertreiben. Es gibt bei Abstimmungen ja auch Verlierer. Ich zum Beispiel war diesmal bei nur drei Vorlagen bei den Gewinnern. Den sechs Volksinitiativen hatte ich zum Teil aus Überzeugung, zum Teil aus Loyalität zu den Absendern zugestimmt. Damit gehöre ich jedoch zur geschlagenen Minderheit. Die Erfolgschancen von Volksinitiativen sind, man weiss es, an sich minimal. Seit 1891 ist über 150 Initiativen abgestimmt worden. Ganze 13 schafften ein Ja bei Volk und Ständen. Das sind keine zehn Prozent. 137 hingegen sind im Laufe der vielen Jahrzehnte abgelehnt worden. Dennoch wird das schier Unmögliche immer wieder versucht. Wie ist das zu erklären?

DAS INITIATIVRECHT IST DAS MITTEL der Minderheit. Damit wird ein akutes Problem politisch thematisiert. Nehmen wir die Gesundheitsinitiative der SP. Ziel war, die Kopfprämien abzuschaffen. Nur in der Schweiz sind die Prämien für die Grundversicherung an die Krankenkassen für alle, wie wenig oder viel sie verdienen, gleich hoch. Darüber zu diskutieren, war berechtigt. Die Initianten wollten mehr. Leider. In die Gesundheitsinitiative war neben der Mehrwertsteuer so etwas wie eine Reichtumssteuer eingebaut worden. Grossverdiener hätten für ihre Krankenversicherung Millionen Franken zahlen müssen. Damit verkam das Volksbegehren zur Steuervorlage. Wer die Reichen zur Kasse holen will, soll das direkt tun. Nicht versteckt unter dem Etikett Gesundheit.

AM TAG NACH DER ABSTIMMUNG vom 18. Mai dokterte die zuständige Nationalratskommission an der Frage herum, wie das unsoziale Kopfprämiensystem ausgewogener gestaltet werden könnte. Mit dem Nein vom 18. Mai ist es nicht getan. So geht es oft mit abgelehnten Initiativen. Am Schluss gibt es einen halben Schritt. Das brüske Nein endet, sagen wir, als siegreiche Niederlage. Diese «Bundeshausmechanik» nennt sich Kompromiss. Vieles wird entschärft. Während benachbarte Regierungen das Volk gegen sich haben, gewinnt der Bundesrat 9:0. Erwähnenswert ist das allemal. Und etwas Besonderes ebenfalls. *26.5.2003* ✚

Aussenpolitik ist auch Welt-Innenpolitik

Der Bundesrat, teilte Bundespräsident Pascal Couchepin der Nation mit, bedaure den Krieg im Irak. Schwedens Regierungschef fand stärkere Worte. Er verurteilte ihn als völkerrechtswidrig. Schweden hat sich aussenpolitisch von jeher herzhafter exponiert als die Schweiz. Denken wir nur an den Vietnamkrieg. Bei Demonstrationen marschierten schwedische Minister zuvorderst mit. Mehr noch. Sie stellten die USA verbal an den Pranger. Das wäre einem Bundesrat nie eingefallen. Er hätte gegen das neutrale Wohlverhalten verstossen. Und wäre damit der parlamentarischen Mehrheit in den Hammer gelaufen.

Pascal Couchepin hat in einem Interview mit dem «SonntagsBlick» mit entwaffnender Offenheit die bundesrätliche Leisetreterei gegenüber Washington begründet. Der gesunde Menschenverstand verlange in einem solchen Fall behutsame Töne, meinte er. Die USA seien zu mächtig und für unsere Wirtschaft zu wichtig, um sie leichtfertig zu provozieren. Die Schweiz sei zudem schlicht zu klein, um gross aufzutrumpfen. Präsident George W. Bush halte an seiner Politik sowieso fest, dachte wohl der Bundesrat. Ergo sei es sinnlos, ihn unnötig «verrückt» zu machen.

PASCAL COUCHEPIN PARIERTE den Vorwurf, das sei nicht gerade mutig gewesen, offensiv: «Es braucht im heutigen Umfeld in der Schweiz mehr Mut, ausgewogen zu sein, als mit den anderen zu schreien. Also war meine Rede eine mutige Rede.» Typisch Couchepin. Er gibt zurück. Der Mann ist ein «animal politique». Das gefällt mir an ihm. Er stösst an, redet nicht jedem nach dem Mund, hat ein gesundes Verhältnis zur politischen Macht. Couchepin hat Recht. Eine Regierung muss nicht unbedingt oder nicht bei jeder Gelegenheit mutig sein. Sie soll klug sein.

DER BUNDESPRÄSIDENT MUSS anders reden, als es eine Parteipräsidentin darf. Er ist der offizielle Sprecher der Schweiz. Ausländische Regierungen nehmen ihn beim Wort. Wenn er damit fahrlässig umgeht, bezahlen wir alle irgendwann die Rechnung.

DREI STUNDEN NACH COUCHEPINS ERKLÄRUNG zum Irak-Krieg lud Aussen-ministerin Micheline Calmy-Rey zu einer eigenen Pressekonferenz ein. Das war schon ungewöhnlich. Sie beliess es dann nicht einfach beim Bedauern. Ohne Wenn und Aber verurteilte sie den Angriffskrieg der USA als völker-rechtswidrig.

Der Bundespräsident und die Aussenministerin vertreten unterschiedliche Positionen. Das, obwohl sie doch in der gleichen Regierung sind. Was ist los mit den beiden? Haben sie Krach miteinander? Nein. Es ist alles ganz anders. Richtig raffiniert.

Der Bundesrat ist eine Kollegialbehörde. Was heisst das? Er redet mit einer Stimme. Ob er einen Entscheid einstimmig, mit 4:3 oder 5:2 Stimmen fällt, spielt keine Rolle. Nach aussen gibt es nur eine Meinung. Die der Mehr-heit. Der Bundesrat tritt als Kollektiv auf. Im Fussball würde man sagen, als Mannschaft.

DAS IST DER IDEALE FALL. Die Realität ist oft anders. Wir leben im Medien-zeitalter. Bundesräte stehen ständig im Schaufenster. Radio, Fernsehen und Presse haben die Politik stark personalisiert. Für Politiker ist das Mauer-blümchen nicht die Lieblingsblume. Schon eher die Mimose. Jeder möchte am liebsten ein Medienstar sein. Das ist im anonymen Kollektiv nicht zu schaffen.

Der Bundespräsident hat nicht mehr das Alleinrecht, für den Bundesrat zu reden. Bei der Erklärung zum Irak-Krieg nahm der Bundespräsident aus den erwähnten Gründen Rücksicht auf Washington. Im Volk hätte man gerne deutlichere Worte gehört. Denn die überwiegende Mehrheit ist gegen diesen Krieg. Diesen Part übernahm die Aussenministerin. Sie sprach den Leuten aus dem Herzen. Das gibt Rückhalt für den Bundesrat.

PASCAL COUCHEPIN UND MICHELINE CALMY-REY bilden starke Farbtupfer im Bundesrat. Deshalb beherrschen sie das Doppel. Er hielt es für einmal mit den leisen Tönen. Sie wandte sich an das eigene Volk. Denn Aussenpoli-tik ist auch Welt-Innenpolitik. Die zwei Protagonisten ergänzen sich beinahe ideal. *31.3.2003* ✤

Verminderte Zurechnungsfähigkeit?

U nser Vertrauen in die Swissair war schier unerschütterlich. Sie gehörte als Wahrzeichen zur Schweiz wie das Matterhorn. Und dann dies: Die Manager konnten nicht einmal das Falsche richtig machen.

Selbst der begabteste Hollywood-Drehbuchautor hätte das Szenario nicht spektakulärer hingekriegt. Sämtliche Swissair-Maschinen, wo immer sie gerade stationiert waren, blieben am 2. Oktober 2001 am Boden. Konzernboss Mario Corti erklärte dem schockierten Publikum, warum: Es sei kein Geld in der Kasse, nicht einmal mehr für Treibstoff. Ich vernahm die Nachricht in Köln. «Der reichen Schweiz ist der Sprit ausgegangen», höhnte ein Deutscher. «Das kann doch nicht wahr sein», schüttelte er ungläubig den Kopf.

SEIT DIESEM 2. OKTOBER 2001 ist Grounding ein gängiges Wort. Zwar wissen wir nicht so ganz genau, was darunter zu verstehen ist. Aber begriffen haben wir es schon: Die Swissair ist durch eine nie für möglich gehaltene Misswirtschaft ins Bodenlose gefallen.

Ein früherer Swissair-Verwaltungsrat, 1992 zurückgetreten, sagte mir: «Damals hatten wir zehn Milliarden Franken auf der hohen Kante.» Aus diesem Haufen Geld ist ein Schuldenberg geworden. Experten beziffern ihn auf gut zwanzig Milliarden. Das heisst, in nicht einmal zehn Jahren sind 30 000 Millionen Franken vertan worden.

DIESE GESCHICHTE KENNEN WIR. Pikant sind die Namen der Schuldigen. Wir mögen sie kaum mehr hören. Im Verwaltungsrat versammelten sich Koryphäen der Wirtschaft mit Abgesandten der Hochfinanz. Es bleibt rätselhaft, wie diesen Wirtschaftsprofis Kontrolle und Übersicht entgleiten konnten. Sie flogen wie blinde Passagiere mit.

Philippe Bruggisser war Konzernchef. Er praktizierte die Hunter-Strategie: Die Swissair wird grösser und grösser. Er kaufte in Europa Fluggesellschaften noch und noch ein. Leider durchwegs Schrottfirmen, wie nach der Bruchlandung auskam. Aber der Verwaltungsrat gab stets grünes Licht. So lange, bis die letzte Milliarde weg war. Die Verwaltungsräte verwechselten die Swissair mit einer Kirche. Sie vertrauten ihrem Konzernchef, im festen Glauben, er werde «es» schon recht machen und der Swissair könne sowieso nichts passieren. Merke: Vertrauen ist gut, Kontrolle ist besser.

EIN SCHEINBAR UNWICHTIGES DETAIL dünkt mich typisch. Oft habe der Verwaltungsrat, weiss man heute, die Unterlagen erst zwei Tage vor der Sitzung erhalten. Da hätte doch wenigstens mal einer aufwachen müssen: «Da ich noch anderes zu tun habe, konnte ich die Unterlagen noch gar nicht studieren. Ich beantrage, das Geschäft auf die nächste Sitzung zu verschieben.» Genau das passierte nicht. Die Herrschaften waren eh überlastet. Sie gehörten ja noch etlichen weiteren Verwaltungsräten an. So blieb ihnen nur die Wahl, Ja zu sagen. Denn für das Nein hätte es Sachkenntnisse, Aktenstudium, Recherchen, kritisches Misstrauen und den Durchblick gebraucht. So war der Verwaltungsrat eine Kopfnickergesellschaft.

«DER VERWALTUNGSRAT HAT NICHTS ZU SAGEN», erklärte mir vor etwa zwanzig Jahren der Boss der damals grössten Schweizer Bank. Exakt so verstand der Swissair-Verwaltungsrat seine Funktion. Ihm anzugehören, brachte hohe Ehre. Das genügte den meisten. Pech war, dass Konzernchef Bruggisser das in ihn gesetzte Vertrauen nicht rechtfertigte. Niemand stoppte ihn.

Die Hauptschuldigen haben im Wissen darum, was ihnen blühen könnte, bereits die besten Anwälte des Landes engagiert. Sie werden offenbar nicht von ihrer Schuld erdrückt, sondern von den Zweifeln an ihrer Unschuld.

MÜSSEN DIE VERWALTUNGSRÄTE mit Konsequenzen rechnen? Haften sie gar mit ihrem Privatvermögen? Pessimisten meinen, «denen wird nichts geschehen. Das Verfahren wird im Sand verlaufen.» Das hingegen wäre fatal. Das Vertrauen in unseren Rechtsstaat würde aufs Spiel gesetzt. Eigentlich könnten die Swissair-Verantwortlichen nur wegen verminderter Zurechnungsfähigkeit ungeschoren davonkommen. Da sie das eindeutig nicht sind, gehören sie vor den Richter. *3.3.2003* ✛

Die alte Frau und die Politik

Marianne, eine gute Bekannte, ist über neunzig. Sie erledigt ihren Haushalt und die Einkäufe noch selber. Das Laufen jedoch, «jömmerlet» sie ein wenig, bereite ihr schon etwas mehr Mühe als früher. Kunststück. Geistig ist sie vif geblieben. Marianne liest Zeitung, hört Radio, schaut Fernsehen. «Je nach Programm bis nach Mitternacht», verrät sie mir vergnügt. Und steht dann am nächsten Morgen gleichwohl zwischen 7 und 8 Uhr auf. Sie freue sich halt so auf das «Käfelen», weshalb sie es schade fände, zu lange im Bett zu bleiben.

Nun kennen Sie Marianne bereits ein bisschen. Das ist vielleicht doch zu viel gesagt. Aber Sie haben über die rüstige Frau ein paar Anhaltspunkte. Zu ergänzen ist, Marianne diskutiert engagiert über Politik. «Diesen Bush finde ich grässlich», schimpft sie. «Überhaupt, die Amerikaner. Zuerst haben sie die Indianer vertrieben, dann in Afrika Sklaven geholt, in Vietnam Menschen, Wälder und Ackerland aus Flugzeugen mit diesem Dioxin vergiftet. Jetzt bereitet Bush den Ölkrieg vor.»

MARIANNE KANN SICH AUFREGEN. Zum Beispiel über die Misswirtschaft bei einst berühmten Firmen wie der Swissair; über Entlassungen trotz horrender Gewinnabschlüsse; über die Millionensaläre der Bosse; noch mehr über die Abfindungen für Versager. So könne es doch nicht mehr weitergehen, ist sie überzeugt. Es brauche ein neues System, meint sie. Mit der Bemerkung: «Aber das werde ich wahrscheinlich nicht mehr erleben.»

Meine Bekannte sagt nicht etwa, das werde sie nicht mehr erleben, sondern wahrscheinlich nicht mehr. Sie lässt also die Türe einen Spalt breit für die Möglichkeit offen, die Wende zum Besseren noch mitzubekommen. Sie gibt die Hoffnung nicht auf. Sie bleibt unerschütterlich zuversichtlich.

DAS GESPRÄCH HAT MICH TIEF GERÜHRT. Marianne sieht im «neuen System» einen Ausweg. Wohin genau dieser führen soll und was konkret zu tun wäre, vermag sie nicht zu sagen. Wer kann das schon! Sie spürt aber etwas richtig. Nämlich, dass eine Gesellschaft auf Dauer Exzesse nicht aushält. Nicht politische, nicht religiöse, nicht ethnische, halt auch nicht finanzielle und wirtschaftliche.

Marianne erhofft sich eine Veränderung, die sie selber noch erleben möchte. Das mit 92 – grossartig. Das «neue System», von dem sie spricht, besteht aus alten Werten: Menschlichkeit, Anstand, Respekt vor- und füreinander, Vertrauen, soziale Sicherheit, Meinungsfreiheit. Diese Werte sind Bausteine für das Fundament von Gesellschaft, Wirtschaft und Politik. Ohne sie gerät alles in Schieflage.

ARBEIT UND KAPITAL, heisst es, seien in der Wirtschaft Partner. Schön. Dann darf nicht sein, was in den Neunzigerjahren angefangen hat. Es ist doch pervers, dass die Aktienkurse steigen, weil der Konzern ein paar Tausend Beschäftigte entlassen hat, oder dass die Börse jubelt, wenn es Arbeitnehmern schlecht geht. Wenn dann oben ständig mit grösserer Kelle geschöpft wird, platzt der Kragen. Die Ansprüche der Arbeitnehmer dürfen in einer sich für sozial haltenden Gesellschaft nicht übermässig missachtet werden, sonst gerät die Balance zwischen unten und oben aus dem Gleichgewicht. Und wenn das geschieht, muss sie repariert werden.

POLITIK IST IN DER SCHWEIZ ein mühsames Geschäft. Parteien müssen sich zusammenraufen. Sie sind eben nicht nur Konkurrenten, sondern auch Partner, um Lösungen zu erarbeiten. Der ausgehandelte Kompromiss hinterlässt meistens eine allgemeine mittlere Unzufriedenheit. Das ist die eidgenössische Formel für politischen Erfolg. Brillant ist das nicht, dafür solid. Nun haben wir eine «Ohne-uns-Partei», die streikt und denen, die arbeiten, Versagen vorwirft. Dafür wird sie vom Wahlvolk noch belohnt. Warum eigentlich? Diese politischen Schwarzfahrer werden irgendwann erwischt.

Marianne hat noch einmal angerufen, um zu erfahren, was ich von ihrem Vorschlag halte. Ich will nur einen Punkt angehen. In der Politik gibt es eine «einfache» Regel: Tun, was man sagt, sagen, was man tut. Leider ist das Einfachste am schwierigsten. Das wärs, liebe Marianne. *3.2.2003* ✦

Eine Begegnung in der reichen Schweiz

Wie es so ist vor Weihnachten, in der Basler Innenstadt herrschte ein Gedränge. Eine «Druggete», wie wir sagen. Bei den vielen Menschen wäre ich fast an ihr vorbeigelaufen. Dann schaute ich zurück. «Es muss sie sein», dachte ich. «Das ist doch Tanja», begrüsste ich eine lange nicht mehr gesehene junge Frau. Sie trug ein Buschi auf sich. «Ich dachte, du hättest mich gar nicht mehr erkannt», meinte sie. Tanja bemühte sich keineswegs, ihre Enttäuschung, dass ich einen Moment lang unsicher reagierte, einfach wegzulächeln. So kenne ich sie: Tanja hat immer gezeigt, was sie denkt.

«WIE GEHT ES DIR?», erkundigte ich mich. «Nicht gut.» Zwei Worte, die eine spürbare Verbitterung verrieten. Ich war darauf gefasst, Tanjas Krankengeschichte zu erfahren. Ich treffe immer wieder auf Menschen, die geradezu hingebungsvoll ihre Arztgeheimnisse ausplaudern oder überstandene Operationen detailliert schildern, als ob es Abenteuer gewesen wären. Doch bei Tanja war es anders. Es plagen sie nicht gesundheitliche, sondern finanzielle Sorgen. Ihr Mann verdient, wie es so schnell heisst, «anständig». Gleichwohl reicht das Geld hinten und vorn nirgends hin.

TANJA IST SEIT ZEHN JAHREN verheiratet. Zur Familie gehören drei Kinder. «Robert, mein Mann, hat dreimal die Stelle verloren. Und zwar immer dann, wenn die Firma im Konkurs endete», bekomme ich zu hören. Wer so viel Pech hat, rutscht automatisch in existenzielle Engpässe hinein. Das Auf und Ab zwischen Entlassung, Arbeitslosigkeit und neuem Arbeitsplatz war Gift für den kontinuierlichen Aufbau einer familiären Infrastruktur. Tanja und Robert sind stets zurückgeworfen worden. Das kostet Geld. Geld, das in der Familienkasse fehlt. Es sind keine Reserven mehr da. Zwischendurch verdient Robert 3500 Franken. Zu wenig, um mit einer vierköpfigen Familie, zu der nun ein fünftes Mitglied gestossen ist, über die Runden zu kommen.

«JETZT ARBEITET ROBERT in einer alteingesessenen Firma», fährt Tanja fort, «bei der wir keine Angst vor dem Konkurs haben müssen.» Deshalb ist ihre Lage jedoch noch lange nicht gut.

Robert verdient im Monat 5100 Franken netto. Tanja erklärt mir ihr Budget: Die Wohnungsmiete kostet 1800, die Krankenkasse 800. Selbstverständlich ist die Familie beim Zahlen der Steuern in Verzug geraten. Die nächsten zwei Jahre will daher die Steuerverwaltung jeden Monat 800 Franken überwiesen bekommen. So bleiben der jungen Familie für alles Übrige gerade mal noch 1700 Franken. Das reicht fürs Nötigste. Für mehr nicht. Die beiden müssen sorgfältig rechnen, um ihr Haushaltbudget im Gleichgewicht zu behalten. Das ist jeden Monat eine neue Herausforderung.

DIE KLEINEN BUBEN MÖCHTEN Sport treiben. Der eine Fussball, der andere Karate. «Wir können uns praktisch nichts leisten», überzeugt mich Tanja. Sie liebt das Theater, wäre gerne bei der einen oder anderen Veranstaltung dabei. Wer möchte nicht mal auswärts essen gehen? Oder etwas Schönes kaufen, das nicht unbedingt sein müsste? Tanja ist tapfer. «Wir werden das durchstehen. Es wird auch wieder mal aufwärtsgehen», tröstet sie mich. Und lässt einen Satz zurück, der mich bedrückt: «Wir leben in einem familien- und kinderfeindlichen Land.»

Tanja wäre sofort bereit, eine Teilzeitarbeit anzunehmen. Nur: Wer hütet die Kinder? Sie hat ausgerechnet, dass bei einem Halbtagslohn von etwa 2000 Franken fast die Hälfte für die Kinderbetreuung in einer Krippe oder Ganztagesschule draufginge. Da bleibt Tanja lieber daheim bei den Kindern. Später, wenn sie grösser sind, will sie arbeiten gehen.

DAS IST KEINE SENSATIONELLE GESCHICHTE, sondern helvetischer Alltag. Denn ziemlich genau 50 Prozent, so die Steuerstatistik, haben maximal 60 000 Franken Jahreseinkommen. Dabei ist die Schweiz, hören wir regelmässig, eines der reichsten Länder der Welt. Ich bin demnach in diesem reichen Land einer Bekannten begegnet, die nichts davon spürt. Wie so viele andere auch.

9.12.2002 ✦

Was ist eigentlich los mit denen da oben?

Der Kassier eines Dorf-Turnvereins arbeitet ehrenamtlich. Wenn es hoch kommt, werden ihm die Spesen vergütet. Vielfach jedoch legt er noch drauf. Angenommen, ein solcher Kassier hätte sich eine Aufwandentschädigung von 500 Franken ausbezahlt, ohne dass sie vom Vorstand beschlossen worden war. Das gäbe Ärger. Die Geschäftsprüfungskommission käme nicht darum herum, an der Generalversammlung darüber zu berichten. Vermutlich müsste dann der Kassier zurücktreten. Er wäre untragbar geworden.

In der Wirtschaft gelten andere Massstäbe. Wenn wir sehen, was sich in letzter Zeit in den Chefetagen von Konzernen abgespielt hat, kommt einem die Galle hoch. Wir brauchen gar keine Namen zu nennen. Sie sind geläufig und hängen uns längst zum Hals heraus. Ein Lehrer meinte zu mir: «Wie soll ich meinen Kindern Anstand, Fleiss, Ehrlichkeit beibringen, wenn die da oben derart schamlos betrügen?»

DER ST. GALLER HOCHSCHULPROFESSOR Fredmund Malik hat schlechte Manieren ausgemacht: Grössenwahn, Anmassung, Hochstapelei, kriminelle Machenschaften, Shareholder-Value. Martin Ebner hat sich damit gebrüstet, den Shareholder-Value – Inbegriff des Gewinnstrebens um jeden Preis – als Erster importiert zu haben. Damit seien, so Professor Malik, «viele Manager angestiftet worden, die Gewinne bis hin zur Bilanzfälschung zu schönen und sich auf Kosten ihrer Firmen zu bereichern».

Nicolas Hayek hat den Unterschied zwischen einem Unternehmer und einem Manager definiert: Der Unternehmer arbeite mit dem eigenen Kapital – der Manager mit fremdem. Das verleitet offenbar zum Missbrauch. Zweitens: Bei der Abzockerei sind stets Manager beteiligt, deren Einkommen im Millionenbereich liegt. Es gibt offensichtlich Karrieristen, die das viele Geld nicht verkraften. Sie wollen immer noch mehr. Scheinbar ehrenwerte Zeitgenossen lassen dann sämtliche Skrupel fallen.

Dem Boss der zweitgrössten Schweizer Bank genügte sein lukrativer und zweifellos anspruchsvoller Job nicht mehr. Zwar geschäftete er weltweit, mit

Filialen in New York, London, Tokio oder wo auch immer. Eigentlich dürfte man davon ausgehen, der Mann sei damit mehr als genug ausgelastet gewesen. Irrtum. Der Grossbankier musste unbedingt noch eine Versicherungsgesellschaft haben. Also kaufte er eine. Nun war aus der Bank ein Allfinanzkonzern geworden. Damit noch nicht genug. So wurde der Unersättliche halt Verwaltungsrat bei der Swissair. Das war der Anfang vom baldigen Ende. Zumal sich der Deal mit der Versicherungsgesellschaft nicht auszahlte. Er kostete die Bank Milliarden. Der Boss musste gehen. Versager werden aber nicht etwa entlassen, sondern vergoldet. Das ist in diesen Kreisen branchenüblich geworden.

DAS IST NUR EINE WAHRE GESCHICHTE von vielen. Eine noch viel verrücktere brachten die Medien an den Tag. Schauplatz ist der grösste Privatversicherungskonzern der Schweiz, die Rentenanstalt. Deren Manager werden gut entlöhnt. Oder doch nicht? Ein paar gründeten im eigenen Unternehmen ihre Privatfirma mit dem einzigen Zweck, das eigene Gehalt aufzupolieren. Es läpperten sich für sie 11,5 Millionen Franken zusammen. Sie haben sozusagen ihr Insiderwissen privatisiert. Nach dem Motto «Wir leben zwar über unsere Verhältnisse, aber unter unserem Niveau».

Nationalrat Gerold Bührer ist Verwaltungsrat der Rentenanstalt. Er erfuhr vom miesen Geschäft erst im vergangenen April. Der Ausschuss hatte es zwei Jahre zuvor abgesegnet. Nun ist Gerold Bührer als Präsident der FDP zurückgetreten. Er wolle, erklärte er, seine Partei nicht mit den Vorkommnissen in der Rentenanstalt belasten. Die politische Moral hat ihn zum Rücktritt gezwungen. Bührer bewies Haltung. Als bisher Einziger in diesem komischen Verwaltungsrat.

WAS IN EINEM TURNVEREIN nicht toleriert wird, geht erst recht nicht in der Wirtschaft. Deren Führungsleute müssen vertrauenswürdig sein. Nicht dass der allgemeine Eindruck entsteht, man könne kein Zutrauen zu ihnen haben, weil wir ihnen alles zutrauen. *11.11.2002* ✚

Das herrliche Fussballfieber

Wir haben es in Basel notiert und uns amüsiert. Nämlich dass zum Fussballmatch im Uefa-Cup GC gegen Zenit St. Petersburg knapp 2300 Zuschauer ins Zürcher Hardturm-Stadion gekommen sind. Ein paar Hundert weniger, und der Präsident hätte jeden Einzelnen persönlich begrüssen können.

Da ist sich der FC Basel andere Zahlen gewohnt. Sogar gegen Aarau, den Tabellenletzten, strömten kürzlich fast 25 000 Zuschauer ins Stadion St.-Jakob-Park. Zum Spiel in der Champions League in Liverpool reisten über 2500 Fans mit auf die Insel. Sie kehrten glückselig zurück. Ihre Helden erzielten gegen den berühmten Gegner ein Unentschieden. Eine Woche später, am 2. Oktober, wurde der FCB dann in Valencia regelrecht deklassiert. Deswegen gerät ein richtiger Fan aber nicht aus dem Gleichgewicht. Gewinnt «seine» Mannschaft, jubelt er. Verliert sie, hofft er auf den nächsten Sieg. Ein Fan bleibt in jeder Situation unerschütterlich optimistisch. Denn er «leidet» unter Fussballfieber.

NUN IST FUSSBALLFIEBER, medizinisch beurteilt, keine eigentliche Krankheit. Die Wahrnehmung jedoch ist beeinträchtigt. Der Fan fällt durch sein oft merkwürdiges Verhalten auf. Wenn ich, um ein Beispiel zu erwähnen, vor dem Stadion einen etwa 62-jährigen Bekannten mit einer Perücke in den rotblauen FCB-Farben antreffe, denke ich, «der spinnt». Dabei fällt er gar nicht auf. Nicht nur Jugendliche, auch viele erwachsene Frauen und Männer tragen Rot-Blaues. Und zum Teil von Kopf bis Fuss, vom Hut bis zu den Schuhen. Der FCB-Look wird in allen möglichen und unmöglichen Variationen getragen. Da wird jede Modeschau glatt in den Schatten gestellt.

Daneben gibt es die stilleren Fans. Mein Freund Andreas Gerwig ist so einer. Der frühere Nationalrat besucht seit Jahren praktisch jedes FCB-Heimspiel. Probleme gab es, wenn er auf Kreta Ferien machte. Das Handy war noch nicht auf dem Markt. Was, wenn die Post die Zeitung aus Basel verspätet zustellen oder das Telefon nicht funktionieren würde? Wie hätte Andreas unter solch misslichen Umständen die Resultate des FCB erfahren können? Diese Ungewissheit wäre für ihn unerträglich gewesen. Also gab es mit mir eine Vereinbarung: Ich faxte ihm jeweils nach dem Match das Resultat ins Hotel. Nur so konnte er die Ferien geniessen.

Rebekka, 23, unsere Enkelin, ist vom FCB total «angefressen», wie wir in Basel sagen. Mit der jüngeren Enkelin Nomi stand sie kürzlich ab 1 Uhr morgens in der Schlange, um Billette für die Champions League zu ergattern. Zwischenhinein wurde ein Fondue zubereitet.

«MAMI, DU MUSST UNBEDINGT auch einmal mit an einen Match kommen», bettelte Rebekka. Ihre Mutter ist unsere älteste Tochter Kristin. Die Feststellung stimmt, Kristin habe bisher für Fussball null Interesse gezeigt. Nicht nur das. Ich würde sogar behaupten, sie habe für Fussballfans lediglich so etwas wie mitleidiges Unverständnis aufgebracht. Jedenfalls hätte ich gewettet, sie sei gegen Fussball immun, völlig immun.

Eine pflichtbewusste Mutter erfüllt ihrer Tochter nicht jeden Wunsch, gibt aber hie und da nach. Kristin begleitete Rebekka zum Match. Wohl in der Annahme, das werde ein langweiliger Abend. Irrtum. Seit diesem ersten Besuch ist es um Kristin geschehen. Das Fussballfieber hat sie voll erwischt. Die Stimmung im Stadion sei fantastisch, erzählt sie. Die Ambiance findet sie grossartig. Plötzlich hat unsere Tochter den Fussball auch am Bildschirm entdeckt. Und telefoniert, «juhui, wir haben gewonnen». Gret, meine Frau, schüttelt nur noch den Kopf.

SEIT DER FCB SCHWEIZER MEISTER und Cupsieger ist, sind in der Region viele Menschen vom Fussballfieber angesteckt worden. Die übrige Schweiz staunt, weil bei fast jedem Match 20 000 und mehr Zuschauer kommen. Was fasziniert sie? Nicht allein das Geschehen auf dem Rasen. Es ist wirklich die Stimmung, die Ambiance im Stadion. Die Begeisterung der Menschen, die ihre ganze Gefühlspalette ausbreiten. Weil es so herrlich ist, sich mit dem FCB zu freuen oder mit ihm zu leiden. *14.10.2002* ✤

Tatort Bundeshaus

Das Bundeshaus ist ein Publikumsrenner. Dieses Jahr wird sein hundertjähriges Bestehen gefeiert. In der Sommerpause erinnerte eine Ausstellung daran. In 40 Tagen kamen über 100 000 Besucher ins Palais Federal. Gerechnet hatte man mit 12 000 bis maximal 20 000. Das Interesse der Leute ist also gehörig unterschätzt worden.

Dabei ist auch in den Sessionen das Gedränge zu den Tribünen des Nationalrates enorm. Besucher dürfen in der Regel lediglich 30 Minuten bleiben. Anders wäre der Andrang nicht zu bewältigen. Das, obschon die Eindrücke über den Ratsbetrieb konstant verheerend sein sollen. Stets hörte ich die gleichen Klagen: Die Präsenz im Saal sei lausig. Von den Anwesenden höre kaum einer zu, was vorne geredet werde. Viele würden Zeitung lesen oder sich mit der Nachbarin unterhalten. Ein Schüler fasste die angebliche Misere am träfsten zusammen: «Es geht zu und her wie in einer Beiz, nur wird nicht serviert.»

ICH ERZÄHLTE DEN BESUCHERN, deren Fragen und Klagen ich beantwortete, immer dieselbe Geschichte: In Basel bemühte sich ein Lehrer um aktuellen Staatskundeunterricht. Er schleppte die Klasse auf die Tribüne des Grossen Rates. Offenbar bot sich das gleiche Bild des Jammers wie im Bundeshaus. Der Lehrer rechnete mit den Parlamentariern in der Zeitung ab. Und bekam, selbstverständlich, dafür viel Zustimmung.

Zwei Jahre später war er selber in den Grossen Rat gewählt worden. Jedes Mal, wenn er während der Sitzung hinausgehen wollte, pfiffen ihn die anderen zurück: «Du bleibst schön sitzen.» Nach vier Jahren kandidierte der brutal Zurechtgewiesene nicht mehr. «Das hält ja kein Mensch aus», beklagte er sich.

SITZUNGEN IM NATIONALRAT können acht bis zehn oder mehr Stunden dauern. Nicht jede Debatte ist für alle gleich wichtig. Wird zum Beispiel stundenlang über die Milchkontingentierung diskutiert, kann, wer nicht Bauer ist, Berufliches erledigen. Oder man empfängt Besuche, muss ans

Telefon, erklärt Tribünengästen den Ratsbetrieb, schaltet eine Kaffeepause ein. Wenn dann aber abgestimmt wird, ist die Präsenz gut. Besser als im Deutschen Bundestag. Dort hocken erst noch Berufspolitiker. Unsere Gewählten sind natürlich unterschiedlich begabt und qualifiziert. Aber eines sind sie fast ausnahmslos: pflichtbewusst und fleissig.

Im Bundeshaus befindet sich die politische Schaltzentrale. Dazu gehört natürlich das Bundesratszimmer. Dort tagt die Regierung. Ich war immerhin schon 15 Jahre Nationalrat, als Bundesrat Willy Ritschard es mir zeigte. Nicht ohne mich spüren zu lassen, was für eine besondere Gunst er mir damit erwies. Die englische Königin hütet ihr Thronzimmer kaum exklusiver.

DAS BUNDESHAUS IST AUCH ein Ort der Begegnungen. Eine ist mir unvergesslich geblieben: Ein alter Bauarbeiter besuchte mit seiner Frau das Bundeshaus. Sie waren überwältigt. Voller Ehrfurcht bestaunten sie die hohen und langen Gänge. Sie wagten kaum miteinander zu reden. Plötzlich war er aufgeregt: «Dort kommt der Ritschard», alarmierte er seine Frau. «Jesses, wir kennen uns von früher, aber jetzt ist er Bundesrat. Ich kann ihm doch nicht mehr du sagen.» Der Gute muss innerlich geschwitzt haben. «He lueg da, dr ‹Bärtu›», begrüsste ihn Willy Ritschard. Albert, so hiess er, wirkte wie erlöst. Das Du galt noch. Dann folgte der Clou. «Hättest du mit deiner Frau Zeit», fragte Ritschard, «mit mir zum Mittagessen zu kommen, ihr werdet doch hoffentlich nicht Nein sagen.» Eine schönere Einladung hat «Bärtu» wahrscheinlich nie bekommen.

Das Bundeshaus ist das Wahrzeichen unserer Eidgenossenschaft. Nicht allein Konzerne und Banken haben einen Hauptsitz, auch die Politik. Ihr Tatort ist das Bundeshaus. Dort sollen Volksvertreter das Volk vertreten. Da mögen Worte des legendären John F. Kennedy hilfreich sein: «Wenn eine freie Gesellschaft den vielen, die arm sind, nicht helfen kann, kann sie auch die wenigen nicht retten, die reich sind.»   16.9.2002 ✚

Geheimnis Schweiz: Arbeit oder Börse?

Das Erfreuliche vorweg: Der Bundesrat ist besser als sein Ruf. Bei der Swissair war es gerade umgekehrt. Ihr jähes Ende hat uns denn auch tief getroffen. Die Bruchpiloten inszenierten immerhin ein grandioses Drama. Es spielten mit: Unersättliche, Nieten im Verwaltungsrat, Revisoren mit Blindenhund, Abzocker als Berater, die gute Fee oder der Notarzt vom Nestlé-Konzern.

DIE SWISSAIR WAR DER STOLZ der Nation. Sie galt als die beste Airline. Mit null Finanzsorgen. Die Swissair sei, hiess es, eine fliegende Bank. Dann wurde sie zum armen Schlucker, der nicht einmal mehr das Geld für Benzin aufbrachte. Der Zusammenbruch ist ein bisher einzigartiger Vorgang in der Wirtschaftsgeschichte der Schweiz.

Nun ist wieder einer gestolpert und dabei gefallen. Ein sogenannter Börsenguru sitzt in der Schuldenfalle. Er hat sich verspekuliert und sich wie ein Anfänger blamiert. Er habe Aktien «zu wenig diversifiziert», entschuldigt sich Martin Ebner. Das heisst, er verteilte die Risiken auf zu wenige Firmen. Nun ist er vom Kurssturz mitgerissen worden. Einen solchen Börsencrash hätte er nicht für möglich gehalten, jammert Kurt Schiltknecht, Ebners linke Hand.

Martin Ebner hat viel bewegt im Geldgeschäft. Wo immer er mit Aktien in einem Unternehmen Einfluss ausübte, forderte er stets das Gleiche: eine höhere Rendite auf dem Eigenkapital. Mehr Geld für die Aktionäre also. Ebner importierte diese neue «Mode» aus den USA. Ihr längst globalisiertes Markenzeichen ist der Shareholder-Value. Auf Deutsch heisst das Gewinnmaximierung um jeden Preis. Um jeden.

«DAS GRÖSSTE RISIKO bei Aktien ist, keine zu haben», so Ebner. Die Neunzigerjahre schienen ihm Recht zu geben. Die Börse boomte. Wer mit Aktien spekulierte, konnte sagenhafte Summen gewinnen. Und das ohne grosse Mühe, wie im Schlaf. «Die Jagd nach immer mehr Geld ist unser neuer Volkssport», spottete die «Neue Zürcher Zeitung».

Der gewinnsüchtige Bankier Martin Ebner faszinierte viele. Seine Botschaft: Die Börse rentiert besser als Arbeit. Zu Ende gedacht bedeutet das, Aktien seien wichtiger als Arbeitnehmer. So war und ist es auch. Um eine höhere Rendite zu erzielen, werden Arbeitsplätze gestrichen. So kam es, dass Konzerne selbst bei hohen Gewinnen Personal abbauten. Wer da noch von Allgemeinwohl redete, von Verantwortung gegenüber Staat, Gesellschaft und Personal, erschien in den Augen von Ebner und Konsorten als hoffnungsloser Nostalgiker.

DER MARKT REGLE ALLES, belehrte man uns. Er wurde faktisch heilig gesprochen. Der Staat galt als lästiges Überbein, seine öffentlichen Dienste sollten privatisiert werden. Ebner war von der Börse so besoffen, dass er die Finanzierung der AHV über sie lösen wollte. Und ein Gleichgesinnter meinte tatsächlich, «es wäre denkbar, selbst das Bundeshaus zu privatisieren». Nun hängt Martin Ebner im Rettungsring der staatlichen Zürcher Kantonalbank. Der Lack ist ab, der Zauber weg, das Image futsch.

Die Schweiz hat ihren Wohlstand erarbeitet, nicht an der Börse erspekuliert. Die neuste Untersuchung, welche Länder am wettbewerbsfähigsten sind, datiert vom letzten April. Die Schweiz liegt auf dem siebten Platz. Ihre Pluspunkte sind eindeutig die Arbeitnehmer, der Arbeitsfrieden, die gute Ertragslage vieler Unternehmen. Minuspunkte lieferten Verwaltungsräte und Manager. Da schlagen Fälle wie bei der Swissair, ABB, Kuoni, Sulzer und anderen voll durch. Wären die Chefs durchwegs so gut wie ihr Personal, die Schweiz stünde auf einem der vordersten Plätze.

Bertolt Brecht erkannte, wo es noch hapert: «Armer Mann und reicher Mann standen da und sahen sich an, und der Arme sagte bleich: Wäre ich nicht arm, wärst du nicht reich.»

ES BLEIBT NOCH VIEL ZU TUN. Einkommen, Vermögen, Besitz sind zu ungleich verteilt. Auf dem Weg zur sozialeren Gesellschaft bleibt Martin Ebner eine Episode. Zum Geheimnis Schweiz gehört auch, sie durchzustehen. *19.8.2002* ✦

Die betrogenen Betrüger

Waldbrände und Börsenkurse sind in den USA ausser Kontrolle geraten. In Arizona sind 160 000 Hektaren Land zerstört worden. Ein Feuerwehrmann hat gestanden, er sei der Brandstifter gewesen. Weil er, wie «Blick» berichtete, mit Überstunden beim Löschen Geld verdienen wollte. Die Geldgier hat ihn in die Kriminalität getrieben.

In der Wirtschaft gibt es auch «Brandstifter». Typisch ist der Fall von Worldcom, der zweitgrössten Telefongesellschaft in den USA. Ihr Börsenwert ist von 115,3 Milliarden Dollar Mitte 1999 auf 2,5 Milliarden Dollar gefallen. Die Aktie notierte im Juli noch einen Börsenwert von 7 Cent. 1999 waren es 64.50 Dollar gewesen.

WIE KONNTE DIESER ABSTURZ PASSIEREN? Worldcom wurde 1983 von Bernie Ebbers gegründet. Seine Vision grenzte an Grössenwahn. Ihm schwebte ein weltweites Datennetz vor, um überall auf dem Globus Kommunikationsdienste anzubieten. Bis Ende 2001 hatte er 75 Konkurrenten aufgekauft. Er setzte sich ein jährliches Wachstum von 30 Prozent zum Ziel. Der Umsatz hätte sich in nur acht Jahren verzehnfacht. Und in 15 Jahren sogar verhundertfacht!

Irgendwann platzte die Seifenblase. Vor drei Monaten musste Bernie Ebbers den Stuhl räumen. Da die Vorgaben mit korrekten Geschäftsmethoden nicht zu erreichen waren, griff er zu betrügerischen. Motto: Wenn schon, dann schon. Ausgaben für 3,9 Milliarden Dollar wurden als Investitionen verbucht. Das ist, wie wenn Sie ein Auto kaufen und es als Vermögenszuwachs abbuchen würden. Bernie Ebbers täuschte so Gewinne vor, als der Konzern längst in den roten Zahlen war.

IST ER EIN EINZELTÄTER? Nein. Die Kontrollmechanismen blieben ausgeschaltet. Revisoren und Aufsichtsgremien litten an kollektiver Sehschwäche. Anleger verwechselten Worldcom mit einer Gelddruckmaschine. Alle waren der perversen Profitgier verfallen. Nun stehen sie als die betrogenen Betrüger da.

Bernie Ebbers bediente sich für seine Ranch in Texas und für andere Köstlichkeiten bei Worldcom. Das nicht zu knapp. Er liess 160 Millionen Dollar mitlaufen. In der Konzernrechnung figurierten sie als Firmenvermögen. Eine neue Form von Privatisierung auf Kosten des Unternehmens.

Ein illusionsloser Zeitgenosse meinte, das System sei zwar krank, funktioniere aber hervorragend. Das sieht Henri B. Meier, legendärer Ex-Finanzchef des Chemiemultis Hoffmann-La Roche, anders. Die «Basler Zeitung» zitiert ihn: «Der freie Markt hat eine selbstzerstörerische Seite, das hat schon Marx entdeckt.» Der Markt, so Meier, dürfe «nicht total ungeregelt funktionieren», das könnte «zur Selbstzerstörung führen».

GEORGE SOROS URTEILT GLEICH. Der gebürtige Ungar und heutige Amerikaner gilt als erfolgreichster Börsenspekulant. Nach eigenen Angaben gewann er im kapitalistischen Spielcasino ein paar Milliarden Dollar. Er kennt also das System und warnt: «Die Kapitaleigner streben nach Profitmaximierung. Ihren eigenen Neigungen überlassen, würden sie immer weiter Kapital akkumulieren, bis die Situation aus dem Gleichgewicht geriete.» Daher brauche es «eine gesunde Balance zwischen Politik und Markt, zwischen dem Aufstellen von Regeln und dem Spielen nach den Regeln». Damit sich «das kapitalistische Weltsystem nicht selbst zerstört».

POLITIK UND STAAT SOLLEN die Marktwirtschaft vor sich selber schützen. Es ist wie im Strassenverkehr. Ohne Gesetz, ohne Einschränkungen, ohne Polizei würde das nackte Chaos herrschen. Die Marktwirtschaft braucht Schranken, die sie vor einem Bernie Ebbers und Konsorten bewahren. Diese «Brandstifter» sind zu gefährlich. Sie können alles kaputtmachen.

Kapitalisten verstehen alles von Wirtschaft. Sozialisten sind Spezialisten für Soziales. Die beiden sind Komplizen. Sie bemühen sich, Gesellschaft und Wirtschaft nicht den Marktfundis auszuliefern. Ihr gemeinsames Interesse heisst soziale Marktwirtschaft. Sie ist der historische Kompromiss zwischen Rechten und Linken, zwischen Sozialdemokraten und Bürgerlichen. Nur haben es noch nicht alle kapiert. *22.7.2002* ✛

Freiheit bedeutet nicht Willkür

Gewisse Dinge, meinte ich, seien unbestritten. Zum Beispiel die gesetzlich geregelte Altersvorsorge: AHV und betriebliche Pensionskasse als 1. und 2. Säule. Das Sparen wird steuerlich begünstigt. Die meisten unter uns sind im Alter vor allem auf die AHV und Pensionskasse angewiesen. Wieso?

Vom Einkommen regelmässig sparen kann nur, wer ordentlich verdient. Oder wer schon etwas Vermögen hat. Das Privatvermögen aber ist in der Schweiz sehr ungleich verteilt. Kürzlich erschien die wissenschaftliche Studie «Reichtum in der Schweiz». Verfasser sind Ueli Mäder und Elisa Streuli, Basel. Ein paar Zahlen nur: Das gesamte versteuerte Privatvermögen hat in den erfassten letzten sechs Jahren um 220 Milliarden auf 750 Milliarden Franken zugenommen.

DIESE ZAHL SAGT VIEL und doch wenig aus. Brisant hingegen ist, wer viel besitzt. 3 Prozent der Steuerpflichtigen haben die Hälfte des Privatvermögens. In die andere Hälfte teilen sich die «übrigen» 97 Prozent. So ungerecht ist der Reichtum verteilt. Es kommt noch schlechter. Es gibt 3,3 Millionen steuerpflichtige Haushalte. 60 Prozent, das sind zwei Millionen Herr und Frau Schweizer, bringen es zusammen gerade mal auf 22 Milliarden Erspartes. Das macht im Durchschnitt pro Haushalt 11 000 Franken. So viele besitzen nur so wenig.

Eigentlich ist das mit unserem Demokratieverständnis unvereinbar. Demokratie bedeutet Volksherrschaft. Aber wir haben die Geldherrschaft.

PUNKTO VERMÖGENSKONZENTRATION schiesst der Kanton Basel-Stadt den Vogel ab. 5,8 Promille besitzen die Hälfte des Privatvermögens, also gleich viel wie 99,42 Prozent! Das ist absoluter Europarekord.

Der Nationalrat hat in der Märzsession über die 2. Säule beraten. Heute sind Einkommen bis 24 720 Franken nicht versicherungspflichtig. Kleinverdiener müssen also auf die Betriebspensionskasse verzichten. Von der AHV bekommen sie auch lediglich die Minimalrente. Ihre Altersvorsorge ist daher nicht existenzsichernd. Das möchten der Bundesrat und das Parlament korrigieren. Dagegen wehrt sich aber Peter Hasler, der Direktor des Schweizerischen Arbeitgeberverbandes: «Man nimmt den Arbeitnehmern die Freiheit, selbst über ihre Altersvorsorge zu entscheiden.» Die Freiheit, die der Arbeitgeberboss anruft, ist allerdings eine besondere. Nämlich: Die Firmen sparen dabei die Arbeitgeberbeiträge für die Pensionskasse ihrer Mitarbeiterinnen. Ausgerechnet für die Einkommensschwächsten soll bei der Altersvorsorge gespart werden. Das soll Freiheit sein? Eher schon Willkür.

PETER HASLER WEHRT SICH gegen «unnötigen Zwang». Exgüsi, Herr Direktor, da wird mit gezinkten Karten gespielt. Nachdem in der ach so reichen Schweiz fast zwei Drittel über kein erwähnenswertes Vermögen verfügen, bleibt ihnen im Alter die AHV mit der Pension. Und die AHV ist kein Zwang, sondern eine Wohltat. Sie ist das grösste Solidaritätswerk. Ohne sie gäbe es gar keinen Sozialstaat. Früher mussten die Kinder für ihre alt gewordenen Eltern sorgen. Von dieser Abhängigkeit sind Eltern und Kinder heute befreit. Durch die AHV.

Der sonst kooperative Peter Hasler hat beim Interview mit dem «Beobachter», aus dem ich zitiere, einen schwachen Tag erwischt. Viele Angestellte, gibt er zum Besten, würden eine Altersvorsorge gar nicht brauchen, «weil sie dereinst erben werden». Gefragt, es könnte ja auch das grosse Los sein, meint er: «Das gibt es doch.» Sicher, nur ersetzt das grosse Los für die wenigsten eine Altersvorsorge. Hasler verteilt da ein vergiftetes Bonbon.

Gigi Oeri, die mit einem Spross der Roche-Dynastie verheiratete reiche Baslerin, erteilt im «SonntagsBlick» die richtige Antwort: «Bei den Grundaufgaben des Staates dürfen wir nicht zurückbuchstabieren. Oder wären Sie als bedürftiger Mensch gerne von der Gunst irgendeiner Privatperson abhängig, die nach Gutdünken ein paar Groschen verteilt? Das wäre kein gerechtes System.» Das sollte man sich beim Arbeitgeberverband merken. *27.5.2002* ✦

SBB-Lokführer sollen Englisch lernen

Punkto Bahnfahren sind Herr und Frau Schweizer Europa- und Vize-weltmeister. Statistische Tüftler haben ausgerechnet, dass pro Ein-wohner die Japaner am meisten Eisenbahn fahren. Dann folgen schon wir auf Platz zwei. Das bei einer extrem hohen Motorisierung. Die Schweizer sind halt ein reisefreudiges Volk. Nicht von ungefähr ist das Autobahn- und Schienennetz von erstklassiger Qualität, Und die Bruchlandung der Swissair hat uns getroffen. Fliegen gehört zur Mobilität. Die wird grossgeschrieben. Hopp Swiss.

FÜR DIE SBB IST 2002 das Jahr des 100. Geburtstags. Vor hundert Jahren waren fünf grosse Privatbahngesellschaften verstaatlicht worden. Der Bund zahlte dafür 1,2 Milliarden Franken. Für damalige Verhältnisse eine unge-heure Summe. Seither gehören die SBB dem Schweizervolk.

Der Bundesbetrieb ist vor ein paar Jahren in eine Aktiengesellschaft umgeschrieben worden. Mit der Eidgenossenschaft als einzigem Aktionär. Der Sinn dieser Reform war, den SBB mehr unternehmerische Freiheit und Verantwortung zu geben. Sie sind sozusagen erwachsen und aus der Obhut des Bundesrates entlassen worden.

Die Politik bestimmt nur noch die grossen Linien, den sogenannten Leistungsauftrag. Umsetzen müssen ihn die SBB. Vorgeschrieben wird die Fahrplanpflicht für den Personenverkehr. Das bedeutet, die SBB haben verbindliche, regelmässige und genügende Angebote zu machen. Nicht nur für rentable Paradelinien wie Zürich–Bern–Genf, ebenso für Nebenlinien, auf denen nur rote Zahlen herausgefahren werden können. Das ist eben der Service public: Auch abgelegene Gegenden werden bedient. Durch die Bahn, den Briefträger, das Postauto, die Swisscom.

ÖFFENTLICHE DIENSTE ARBEITEN ERFOLGREICH, sind jedoch nicht gewinn-orientiert. Was betriebswirtschaftlich ein Verlustgeschäft ist, macht volks-wirtschaftlich Sinn. Nämlich: Es gibt in der Schweiz nicht Erst- und Zweitklassregionen. Solche, die bestens, andere, die kaum versorgt werden. Minderheiten werden nicht links liegen gelassen. Das ist die grosse Leistung und das staatspolitische Erfolgsgeheimnis der Eidgenossenschaft.

Wir leben nicht nur im Zeitalter der Globalisierung, sondern auch in dem der Liberalisierung. Dogmatiker der Marktwirtschaft möchten am liebsten alles, was noch Service public ist, privatisieren. Sie träumen von der absoluten Macht. Langsam aber haben die Leute genug vom reinen Profitdenken. Das ist auch dem Wirtschaftsverband economiesuisse, früher Handels- und Industrieverein, nicht entgangen. Seine Ideologen haben daher ein SBB-Konzept vorgelegt, in dem die Privatisierungsidee auf Schleichwege verwiesen wird.

KENNEN SIE EINEN HOTELIER, der einverstanden wäre, dass ein Konkurrent bestimmt, wer, wann und zu welchen Bedingungen in seinen Hotelbetten übernachtet? Wenn ja, schreiben Sie mir bitte. Denn genau nach diesem Prinzip möchte economiesuisse den SBB ins Geschäft pfuschen. Verlangt wird, das zum SBB-Betrieb gehörende Schienennetz sei privat zu betreiben. Nicht mehr die SBB könnten entscheiden, wann welcher Zug auf welcher Strecke verkehrt. Das sollte eine «selbstständige Behörde» tun. Bildlich gesprochen: Dritte stellen die SBB-Weichen. Man greift sich an den Kopf und fragt: Warum?

Heute schon kann ein privater Betreiber auf dem SBB-Netz Güterzüge fahren lassen. Allerdings muss er Rücksicht auf den SBB-Fahrplan nehmen. Das stört offenbar den Wirtschaftsverband. Ihn interessieren allein die Warentransporte. Deshalb wird für Güterzüge die Vorfahrt verlangt. Im Zweifelsfall müssten Personenzüge auf dem Abstellgeleise warten. Economiesuisse möchte Güterzüge mit Dieselloks führen. Sie seien in der Anschaffung billiger. Sicher nicht umweltfreundlicher. Aber das spielt offensichtlich keine Rolle.

NOCH EINE SCHNAPSIDEE: Die Bahnexperten von economiesuisse wünschen sich eine Einheitssprache für die SBB-Lokführer. Sie sollten nach ihrer Meinung englisch miteinander reden. Geht es noch? Da überlassen wir das Bahngeschäft doch lieber den SBB. Sie beherrschen es auch in den Landessprachen.

29.4.2002 ✚

Küssen auf der Strasse schickte sich nicht

Vor mir im Tram sassen zwei etwa 14-jährige Mädchen. Das eine telefonierte mit der Rita und machte ein Rendez-vous mit ihr ab. Fragte die Kollegin: «Du, wie hat man wohl früher ohne Handy gelebt?» «Man telefonierte halt daheim, das war schon kompliziert.»

So ist sie also, unsere Zeit. 20-Jährige schreiben bereits ihre Memoiren, angehende Teenager reden von «früher».

Das erinnert mich an meine Bubenzeit. Ich war 13, als bei uns das Telefon eingerichtet wurde. Weil, wie Grossvater sagte, es Krieg geben wird. «Da soll Hans uns anrufen können, falls etwas passiert.» Hans war der Sohn und mein geschiedener Vater. Deshalb lebte ich bei den Grosseltern. Das Telefon sei auch sonst gäbig, meinte Grossmutter. «Etwa, wenn eines von uns den Doktor braucht.» Das Telefon war für den Notfall da. Nicht, um die Tante in Langenthal anzurufen und mit ihr zu pläuderlen. Das wäre zu teuer geworden. Mir brachte man bei, als Bub sei ich zum Telefonieren noch zu klein.

DAMALS TRÄUMTE ICH immer von einem Rennvelo. Von einem richtigen, wie es Leo Amberg fuhr. Der war mein Held. Fast hätte er die Tour de France gewonnen. Statt einen Flitzer erhielt ich ein Velo, das den Namen nur bedingt verdiente. Grossvater flickte aus zwei alten Velos ein «neues» zusammen. Sie müssen es mir glauben, es war eine schreckliche «Tretmühle». Und heute? Über das Wochenende sind überall Hobbypedaler mit Rennvelo, Helm und im schicken Dress unterwegs. Das wäre mein Bubenglück gewesen.

WENN WIR VON FRÜHER ERZÄHLEN, meinen wir die sogenannte gute alte Zeit. Nicht meine Grosseltern. Sie gehörten zur betrogenen Generation. 1877 geboren, haben sie den Ersten Weltkrieg mit der sozialen Misere erlebt, die 1918 zum Generalstreik führte. Nachher die Wirtschaftskrise in den Dreissigerjahren. Arbeitslose erhielten kein Taggeld. Schliesslich der Zweite Weltkrieg. Die Nachkriegskonjunktur erlebten sie im Ruhestand.

Die Grosseltern machten ein einziges Mal Ferien – fünf Tage in Adelboden. Eine Auslandreise gehörte ins Kapitel Wunschträume. Einmal schickte Onkel Emil eine Ansichtskarte aus Wien. Sie gab viel zu reden in der Familie. «Wie kann der sich das leisten?», werweisste Grossvater misstrauisch. Der Besuch der Landi, der Landesausstellung von 1939 in Zürich, gehörte für meine Grosseltern zum vielleicht grössten Erlebnis in ihrem Leben.

GROSSVATER WAR ANTIMILITARIST. Als aber 1940 Kriegsgefahr drohte, hatte er bei der Ortswehr einen Karabiner gefasst. «Ich will mich wehren können, wenn der Hitler kommt», höre ich ihn sagen, als ob es gestern gewesen wäre. Die Ortswehr bildete das letzte Reservistenaufgebot.

Dem Bundesrat hat Grossvater nie über den Weg getraut. Es habe zu viele Anpasser, meinte er. Die einzige Vertrauensperson war für ihn General Henri Guisan. «Der General wird uns nie verraten», machte er sich selber Mut. Ausgerechnet der einstige Armeegegner schwor auf den General. Das erklärt auch ein bisschen den Mythos der Armee für die Aktivdienstgeneration. Ich glaube, Grossvater hätte den Bericht der Bergier-Historikerkommission begrüsst. Einiges steht drin, was er befürchtet hat.

NACH 41 DIENSTJAHREN in der gleichen Firma erhielt der Fabrikarbeiter um die 150 Franken Pension im Monat. Das wären heute etwa 800 Franken. Dazu kam die erste AHV-Rente: 40 Franken. Das war wenig und doch so viel. Grossvater feierte die AHV als den ersten Sieg seiner Generation. Die AHV bedeutete für ihn «den sozialen Durchbruch». Ja, früher haben sie auch für uns gekämpft. Ganz früher war halt nicht eine so gute Zeit. Als ich jung war, wäre es anstössig gewesen, sich auf der Strasse zu küssen. Das schickte sich nicht. Auf dem Bahnsteig den Abschiedskuss, gut, das ging. Sogar «blutte» Schaufensterpuppen wurden abgedeckt. Wegen der Moral. Im alten Wörterbuch wird «handy» mit «handlich» übersetzt, mehr nicht. Telefoniert wurde einzig im Notfall. Und geküsst nicht öffentlich. Heimlich allerdings schon. Mein Gott, ist das eine verklemmte Gesellschaft gewesen. *1.4.2002* ✢

Der grosse Sprung in die weite Welt

E s soll ja niemand behaupten, wir Schweizer seien nicht geschäftstüchtig. Gäbe es dafür Olympiamedaillen, Silber hätten wir auf sicher. Jeder zweite Franken wird im Ausland verdient. Das soll uns mal ein anderes Land nachmachen. Was unsere Banken zudem für reiche Ausländer, die etwas steuerscheu sind, tun, ist einmalig. Das Bankgeheimnis wird besser gehütet als das Rütli. Umgekehrt lassen wir uns auch im humanitären Bereich nicht lumpen. Die Schweiz stellt ihre Rotkreuzstation der ganzen Welt zur Verfügung. Und die Glückskette dazu. Gleichwohl sollen wir im Ausland nicht mehr besonders beliebt sein. Das können wir kaum glauben. Dagegen musste etwas getan werden.

BUNDESRAT UND PARLAMENT machten sich auf die Socken. Seit dem 8. Januar 2001 gibt es die bundeseigene Imageagentur «Präsenz Schweiz». Für die ersten vier Jahre beträgt das Budget 46 Millionen Franken. Geführt wird sie von einem Botschafter, der zuvor Parteifunktionär war. Das Präsidium dieses Gönnerclubs übernahm Paul Reutlinger. Der Swissair-Mann im Cockpit der belgischen Fluggesellschaft Sabena entpuppte sich als Bruchpilot. Eines ist jedenfalls sicher: Taufrisch ist sie nicht gerade, diese Swiss Lobby.

WAS SOLL «PRÄSENZ SCHWEIZ» TUN? Die Politik hat ihr einen furztrockenen Auftrag erteilt: «Grundbotschaften, die der Vermittlung eines realistischen und optimistischen Bildes der Schweiz im Ausland förderlich sind». Vorbemerkung: In Deutschland besorgt das Thomas Borer mit seiner Shawne bestens. Die Imagekosmetiker sollen unsere Mutter Helvetia schön «zwägrichten», um sie zuerst mal in England und in den USA vorzuführen. Dann soll sie weiter auf der grossen Weltreise für Furore sorgen.

Gedacht wird an die grösste Fondue-Party der Welt. Oder für 2003 an eine «Opening Night Party» in New York. Der dann amtierende Bundespräsident Pascal Couchepin soll das Feuerwerk entzünden. Als Highlights sind geplant: Projiziertes Alpenglühen auf Wolkenkratzern, Alphornklänge schallen durch die Häuserschluchten, dazu kommen Kunst, Musik, Tanz, Ausstellungen als geballte Kulturladung.

ES IST WIE BEIM SCHNEE. Kunstschnee ist besser als kein Schnee, aber Frau Holle liefert besseren. Das gilt auch für «Präsenz Schweiz». Werbung ist gut, Simon Ammann, Skispringer und Olympiasieger, ist besser. Die FAZ, «Frankfurter Allgemeine Zeitung», nennt ihn «den Harry Potter von der Alm». Er hat die seit Jahren beste Imagewerbung für die Schweiz gemacht. Die FAZ, übrigens Deutschlands angesehenste Tageszeitung, schwärmt: «Als Flying Harry Potter kennt den smarten Brillenträger aus Unterwasser inzwischen die halbe Welt.» Der Kanti-Schüler aus dem Toggenburg erschien sogar auf der Titelseite der «New York Times». Das schaffte bisher noch kein Bundesrat. Simon Ammann war Gast in der berühmtesten Fenseh-Talkshow der USA, bei David Letterman. Er brillierte wie ein Profi, und das im guten Schülerenglisch. Wo er schwimmen gelernt habe, wurde er gefragt: «Im Wasser.» Ob er morgens zuerst mit dem linken oder rechten Bein aus dem Bett steige? «Mit dem mittleren.»

COOL, SCHLAGFERTIG UND WITZIG unterhielt er das Publikum. «Die Leute waren begeistert von seiner Natürlichkeit», heisst es in der FAZ. «Wo andere sich spreizen, sich als Selbstdarsteller entlarven, blieb Ammann der bescheidene Bauernsohn aus der Ostschweiz, der meinte: «Ich bin doch bloss Ski gesprungen.»

Wir haben Simon Ammann live am Bildschirm auf der Schanze und dem Podest miterlebt. Die überschäumende Freude am Sieg packte, bleibt als ungemein berührender Moment in Erinnerung.

Der junge Mann, eigentlich ein Schulbub noch, beeindruckte damit, wie er den für ihn völlig ungewohnten Medienrummel souverän bewältigte. Ich hoffe, er wird diese gute Art behalten können. Einfach wird ihm das nicht gemacht.

Noch etwas: Da hat ein Junger nicht allein für sich und sein Toggenburg, sondern auch für uns, für die Schweiz, unglaubliche Sympathiewellen ausgelöst. Er hat regelrecht Lust auf die Schweiz gemacht. Und bestätigt, unsere Zukunft liegt bei den Jungen. *4.3.2002* ✚

Schicke Schuhe aus New York

Soweit ich es überblicke, gibt es in der Schweiz genügend Schuhgeschäfte. Viktor, ein Bekannter, postet seine «Finken» gleichwohl in New York. Aus einem ganz einfachen Grund, wie er meint: «Sie kosten dort die Hälfte.»

Viktor hat besonders komplizierte Füsse, die nicht mit dem erstbesten Schuh zufrieden sind. Nötigenfalls reagieren sie mit Schmerzen. Endlich fand Viktor in Basel den bequemen Schuh, in dem es ihm sauwohl ist. Der einzige Haken: Das Paar kostet 600 Franken.

Als seine Freundin in New York war, entdeckte sie beim Lädelen Viktors Originalschuh – zum halben Preis. Natürlich kaufte sie ein (Muster-)Paar. Seither ist Viktor im New Yorker Schuhladen Stammkunde mit seiner Kundennummer. Er bestellt die Schuhe Marke Wunder telefonisch oder per E-Mail. Nach ein paar Tagen liefert sie ihm der Pöstler ab. Das Porto beträgt etwa 30 Franken. Viktor spart so 270 Franken.

DASS DIE SCHWEIZ EINE HOCHPREISINSEL ist, können wir alle aus Erfahrung bestätigen. 1994 hat der Bundesrat das sogenannte Binnenmarktgesetz vorgelegt. Was ist das? Statistische Erhebungen hätten ergeben, dass «die Schweiz 1990 mit ihrem Preisniveau rund 35 Prozent über dem EU-Mittel stand». Der Grund dafür seien mangelnder Wettbewerb, «preiserhöhende Marktabschottungen», das heisst Kartelle. Deshalb brauche es den offenen Binnenmarkt. Sehr viel weiter sind wir noch nicht.

Im Konsumentenmagazin «saldo» vom 9. Mai 2001 lesen wir: «Jahrelang profitierten Pharmakonzerne wie Roche von Preis-, Gebiets- und Mengenabsprachen im Vitamingeschäft. Anfang 1999 brachten amerikanische Wettbewerbshüter den Skandal an die Öffentlichkeit. Es gab Bussen in Milliardenhöhe, in Amerika tätige Schweizer Roche-Manager mussten für kurze Zeit ins Gefängnis. Nur: In der Schweiz bleibt das Vitaminkartell ungestraft.»

AUCH SONST HABEN WIR KARTELLPREISE. Mein Kollege Fritz braucht regelmässig Magentabletten, In Lörrach kauft er 100 Stück umgerechnet für

15 Franken, bei uns zahlt er 21 Franken – für bloss 30 Tabletten. Macht für die Hunderterpackung 71 Franken. 470 Prozent mehr als in Lörrach!

In der Schweiz sind die Preise im Schnitt um 20 bis 40 Prozent höher als in der EU. Zum Teil jedoch hinkt der Vergleich. Die Lebenskosten, Bodenpreise, Mieten oder Löhne sind bei uns im Allgemeinen höher als im benachbarten Ausland. Die Bauern zum Beispiel können Milch und Fleisch nicht zu EU-Preisen liefern. Sonst zwingen wir sie zur Massentierhaltung statt zur naturgerechteren Produktion. Wir haben gelernt, dass zu billig auf Kosten der Lebensqualität geht.

Waschmaschinen, Autos, Baumaterialien und andere Import-Konsumgüter sowie Medikamente hingegen müssten nicht derart über dem europäischen Preisniveau liegen, wie das zum Teil der Fall ist.

DIE 15 EU-LÄNDER BILDEN einen Binnenmarkt. Die kleine Schweiz jedoch pflegt noch immer kantonale Abschrankungen. Der Bundesrat bemerkte dazu kürzlich: «Wer in einem Kanton seinen Beruf ausüben darf, sollte dies auch in den anderen Kantonen tun dürfen.» Das ist schon ein merkwürdiger Satz. Was da der Bundesrat verlangt, ist doch selbstverständlich, oder? Nicht für Anwälte, Taxichauffeure, Optiker, Hebammen, Ärzte, Sanitärinstallateure. Sie müssen, wollen sie in einem anderen Kanton arbeiten, oft noch ein kompliziertes Bewilligungsverfahren durchstehen.

Die Schweiz muss sich nicht nur nach aussen, sondern auch nach innen öffnen. Einerseits durchqueren Lastwagen aus den Oststaaten die Schweiz, deren Fahrzeuge nicht selten veraltet und die Chauffeure zu lange am Steuer und daher übermüdet sind. Ein Taxichauffeur aus Luzern jedoch kann nicht ohne weiteres in einer anderen Stadt arbeiten. Das ist schlicht grotesk.

FÜR ÜBERSETZTE PREISE gibt es Auswege – bis nach New York. Der Bauer aus dem Badischen fährt umgekehrt. Er verkauft seine köstlichen Birnen auf dem Basler «Märt» für fünf Franken das Kilo. In Lörrach löse er nur halb so viel, gibt er zu. Er profitiert vom hohen Preisniveau bei uns. Und Viktor hat Spass, dass er sein Schuhparadies drüben in den Staaten gefunden hat. *4.2.2002* ✦

Letzte Reihe für Bundesrat Deiss

Wenn der liebe Gott ein Schweizer gewesen wäre», stichelt der Schriftsteller Hugo Loetscher, «würde er heute noch auf den richtigen Moment warten, um die Welt zu erschaffen.» Natürlich übertreibt er. So ganz daneben liegt er aber auch wieder nicht. Mit einem halben Jahrhundert Verspätung stimmen wir am 3. März ab, ob die Schweiz der 1945 gegründeten Uno beitreten soll. 189 Staaten gehören ihr an. Zwei sind im weltpolitischen Abseits.

Da wäre einmal die Vatikanstadt, wie der Kirchenstaat offiziell heisst. Mit 0,44 Quadratkilometern Fläche und nur 500 Einwohnern ist der Vatikan der kleinste Staat der Welt. Papst Johannes Paul II. ist das Staatsoberhaupt. Als Stellvertreter Gottes auf Erden drängt es ihn nicht in die weltliche Gesellschaft der Uno.

BLEIBT NOCH DIE SCHWEIZ. Sie ist der einzige Staat, der freiwillig auf die Uno-Mitgliedschaft verzichtet. Das, obschon Genf hinter New York der zweitwichtigste Sitz der Uno ist. Nirgendwo haben sich so viele Uno-Institutionen niedergelassen: 19 internationale Organisationen, wovon 8 zum Uno-System gehören, sowie über 170 NGO, also Nichtregierungsorganisationen; 148 Staaten sind in Genf durch ständige Missionen vertreten.

Die internationale Bedeutung von Genf hängt mit dem Völkerbund, Vorläufer der Uno, zusammen. Seine Gründung erfolgte nach dem Ersten Weltkrieg. Die Schweiz spielte dabei eine aktive Rolle. Interessant ist, wie der Bundesrat am 4. August 1919 den Beitritt der Schweiz zum Völkerbund begründet hat. Die Neutralität war von zentraler Bedeutung. Der Bundesrat prägte den Begriff der «differenzierten Neutralität». Militärisch wurde am «Grundsatz strikter Neutralität» festgehalten.

«IN EINEM KAMPF ABER», so der Bundesrat, «in dem die eine Seite das Recht und die andere das Unrecht verkörpert, soll es keine Neutralität, wenigstens keine bedingungslose, geben. Die gerechte Sache ist die Angelegenheit aller.»

In einem persönlichen Aufruf appellierte Bundesrat Giuseppe Motta vor der Abstimmung an das Volk: «Der Eintritt in den Völkerbund vermindert unsere Unabhängigkeit nicht, sondern sichert sie. Der Völkerbundsgedanke ist gleichsam die Weiterbildung und Verklärung des schweizerischen Gedankens.»

Die Mehrheit des Stimmvolkes akzeptierte diese Argumentation und stimmte für den Beitritt zum Völkerbund. Bundesrat Motta eröffnete als erster Präsident die Völkerbundsversammlung im Palais des Nations in Genf. Motta gehörte international zu den bekanntesten Staatsmännern. Davon kann der heutige Aussenminister nur träumen. Bundesrat Deiss war im letzten November als Gast an der Generalversammlung der Uno in New York. Er sass in der hintersten Reihe. Nicht allein, sondern zwischen den Beobachtern aus dem Vatikan und dem palästinensischen Autonomiegebiet. Das war kein Trio Grande, schon eher ein missvergnügtes Trio am Rande.

DIE SCHWEIZ SITZT INTERNATIONAL am Katzentisch. Der frühere deutsche Aussenminister Klaus Kinkel bestätigte das in einem Gespräch. Sein schweizerischer Amtskollege Flavio Cotti «musste im Nebenzimmer zuhören, von wo die Musik spielte», meinte er. «Ohne mich in eure Politik einmischen zu wollen», ermunterte er uns, «glaube ich, ihr solltet am Verhandlungstisch Platz nehmen und nicht im Vorzimmer warten müssen.»

Viele von uns sind der Meinung, das alles spiele keine so wichtige Rolle, der Schweiz gehe es auch ohne Uno gut. Aussenpolitisch ist das Zuckerpapier abgeschlagen. Lange waren die sogenannt guten Dienste der Schweiz gefragt. Wenn es zwischen Staaten Konflikte gab, wurde Bern als Vermittler eingeschaltet. Die Schweiz amtierte als internationaler Friedensrichter. Tempi passati. Noch vertritt sie die USA in Teheran und Havanna. Neue Mandate hat es in den letzten Jahren kaum mehr gegeben. Die Afghanistan-Konferenz zum Beispiel fand in Bonn, nicht in Genf statt. Wer nicht in der Uno sei, lese ich in der «Frankfurter Rundschau», habe sich international abgemeldet. Melden wir uns zurück!   *7.1.2002* ✦

Begegnungen dieser Woche

Wir bleiben stehen, zwei alte Bekannte und ich. Der eine arbeitete in der Justiz, der andere in der Chemie. Georg, der Justizer, meint, er würde, wenn er könnte, sämtliche früheren Verwaltungsräte der Swissair verhaften und einsperren lassen. Ernst, der Chemiker, gibt noch einen drauf: «Jawoll, und bezahlen müssten die. Bis ihnen das Liegen wehtut.» Unser Gespräch verläuft munter. Die beiden sind in verbaler Hochform. Ihr Respekt vor den Chefs in den Konzernetagen hat den Tiefpunkt erreicht. «Eines begreife ich nicht», rätselt Georg. «Nämlich wie es kommen konnte, dass gerade alle versagt haben: in der Direktion und im Verwaltungsrat. Man könnte meinen, da seien geistig Behinderte zuständig gewesen.»

«Das ist doch Quatsch», bellt Ernst zurück. «Die Swissair ist das klassische Beispiel für den schweizerischen Filz. Gegenseitig stützen sich Seilschaften. Jeder kennt jeden. Alle sind erfolgreich und waren überzeugt: Uns kann doch nichts passieren. Man mag das Arroganz, Einbildung oder Sorglosigkeit nennen. Für mich ist es Grössenwahn. Diese Bruchpiloten glaubten sich noch auf dem Höhenflug, als es bereits abwärtsging. Auch Mario Corti liess sich von der Swissair-Krankheit anstecken. Er wollte nicht wahrhaben, was ist. Corti meldete das Aus nicht etwa erst in allerletzter Minute, sondern noch später. Es war bereits zehn nach zwölf.»

AN EINEM ANLASS sitze ich mit dem Basler alt Regierungsrat Kurt Jenny am gleichen Tisch. Natürlich reden wir über die Swissair. Er sei, höre ich, 1992 aus dem Swissair-Verwaltungsrat zurückgetreten. Damals gehörte die Airline zu den renommiertesten auf dieser Welt, zu den drei besten überhaupt. Swissair war eine Erfolgsstory ohnegleichen. Und Geld befand sich mehr als genug auf dem Konto. «An die zehn Milliarden Franken», sagt Kurt Jenny. Diese Zahl ist Beweis für eine unglaubliche Misswirtschaft. Die Swissair hinterlässt 18 Milliarden Franken Schulden. Das heisst, in nur neun Jahren sind 28 Milliarden Franken draufgegangen. Das sind 28 000 Millionen! Die Zahl übersteigt unser Vorstellungsvermögen. Eines haben wir kapiert: Ein solches Debakel hatte es in der Schweiz vorher nie gegeben.

THEMENWECHSEL. Ich steige in Luzern in ein Taxi. Taxichauffeure gehören zu den interessantesten Gesprächspartnern. Sie sind am Puls der Zeit, hören viel, fahren jede Gattung Kunden, angenehme und unangenehme. Mein Chauffeur war bis vor vier Jahren Lastwagenfahrer gewesen. Das 22 Jahre lang. Dann hörte er auf. «Ich konnte nicht mehr», fängt er zu erzählen an. «Ein Lastwagenchauffeur arbeitet wie im Akkord. Ständig wird mehr verlangt. Die Folgen: längere Arbeitszeit, kürzere Ruhezeit, weniger Schlaf, zunehmende Übermüdung. Das alles bei schlechter Bezahlung. Taxichauffeur ist sicher kein Schleck. Im Vergleich zu vorher aber fühle ich mich wieder als Mensch.»

Drei Tage später geschah die Katastrophe im Gotthardtunnel.

Ich denke oft an den Taxichauffeur. Was er mir erzählte, ist jetzt amtlich. Die Polizei meldet Haarsträubendes: Chauffeure, die mehr als 20 Stunden gefahren sind; Lastwagen, die ausgemustert gehörten; abgefahrene Pneus; Fahrer, die weder eine seriöse Ausbildung noch den Führerausweis vorzeigen können. Es gibt Transportunternehmer, deren Geschäftspolitik darin besteht, noch billiger zu fahren als der Konkurrent. Die Sicherheit gerät dabei unter die Räder. Sie bilden für alle Autofahrer ein rollendes Sicherheitsrisiko. Auf den Strassen herrschen Wildwestmethoden. So geht es nicht mehr weiter. Das müsste uns der Gotthard gelehrt haben.

ZUM SCHLUSS EINE DROLLIGE BEGEGNUNG: Ich reise im letzten Zug von Bern nach Basel und geniesse meine erste Pfeife des Tages. «Könnten Sie nicht aufhören zu rauchen?», flötet eine Frau. «Hören Sie, ich sitze im Raucher», entgegne ich leicht gereizt. «Mein Hund erträgt den Rauch so schlecht», tönt es zurück. «Bitte, im Nichtraucher hat es jede Menge Platz.» «Aber ich rieche drum den Rauch so gern.» Die Gute. Sie blieb sitzen – und ich paffte weiter. *12.11.2001* ✚

Der kalkulierte Wahnsinn

egen 16 Uhr telefonierte unsere Tochter Uschi: «Papi, du musst den Fernseher einschalten, in Amerika ist Furchtbares passiert.» Sie weiss, dass ich nachmittags nie vor dem Bildschirm hocke und nur selten Radio höre. Ich arbeitete gerade am Beitrag für diese Illustrierte. Darüber, ob politisch Verantwortliche manchmal verantwortungslos handeln. Wie in Kölliken, wo seinerzeit Giftfässer einfach verlocht wurden und heute für einige hundert Millionen Franken entsorgt werden müssen. Ich unterbrach das Schreiben und zappte mich stundenlang durch die Fernsehprogramme.

UNSERE SCHAULUST IST FAST PERVERS. Terroristen verbreiten über New York und Washington Tod, Leid und Zerstörung. Wir schauen zu. Das Horrorszenario wird live in die Stube geliefert. Ich verfolge es zuerst fassungslos, sehe, wie Menschen um ihr Leben rennen, um nicht unter einstürzenden Gebäuden begraben zu werden. Die ständigen Wiederholungen ermüden. In mir ist eine seltsame Leere. Etwas benommen versuche ich zu begreifen, wie gefährlich und wie gefährdet unsere zivilisierte Gesellschaft geworden ist.

Als ich den Apparat einschaltete, brannte das erste, über 400 Meter hohe Hochhaus des World Trade Center in New York. Weit oben, etwa im 80. Stock, schwenkt jemand ein weisses Tuch. Wer ist dieser Jemand? Eine Frau, eine jüngere oder ältere, hat sie Kinder, von wo kommt sie? Oder signalisiert ein verzweifelter Mann: «Rettet mich doch!»?

Aus anderen Fenstern gibt es ebenfalls Zeichen. Auf einmal jedoch lösen sich schemenhafte Wesen vom dunklen Hintergrund, die nur in unscharfen Umrissen als Menschen auszumachen sind. Menschen, die nicht in dieser Flammenhölle umkommen, nicht im Rauch ersticken, sondern, wenn schon, dem Unausweichlichen mit dem Sturz aus dem Fenster zuvorkommen wollen. Dann geht alles sehr schnell. Der Baukoloss stürzt in sich zusammen und deckt ganz Manhattan mit einer Staubwolke ein. Ich schaue entgeistert zu, vom vielen Leid, das gezeigt wird, etwas apathisch geworden. Ich sitze wohlbehalten vis-à-vis dem Grauen, nur traurig und wütend.

ALLE HABEN DAS BILD GESEHEN, wie ein Flugzeug im grossen Bogen auf das zweite Gebäude des World Trade Center fliegt, es seitwärts aufreisst, einen riesigen Feuerball entzündet und Explosionen auslöst. Das Wahrzeichen von New York brennt und kracht später zusammen. Das noch Unfassbarere auf dem Bildschirm: In Washington brennt das Pentagon, Symbol der stärksten Militärmacht der Welt. Wer gemeint haben sollte, James Bond 007 biete an Grauen Unübertreffliches, weiss jetzt: Die brutale Realität ist viel schlimmer.

Am nächsten Tag meldet sich Rebekka, unsere Enkelin. Ich spüre Spannung oder gar Bestürzung, wohl auch Trauer. Rebekka hatte vor ziemlich genau einem Jahr mit drei Kolleginnen zum ersten Mal in New York geweilt. Die Stadt hat sie beeindruckt, sie ist begeistert heimgekehrt. Ich würde sagen, Rebekka hat sich spontan in New York verliebt. Selbstverständlich kennt sie, jetzt muss man sagen: kannte sie das World Trade Center, seine U-Bahn-station, die Läden und Restaurants und die legendäre Aussichtsterrasse, von der aus täglich ganze Menschenscharen das Panorama der «grossartigsten Stadt der Welt», wie Bürgermeister Giuliani New York nennt, bewundert haben.

Ob der Liftboy wohl noch lebt, fragt Rebekka, oder ist er auch lebendig begraben worden? Dieser Liftboy, erzählt sie mir, ist hübsch, jung und hat die vier Schweizerinnen hinaufgeführt mit dem Lift zur grandiosen Rundsicht vom höchsten Punkt New Yorks aus. Der Liftboy ist eine persönliche Erinnerung an eine Stadt, die es so nicht mehr gibt. Das schmerzt.

ZURÜCK ZUM FERNSEHEN. Ich höre an diesem Dienstag, dem 11. September 2001, stundenlang Statements von Experten, Politikern, Regierungschefs. Wer immer redet oder schweigt, etwas haben sie alle gemeinsam: ihre Hilflosigkeit dem Unfassbaren gegenüber, das passiert ist. Nach Mitternacht gehe ich schlafen. Es war ein schrecklicher Tag. Leider nicht nur ein schrecklicher Traum. *17.9.2001* ✚

Mein Grossvater und die falschen Freunde

Mein Grossvater war ein wortkarger, als Fabrikarbeiter gewiss kein gebildeter, dafür ein gescheiter Mann. Er hat ein paar Grundsätze befolgt. Mir ist, als ob ich seinen Lieblingsspruch noch heute hören würde: «Ein Mann, ein Wort». Wer diese Messlatte nicht schaffte, dem traute er nur halb oder gar nicht.

Oft erklärte er mir, ein Arbeiter müsse sich wehren, es werde einem nichts geschenkt. Das machte ihn stolz und selbstbewusst. Deshalb war er Mitglied der Gewerkschaft. Vor «hohen Tieren» solle man durchaus Respekt zeigen, aber keine Angst haben, lehrte mich Grossvater. «In Badehosen sehen sie nicht besser aus als du und ich», pinselte er bildhafte Worte in mein Gedächtnis. Stellen Sie sich einen Zack-zack-Chef im Büro in Badehosen vor. Er wird visuell zu einer eher amüsanten Witzfigur, die kaum mehr Angst verbreitet.

Nicht vergessen habe ich den dritten Rat: «Bleib dir selber treu.» Darunter verstand Grossvater, was immer im Leben passieren möge, man dürfe sich nie aufgeben oder verbiegen lassen. Was ihn störte, was er schlicht nicht kapierte, war, warum Erfolgreiche um jeden Preis zu den noch Erfolgreicheren gehören wollen und dafür ihre gute Kinderstube aufgeben. Er vermochte es sich nur so zu erklären, über noch einflussreichere «Freunde» endlich in die vermeintlich bessere Gesellschaft aufsteigen zu können oder zumindest von ihr akzeptiert zu werden.

SEIT WOCHEN BEGLEITET UNS der Bündner Regierungsrat Peter Aliesch mit seiner Story. Persönlich kenne ich ihn aus dem Nationalrat. 1990 trat er im Bundeshaus ab und wurde Churer Regierungsmann. Ich habe ihn als forschen, sportlichen, damals jungen Hardliner in Erinnerung, der mit seinen politischen Ideen oft recht alt ausgesehen hat. Dass er dann als Regierungsrat offener, liberaler, sozialer geworden sei, wie ich von links bis rechts hörte, überraschte mich positiv.

Peter Aliesch wurde Anfang Jahr für viele Demokraten zum Buhmann der Nation «befördert». Grund war die während des Weltwirtschaftsforums in Davos praktizierte Einsatzdoktrin der Polizei. Wobei fairerweise zu notieren ist, dass für solche Einsätze kaum Lorbeeren zu holen sind. Entweder sind sie zu hart oder zu lasch, aber kaum je angemessen richtig. Der Einfall des Polizeichefs Peter Aliesch, gegen Demonstranten den Güllenwagen auffahren zu lassen, ist für mich ein Zeichen, dass er überfordert war. Die Staatsgewalt hat demokratieverträgliche Mittel einzusetzen. Gülle gehört nicht dazu.

WENN ICH DIE VERHALTENSREGELN MEINES GROSSVATERS mit der miesen Lage vergleiche, in die Peter Aliesch abgerutscht ist, fallen gravierende Charaktermängel auf. Der Magistrat hat sich mit einem dubiosen griechischen Geschäftsmann zu weit eingelassen. Daraus konstruierte er eine angebliche Freundschaft. Aliesch wurde beschenkt. Schön. Nur ist der Regierungsrat kein gewöhnlicher Privatmann, wie er betont, sondern eben Polizei- und Justizminister von Graubünden. Professor Thomas Fleiner hat Recht, wenn er meint: «Es ist naiv zu glauben, man erhalte einseitig Geschenke ohne Erwartung einer Gegenleistung.» Sogar wenn Aliesch sich juristisch vom Verdacht befreien könnte, er sei geschmiert worden, bleibt sein politisches Konto belastet. Senator Edward Kennedy erklärt warum: «In der Politik ist es wie in der Mathematik: Alles, was nicht ganz richtig ist, ist falsch.»

DER ANGESCHLAGENE BÜNDNER REGIERUNGSRAT bleibt im Amt, ist aber vom Kollegium politisch kastriert worden. Er musste das Kommando über die Polizei abgeben. Der Betroffene sass mit einem erschreckend gefrorenen Lächeln daneben. Der Mann scheint unfähig zur Reue zu sein. Das dumme Lächeln mag Scham verdecken. Der als fähiger Regierungsrat anerkannte Peter Aliesch stolperte über seinen Erfolg, verlor dabei den Halt und den Boden unter den Füssen. Politik ist deswegen kein mieses Geschäft. Sie ist nicht besser als unsere Gesellschaft. Ach, hätte Aliesch doch auf meinen Grossvater hören können, er wäre vor falschen Freunden gewarnt gewesen.

20.8.2001 ✚

Der gescheite Fachidiot

Ob ich ihm einen guten Anwalt wüsste, fragte ein Mann am Telefon, den ich nicht kannte. «Ich bin Professor der Medizin, arbeite als Forscher bei einem Chemiekonzern in Basel und lehre an der Universität Mailand», fuhr er fort. Den Juristen benötige er wegen eines Rechtsstreits mit seiner Firma. Dann wurde das Gespräch interessant.

Ich nannte dem Professor den Namen eines renommierten Basler Anwalts, der seinerzeit auch als Nationalrat bekannt und populär war. Daraufhin erwischte er mich auf dem linken Ohr: «Wer ist das?» Vermutlich reagierte ich verdutzt. Diesen Anwalt vom Namen her nicht zu kennen, dünkte mich etwa gleich umwerfend, wie wenn ein Basler nicht wüsste, wo das Rathaus steht. «Offenbar müsste mir dieser Name geläufig sein», beschwichtigte mich der Professor. «Aber Sie müssen wissen, dass ein sogenannter Fachidiot am Apparat ist. Ich bin auf meinem Spezialgebiet eine Kapazität, das darf ich behaupten. Daneben weiss ich nichts. Ich bin voll ausgelastet mit Forschung und Lehre, Fachliteratur und Symposien auf der halben Welt. Der Irrtum besteht darin, dass die Leute meinen, wenn einer Professor ist, wisse er über alles Bescheid. Ein Drama ist es, dass viele meiner Berufskollegen das auch noch glauben.»

Eine Frage blieb noch zu klären: nämlich, wie der Herr Professor auf die Idee gekommen war, ausgerechnet mich anzurufen. «Ganz einfach», sagte er, «ich redete mit dem Präsidenten der Betriebskommission. Und der verwies mich an Sie.» Dann wollte er noch die Telefonnummer des von mir empfohlenen Anwalts wissen. Damit war der Fall für mich erledigt.

EIN SOLCHES GESPRÄCH VERGISST MAN NICHT. Da hast du einen Professor am Telefon, ein, wie wir unter uns sagen, gescheites Haus, der sich selber für einen Fachidioten hält. Was ist überhaupt ein Fachidiot? Ein dummer Mensch? Bestimmt nicht. Ein etwas überspannter Fanatiker? Nein, das sehe ich nicht so. Ein Fachidiot kann auf seinem Gebiet absolute Spitze sein, verfügt aber halt doch nur über ein beschränktes, spezialisiertes und einseitiges Wissen. Er ist ein Einäugiger, der stets auf der Einbahnstrasse verkehrt. Für politische Arbeit ist er daher ungeeignet. Das möchte ich begründen.

ES GIBT IN DER POLITIK DAUERTHEMEN. Und dann kommen fortwährend neue hinzu, andere verschwinden. Der Mix variiert ständig. Nicht nur die Dossiers wechseln, auch die Kontrahenten. Partner von heute sind morgen Konkurrenten. Das macht Politik spannend. Ein einigermassen brauchbarer Politiker ist ein spezialisierter Generalist mit ein paar Schwerpunkten.

Politik ist für viele offen. Ein Lehrbuch existiert nicht. Ein Beispiel: 1967 wurde Alfred Rasser in den Nationalrat gewählt. Ein Kabarettist, höhnten etliche Ratskollegen in ihrer ignoranten Erhabenheit, habe gerade noch gefehlt. Sie sahen in ihm den personifizierten HD Läppli. Das war Rassers Glanzrolle auf der Bühne und im Film. Er hatte die Armee zum Gespött der Nation gemacht. Gegen so viel subversiven Humor sind hohe Militärs wehrlos. Am liebsten würden sie den Kadi mobilisieren.

Item, Rasser erteilte seinen Sittenrichtern eine Lektion. Nachdem Sowjetpanzer 1968 den sogenannten Prager Frühling und damit ihre eigenen Genossinnen und Genossen niedergewalzt hatten, fand darüber auch im Nationalrat eine heftige Debatte statt. Alfred Rasser beeindruckte uns alle, und zwar von links bis rechts, mit einem ergreifenden Votum. Er zelebrierte hohe politische Kunst. Niemand spottete mehr über ihn.

VERGLEICHE HINKEN IMMER. In Basel nahm die bekannte Märlitante Trudi Gerster im Grossen Rat Platz. Natürlich gab es dumme Bemerkungen. Trudi Gerster imponierte mit seriöser Arbeit. Nun meldet Verona Feldbusch politische Ambitionen an. Sie «möchte etwas für Kinder tun», meint sie. Da komme ihr der Gedanke, «in die Politik zu gehen, gerade recht». Bekannt ist sie für Bildschirmerotik und Hochglanzbroschürenklatsch. Nun Politik? Immerhin macht sie sich davon eine Vorstellung. Und mein Professor würde fragen: «Wer ist Verona Feldbusch?» Der Gute. Wie kann man nur leben, ohne zu wissen, wer das ist?   *23.7.2001* ✢

Wie wenig Armee ist genug?

Aus dem Bundeshaus-Ost wird ein Kälteeinbruch gemeldet. Dort haben der Verteidigungsminister Adolf Ogi sowie Wirtschaftsminister Pascal Couchepin ihre Büros. Sie regieren also sozusagen Tür an Tür. Bei so viel Nähe laufen sich die beiden Hausherren natürlich häufig über den Weg. Augenzeugen berichten übereinstimmend, dass sie sich stets untadelig zivilisiert benommen hätten. Der Welsche grüsste mit einem fröhlichen «Salü», der Berner Oberländer sagte trocken «Tschau». Das sei doch selbstverständlich, denken Sie. Wobei die Erfahrung eines lehrt: Die liebsten Feinde sind die eigenen.

Trotzdem, der verbale Gegenschlag war brutal. Couchepin haute seinen Kollegen Ogi wie ein rohes Ei in die Pfanne. Es habe «Couchepäng» gemacht, titelte der «Blick» auf der ersten Seite. Um was geht es? Um den Sollbestand der künftigen Armee XXI. Er soll von 360 000 auf 200 000 Mann abgebaut werden, verkündete Bundesrat Adolf Ogi der Nation. Seine Oberstrategen hätten während Monaten, wenn nicht Jahren jede Menge Studien erstellt, Szenarien durchgespielt, Berechnungen angestellt, aussenpolitische Risiken, staatspolitische Bedürfnisse und militärische Sicherungen aufgelistet. Um all diesen Anforderungen zu entsprechen, brauche es 200 000 Mann. Dabei dürfe, darauf legte der Verteidigungsminister besonderen Wert, am bisherigen Militärbudget nichts eingespart werden. Das will Couchepin nicht in den Kopf. 120 000 Mann seien genug, maulte er öffentlich. Und setzte noch einen drauf: Für eine reduzierte Armee müssten auch die Kosten gesenkt werden.

Der Vorfall ist ungewöhnlich. Fast fünfzig Jahre dauerte der Kalte Krieg zwischen Ost und West. Während dieser Zeit stand die Schweizer Armee bei der bürgerlichen Parlamentsmehrheit unter Denkmalschutz. Linke Kritik war verpönt und wurde als subversive Untat notiert. Die Armee symbolisierte das patriotische Gütezeichen. Ihr Nimbus entsprach der Einstellung der Volksmehrheit.

Mit dem Fall der Berliner Mauer im November 1989 war der Konkurs des Kommunismus und mit ihm das Ende des Kalten Krieges nicht mehr aufzuhalten. Für die Schweizer hat sich damit das Umfeld oder, um einen Begriff aus der Wirtschaft zu gebrauchen, haben sich die Rahmenbedingungen radikal geändert. Die Bedrohung aus dem Osten ist weg. Die Schweiz ist von lauter Freunden umzingelt. Nur unter dieser Voraussetzung ist es möglich geworden, dass zwei stramm bürgerliche Bundesräte kontroverse sicherheitspolitische Standpunkte vertreten. Je hitziger das Wortgefecht verläuft, desto frostiger könnte zwischen ihnen das politische Klima werden.

Pascal Couchepins Spezialität ist es, anderen dreinzureden. Mal trifft es Moritz Leuenberger, wenn es um die Swisscom oder SBB geht, mal den Aussenminister, wenn der sich erfrecht hat, auf eine seiner vielen Auslandreisen auch Wirtschaftsvertreter mitzunehmen. Wenn es um die Wirtschaft und ihre Interessen geht, kennt Couchepin keine Departementsgrenzen. Jetzt hat er sich Ogi vorgeknöpft. Der Walliser zerstöre das Kollegialsystem, wittern Ängstliche. Er sei arrogant und unbeherrscht, tadeln Sensible. Er solle im Bundesratszimmer reden, nicht öffentlich, meinen Rechte und Linke. Es geht nicht darum, ob einen Couchepins Zwischenrufe freuen oder ärgern, sondern ob sein Verhalten grundsätzlich richtig oder falsch ist. Demokratie braucht Offenheit. Der Bundesrat ist kein Geheimclub und die Volkskammer keine Dunkelkammer. Gefragt ist die Loyalität zur Sache. Da kann es sein, dass die bessere Lösung halt nur auf unbequeme Art gelingt.

Bundesrat Ogi möchte, das ist verständlich, Grösse und Stärke der neuen Armee mit seinen Generälen möglichst selbst bestimmen. Deshalb sind die 200 000 Mann als Sollbestand wie eine beschlossene Sache serviert worden. Frankreichs Heer hat 270 000 Soldaten, Deutschlands Bundeswehr soll unter 300 000 fallen. Das heisst, die Frage muss erlaubt sein, ob denn für die Schweiz die Zahl 200 000 bereits sakrosankt sei. Da der Bundesrat das Pflichtenheft der Armee XXI noch gar nicht definiert und das Stimmvolk den humanitären Auslandeinsätzen auch noch nicht zugestimmt hat, wäre es wirklich verfrüht, sich bereits heute auf den Mannschaftsbestand festzulegen. So betrachtet ist das Dreinreden von Bundesrat Couchepin nur schwerlich als demokratieunverträglich zu taxieren.

Zwei bürgerliche Magistraten streiten über die neue Armee – wie demokratisch! Ein Freisinniger hat sogar die Courage, die Messlatte tiefer zu legen. Das ist geradezu ein «Rückfall» in die eigene radikale Geschichte. Die geistige Achtungstellung aus dem Kalten Krieg ist weg. Wunderbar! *25.6.2001* ✚

Lieber eine graue diplomatische Maus?

Es war 1986. Ich besuchte mit einer SP-Delegation das damals kommunistische Bulgarien. Wir waren auch bei Partei- und Regierungschef Todor Schiwkoff, der das Land schon 35 Jahre lang beherrscht hatte. «Sie wissen», eröffnete er die Gesprächsrunde, «dass wir einige Milliarden Lew (bulgarische Währung) auf Konten von Schweizer Banken haben.» Nein, gab ich zurück, das wüssten wir selbstverständlich nicht. In der Schweiz hätten wir ja das Bankgeheimnis. «Das wollte ich hören», quittierte Schiwkoff lachend.

Wir trafen uns noch mit anderen Mitgliedern des Politbüros. In der kommunistischen Hierarchie war das Politbüro die eigentliche Machtzentrale und die Regierung das Vollzugsorgan. Wir erfuhren, dass der diplomatische Vertreter der Schweiz, der zu diesem Zeitpunkt immerhin schon drei Jahre in Sofia residiert hatte, noch nie direkten Kontakt mit einem Mitglied des Politbüros gehabt habe. Das grenzte fast an Arbeitsverweigerung. Dieser Misere setzten wir ein Ende. Zum Abschluss stand ein Essen beim Schweizer Botschafter auf dem Programm. Wir nahmen zwei Politbüromitglieder als unsere Gäste mit. Statt fünf standen nun halt sieben Gäste vor der Türe. Daraus entstand ein logistisches Tischproblem. Im Botschaftsinventar gab es nämlich keine acht Gedecke, die zusammenpassten. Später suchte mich unser Mann in Sofia im Bundeshaus auf, um sich zu bedanken, dass wir ihn mit zwei wichtigen Männern des Politbüros bekannt gemacht hätten. Die Frage liess mich allerdings nicht los, weshalb er das nicht selber zustande gebracht hatte. Noch etwas deutlicher: Was nützte ein solcher Diplomat dem Land?

Ähnliches erlebte ich 1982 in Ostberlin. An der DDR gab es weiss Gott vieles auszusetzen. Das System war uns zuwider. Aber die Behauptung des schweizerischen Geschäftsträgers – er hatte nicht den Titel eines Botschafters –, das DDR-Volk hungere, stimmte schlicht nicht. Der Informationsstand des Diplomaten erwies sich auch sonst als ungenügend bis miserabel. Der Mann hockte seine DDR-Jahre wie ein Strafversetzter im «goldenen Käfig» ab. Über so viel Arroganz erbost, meinte ich beim Abschied, am besten würde man diesen «Laden» schliessen. Es genüge, in Bern den «Spiegel» zu abonnieren.

Einmal, Mitte der Achtzigerjahre beschwerte sich bei mir ein Geschäftsmann über die mangelnde Unterstützung von Schweizer Botschaften in Südamerika. Wer nicht einen berühmten Namen habe oder von einem grossen Konzern komme, wende sich gescheiter an eine Botschaft der Bundesrepublik Deutschland. Dort werde einem «besser, viel besser geholfen». Vielleicht deshalb ärgerte der verstorbene Bundesrat Willi Ritschard den SP-Aussenminister Pierre Aubert häufig mit dem Geständnis, von ihm aus könne man sämtliche Botschaften der Schweiz schliessen.

Heute vertritt eine neue Generation Botschafter die Schweiz im Ausland. Das Repräsentieren gehört nach wie vor zum diplomatischen Pflichtenheft. Wichtiger sind aber Kompetenz, Sachwissen oder die Kunst des Verhandelns. Repräsentieren ist nicht einfach nur Partygeplauder, sondern Lobbyieren, die Interessen der Schweiz wahrnehmen. Als unser Land in den USA wegen der Politik während des Zweiten Weltkrieges arg unter Druck geriet, sass der frühere Journalist Alfred Defago als Botschafter in Washington. Zusammen mit dem als Task-Force-Feuerwehrmann eingesetzten Thomas Borer kämpfte ein Top-Duo für die Anliegen der Schweiz. Und das bravourös.

Thomas Borer ist seit zwei Jahren Botschafter in Berlin. Am 11. Mai ist die umgebaute Schweizer Botschaft neu eröffnet worden. Am Tag darauf folgte eine «Basler Präsenz in Berlin» mit einer Reihe von Veranstaltungen. «Höhepunkt» war das neue Basler Tram «Combino». Es fuhr durch Berlin Mitte und verkehrt nun in Potsdam bis zum Ende der Bundesgartenschau.

Hand aufs Herz: Ist ein Tram – auch das allermodernste – eine Sensation? Der Basler Regierungspräsident Ralph Lewin hat mir gesagt, kein Mensch hätte von der vermeintlichen Schienenattraktion auch nur Notiz genommen, wenn, ja wenn nicht die Botschaftsgattin Shawne Fielding das Gefährt persönlich eingeweiht hätte. Einige Dutzend Fotografen begleiteten das Touristentram mit der Frau im hellen Kleid und machten aus dem anfänglichen Nichts eine Attraktion. In der Zeitschrift «Gala» heisst es: «Der Jungfernfahrt einer Strassenbahn verlieh die Schauspielerin Shawne Fielding durch Charme, Standfestigkeit in den Kurven und einem Hut der Hollywoodklasse viel Glanz, Chic und Pep. Mal ehrlich: Kann sich das Alpenland eine bessere Werbung wünschen?»

So viel zu Thomas Borer. Wir sollten den Botschafter nicht deshalb rügen, weil ihm die attraktive Gattin die Schau stiehlt. Die Zeit der grauen diplomatischen Mäuse ist vorbei. Schön, dass es Borers in Berlin gibt. *28.5.2001* ✢

Der billige Jakob

Er fasziniert mich noch heute, der billige Jakob. Wenn er an der Basler Herbstmesse auf dem Petersplatz gastiert, geniesse ich seine «Vorstellung», die träfen Sprüche, die unterhaltsame Verkaufskunst. Sein Schlagerartikel ist ein Küchengerät, nicht irgendeines, sondern das Modell «Weltwunder». Er führt unermüdlich vor, wie damit Gemüse geraffelt, geschnetzelt, gewürfelt oder gescheibelt und ein Härdöpfel im Nu zu Pommes frites verkleinert werden kann. Dann schaltet er auf ernste Geschäftsmiene um und verkündet dem Publikum, der Preis sei sensationell günstig. Laufend legt er noch und immer wieder ein Zubehörteil dazu, im Ganzen sieben. «Das alles kostet keine 90 Franken, auch keine 70», macht er es spannend. «Sie staunen, Sie können es kaum glauben, Sie bekommen alles nicht für 60, nicht für 50 oder 45 Franken, sondern, weil heute Freitag ist, für sage und schreibe 35 Franken. Wer da nicht zugreift, ist selber schuld.» – Applaus. Nun drängen Frauen und Männer, um zu kaufen. Der «Laden» läuft gut. Alle mögen es ihm gönnen. Alles zu seiner Zeit und an seinem Platz. Der billige Jakob gehört auf den Marktplatz, aber nicht auf die politische Bühne. Darf ich etwas ausholen, was ich damit meine?

Politik ist ein echt mühsames Geschäft. Es gibt kein – wie beim billigen Jakob – Wundergerät, mit dem Probleme spielend gelöst werden könnten. Eine Gesetzesrevision zum Beispiel dauert Jahre. Sie beginnt mit einer vom Bundesrat eingesetzten Expertenkommission. Mit dem Auftrag, einen Entwurf auszuarbeiten. Den prüft das zuständige Departement, anschliessend der Gesamtbundesrat. Dieser wiederum leitet seine Anträge an die eidgenössischen Räte weiter. Und zwar mit einer «Botschaft», wie der bundeshausamtliche Fachausdruck heisst. Darin begründet der Bundesrat, warum, wie und wann er eine Gesetzesrevision für nötig hält. Sind damit sich jährlich wiederholende Kosten verbunden, verlangt er dafür den entsprechenden Kredit. Im Parlament geht die «Botschaft» durch eine vierfache Prüfung. Das Geschäft wird in der zuständigen Kommission und nachher im Plenum des National- und Ständerates beraten. Haben beide Kammern zugestimmt, ist die Arbeit noch immer nicht abgeschlossen. Wird das Referendum ergriffen, bekommt das Stimmvolk das letzte Wort. Das komplizierte Verfahren ist der Preis der Demokratie. Was an der Messe der billige Jakob, ist in der Politik der Populist. Der billige Jakob ist ein Aufstellertyp, der Populist ein schrecklicher Vereinfacher, der vortäuscht, für alles und jedes Problem eine simpel einfache Lösung bereitzuhaben. Ein paar Beispiele zur Illustration.

Auf der Gotthard-Autobahn ist der Verkehr «staumässig». Während ich schreibe, meldet das Radio auf der Gotthard-Nordseite einen 15 Kilometer langen Stau. Bis zur Tunneleinfahrt betrage die Wartezeit mindestens fünf Stunden. Vor Ostern herrschte in der Schweiz beinahe ein verkehrspolitischer Ausnahmezustand: das Warten auf den grossen Stau. Die Lastwagenlobby hat in der Fernseh-«Arena» einfache Sanierungsrezepte verkündet, Motto: Hexen ist keine Kunst. Es brauche nur mehr Stauraum entlang der Autobahn sowie die Vergrösserung des Zollamtes in Chiasso. Die Frage aber, ob es für Lastwagen nicht auch eine Kapazitätsgrenze gebe, beschäftigt sie nicht. Das erleichtert Scheinlösungen enorm.

Ein Zürcher Nationalrat weiss, wie man das Asylantenproblem lösen könnte. Man müsse Flüchtlinge gar nicht erst hereinlassen, sondern sie einfach nach Italien zurückschicken. Das schreibt Ulrich Schlüer allen Ernstes in seinem Buch «Neutralität 2000». Noch Fragen?

Die süddeutschen Gemeinden beklagen den Fluglärmimport aus Zürich. Während Jahrzehnten hat die Zürcher Regierung die Reklamationen mit viel Arroganz überhört. Dafür wurde der Flughafen ständig ausgebaut. Nun haben die Deutschen die Notbremse gezogen. Bundesrat Leuenberger reiste nach Berlin, mit einem unmöglichen Auftrag. Nämlich, den Deutschen verständlich zu machen, alles beim Alten zu belassen. Das musste schief ausgehen. Jetzt bekommt der Bundesrat von allen Seiten Prügel. Das Zürcher Doppelspiel, die eigene Goldküste vom Fluglärm möglichst zu verschonen und diesen zu exportieren, wird gerne verschwiegen. Man weiss eben nur, was man wissen will.

Die AHV hat Finanzprobleme – durchaus lösbare übrigens. Sie sind logisch, wir werden älter und beziehen die Renten länger. Das hat seinen Preis. Sachverständige aus allen Lagern hirnen über Lösungen. Die einen machen es sich leicht: ein paar Tonnen Gold der Nationalbank versilbern, et voilà, alles wäre in Butter. Stimmt zwar nicht, tönt aber gut. Billige Patentlösungen gibt es in der Politik nicht. Deshalb gehört der billige Jakob hinter seine Gemüseraffel. Politisch ist er nicht diensttauglich. *30.4.2001* ✢

Eine unheimliche Allianz

Das Radio meldete kürzlich, ein Kind sei auf dem Trottoir von einem Auto angefahren und liegen gelassen worden. Der Täter habe Fahrerflucht begangen. Das ist ein ganz gemeines Delikt, zu Recht wird es hart bestraft. Nun kommt die Frage an uns als Stimmberechtigte, ob sich die Schweiz eine «Fahrerflucht» im übertragenen Sinn leisten darf. Im Juni wird an der Urne entschieden. Aber dazu muss ich etwas ausholen.

Im November 1989 ist die Berliner Mauer gefallen. Das war das Ende des Kalten Krieges zwischen Ost und West. Davon profitierten auch wir. Heute ist nach allgemeiner Übereinstimmung für die Schweiz keine direkte militärische Bedrohung mehr auszumachen. Sie ist von lauter Freunden umzingelt. Das zahlt sich aus. Der Mannschaftsbestand der Armee soll von 400 000 auf 120 000 Mann plus 80 000 Reservisten abgebaut werden. Wer Anfang der 80er-Jahre so etwas vorauszusagen gewagt hätte, wäre entweder für nicht ganz zurechnungsfähig erklärt oder aber fichiert worden.

Auch wenn kein militärischer Überfall droht, leben wir in Europa nicht etwa in einer heilen Welt. Die grössten Gefahren sind heutzutage Umweltkatastrophen, Klimaerwärmung, Bürgerkriege, Rinderwahnsinn, Maul- und Klauenseuche, Armut. Aber auch ethnische Konflikte. So war und ist der Balkan noch immer ein Krisengebiet. Was im ehemaligen Jugoslawien abläuft, darf uns nicht gleichgültig sein. Wir spüren ziemlich direkt die Folgen. Im Konflikt zwischen Serbien und dem Kosovo flüchteten Zehntausende Kosovo-Albaner in die Schweiz. Sie wurden schnell zum Politikum. Das Land vermöge auf Dauer so viele Flüchtlinge nicht zu verkraften, tönte es von Rechtsaussen. Das Asylgesetz müsse verschärft werden, Asylanten wurden als Simulanten diffamiert. Früher kam die Bedrohung aus dem Osten, von den Sowjets, jetzt bilden angeblich Asylanten eine Landesgefahr.

«Tatsache ist, unser Flüchtlingsproblem ist hausgemacht», schreibt SVP-Nationalrat Schlüer im Buch «Neutralität 2000». Was heisst «hausgemacht»? Werden Flüchtlinge eingeladen, zu uns zu kommen? Indirekt ja, meint Schlüer. Die Schweiz sei für Asylanten zu attraktiv, sie behandle sie zu gut. Dabei wäre alles so einfach: «Wir müssen die Leute gar nicht reinlassen, sondern können sie nach Italien zurückschicken», erklärt der SVP-Mann. Das Rezept heisst: Grenzwacht und Armee machen die Grenzen dicht. Das wäre die beste «Werbung», die Schweiz europaweit in Verruf zu bringen.

Der Kampf muss gegen die Armut, nicht gegen die Armen gewonnen werden. Auf den Kosovo übertragen, bedeutet das, den Menschen vor Ort zu helfen, damit sie dort bleiben können und nicht flüchten müssen. Dafür setzt sich die Schweiz ein. Hilfswerke machen mit beim Wiederaufbau. Der Bund sorgt für die Finanzierung. Soldaten der Schweizer Armee sind, zusammen mit Einheiten aus vielen anderen Armeen, im Kosovo zum Schutz der Bevölkerung als eine Art Sicherheitspolizei stationiert. Die Operation ist trotz enormer Schwierigkeiten bisher ein Erfolg. Weitaus die meisten Kosovo-Flüchtlinge sind heimgekehrt. Sie haben die Hoffnung zurückgewonnen, in der Heimat wieder eine Zukunft zu sehen.

Für Schweizer Soldaten im Friedenseinsatz besteht ein besonderes Problem. Nach der geltenden Rechtslage dürften sie ihren Friedensdienst nur unbewaffnet leisten. Das heisst, sie besitzen nicht einmal zu ihrem eigenen Schutz eine Waffe. Im Kosovo haben es die Österreicher übernommen, die Swiss-Army-Boys nötigenfalls zu beschützen. Das soll sich ändern. Denn so viel Wehrlosigkeit von Soldaten begreift niemand mehr. Deshalb stimmen wir im Juni darüber ab, ob Schweizer Soldaten für freiwillige Friedenseinsätze in Krisengebieten zum Selbstschutz eine Waffe mitnehmen dürfen.

Dagegen formiert sich eine unheilige Allianz von Rechts- und Linksaussen. Beide bekämpfen Friedenseinsätze im Ausland aus unterschiedlichen Motiven, aber mit gleichen Absichten. Linke Gegner mit der Gruppe Schweiz ohne Armee an der Spitze bekämpfen die Armee, wo immer sie Gelegenheit haben. Friedensdienste seien, erklären sie, eine zivile Aufgabe. Als ob es im Kosovo so schön «zivil» aussähe. Damit arbeiten sie der SVP in die Hand. Diese mobilisiert Särge, Grabkreuze und tote Soldaten, mobilisiert die Angst, um die Friedensdienste zu bodigen.

Für Christoph Blocher geht es wieder einmal um die Existenz der Schweiz. Was nicht ist, erfindet er. Effektiv wolle der Bundesrat heimlich in die Nato, behauptet er. «Das ist nicht wahr, das ist gelogen», schlägt der neue Verteidigungsminister Samuel Schmid in einem «Blick»-Interview zurück. Chapeau, Herr Bundesrat, das ist deutlich. Die Frage ist gestellt: Soll die Schweiz Friedenseinsätze mit Freiwilligen anbieten können oder soll sie «Fahrerflucht» begehen? Antworten Sie. *2.4.2001* ✤

Das «Goldene Kalb» als Wappentier

Er hiess Harry Zialkowski, war Strassenbahner aus Ost-Berlin, damals Hauptstadt der DDR. Harry durfte im Herbst 1960 Verwandte in Basel besuchen. Damals gab es die Berliner Mauer noch nicht. Wir begegneten uns zufällig. Eine Bemerkung von ihm habe ich in unvergesslicher Erinnerung. Wir sprachen über Gott und die Welt. Der Gast aus der DDR erzählte vom üppigen Warenangebot, das er in Warenhäusern, Coop- und Migros-Läden bewundert hatte. Das sind die Momente, in denen man sich für die eigene Überflussgesellschaft fast ein wenig geniert. Trotzig verglich Harry den Konsumreichtum mit dem Mangel in Ost-Berlin: «Und bei uns gibt es oft nicht einmal Zwiebeln zu kaufen.» Prägnanter hätte kein Gelehrter die Misere der kommunistischen Planwirtschaft beschreiben können. «Wir haben keinen Markt», fuhr Harry fort, «deshalb funktioniert die Verteilung nicht. Zwiebeln gäbe es genug, aber sie bleiben irgendwo liegen und verrotten. Verrotten, wie alles bei uns.»

Machen wir es kurz. Vor gut zehn Jahren brach das System von Moskau bis Ost-Berlin wie ein Kartenhaus zusammen. Es erstickte an der Bürokratie und Korruption, an ökonomischer Unvernunft, an Diktatur statt Freiheit, an zu vielen Atomwaffen und zu wenigen Konsumgütern. Das Ende der Sowjetunion und seiner Satellitenstaaten bedeutete den Triumph des westlichen Demokratiemodells. Sein Markenzeichen ist die freie Marktwirtschaft. Sie hat mit der Globalisierung die ganze Welt erobert. Zurzeit gibt es keine Alternative.

Zurück zur eidgenössischen Realität. Die Schweiz verstand sich immer als Bollwerk gegen die kommunistische Diktatur und Planwirtschaft. Nur war ihre Wettbewerbswirtschaft nicht so offen, wie sie nach der Theorie hätte sein sollen. Praktiziert wurde Marktwirtschaft light. Preiskartelle blockierten den Wettbewerb. Fähigkeitsausweise verloren oft an Kantonsgrenzen den Wert. Ein Basler Anwalt durfte in Luzern nicht ohne Weiteres einen Klienten vor Gericht vertreten. Oder ein Sportlehrer, der das Diplom in St. Gallen machte, bekam in Basel keine Anstellung. Als ob die Hochsprungtechnik in St. Gallen anders gewesen wäre als am Rhein.

Der Versuch, einen offenen, für die ganze Schweiz gültigen, von Kantonsgrenzen nicht behinderten Binnenmarkt zu schaffen, ist noch keine zwei Jahrzehnte alt. Fortschritte wurden erreicht, aber am Ziel sind wir noch lange
nicht. Dafür hat sich die Politik umso mehr auf die früheren staatlichen
Monopolbetriebe fokussiert und hat sie liberalisiert. Und nun herrscht grosse
Aufregung im kleinen Schweizerland. Die Bosse von SBB, Post und Swisscom
bekommen plötzlich Löhne, die alle bisherigen Dimensionen sprengen. Das
sei halt so in der Marktwirtschaft, wird entschuldigend behauptet. Topmanager könnten nur noch mit «Bombenlöhnen» eingestellt werden. Stimmt das?

Die Privatwirtschaft besteht nicht allein aus Grossbanken, Finanzgesell-
schaften und Multikonzernen. Kaderleute in mittleren und auch grösseren
Unternehmen werden im Allgemeinen gut bezahlt, aber nicht im Millionenbereich. Es ist zudem ein Unterschied, ob privates Geld ausgegeben wird
oder ob öffentliche Betriebe die Privatwirtschaft rechts überholen wollen.

Bei Post und SBB fällt auf: Beide Verwaltungsratspräsidenten kassieren für
ihren 40-Prozent-Job je 250 000 Franken im Jahr. Das ist, meine Herren, in
der Privatwirtschaft die grosse Ausnahme, nicht etwa die Regel. Da soll die
staatliche Kuh zünftig gemolken werden. Die Post holte den Auslandschweizer
Reto Braun als sogenannten Superman, vergoldete ihn, und dann waren alle
froh, dass er bald wieder ging. Sein Nachfolger kommt aus dem Bundeshaus,
verdient jetzt fast dreimal mehr. Die SBB engagierten nacheinander zwei sogenannte Topmanager als Chefs für den Güterverkehr, zahlten Superlöhne,
und beide erfüllten die Erwartungen überhaupt nicht. Jetzt ist ein Mann aus
dem eigenen Stall Chef und verdient 500 000 Franken. Ein Güterchef in
Ehren. Sollen wir wirklich die Eidgenossenschaft privatisieren, damit ein
Bundesrat als Geschäftsleitungsmitglied der Schweiz AG gleich viel verdient?

Die Liberalisierung der einstigen Monopolbetriebe PTT und SBB war
keine Privatisierung und schon gar keine Selbstbedienungsmechanik für «die
da oben». Der Bund zahlt den SBB jährlich immerhin 2,3 Milliarden Franken
an ihre Infrastrukur, die Kantone beteiligen sich am Defizit des Regional-
verkehrs. SBB und Post verlangten und bekamen mehr unternehmerische
Kompetenz. Die Politik soll ihnen nicht mehr ins operative Geschäft dreinreden. Aber beide sind Bundesbetriebe geblieben, und ihr Wappentier ist
nicht das «Goldene Kalb». So sehr Planwirtschaft systembedingt scheitern
musste, so wenig ist in der Marktwirtschaft alles erlaubt. Das müssen auch
Verantwortliche von SBB. Post und Swisscom bedenken. *5.3.2001* ✦

Kopfnicken im Verwaltungsrat

Gret, meine Frau, kehrte ganz vergnügt vom Einkauf zurück. Sie hatte vor ein paar Tagen einen neuen Flaumer gekauft, ihn vorerst beim Putzzeug abgestellt und dann, als sie ihn hervorholte, bemerkt, der Stiel passte ja gar nicht. Das Gerät musste umgetauscht werden. Aber oha lätz, ohne Kassenzettel, den besass sie nicht mehr, kann ein Umtausch schwierig werden.

An der Kasse erkundigte sich Gret, wo sie den Flaumer umtauschen könne. Die Kassiererin, ungefähr 25, holte den Chef. Der verlangte zuerst den Kassenzettel. Das kurze Streitgespräch verlief so wie immer, wenn kleine Möchtegerne ihren Auftritt haben: «Ohne Kassenzettel ist nichts zu machen!» Ton und Gestik liessen keine Zweifel offen, der Mann meinte es ernst. Das war sein letztes Wort. Daraufhin meldete sich die Kassiererin, erläuterte ihrem Vorgesetzten, der Stiel passe wirklich nicht, das Gerät aber «gehört zu unserem Sortiment und ist hier gekauft worden. Wir können deshalb eine Kundin nicht einfach wegschicken.» Das gesagt, nahm sie Gret beim Arm, liess den verdutzten Chef stehen, suchte den passenden Stiel aus und erledigte so den offenbar komplizierten Fall samt Chef.

Das nenne ich Zivilcourage. Der Swissair ginge es besser, wenn in ihrem Verwaltungsrat ein paar Herren sässen, die sich punkto Mut mit der jungen Kassiererin messen könnten. Stattdessen gönnten sie sich während Jahren einen geistigen Tiefschlaf, aus dem sie kurz vor der Notlandung erwachten oder geweckt wurden. Wir sind ja schon einiges gewohnt. Saurer Arbon baute die besten Lastwagen – das war einmal. BBC versorgte die halbe Welt mit Turbinen. Sie heisst jetzt ABB. Sulzer rüstete die Schiffe auf allen Meeren mit Schiffsmotoren aus. Auch das ist vorbei. Nestlé hat seinen Sitz noch in Vevey, aber die Chefetage ist in ausländischen Händen. Die PTT gibt es nicht mehr, die SBB zum Glück noch. Hoffmann-La Roche und andere berühmte Namen sind auch noch da. Und jetzt dies: Die Swissair kränkelt. Das geht an unsere Schweizerseele. Es fehlte nur noch, dass das Bundeshaus privatisiert würde. Dann könnten wir die Eidgenossenschaft aus der Bundesverfassung streichen und durch die Swiss Global Players AG ersetzen. Das erinnert an

Karl Valentin, den 1948 in München verstorbenen Volkskomiker, der sagte: «Die Zukunft war früher auch besser.»

Mein Grossvater ist in seinem Leben nie geflogen. Fliegen gehörte für seine Generation zum unerschwinglichen Luxus. Gleichwohl sagte er mir einmal als Bub, als seltenerweise eine Swissair-Maschine über uns hinweggeflogen war, die Swissair sei die Visitenkarte der kleinen Schweiz in der grossen Welt. Fast scheint es, das sei vergessen worden.

Der Direktionsboss Philippe Bruggisser musste von Bord. Er habe, vernehmen wir Ahnungslosen, während Jahren schlecht gewirtschaftet. Zu viel Geld sei in verlustreiche Beteiligungen gesteckt worden, um eine sogenannte Qualiflyer Group aufzubauen. Umgekehrt sei beim Personal und damit bei den einst sagenhaft weltberühmten Kundendiensten gespart worden. Mit einem Wort: Bruggisser steuerte die Airline in gefährliche Turbulenzen. Darf man fragen: Er ganz allein? Wo waren denn die Verwaltungsräte? Flogen sie nur als blinde Passagiere mit? Ohne Mitverantwortung, ohne Ahnung wohin? Als Gäste des Hauses, in der Extraklasse mit Extraservice?

Bruggisser steht als der Alleinschuldige für den Sinkflug da. Einer zumindest hat gemotzt: Ein Angestellter der Credit Suisse warnte seine Kunden vor dem Kauf von Swissair-Aktien. Das, weil auch der Aktienkurs fiel. Davon erfuhr die Swissair-Direktion. Sofort telefonierte Bruggisser dem CS-Boss Lukas Mühlemann, er solle bitte zum Rechten schauen, schliesslich sei er im Verwaltungsrat. Der stopfte dem renitenten Mitarbeiter das Maul und nötigte ihn, den Job zu kündigen. Am 14. Februar wird sich der Geschasste mit seinem früheren Arbeitgeber vor dem Arbeitsgericht treffen, berichtet «Blick».

Lukas Mühlemann hat doch im letzten Jahr mit seinen rassigen Thesen, wie die Schweiz noch stromlinienförmiger auf der Rennstrecke des freien Marktes davondüsen könnte, für Furore gesorgt. Er hätte wohl gescheiter auf seinen unbequemen Angestellten gehört, statt ihn de facto zu entlassen und ihn so als Frühwarnsystem auszuschalten. Aber «die da oben» tun sich gegenseitig nur sehr ungern weh. Lukas Mühlemann und andere prominente Swissair-Verwaltungsräte hätten dem Unternehmen einen grossen Dienst erwiesen, wären sie kritischer gewesen. Für sie wäre es dabei nicht um Kopf und Kragen gegangen. Dafür sind sie alle viel zu mächtig. Die junge Kassiererin riskierte, als sie dem Chef widersprach, viel mehr. Wenn der klug ist, merkt er sich ihren Namen. Solche Mitarbeiterinnen braucht eine Firma, sie sind unbezahlbar. *5.2.2001* ✚

203

Mamma mia!

Da hat uns einer überrascht. Lesen Sie, was Peter Hasler, Direktor des Schweizerischen Arbeitgeberverbandes, im «Tages-Anzeiger» sagt: «Ich war schon immer ein Gewerkschaftsfreund. Darauf basiert unsere vielgerühmte Sozialpartnerschaft. Die Gefahr besteht, dass gewisse Arbeitgeber ihre gesellschaftliche Verantwortung wenig ernst nähmen, würden nicht die Gesellschaft und die Gewerkschaften Grenzen setzen.»

Wer annimmt, der Arbeitgeberboss habe in einem Anfall von vorweihnachtlicher Christenliebe einer momentanen Laune nachgegeben, unterschätzt ihn mit Sicherheit. Peter Hasler ist ein grundsätzlicher Befürworter der sogenannten Sozialpartnerschaft. Das tut er nicht, weil er ein besonders guter Mensch wäre. Hasler ist eben kein geistiger Nichtschwimmer. Sein Kalkül basiert auf ökonomischer Vernunft. Wenn im reichsten Land das Gefälle zwischen Geldadel und Armut zu steil wird, kann eine an sich stabile Gesellschaft aus dem Gleichgewicht geraten. Die Balance kippt dann, wenn die unten nicht mehr wollen und die oben nicht mehr können. Das aber kann auch nicht im Interesse der Wirtschaft sein. Das Management der Grosswirtschaft kassiert neben dem an sich schon hoch dotierten Lohn Ende Jahr noch zusätzliche Millionen als Erfolgsbonus. Diese Extras summieren sich zu Milliarden. Davon profitieren nur relativ wenige. Die Hochstimmung an den helvetischen Goldküsten kennt keine Grenzen mehr.

Im Armenhaus der Schweiz dagegen kämpfen Working Poors um das Überleben. So heissen jene, die zwar voll arbeiten, aber mit dem ausbezahlten Lohn nicht existieren können. Ein Aufschrei ging durch das Land, als über die Fernseh-«Rundschau» ein Migros-Angestellter im unteren Verantwortungsbereich am Bildschirm zugab, dass er mit seinem Lohn von 3200 Franken im Monat die Hilfe des Fürsorgeamtes benötige, um seine vierköpfige Familie über die Runden zu bringen.

Mit diesem einen Fall ist die Forderung des Schweizerischen Gewerkschaftsbundes für einen Mindestlohn von 3000 Franken schlagartig popularisiert und zusätzlich legitimiert worden. Wenn schon die vermögende Migros derart tiefe Löhne zahlt, wie sieht es dann anderenorts aus, fragen sich viele. Das zu

Recht. Die Migros-Leitung hat reagiert und bemüht sich, den Schandfleck zu eliminieren. Die Betroffenen werden von Peter Hasler ermuntert, sich «für bessere Arbeitsbedingungen einzusetzen». Wie? «Indem sie den Gewerkschaften beitreten.» Der Mann ist klasse. Er hat begriffen, worauf es ankommt: Wir sind verantwortlich für das, was wir tun. Aber auch für das, was wir nicht tun.

Dann aber fällt er in alte Vorurteile zurück. Einen staatlich vorgeschriebenen Mindestlohn lehnt Hasler ab, weil sonst «Arbeitsplätze ins Ausland abwandern». Du meine Güte, welche? Etwa die der Verkäuferinnen, Küchenburschen oder Reinigungsfrauen? Da muss ja ein Ross lachen. In Wirklichkeit passiert doch gerade das Gegenteil. Gastgewerbe, Hotellerie und Detailhandel wären ohne Ausländerinnen schon längstens aufgeschmissen. Die Drohung, deren Billigarbeitsplätze würden in das Ausland verlegt, kann nicht ernst gemeint sein. Die will niemand.

Seriöser ist eine andere Sorge des Arbeitgeberdirektors. Geburtenschwache Jahrgänge, die in den nächsten Jahren ins Berufsleben übertreten, bringen der Wirtschaft zu wenig Nachwuchs. Es könnte daher in Zukunft eng werden auf dem Arbeitsmarkt. Wie dem begegnen? Frauen, besonders verheiratete Mütter, sollen zurück ins Berufsleben. «Wir sind massiv auf das Doppelverdienertum angewiesen», meint Hasler. Die Arbeitgeber seien bereit, einiges für die Besserstellung der Frauen zu tun, flötet er und fordert mehr Kinderhorte. Damit sind wir in Schweden. Dort ist die Beschäftigungsquote der Frauen am höchsten. Das war nur möglich, weil der Staat für die Kinder der beschäftigten Mütter einspringt. Sie werden in der Schule verpflegt, beaufsichtigt, bei Schulaufgaben betreut. Gratis ist das nicht. Was ist in der Schweiz nicht schon über die hohen Steuern in Schweden gelästert worden. Wofür sie ausgegeben werden, hat weniger interessiert.

Wenn mehr Frauen arbeiten sollen, muss die Wirtschaft dafür etwas tun: eine flächendeckende Versorgung der Kinder. Die aber kostet Geld. Die Arbeitgeberfunktionäre sollten es sich daher abgewöhnen, Politik einzig auf Steuerabbau zu reduzieren, wie das gerade die Wirtschaftsverbände wieder getan haben. Sie fordern vom Bund Milliardenabstriche. Eine Gesellschaft lebt nicht allein vom Sparen. Sie ist dann human, wenn zum Beispiel Mütter berufstätig sein können, ohne Angst um ihre Kinder haben zu müssen. Und sie wird dann etwas wärmer, wenn 3000 Franken im Monat das selbstverständliche Minimum sein werden. Diese «Musik» möchte ich mal aus den Chefetagen hören. Mamma mia! *8.1.2001* ✤

205

Die Kuh im Rückspiegel

Wenn von der sogenannten guten alten Zeit geredet wird, denken wir automatisch an die Älteren unter uns. Es gibt sie aber auch für die Jüngeren. Jede Generation hat ihre eigene gute alte Zeit. Unsere 21-jährige Enkelin zum Beispiel erinnert sich bereits mit ein bisschen Wehmut an ihre akrobatischen Auftritte im Jugendzirkus.

Was war vor zehn Jahren? Da gab es das Handy noch nicht und stand das Wort Internet in keinem «Duden». Die rasante Veränderung ist wie selbstverständlich passiert. Handy und Internet gehören zum täglichen Wortinventar. In der Werbung sind sie omnipräsent. Es macht schon Mühe, sich an die vordigitale Zeit zu erinnern. Für Grossvater gehörte das Telefon noch zum persönlichen Luxus. Vor Jahren wurde ich jeweils gefragt: «Haben Sie einen Fax?» Wer im öffentlichen Leben steht, dem wird diese Frage nicht mehr gestellt. Der Fax ist gängig geworden wie Schuhe oder die Zahnbürste. Dafür ist nicht mehr in, wer sein Dasein ohne Computer und E-Mail fristet.

Wie lebten die Menschen ohne Handy? Wie hielten sie es aus, nicht jederzeit und überall erreichbar zu sein? Haben Sie das Strassenbild noch vor sich, als niemand im Gehen oder Stehen ein Handy am Ohr hatte und einen im Zug kein Handy-Plauderer nervte? Die enge Beziehung, wie ich sie kürzlich in der Bahn miterleben durfte, gab es dafür halt nicht. Da sass neben mir ein jüngerer Mann und telefonierte mit seinem Bruder im hinteren Wagen des gleichen Zuges. Toll, dieser Fortschritt. Vielleicht reisen die beiden später mal miteinander im gleichen Abteil, heutzutage ist alles möglich.

Die gute alte Zeit, war sie wirklich so gut? Die Frage ist wichtiger als die Antwort. Wen der Fernsehknast im «Big Brother»-Container nicht stört, wird jetzt Mühe bekommen. Dabei erwähne ich absolut Banales, nämlich Schaufenster. Auch in meiner Bubenzeit wurde die neuste Mode im Schaufenster gezeigt. Nicht so üppig wie heute, die Leute hatten weniger Geld. Künstliche Mannequins, das heisst Schaufensterpuppen, wurden ausgezogen und neu eingekleidet. Dieser Prozess geschah hinter abgedeckten Schaufenstern, ganz diskret. Lüsterne Blicke auf die unerotischen, aber «blutten» Puppen hätten jugendgefährdend sein oder gegen die herrschende Moral verstossen können. Um die Moral war es auch schon damals nicht besonders gut bestellt. Zu viele verwechselten sie mit Heuchelei. Item, das Klima war ein verklemmtes: Sex war schmutzig und dafür die Luft rein. So änderten sich die Zeiten.

Ich bin auf dem Land aufgewachsen, mit Bauern als Nachbarn. Ich kannte mich im Stall so gut aus wie in Grossmutters Küche. Heute engagieren wir uns für ökologische und biologische Landwirtschaft. Vor sechzig Jahren, so weit liegt meine Bubenzeit halt zurück, hat man diese Fachausdrücke kaum gekannt. Dafür arbeitete der Bauer auf einer natürlichen Basis. Die Kühe bekamen Gras und Heu zu fressen, blieben möglichst lange auf der Weide, trugen kunstvolle Glocken oder Treicheln. Im Winter mischte der Bauer geschnetzelte Rüben, «Durlips» genannt, mit «Chrüsch» zusammen, das waren die Schalen des gemahlenen Getreides, und fütterte sie den Kühen zum Heu als eine Art landwirtschaftliche Feinkost.

In Tierfabriken werden Kühe, Schweine und Hühner nicht naturgerecht gehalten, vielmehr wird einfach Fleisch produziert – das so schnell wie möglich. Die Fleischfabrik ist vergleichbar mit einem schnellen Brüter: Tiere müssen im «Tempo Teufel» schlachthofreif gemästet werden. Auf natürliche Art geht das nicht. Kühe oder Schweine werden «gedopt» wie Radrennfahrer, mit Medikamenten wie Impfstoffen, Hormonen, Tiermehl oder ähnlichem Zeug. «Die Woche» aus Hamburg hat den Irrsinn kürzlich beschrieben: «Das Ergebnis der ungesunden Allianz zwischen Veterinärmedizin und Futtermittelerzeugern: Robustes Milchvieh degenerierte zu Turbo-Kühen, die bei einer Fütterung mit natürlichem Gras und Heu verhungern würden.»

Die Natur kann nicht ungestraft misshandelt werden. Wenn Gletscher und Polareis wegschmelzen, weil ihnen die Klimaerwärmung zusetzt, ist das Alarmstufe eins: Weiter so, und die Katastrophe wird unaufhaltsam werden. Als Technikgläubige versicherten, sie könnten absolut «todsichere» Atomkraftwerke bauen, passierte Tschernobyl. Ganz Europa war in Angst und Schrecken geraten. Tote in der Ukraine sowie in Weissrussland bestätigen noch heute, dass es keine absolute technische Sicherheit gibt. Der Mensch bleibt ein Sicherheitsrisiko. Die naturwidrige Tierzucht schliesslich verursachte den Rinderwahnsinn. Nun hockt die Angst mit am Tisch. Die Angst, das Rindfleisch im Teller könnte lebensgefährlich sein. Wenn ich in den Rückspiegel schaue, muss ich sagen: War das noch eine gute alte Zeit, als die Kühe Gras gefressen und nicht Hormone injiziert bekommen haben. *25.12.2000* ✣

Das Ende eines «Traumpaars»

Es gibt Betriebe, da ist die Klimaanlage besser als das Arbeitsklima. Nicht aber im Bundeshaus. Dort liegt die Temperatur stimmungsmässig oft unter dem Gefrierpunkt. Am letzten Mittwoch lieferte die schweizerische Politik wieder einmal so etwas wie ein Highlight. Die Damen und Herren der Bundesversammlung wählten den Nachfolger für den auf Neujahr zurücktretenden Bundesrat Adolf Ogi. Radio und Fernsehen übertrugen das Schauspiel live. Ratspräsident Peter Hess konnte pünktlich um 8 Uhr 245 von 246 Parlamentariern begrüssen. 34 Minuten später war auch noch der letzte Mann eingetroffen. Die Runde präsentierte sich somit dem Fernsehvolk vollzählig.

Mir fiel Ständerätin Christine Beerli auf. Die Chefin der FDP-Fraktion trug eine besonders schöne, zugleich aber wohl auch warme Jacke. Sie war gekleidet, als ob sie gerade in die Stadt gehen und Weihnachtseinkäufe besorgen wollte. Sie trug die Jacke aus einem anderen Grund. Christine Beerli kennt den Nationalratssaal, in dem bekanntlich die Bundesversammlung tagt. Vermutlich leidet sie, wie viele andere ebenso, unter der unmöglichen Ventilationsanlage. Ihr Kollege Walter Frey, Fraktionspräsident der SVP, klagte vor laufender Kamera über entzündete und gerötete Augen. Ich kenne das. Meine seinerzeitige Sitznachbarin, Lilian Uchtenhagen, erkältete sich praktisch in jeder Session, obschon sie immer einen Schal trug.

Bei der Klimaanlage handelt es sich um das Modell «Villa Durchzug». Je nachdem, wo man sitzt, ist es zugig. Unzählige Techniker und sonstige Fachleute hatten schon das Unmögliche versucht. Nämlich den Saal so zu klimatisieren, dass man weder friert noch entzündete Augen bekommt. Bisher ohne Erfolg. Der Saal sei halt verquer dimensioniert, heisst es. Darum hat sich Frau Beerli warm angezogen. Um eines allerdings bitte ich: Niemand soll mehr behaupten, absolut sichere Atomkraftwerke seien technisch machbar – wenn nicht einmal die Ventilation im Bundeshaus funktioniert.

Früher habe es doch, wurde ich oft gefragt, vor Bundesratswahlen die berüchtigte Nacht der «langen Messer» gegeben. Da sei gegen offizielle Kandidaten bis zur letzten Stunde intrigiert, gegen sie lobbyiert und sonst noch alles Wüste inszeniert worden. War das so, oder wird Dichtung mit Wahrheit verwechselt? Ein bisschen ist Legende, ein bisschen Wirklichkeit. Diesmal allerdings war alles ganz anders.

Ogi-Nachfolger Samuel Schmid startete als inoffizieller Kandidat. Er ist also nicht der Liebling der SVP-Führung. Das war sein Vorteil. Die offiziellen SVP-Kandidaten hiessen Rita Fuhrer, Zürcher Regierungsrätin, und Roland Eberle, Thurgauer Regierungsrat. Böse Zungen lästerten, Roland Eberle sei der «Hofhund» von Christoph Blocher. Rita Fuhrer, das ist unbestritten, ist seine politische Herzdame. Das offizielle Traumpaar aber scheiterte primär – nicht nur – am eigenen Schutzpatron Blocher. Sein schlechter Ruf im Parlament schadete ihnen.

Das Duo Fuhrer-Eberle war von den SVP-Parteistrategen nach allen Schikanen der teuren Werbekunst für den Auftritt im für sie fremden Bundeshaus unter dem Kennwort «Wir Wunderkinder» präpariert worden. Beide gehören nicht zu der von Blocher verhöhnten eidgenössischen «Classe politique». Ihre relative Unerfahrenheit im Palais Fédéral sollte mit einem markanten Outfit wettgemacht werden. Die ewig lächelnde Rita Fuhrer bewegte sich auf der Bundeshausbühne wie ein Popstar, und Roland Eberle so, als ob er gerade zum Cheftrainer des Bundesrates ernannt worden wäre. Da wirkte die nervöse Ruhe des Samuel Schmid wie ein erlösendes Kontrastprogramm. Seine Sanftheit war seine Stärke.

Pascal Couchepin prägte vor Jahren das Wort von der schweizerischen Konfrontationsdemokratie. Die SP-Fraktion hielt sich daran und verkündete in allen Landessprachen, die SVP sei nicht mehr bundesratswürdig. In ihrer Güte bettelte sie um die Gunst von FDP-Parteichef Franz Steinegger, er möge sich doch bitte zum Bundesrat wählen lassen. So haben Genossen noch nie einen Freisinnigen umschwärmt. Aber Steinegger lehnte die SP-Rutschbahn ab. In letzter Minute zauberten die SP-Taktiker SVP-Nationalrat Ulrich Siegrist aus ihrem roten Hut. Der Aargauer Ex-Regierungsrat ist ein liberaler Bürgerlicher und gehört auch als Präsident der Schweizerischen Offiziersgesellschaft zu den Armeereformern. Siegrist wurde hinter Schmid Zweiter. SVPler mussten in der letzten Wahlrunde noch das für sie kleinere Übel Schmid unterstützen, um wenigstens das grössere Übel Siegrist zu verhindern. So war es der SP-Führung halbwegs gelungen, sich mit ihrer zeitweise peinlich dilettantischen Inszenierung aus der eigenen Falle zu befreien.   *11.12.2000* ✛

Hoch soll er leben – der Briefträger

Die Postleitzahl von Juf lautet 7448. Das Bündner Dorf liegt 2126 Meter über Meer, hat 30 Einwohner, ist deshalb die höchstgelegene ganzjährig bewohnte Siedlung Europas. Aber auch Juf muss nicht ohne Poststelle auskommen. Das Postbüro misst allerdings nur vier Quadratmeter und steht in der Ecke des Dorfladens. Die postalischen Dienste werden dem Lädelibesitzer mit 90 Minuten im Tag abgegolten. Sollte die Post dort abziehen, worüber ständig diskutiert wird, wäre wohl auch der Krämerladen finanziell am Ende. Wenn überhaupt, ist das Überleben nur zu zweit möglich.

Juf ist kein Einzelfall. Insgesamt gibt es in der Schweiz 3450 Poststellen mit täglich 800 000 Kunden. Aber die 1600 kleinen und kleinsten Postbüros bringen nur gerade sieben Prozent der Kunden. Drei von vier Poststellen sind defizitär. Das heisst, das Filialnetz der Post Schweiz ist zu einem grossen Teil unrentabel, verursacht Kosten. Die Post legt denn auch jedes Jahr 2 Milliarden Franken drauf, 1,5 Milliarden sind Personal-, 500 Millionen Franken sind Infrastrukturkosten.

Der Post bereitet es zunehmend Mühe, den Verlust anderweitig zu erwirtschaften. Für sie hat 1998 ein neues Zeitalter begonnen. Vorher, bis zum 31. Dezember 1997, gehörte die Post zur guten alten PTT. Post und Telekom bildeten eine Firma, geschäfteten unter dem gleichen Dach mit gemeinsamer Kasse. Der frühere Postminister Leon Schlumpf schwärmte im Parlament von den PTT als «unserem Golden Girl». Nur war das flotte Geschöpf eigentlich ein Goldesel. Denn das Defizit der Post, 600 bis 700 Millionen Franken im Geschäftsjahr!, wurde von der Telekom spielend gedeckt. Die PTT lieferte dem Bund gleichwohl immer noch einen schönen «Batzen» als Gewinn ab.

Das Postdefizit entstand nicht etwa wegen liederlicher Geschäftsführung. Allein der Postautodienst fuhr mit etwa 250 Millionen Franken jährlich in die roten Zahlen. Das ist eben Service public: Es wird gefahren, obschon dabei nicht nur nichts herausschaut, sondern es auch noch Geld kostet. Zum Geheimnis der Schweiz hat immer gehört, abgelegene Regionen nicht einfach links oder rechts liegen zu lassen, sondern Minderheiten pfleglich zu behandeln, sie sogar etwas zu verwöhnen.

Die Post muss heute ihre Dienstleistungen «in allen Landesteilen», wie das Postgesetz vorschreibt, «nach gleichen Grundsätzen, in guter Qualität und zu angemessenen Preisen» anbieten. Jetzt aber ohne Defizitdeckung. Das Postauto verkehrt gleichwohl bis in den hintersten «Krachen», der Briefträger bringt die Post weiterhin bis auf den letzten «Hoger» hinauf und, ja, wie steht es mit den 3450 Poststellen? Kann dieser weltweit einzigartige Service durchgehalten werden? In der Schweiz gibt es auf 2034 Personen eine Postfiliale. Diese Dichte besteht sonst nirgends. In Deutschland, um einen Vergleich zu haben, soll es ab 2005 noch auf 12 000 Personen ein Postbüro geben.

Der «Blick» schlug kürzlich Alarm: «Jede 3. Post weg!», klagte die Schlagzeile auf der ersten Seite an. «Etwa tausend Postbüros werden wegrationalisiert», hiess es im Untertitel. Zuständige Chefs der Post mochten dazu nichts sagen, keiner aber hat den «Blick»-Aufmacher dementiert. Das sagt eigentlich alles. Wer mit Pöstlern redet, erfährt, dass die Zuständigen ihrer Firma sich natürlich mit diesem Problem herumschlagen. Der neue Direktionspräsident Ulrich Gygi hat Massnahmen angekündigt, ohne schon zu sagen, welche. Er ist nicht allein. Seine Kollegen in anderen Ländern haben die gleichen Sorgen.

Schweden beispielsweise liefen interessante Lösungsansätze. Etwa die Hälfte der 1800 Poststellen ist in Lebensmittelläden, Tankstellen, Papeterien oder Altersheimen (!) integriert. Die Erfahrungen seien derart positiv, dass das Filialnetz um 1200 Postbüros auf 3000 ausgebaut werden soll. Ähnliche Lösungen werden aus England, Deutschland oder Dänemark gemeldet. Von der dänischen Insel Bornholm kann ich als Feriengast bestätigen, dass der Postschalter im Coop-Laden bereits zur Normalität gehört. Statt Abbau ist also auch bei uns der kreative Umbau gefragt.

Auch zum noch so kleinen Dorf gehört in der Regel eine Kirche, eine Schule, eine Beiz, eine Post und, wenn es gut geht, ein Lädeli. Fällt nur eine dieser Institutionen aus, fehlt ein Stück Heimat, fehlt die Seele. Dass die Post Schweiz ihr Filialnetz reorganisieren muss, ist aus Kostengründen unvermeidlich. Zu hoffen ist, es werde nicht einfach stur redimensioniert, sondern kombiniert. Was in anderen Ländern und sogar in Juf erfolgreich funktioniert, darf ruhig nachgeahmt werden. Irgendwann erfährt jedes Kind, dass es den Weihnachtsmann gar nicht gibt. Aber lasst uns dafür wenigstens noch den Briefträger.

27.11.2000 ✦

211

Armes reiches Land

Kürzlich war ich mit einer Reisegruppe auf Polittour quer durch Europa. In Berlin empfing uns der frühere Aussenminister Klaus Kinkel, FDP. Er betonte ausdrücklich, sich nicht etwa in innerschweizerische Belange einmischen zu wollen, konnte sich aber ein paar Bemerkungen doch nicht verkneifen. Die Schweiz habe aussenpolitisch zweifellos einen Bedeutungsverlust erlitten, stellte der Ex-Aussenminister fest. «Ich war doch dabei», fuhr er fort, «wie es eurem Aussenminister Cotti auf internationalen Treffen ergangen ist. Er musste im Nebenzimmer Platz nehmen, war nie dort, wo die Musik spielte.»

Kinkel appellierte eindringlich an uns, die Schweiz dürfe in ihrem eigenen Interesse nicht im europäischen Abseits stehen bleiben. «Ihr gehört doch dazu», betonte er freundschaftlich. Aber, das war nicht zu überhören, er hat mit uns wie mit einem Patienten geredet, dem möglicherweise nicht mehr zu helfen ist. So viel Mitgefühl tat schon fast weh. Eigentlich noch schmerzlicher empfand ich Kinkels subtile Anspielung, mit der Zeit könnte Europa sein Interesse an der Schweiz auch verlieren. Das leuchtet ein, schliesslich ist es eine alte Erfahrung, dass, wer immer Extrawürste will, einem verleidet.

Szenenwechsel. Die Fifa, die Fédération Internationale de Football Association, Sitz in Zürich, verkaufte die Übertragungsrechte der Fussball-WM 2002 an das deutsche Medienunternehmen Leo Kirch für ein paar Milliarden. Damit hat er sich das Monopol gesichert. Nun will er sein Geschäft machen. Die Schweizerische Radio- und Fernsehgesellschaft SRG müsste ihm 30 Millionen Franken zahlen, um die Spiele übertragen zu dürfen. Dieser Preis ist ihr zu hoch. Sie hat sich für die Mattscheibe entschieden. Ein Aufstand der Fussballnation ist bisher ausgeblieben. Nicht einmal Empörung war zu registrieren. Die Fussballfans verlassen sich auf das Ausland.

Die «Frankfurter Rundschau» veröffentlichte einen hämischen Kommentar: «Ob mit oder ohne Schweizer Teilnahme – der helvetische Fussballfan muss nicht auf den medialen Fussballgenuss verzichten. Er hat ja noch den ‹grossen Kanton› im Norden, dessen öffentliche und kommerzielle Sender fast in der ganzen Schweiz aus dem Kabel gepickt werden können. Und die deutschen Fernsehanstalten werden garantiert Kirch die Übertragungsrechte abkaufen.» Einmal mehr werden wir als Profiteure und Trittbrettfahrer entlarvt. Dafür bieten wir Steuerflüchtlingen aus allen EU-Ländern unter dem Schutz des Bankgeheimnisses Asyl. Sie können bei uns ihre Vermögen vor dem eigenen Fiskus verstecken – Diskretion wird zugesichert.

Ich sitze mit einem alten Bekannten zusammen. Er arbeitet für eine Hotelfachschule in Neuenburg, ist seit über dreissig Jahren als Berater im Ausland tätig, kennt die Welt wie kaum ein Zweiter. Es gibt nur noch ganz wenige Länder, die er nie besucht hat. Sie sind an einer Hand abzuzählen. Der Kollege ist 72 und wie eh und je unterwegs. Etwa neun Monate im Jahr. «Nächste Woche muss ich schnell nach Neuseeland an eine Diplomfeier», bemerkt er fast nebenbei. Fasziniert höre ich ihm zu, was er mir aus der grossen Welt zu berichten weiss.

Er kommt sofort auf Bildungsmessen zu reden. Solche hat er in Malaysia, China, Schweden, Finnland, Holland, Singapur, Hongkong, Australien oder wo immer besucht. Was ich unter einer Bildungsmesse genau zu verstehen habe, will ich wissen. «Du musst dir einfach die Schweizer Mustermesse vorstellen. Statt dass Firmen ihre Produkte ausstellen, bieten Universitäten aus der halben Welt ihre Dienste an, um für sich Studenten zu ‹rekrutieren›. In Chang-chun zum Beispiel, einer Millionenstadt im Norden Chinas, haben in ein paar Tagen gut 200 000 junge Chinesen die Bildungsmesse besucht und sich über das ausländische Angebot informiert.» England sei mit 50 Universitäten vertreten gewesen, Australien sei ganz gross im Geschäft, Frankreich, Schweden sowie andere Europäer holen zunehmend auf, Singapur investiere in das Bildungsbusiness eine Milliarde Dollar. Motto: Studenten von heute sind Kunden von morgen.

«Und die Schweiz?», frage ich. Sie hält sich an den umstrittenen Slogan für die Weltausstellung 1992 in Sevilla: «La Suisse n'existe pas». Einzig Hotelfachschulen seien präsent. Er habe für die in Neuenburg «Kunden» aus China gewonnen, meint mein Bekannter. Die Bildungsmessen werden von den Teilnehmerstaaten finanziell massiv unterstützt. Bei uns im Bundeshaus diskutiert man halt lieber über Steuerabbau für Reiche. Da reicht es dann nicht auch noch für Bildungsmessen. Sogar Fernsehfussball vermögen wir nicht mehr selber. Armes reiches Land. Es wird eng im Reduit Schweiz, eng mit der geistigen Weitsicht. Kurzsichtige aber haben es schwer auf dieser Welt.

13.11.2000 ✦

Stelle frei im Bundeshaus

Bundesratswahlen bringen Hochspannung in die politische Bude. Wo sonst eidgenössische Politik brav dahinplätschert, gerat sie plötzlich in aufgeregte Verfassung. Das hat seinen Grund. Wer im Bundesrat sitzt, gehört zur politischen Schwergewichtsklasse. Ein Nationalrat mag noch so gescheit votieren, er erreicht in der Öffentlichkeit nie die gleiche Aufmerksamkeit wie ein Bundesrat, auch wenn der nur Banales von sich gibt. Die politische Hackordnung verleiht einem Bundesrat den Status des Besonderen. In dieser Höhenlage bekommen auch leichte Worte Gewicht. Ein Bundesrat hat mir einmal gesagt, er habe lange nicht begriffen, dass er offenbar ein bedeutender Mann geworden sei. An was er das erkannt habe, wollte ich wissen. «Dass man von mir über Dinge Bescheid wissen will, von denen ich keine Ahnung habe.»

Bundesräte sind fast so rar wie der Sechser im Lotto. Seit es den jetzigen Bundesstaat gibt, die Gründung liegt immerhin schon 152 Jahre zurück, sind erst 97 Bundesräte zurückgetreten und sind sieben noch an der Arbeit. Das heisst, als Nachfolger für Adolf Ogi wird seit 1848 das 105. Mitglied in den Bundesrat gewählt. In mehr als 150 Jahren nur knapp über einhundert Minister – das dürfte einsamer Weltrekord sein. In Italien hätte dieses Kontingent für keine zehn Regierungsjahre ausgereicht. Wie immer man das schweizerische System beurteilen mag. eines steht fest: Stabil ist es.

Es kommt noch eine zweite Besonderheit hinzu. Seit 1848 heisst es in der Bundesverfassung: «Der Bundesrat besteht aus sieben Mitgliedern.» Kein anderes Land, Fürstentümer wie Monaco oder Liechtenstein weglassen, kommt mit so wenig Regierungspersonal aus. Wie lange die Schweiz mit diesem Oldtimer weiterfahren wird oder kann, bleibt eine seit Jahren offene Streitfrage. Gerade in diesen Tagen hat der Bundesrat einen neuen Reformanlauf riskiert. Er möchte sich entlasten und schlägt vor, eine Anzahl, etwa fünfzehn, Hilfsminister ernennen zu dürfen. Über die Kompetenzen und Verantwortlichkeiten dieser Vize-Bundesräte fehlen präzise Angaben. Vorläufig wird man nicht schlau, ob das neue Haustier eine Katze oder ein Hund sein wird. Mich dünkt, ich höre einen Bastard bellen. Böse gesagt, wage ich zu bezweifeln, ob der sich als «Blindenhund» für den Bundesrat bewähren würde.

Ersatzwahlen in den Bundesrat sind also etwas Spezielles. Im parlamentarischen Alltag beherrschen wenige die politische Bühne, werden nur die Stars von den Medien beachtet, hocken viele auf den hinteren Bänken. Beim Wahlgeschäft ist das anders. Hier zählt jede Stimme gleich viel. Bundesratswahlen bieten die Gelegenheit, dass auch Nationalräte eine Hauptrolle spielen können, die wir bisher nur in Nebenrollen gesehen oder übersehen haben. Die sogenannten Hinterbänkler werden oft unterschätzt. Sie kennen das politische Abc und können beispielsweise Fäden ziehen, lobbyieren, wenn es sein muss, auch intrigieren. Mit einem Wort: Sie machen die Musik.

Werden nur die Besten in den Bundesrat geschickt? Ach wo! Da spielen noch ganz andere Faktoren eine Rolle. Nach dem Rücktritt von Kurt Furgler lag die Nachfolge eigentlich in der Luft. Die Ostschweizer Lobby hatte während Jahren kolportiert, Furglers Nachfolger im Bundesrat werde Arnold Koller sein. So ist es gekommen. Der für seine bissigen Kommentare bekannt gewesene CVP-Nationalrat Paul Eisenring hatte den Kopf geschüttelt. Der Noldi, wie Koller im Duzjargon genannt wird, habe als Fraktionspräsident zurücktreten müssen und sei dafür nun Bundesrat geworden, spottete Eisenring. Die SP-Fraktion hatte in den Siebzigerjahren den damaligen Ständerat Pierre Aubert zum Bundesratskandidaten gekürt. Weil er besonders fähig und ausgewiesen war? Überhaupt nicht. Der Mann war und ist ein liebenswürdiger Mensch, den alle gut mögen, der niemandem wehtun kann und deshalb gewählt wurde. Weder ihm noch dem Land ist damit ein guter Dienst erwiesen worden.

Nun steht für den 6. Dezember erneut eine Ersatzwahl bevor. Eine heikle zudem. Der von der Blocher-SVP ungeliebte Dölf Ogi ist zu ersetzen. Damit gehen die politischen Freilichtspiele los. Oft empfinden wir sie eher als Zukunftsmusik auf der Kindertrompete. Die einen möchten die SVP aus dem Bundesrat kippen und der FDP einen dritten Sitz zuschanzen. Mit der Begründung, ein Mitte-rechts-Freisinniger sei allemal erträglicher als ein SVPler. Wenn aber zutrifft, dass im Bundesrat die relevanten politischen Kräfte vertreten sein sollen, dann gehört die SVP dazu – ob sie mir passt oder nicht, was, nur nebenbei bemerkt, unerheblich ist. Aber ich wage eine Prognose: Gewählt wird einer von der SVP, kein Blocher-Fan, kein Liberaler, kein zu abgestempelter Rechtsaussen. Wie immer die Wahl ausgehen wird, man wird den Drahtziehern nichts beweisen können. Aber was beweist das schon?   *30.10.2000* ✦

Billig kann ganz schön teuer sein

Es ist etwa vierzig Jahre her, seit Paul die Luxuslimousine Marke Aston Martin gekauft und, wie es sich damals gehörte, bar bezahlt hat. Reich war er nicht, arm ebenso wenig. Paul gehörte zum soliden Mittelstand. Ein Aston Martin – das Armaturenbrett aus Edelholz! – war auch damals nicht das Statussymbol der mittelständischen Klasse.

Die Luxuskarre sprengte eigentlich Pauls finanziellen Rahmen. Bekannte staunten, wie er sich diese überhaupt leisten konnte. Beizufügen wäre, dass Paul keine anderen Ansprüche hatte. Zudem arbeitete er mehr und länger, als es das Arbeitsgesetz erlaubte. Autofahren war nun mal sein Hobby. Seine Frau war weniger höflich: «Er hat einen Tick.» Item, wenn Paul auf der deutschen Autobahn mit «180 Sachen dahingeblocht» war, erzählte er davon im Nachhinein wunderbar aufgeregt, als ob er eine Heldentat begangen hätte. Der grosse Bub grinste zufrieden. Als ich mit meinem Schwiegervater zum ersten Mal den Sustenpass passierte, düste ein Verrückter an uns vorbei. Es war Paul. Im Stadtverkehr hingegen verhielt er sich absolut korrekt.

Was fasziniert an dieser Story? Zum einen stammt sie beinahe aus der «Steinzeit» des motorisierten Verkehrs, zum anderen widerlegt sie die gängige Formel, «teuer» habe mit einem hohen oder gar übersetzten Preis zu tun. Im Gegenteil. Paul schwärmte seinen Freunden immer wieder vor, sein Aston Martin sei ein einmalig günstiger Kauf gewesen. Die maximale technische Qualität habe die Unterhaltskosten fast auf null reduziert. So sei er ohne grössere Reparaturen durch die Jahrzehnte gefahren. Nicht nur das. Ein «gewöhnliches» Auto könne nach ein paar Jahren bestenfalls noch als Occasion verkauft werden oder aber lande eben als Schrott auf der Deponie. Anders beim Aston Martin, belehrte uns Paul wie ein Finanzfachmann: «Guter Rotwein wird immer besser. Das gilt auch für den Aston Martin. Mit jedem Jahr nimmt sein Wert als Oldtimer zu. Am Schluss werde ich ihn zum doppelten Ankaufspreis verkaufen können. Das heisst, ich habe nicht nur das beste, sondern auch das billigste Auto gefahren. Andere haben in dieser Zeit drei oder vier neue gekauft.»

Entscheidend für das günstige Geschäft sei, verriet Paul, das nötige Kapital. Er konnte damals die 30 000 Franken für den Traumwagen hinblättern. Wer genug Geld besitze, könne sich teure Qualität leisten, die sich dann auf die Dauer als preisgünstig erweise. Paul brauchte für seine einleuchtende Theorie gerne das Beispiel mit den Bally-Schuhen: «Die haben zwar viel gekostet, halten aber drei, vier oder noch mehr Billigpaare aus. Der ‹arme Teufel› aber», wie er zu sagen pflegte, «kann sich nur billigere Schuhe leisten, die dafür schneller ersetzt werden müssen und am Schluss mehr gekostet haben.» Das Fazit liegt auf der Hand: Billig kann am Ende ganz schön teuer sein. Womit ich zur Landwirtschaft übergehe.

Jahrzehntelang war die schweizerische Agrarpolitik nur schwer von der sowjetischen Planwirtschaft zu unterscheiden. Es gab im Bundeshaus kiloweise Gesetze und Verordnungen. Risiken waren abgefedert. Absatz und Preise garantiert, die Subventionen weltweit absolute Spitze gewesen. So konnte es nicht mehr weitergehen. Der Kurswechsel hat stattgefunden. Der Markt ist für Landwirtschaftsprodukte liberalisiert worden. Als Gegenleistung bekommen die Bauern vom Bund sogenannte Direktzahlungen. Sie machen im Mittelland gut 40 Prozent, im Berggebiet 85 Prozent des bäuerlichen Einkommens aus. Gleichwohl kämpfen 40 Prozent der Bauern, wie eine Studie der Universität Freiburg zeigt, am Rande der Existenz.

Die globale Heilslehre der Liberalisierung drückt auf den Preis der Arbeit, auf die Löhne. Auch bei den Bauern. Im Supermarkt werden einem Billigpoulets aus China oder Billigeier aus Polen fast schon nachgeschmissen. Diesen Konkurrenzdruck spüren unsere Bauern. Im «Schweizer Bauer» lese ich, sie müssten sich damit befassen, für den Liter Milch nur noch 63 Rappen zu erhalten, 25 Rappen weniger als heute. Vor vier Jahren zahlte der Bund noch 117 bis 120 Rappen. Ein Bauer müsste, um den Verlust auszugleichen, im Jahr 100 000 Liter Milch mehr produzieren. Das würde bedeuten, die Kühe zu noch mehr Leistung hochzuzüchten. Ihre Euter sind jetzt schon so unnatürlich gross und schwer, dass viele kaum mehr richtig laufen können. Gesünder sind sie dadurch nicht geworden, der Tierarzt wird mehr gebraucht als früher.

Wo Hühner nur noch Eier zu Dumpingpreisen legen dürfen, wird Massenproduktion betrieben. Billigpreise für den Reis-, Kaffee- und Baumwollpflanzer in Afrika oder Asien bedeuten Armut, Ausbeutung, Elend. Wir brauchen faire Preise, damit Produzenten und Konsumenten damit leben können. Zu billig kann zu teuer werden. *4.9.2000* ✤

217

Hipp, hipp, hurra auf unseren Staat!

Der Titel mag provozieren. Nach landesüblicher Sicht ist der Staat eher ein lästiges, im besten Fall noch notwendiges Übel. So etwas kann man nicht lieben, nur dulden. Das ergibt sich aus seiner Funktion. Der Staat ist eine ordnende Macht, die eingreift, vorschreibt, reglementiert, verbietet und dafür Steuern verlangt. Wie sollte da Begeisterung aufkommen? Zumal die Parteien und Politiker, die ja irgendwie mit dem Staat zu tun haben, in der Gesellschaft nicht gerade hoch angesehen sind. Bei Umfragen landen sie regelmässig auf den hinteren Plätzen. Der Schriftsteller Silvio Blatter will herausgefunden haben, weshalb: «Die Politiker sind Hoffnungsträger – sie tragen unsere Hoffnungen zu Grabe.»

Nach meiner Erfahrung ist schweizerische Politik dennoch besser als ihr schlechter Ruf. Sie beginnt nicht im National-, Stände- oder Bundesrat. Das Fundament bilden die vielen tausend Kommunalpolitiker in den über 3000 Gemeinden. Was hier Frauen und Männer leisten, ist phänomenal. Sie absolvieren einen öffentlichen Bürgerdienst, meistens für wenig, sehr wenig Geld. Mit Anerkennung wird vielenorts auch noch gespart. Kommunalpolitik ist nun wirklich bürgernah. Was immer getan oder gelassen wird, entgeht den Betroffenen kaum. In der Gemeinde wird nicht über den Uno- oder EU-Beitritt gestritten, sondern über alltägliche Probleme von Heiri Huber und Vreni Müller. Baut der Gemeinderat Mist, muss er sich direkt verantworten. Er steht unter permanenter Kontrolle des Souveräns. Kommunale Politik ist eher überschaubar als nationale oder gar internationale, sie ist transparenter. Intrigen und Beziehungsfilz sind es allerdings auch. In kleineren Gemeinden können Rivalitäten, die bis zur Feindschaft gehen, die ganze Dorfatmosphäre vergiften. Es «menschelet» halt überall, warum nicht auch in der Politik?

Die Schweizerische Eidgenossenschaft steht auf drei Säulen: Gemeinden, Kantone, Bund. Die Aufgaben sind aufgeteilt, aber auch verzahnt. Kompetenzen greifen ineinander über, bilden aber doch ein strukturiertes Ganzes. Die Schweiz ist ein föderalistischer Staat. Wir alle sind mitverantwortliche Anteilhaber. Die einen aktive, die anderen passive. In der Demokratie sind Bürgerrechte freiwillige Pflichten. Es gehört zur persönlichen Freiheit, nicht wählen und abstimmen zu gehen. Nur sollten dann die «Passivisten» nicht unbedingt die aktivsten Kritiker sein.

In der Bundesverfassung steht ein grossartiger Satz: «Alle Menschen sind vor dem Gesetz gleich.» Das ist ein Bekenntnis zum Rechtsstaat, kein Beschrieb des Ist-Zustandes. Man könnte den Verfassungsgrundsatz auch so auslegen, das staatspolitische Ziel müsse sein, möglichst viel Rechtsstaat zu realisieren und möglichst wenig Unrecht zu dulden. Die absolute Gerechtigkeit scheitert an uns Menschen. Vielleicht wäre sie sogar unerträglich. Fazit: Die Schweiz ist, das zu bestreiten wäre töricht, ein Rechtsstaat.

Mit Rechtsstaat verbinden wir auch die Steuergerechtigkeit. Wie steht es damit? Durchzogen. Beim Bund besser als bei Kantonen und Gemeinden. Die direkte Bundessteuer ist mit fast 10 Milliarden Franken Villigers zweitgrösster Einnahmenposten. Das Besondere: 3,5 Prozent der Steuerpflichtigen bezahlen ungefähr die Hälfte der direkten Bundessteuer. Das heisst, Grossverdiener kommen an die Kasse, der Steuertarif ist sozial progressiv. Die «Neue Zürcher Zeitung» meinte denn auch etwas gequält, es handle sich um eine versteckte Reichtumssteuer.

Das Geheimnis, wie es dazu gekommen ist: Die Linken und die Rechten einigten sich im Laufe der Jahre auf einen ausbalancierten, ständig verfeinerten Kompromiss. Beide Seiten mussten Abstriche machen. Da gab es für die Linke siegreiche Niederlagen und für die Rechte erfolgreiche Rückzüge.

Unter den Kantonen ist das Steuergefälle enorm bis unsozial. Es gibt typische Hochsteuerkantone, umgekehrt steuergeschützte Reservate für Millionäre, in Zug, Schwyz oder Nidwalden etwa. Zu den Risiken und Nebenwirkungen gehört, dass auch Normalverdiener ein bisschen profitieren. Deshalb akzeptieren sie die Riesengeschenke an Grossverdiener.

In der Schweiz werden Minderheiten gut behandelt. Und zwar auf allen Ebenen: regional, sprachlich, konfessionell oder kulturell. Das zeichnet den Sozialstaat aus. Dazu gehört auch der Umweltschutz. In einer kaputten Natur gibt es keine blühende Wirtschaft, keine gesunden Menschen. Alters-, Arbeitslosen- und Krankenversicherung sind Bausteine eines Sozialstaates. Wo wären wir und wie sähe die Schweiz ohne sie aus? Der Staat gewährleistet die Verkehrsregelung, den Service public mit Post, Bahn und Swisscom, garantiert gleiche Bildungschancen, schützt Schwächere und Fremde vor Diskriminierung, zügelt die Macht der Mächtigen, ist unser Fürsprecher im Ausland und, und. Ein gutes Wort hat er verdient, unser Staat. *21.8.2000* ✤

Wie viel ist zu wenig?

Wie heisst es: «Traue keiner Statistik, die du nicht selber gefälscht hast.» Jedes Jahr macht die Meldung die Presserunde, die Schweiz liege mit ihrem Durchschnittseinkommen von diesmal 60 000 Franken pro Kopf in der globalen Spitzengruppe. Für eine dreiköpfige Familie wären das 180 000 Franken. Wie kommt es zu diesem Durchschnitt? Ein Beispiel: A verdient 120 000, B 25 000 und C 35 000 Franken. Der Durchschnittslohn der drei beträgt exakt die von der Weltbank herausgefundenen 60 000 Franken. Der Haken ist, Kleinverdiener leben nicht vom Durchschnitt.

In der Schweiz ist eine Mindestlohndebatte angelaufen. Der Schweizerische Gewerkschaftsbund hat die Messlatte bei 3000 Franken im Monat angesetzt. Ich kenne niemanden, der diese Richtzahl für unverschämt hält. Wer in Basel mit 3000 Franken auskommen muss, ist ein armer Schlucker. Wenn er noch eine relativ günstige Miete bezahlt – sagen wir nicht über 900 Franken –, könnte er sich gerade noch einigermassen über Wasser halten. Kostet die Wohnung 1300 Franken oder mehr, muss ihn die Fürsorge unterstützen.

Sind die 3000 Franken in einer Partnerschaft der Zweitverdienst, ist die Kaufkraft natürlich eine andere, als wenn Frau oder Mann davon allein leben muss. Nochmals ändert sich die Situation, wenn unsere Enkelin Rebekka nach der Matur Schulpause macht und in der Wintersaison nach Arosa jobben geht. Dann sind vertraglich zugesicherte 3000 Franken brutto gar nicht so schlecht wie der Ruf der Hotellerie. Ich war eigentlich angenehm überrascht, als sie vom Hotel «Gspan» ein solches Angebot bekommen hat.

Eine spezielle Situation haben wir in der Region Basel mit den elsässischen Grenzgängerinnen. Viele arbeiten im Verkauf. Ich gehe von einem Bruttolohn von 3250 Franken aus. Im Super-Einkaufscenter Rond Point in Colmar – 32 Kassen! – bekommt die Kassiererin 5000 Francs brutto. Verglichen damit sind die 3250 Franken fast ein «Bombenlohn». Beim geltenden Wechselkurs 1:4 sind das nämlich 13 000 Francs. Das heisst, die Grenzgängerin erhält für ihren Schweizer Lohn in Frankreich viel mehr Kaufkraft. Sie ist damit wesentlich besser gestellt als ihre Basler Kollegin. Das bedeutet: Der gleiche Lohn hat nicht gleich viel Kaufkraft, ist nicht gleich viel wert. Im Elsass reicht der bescheidene Schweizer Lohn für ein ordentlich gutes Leben. Der dortige Bauboom bestätigt das eindrücklich. Für schweizerische Arbeitnehmer aber sind die Grenzgänger Lohndrücker. Nach dem marktwirtschaftlichen Einmaleins von Angebot und Nachfrage wären ohne sie Arbeitskräfte viel rarer und somit auch teurer.

Bei der Mindestlohnfrage steht das Prinzip im Zentrum, wie viel eine noch so anspruchslose Arbeit kosten soll. Früher konnten Leistungsschwächere bei Banken, Versicherungsgesellschaften oder anderen Grossbetrieben als Ausläufer beschäftigt werden. Damit hat die moderne Zeit aufgeräumt. Heute werden keine Akten mehr von einem Büro ins andere getragen. Damit haben Menschen, die halt in Gottes Namen nicht so tüchtig sind, auf dem Arbeitsmarkt kaum mehr Chancen, ihre Existenz mit eigener Kraft zu sichern. Vielfach wird in solchen Fällen das unternehmerische Risiko auf die Invalidenversicherung verlagert. Das heisst, die Wirtschaft schiebt diese Menschen ab.

Wer bei der Strassenreinigung oder Kehrichtabfuhr arbeitet, muss keine Matur mitbringen. Diese Arbeiter versehen einen öffentlichen Dienst, werden nicht grossartig, aber doch anständig entlöhnt. Wer diese Tätigkeiten hochnäsig gering achtet, sollte sich nur überlegen, wie unsere Städte ohne sie aussähen. Schnell würde jedem bewusst, wie wichtig diese «Gesundheitspolizei» für die Gesellschaft ist.

Portugiesische Landarbeiter finden die Schweiz nicht mehr attraktiv genug. Ihnen wird für eine 66-stündige Wochenarbeitszeit ein Bruttolohn von 2500 Franken offeriert. Im Monat! Nach Abzug von Kost und Logis bleiben noch etwa 1200 bis 1300 Franken übrig. Landarbeiter werken hart, sei es bei Bauern oder im Gemüsebau. So wenig verdienen die Portugiesen inzwischen im eigenen Land. Jetzt spekulieren die Arbeitgeber bereits auf billigen Ersatz aus Polen.

Die Frage ist zu beantworten, wie viel Lohn zu wenig ist. Eigentlich müsste die Antwort klar sein: Wer voll arbeitet, dürfte in der sogenannt reichen Schweiz nicht unter die Armutsgrenze fallen. Zum 1. August 2000 schrieb die «Neue Zürcher Zeitung», das grösste Finanzproblem der Schweiz bestehe darin, «wie sie den Goldschatz der Nationalbank verteilen soll». So sieht unser Land vom elitären Hochsitz aus. Die Probleme der Kleinen gehen da unter. Nämlich, mindestens 3000 Franken zu verdienen. *7.8.2000* ✤

Die Idioten in Brüssel

Es steht nicht in den Sternen geschrieben, ob, wenn ja, wann die Schweiz der Europäischen Union EU beitreten wird. Diese Option bleibt eine innenpolitische Streitfrage. Sie wird uns noch während Jahren, wenn nicht Jahrzehnten beschäftigten. Demokratie ist halt nun mal die Staatsform der Geduld, dafür auch die der Meinungsäusserungsfreiheit. Herr und Frau Schweizer haben das Recht, für oder gegen etwas zu sein. Das tönt gut, die Praxis ist es oft weniger. Wir erleben diese: Der Holzhammer erschlägt die Toleranz, die andere Meinung ist immer die falsche. Fakten sind Störfaktoren. Vorurteile ersetzen Urteile. Besserwisser fragen nicht, zweifeln nicht, sie behaupten, die Wahrheit zu wissen – ihre eigene. Andere suchen sie.

Diese Sorte von EU-Gegnern geht mir auf den Wecker. Sie schreiben einem, lassen an der EU keinen guten Faden, gehen auf Gegenargumente grundsätzlich nicht ein, sondern wiederholen im nächsten Brief den gleichen Stuss. Sie wollen oder können nicht diskutieren. Für sie brächte ein EU-Beitritt nur Nachteile und der Alleingang nur Vorteile. Wer daran zweifelt, ist schon fast kein Schweizer mehr.

Ich antwortete kürzlich einem Briefschreiber aus Dingsda, man könnte meinen, in Brüssel würden lauter Idioten regieren, die Völker der 15 Mitgliedstaaten hätten von Politik und Demokratie keine, nicht die geringste Ahnung. Ich möchte daher auf ein paar der gängigsten Klischees, die im Polithandel billig zu haben sind, fleissig abgeschrieben und nachgeplappert werden, eingehen.

Beginnen wir mit dem Euro-Turbo. Das Etikett wird allen verpasst, die den EU-Beitritt befürworten und nicht bei den bilateralen Verträgen stehen bleiben möchten. Ihnen wird unterstellt, das sollte im Tempo Teufel geschehen, lieber gestern als erst heute. Als ob schweizerische Politik mit dem Turbomotor fahren würde. Als Höchstgeschwindigkeit gilt eher das Schneckentempo. Ich habe mich immer geärgert, weil alles so lange dauerte, nicht weil es zu schnell ging. Die sogenannten Euro-Turbos kennen diese langsame Bundeshausmechanik. Deshalb ist ihnen klar, dass der EU-Beitritt nur dann ein Thema bleiben wird, wenn das innenpolitische Gelände vorher bearbeitet wird. Bis ein Entscheid getroffen werden kann, gehen Jahre vorüber.

Die Kleinstaaten hätten in der EU sowieso nichts zu sagen, lautet eine häufige Behauptung. Luxemburg ist unbestrittenermassen in der EU der kleinste Kleinstaat. Wenn im EU-Ministerrat der 15 Mitgliedländer über die bilateralen Abkommen mit der Schweiz entschieden wird, braucht es Einstimmigkeit. Das heisst, Luxemburg hat die gleiche Stimmkraft wie Deutschland. In anderen Fällen wird nach dem qualifizierten Mehr abgestimmt. Die fünf grossen EU-Staaten – Deutschland, Frankreich, Grossbritannien, Italien, Spanien – können die übrigen zehn kleineren Partner nicht überstimmen. Das bedeutet: Die Grossen überfahren nicht einfach die Kleinen. Anders formuliert: Es braucht die Kleinstaaten, um eine Konsenslösung zu finden.

Die Schweiz würde in der EU ihre Identität, Freiheit und Unabhängigkeit verlieren, heisst es oft. Sind die Appenzeller heute keine Appenzeller mehr? Sie sind es auch nach dem Beitritt zum Bundesstaat geblieben und zugleich noch Schweizer geworden. Die gleiche Feststellung gilt für die EU. Wer wurde Fussball-Europameister, die EU oder Frankreich? Eben. Frankreich ist in der EU Frankreich geblieben.

Im offiziellen Bundeshausdeutsch spielt der «autonome Nachvollzug» eine wesentliche politische Rolle. Ob die Schweiz in «Brüssel» dabei ist oder nicht, sie übernimmt wichtige Beschlüsse der EU im angeblich «autonomen Nachvollzug». Das ist gelogen. Sie muss nachvollziehen, ob sie will oder nicht. Nur so kann wirtschaftlicher Schaden vermieden werden. Die Schweiz ist zu klein, um autonom gegen den EU-Strom zu schwimmen. Das ist keine komfortable Situation. Denn effektiv ist die Schweiz ein EU-Satellit. Da würde ich schon lieber mitreden, mitbestimmen, mitentscheiden, statt nur zu «fressen», was die EU-Köche gekocht haben. Damit bekämen wir mehr, nicht weniger Unabhängigkeit.

Um über den EU-Beitritt streiten zu können, ist Faktenkenntnis nötig. Die einen sind dann immer noch dagegen. Das ist legitim. So ist halt Demokratie – zum Glück. Nicht das stört, sondern die Spieler mit gezinkten Karten. Mich stören Leute, die angeblich alles über die EU wissen, aber kaum eine Ahnung haben. Die so tun, als ob die 15 EU-Länder ihre Seele aufgegeben und sämtliche Rechte an der EU-Garderobe abgegeben hätten. Mich stören die Gleichen, die unseren Alleingang glorifizieren und verschweigen, dass die Schweiz heimlich mitmacht – ohne Rechte. Das kanns doch nicht sein. *24.7.2000* ✛

Die Welt spinnt

Georg Soros, schon mal von ihm gehört? Vermutlich ja. Denn der gebürtige Ungar mit US-Pass gilt als der erfolgreichste Börsenspekulant der Nachkriegszeit. 1992 wurde er weltberühmt. Soros hatte mit seinen Spekulationen das britische Pfund weich gekocht, es sogar aus dem europäischen Währungssystem gedrängt und dabei eine Milliarde Dollar verdient. Der Sololauf irritierte die Zuständigen von Politik, Regierung und Zentralbank. Sie standen im Abseits, weil die internationalen Finanzmärkte zum globalen Spielcasino verkommen sind. Das Spiel hat einen Namen: Milliardenmonopoly. Die grössten Gewinner sind die Spekulanten, nicht etwa Unternehmer, die in Wertschöpfung investieren, schon gar nicht, wer seine Existenz mit Arbeit verdient. Die Spielregeln sind pervers: je unseriöser, desto erfolgreicher. Wenn sich in der Wirtschaft Riesen zu Giganten zusammenschliessen und einige tausend Arbeitsplätze eingespart werden, wie es so dezent heisst, steigen die Aktienkurse. Die Börse jubelt, wenn Menschen auf die Strasse gestellt werden.

George Soros müsste eigentlich mit sich und dem System zufrieden sein. Erstaunlicherweise ist er das aber nicht. Ausgerechnet der «König der Spekulationen», wie ihn «Die Zeit» aus Hamburg dekoriert, hat das Buch «Die Krise des globalen Kapitalismus» veröffentlicht. Der Mann fällt schon aus dem Rahmen. Seit Jahren finanziert er Stiftungen in aller Welt mit Schwerpunkt Ungarn und Russland. Auf dem Programm steht die Förderung der offenen demokratischen Gesellschaft, um, so Soros, «zu verhindern, dass sich das kapitalistische Weltsystem selbst zerstört».

Für einmal doziert nicht ein Professor seine Theorie, belehrt uns nicht ein linker Ideologe über das Elend des Kapitalismus, sondern plaudert ein «Superkapitalist», wie der Buchverlag seinen Autor tituliert, aus der Schule. Soros kennt die Schwächen des Systems, weiss, wie es funktioniert, er hat sich dabei bereichert wie keiner sonst. Dass das möglich war, hat ihn erschreckt. Nun zieht er die Notbremse. Der Einwand, der Fuchs im Hühnerstall sei schlecht legitimiert, sich als Beschützer der gefressenen Hühner auszugeben, hat viel für sich. Nur: Er hätte auch schweigen können. Das hat er nicht getan. Dass ein Täter plötzlich gegen seine eigenen Interessen spekuliert, ist so selten, dass wir ihn anhören sollten.

Die Botschaft von George Soros ist klar: So darf es nicht weitergehen. «Die Finanzmärkte neigen zu Exzessen», kritisiert er, «eine Wirtschaft nach der anderen haben sie zusammenbrechen lassen.» Gemeint ist die Asienkrise vor zwei Jahren, als praktisch über Nacht Landeswährungen zum Spielball der Spekulationen geworden und auf die Rutschbahn geraten sind. Die Weltfinanzmärkte seien, beklagt Soros, vollständig verwildert. Wer meint, «die Märkte seien in der Lage, sich selber zu korrigieren», den hält er «für pathologisch und unhaltbar».

Damit es im Strassenverkehr einigermassen gesittet zugeht, gibt es Vorschriften. George Soros verlangt auch für die internationalen Finanzmärkte Regelungen. Heute herrsche die Willkür der Gerissenen, der Mächtigen, der Rücksichtslosen, «sie hat zweifellos zerstörerische und demoralisierende Folgen für die Gesellschaft». Gefordert sei die Politik, entsprechende Gesetze zu erlassen, Auflagen zu diktieren, Grenzen zu setzen. Mit anderen Worten: Die Gerechtigkeitsfrage muss in die Gesellschaft zurückkehren. Das läuft auf die Erkenntnis hinaus, dass der Kapitalismus nur als soziale Marktwirtschaft erträglich ist. Ohne politische und soziale Sicherungen dreht er durch.

Anfang Juni diskutierten in Berlin 14 Regierungschefs über das Thema «Modernes Regieren im 21. Jahrhundert». Ich will die Konferenz nicht überbewerten. Ganz ohne war sie aber nicht. Die Politik hat sich zurückgemeldet. Lange bedrückte uns das lähmende Gefühl, sie habe vor der Globalisierung kapituliert und den Multikonzernen das Terrain überlassen. Der Franzose Lionel Jospin widersprach in Berlin mit der Erkenntnis, «die Menschen sollen in einer Gemeinschaft leben und nicht bloss in einem Markt arbeiten». In der Schlusserklärung der vierzehn werden «die Rückkehr des Politischen» und die soziale Verantwortung betont. Konkret werden Kontrollen und Regulierungen für die Finanzmärkte plakatiert. Endlich sollen Dämme errichtet werden, um den Kapitalismus vor sich selber zu schützen.

Für aussergewöhnlich halte ich, dass der erfolgreichste Börsenspekulant derselben Auffassung ist. In solchen Situationen denke ich an meinen Grossvater. Der hätte diesem George Soros misstraut, an seinem Buch allerdings seine helle Freude gehabt und, da bin ich mir sicher, trotzdem vor sich hin gebrummt: «Die Welt spinnt.» *26.6.2000* ✦

Linker Muskelkater

Du musst nicht nur immer laut bellen, sondern auch mal beissen.» Ein Kompliment der feineren Art war das weiss Gott nicht. Peter Bodenmann, damals SP-Präsident, hatte einen Spitzengenossen exakt mit diesen Worten vor versammelter Fraktion blossgestellt. Der Mann kochte vor Wut. Leicht hätte die verbale «Misshandlung» zum Bruch zwischen den beiden führen können. Dafür allerdings waren sie zu gescheit. Sie vereinbarten ein Essen miteinander und fanden den Rank zurück zueinander.

Der CDU-Politiker Heiner Geissler sagt, «ohne Streit wird die Demokratie zum Schlafwagen». Das trifft auch für eine Partei zu. Politische Kunst ist es, den Meinungsreichtum geschickt zu bündeln und in überzeugende Aktivitäten umzusetzen. Das geht nicht ohne eine kreative Streitkultur. In der SP hat das zuletzt Peter Bodenmann meisterhaft verstanden. Der Fuhrmann aus Brig eilte der Konkurrenz meistens eine Gedankenlänge voraus, markierte entscheidende Akzente, diktierte seiner Partei ein forsches Tempo. Nicht alle vermochten dem Schnelldenker zu folgen. Der zügelte seine Ungeduld nur ungern. Die unter ihm an intellektuellen Konditionsschwächen litten und nach Luft schnappten, hatten es in der Tat schwer und fühlten sich missverstanden. Sie warfen dem Präsidenten autoritären Führungsstil vor und empfahlen die verbrauchte Worthülse als Patentrezept: Die SP dürfe nicht von oben dirigiert, sondern müsse von unten geführt werden. Nur ist halt auch in der Politik der Kopf oben.

Im Juni 1997 wurde Peter Bodenmann als SP-Präsident abgelöst. Die Nachfolgerin verkündete sofort einen Stilwechsel und disqualifizierte ihren Vorgänger als Chef eines Clans. Damit war von Anfang an für dicke Luft in der SP gesorgt. Statt ihren Job einfach gut zu machen, kaprizierte sich die Präsidentin als eine Art Scharfrichterin. Sie tat, als ob der SP endlich die Demokratie eingehaucht werden müsste. Als Therapie verordnete die Führungsfrau die heilende Diskussion über die allgemein gültigen und weiterhin geläufigen Grundwerte des Lebens, der Politik, des Sozialismus, der Gesellschaft oder was auch immer. Um den Disput zu strukturieren, hätten die fast 1100 SP-Sektionen zumindest ein Grundlagenpapier benötigt. Ein solches kam nie. Der programmatische Höhenflug endete als Bruchlandung.

Umgekehrt liefen die SP-Prominenten der verschiedensten Lager zur Hochform auf und lieferten sich persönliche Querelen am laufenden Band. Das natürlich zur hellen Freude der Medien. Statt mit guter Politik geriet die Partei nur noch negativ in die Schlagzeilen. Sie hinterliess in der Öffentlichkeit den trostlosen Eindruck, sich zunehmend nur noch mit sich selbst zu beschäftigen.

Da wurde nicht nur das falsche Theaterstück «Kabale und Hiebe» gespielt, auch die Rollen waren falsch besetzt. Der Schluss ist bekannt: Die Hauptdarstellerin hat sich aufgerieben und die Szene fluchtartig verlassen.

Der Abgang ist eine Chance. Zunächst aber muss die SP ihren geistigen Muskelkater überwinden, um dann das Parteihaus personell und strukturell neu auszurüsten. Das Trio Christiane Brunner, Ruth Dreifuss, Franco Cavalli präsentierte dazu einen Vorschlag Marke Rosskur. Der Parteitag wird im Oktober darüber befinden. Was immer beschlossen oder zurückgewiesen wird, das politische Defizit der SP muss weg, anders kann die Partei ihre Handlungsfähigkeit nicht zurückgewinnen.

Soziale Sicherheit war immer die Spezialität der SP. Damit ist sie gross geworden. Heute gilt es den Sozialstaat neu zu positionieren. Nationale Sozialpolitik ist im globalisierten Wirtschaftszeitalter schwieriger geworden. Gleichwohl dürfte gültig bleiben, was Willi Ritschard so formuliert hat: «Nur Reiche können sich einen armen Staat leisten.»

Die SP benötigt eine überzeugende, mehrheitsfähige EU-Strategie. Im Verbund mit den aufgeschlossenen Kräften. Das bedeutet: statt betriebsame Hast perfektes Training und Timing für den Marathonlauf nach Brüssel.

Die «Frankfurter Allgemeine Zeitung» bemerkte am vergangenen 19. Mai: «Blochers Gegner sind weder Europa noch die Linke. Er braucht sie – und sei es nur als Popanz. Sein Angriff auf die Sozialisten ist ein Scheingefecht. Als Historiker ist Blocher so skrupellos wie als Politiker. Seine Strategie in diesem ideologischen Bürgerkrieg wird immer deutlicher: Christoph Blocher will die traditionelle, die antiautoritäre, die demokratische Rechte nach historischem Vorbild zersetzen.» Und Blocher will die Konkordanz killen. Die SP muss ihren Teil leisten, damit Blocher scheitert. Mehr gibt es im Moment nicht zu sagen. Und Blocher braucht sich auch nicht zu entschuldigen. Das wäre sowieso sinn- und wertlos. *29.5.2000* ✛

Fahrlehrer und Kaminfeger

Francesco aus Florenz werde ich nie vergessen. Wir arbeiteten in der gleichen Druckerei, er im technischen Betrieb, ich auf der Redaktion. Bildschirm, EDV oder Informationstechnologie gab es damals noch nicht. Was die Redaktoren schrieben, wurde Zeile für Zeile in Blei gegossen und dann zu Seiten umbrochen, wie der Fachausdruck lautet. Dafür war der Metteur zuständig, eben Francesco. Im «Duden» wird der Metteur als der «Hersteller der Seiten» beschrieben. Aus umbrochenen Seiten wurden Matern gepresst, diese in Druckplatten gegossen und für den Druck der Zeitung auf der Rotationsmaschine montiert. Beim Umbruch war ich dabei und kam natürlich mit Francesco ins Gespräch. Obschon damals, in den Siebzigerjahren, die erste Anti-Ausländerinitiative zur Abstimmung kam, die sich ausschliesslich gegen die Italiener richtete, liebte Francesco die Schweiz. Weil, wie er stets wiederholte, einfach alles funktioniere, die Verwaltung, der öffentliche Verkehr, die Kehrichtabfuhr, die Stromversorgung oder was sonst auch immer.

Dieses Kompliment kam mir in den Sinn, als ich vernahm, die Wettbewerbskommission des Bundes beanstande die Preisabsprachen unter den Autofahrlehrern. Die Kommission sorgt für den Vollzug des Kartellgesetzes. Nach der reinen Lehre verstossen Kartelle gegen den Wettbewerb in der Marktwirtschaft. Anders herum formuliert heisst das, ohne Wettbewerb gibt es keine Marktwirtschaft. Das leuchtet ein. Trotzdem kann die Wettbewerbskommission Kartelle nicht einfach verbieten. Dafür gibt das Gesetz keine Handhabe. Die Mehrheit der National- und Ständeräte, die vielfach das Hohelied der freien Marktwirtschaft am lautesten vorsingen, wollte nicht allzu rigoros dreinfahren. So entstand ein Gesetzesbastard, eine Mischung aus Verboten und Strafandrohungen, Ermahnungen und Empfehlungen. Der Bundesrat könnte im schlimmsten Fall von Machtmissbrauch hart durchgreifen. Er begnügt sich aber mit eher platonischen, dafür «strengen» Weisungen. Das Ganze funktioniert nach dem Spiel: «Haltet den Dieb – aber lasst ihn laufen».

Stimmt, was mein Kollege Francesco meinte, bei uns funktioniere alles bestens? Der Gute konnte ja nicht hinter die Kulissen schauen. Die Behauptung, wirklich mächtige Kartelle hätten weniger zu befürchten als eher unbedeutende, ist nicht aus der Luft gegriffen. Warum sollte es in diesem Machtbereich anders zugehen als sonst wo? Gelegentlich wird, um den Anschein von Durchgreifen zu erwecken, die Schonung der Kleinen kompensiert. Dieser ketzerische Einfall überfiel mich, als ich hörte, die Wettbewerbskommission interveniere gegen das Preiskartell der Fahrlehrer. Sie überlässt es allerdings den Kantonen, Massnahmen anzuordnen.

Persönlich habe ich die Macht oder den Missbrauch durch die Fahrlehrer nie erlebt. Nun bin ich als Nichtautofahrer ein unbrauchbarer Zeuge. Aber ich werde das Gefühl nicht los, die wirklich grossen und mächtigen Konzerne würden nicht von Fahrlehrern geführt. Die Grossbanken beispielsweise beherrschen massgeblich das Geldgeschäft. Die Chemiemultis diskutieren die Pharmapreise. Versuche, sie auf das mitteleuropäische Niveau herunterzubringen, scheiterten. Die Krankenkassen glänzen auch nicht gerade mit tollen Wettbewerbsangeboten. Bei der Motor-Haftpflichtversicherung sind die Unterschiede marginal. Die Versicherungsgesellschaften spielen ihre Marktmacht aus. Wohin ich schaue, dünkt mich auf den ersten und auch noch auf den neunten Blick, die Fahrlehrer seien nicht das grosse Problem. Ich zweifle daran, dass diese Berufsgruppe für die Marktwirtschaft eine Bedrohung darstellt. Vor drei Tagen erschien in unserem Jurahaus der Kaminfeger. Die kantonale Brandversicherungsanstalt sorgt dafür, dass er regelmässig unsere Heizung reinigt und wartet. Der Kaminfeger wird nicht bestellt, seine Dienste sind obligatorisch. Es handelt sich um einen Monopolberuf mit festen Kundenpreisen. Man hat keine Wahl, weder preislich noch beim Kaminfeger. Gleichwohl stört mich dieser Zwang überhaupt nicht. Im Gegenteil, ich bin dankbar, dass der Kaminfeger seinen Job auch bei den Nachbarn und im ganzen Dorf ausübt. Also auch beim «Glünggi», der von sich aus den Kaminfeger nie bestellen und so für die anderen eine Gefahr darstellen würde.

Nun hoffe ich nur eines: dass die Wettbewerbskommission nicht etwa noch auf die Schnapsidee verfallen wird, die Kaminfeger als schwarzes Kartell anzugehen. Sonst müsste ich meinem alten Kollegen Francesco schreiben: In der Schweiz funktioniert alles perfekt, wenn auch manchmal ungerecht. *15.5.2000* ✢

Die AHV ist ein absoluter Hit

Experten aus aller Welt rennen unseren Spezialisten im Bundeshaus fast die Bude ein. Es soll sich herumgesprochen haben, den cleveren Eidgenossen sei ein Versicherungswunder gelungen. Sogar die OECD (Organisation für Zusammenarbeit und wirtschaftliche Entwicklung) ist davon begeistert. Und der deutsche Wirtschaftsminister Werner Müller hält das Schweizer Modell für den Königsweg.

Sie haben es erraten, das Wunderkind heisst AHV. Sie funktioniert nach der magischen Formel «Niedrige Beiträge, optimale Renten, kleinster Verwaltungsaufwand». Es gibt keine andere Lebensversicherung, die für diese bescheidenen Beiträge so viel Rentenleistung bietet.

Hans-Jochen Vogel, einst Justizminister der Bundesrepublik Deutschland und SPD-Vorsitzender, meinte kürzlich zu mir: «Eure AHV-Sorgen möchten wir haben, dann hätten wir keine mehr.» Er hatte unser Drei-Säulen-Modell studiert. Die drei Säulen bedeuten bekanntlich: 1. Säule AHV, 2. Säule berufliche Vorsorge, das heisst Pensionskasse, 3. Säule eigene Ersparnisse. Im Vergleich zu den Finanzierungsproblemen bei der deutschen Altersvorsorge hält Vogel die unserer AHV nicht für besonders schwerwiegend.

Artikel 112 der Bundesverfassung definiert den Zweck der AHV (Alters-, Hinterbliebenen- und Invalidenversicherung): «Die Renten haben den Existenzbedarf angemessen zu decken.» In Artikel 113 steht: «Die berufliche Vorsorge (2. Säule) ermöglicht zusammen mit der AHV die Fortsetzung der gewohnten Lebenshaltung in angemessener Weise.» Die AHV ist unter politischen Druck geraten. Wo immer ich als Referent gastiere, werde ich gefragt, wie sicher denn die AHV-Renten überhaupt noch seien. Es herrscht Verunsicherung. Sie wird seit Jahren systematisch geschürt. Interessierte Kreise möchten damit ihr profitables Süppchen kochen.

Der erfolgreichste Bankier der Schweiz heisst vermutlich Martin Ebner. Er personifiziert den Geldprofi, dem es nur um den Gewinn geht, auf geradezu ideale Weise. Wenn sich Ebner, wie kürzlich, zur AHV äussert, ist höchste geistige Alarmbereitschaft angesagt. Gutes hat er nämlich nicht im Sinn. Er schwärmt denn auch vom Modell Chile. Warum wohl? Weil Chile sozialpolitisch besonders vorbildlich ist? Ach was, Bankiers denken anders. In Chile ist die «AHV» privatwirtschaftlich geregelt. Beim Gedanken daran kommen Ebner die Tränen: Was wäre das für ein Geschäft! Mit der staatlichen AHV aber liegt für den Bankier keine müde Million drin. Ein Jammer.

Muss, was für den Banker gut ist, für eine Partei richtig sein? Nach Meinung der SVP ja. Als erste Partei hat sie die AHV in Frage gestellt: Beitragsstopp, neuer Finanzierungsmodus, Privatisierung, Übergang zur freiwilligen, steuerbegünstigten individuellen Vorsorge für Krankheit, Alter und Invalidität. Die AHV soll langfristig ausgehungert, die Altersvorsorge zunehmend privatisiert werden. Das ist, auch wenn die Schönredner und Falschspieler das noch bestreiten, die Stossrichtung der Blocher-SVP.

Die AHV ist eine Wundertüte. Der frühere Sozialminister Hans-Peter Tschudi erklärte deren Geheimnis: «Herr Bührle braucht die AHV nicht, aber die AHV braucht Herrn Bührle.» Wie ist das zu verstehen? Die AHV basiert auf dem Solidaritätsprinzip. Die Gutverdienenden bezahlen mehr in die AHV ein, als sie später mal an Renten zurückbekommen. Deshalb hat Tschudi gesagt, «die AHV braucht Herrn Bührle». Genau das passt Ebner, Blocher & Konsorten nicht mehr. «Die Weltwoche» hat es auf den Punkt gebracht: «Ausgerechnet Steuerakrobat Martin Ebner will uns ein erfolgreiches Finanzprodukt vermiesen. Eines, das heute etwas mehr als doppelt so viel wie vor fünfzig Jahren kostet, aber 2500 Prozent der Leistungen von damals auszahlt. Eine Versicherung, die seit 1975 die Prämien unverändert gelassen und trotzdem immer höhere Beträge an immer mehr Versicherte ausgezahlt hat: die AHV.»

Sicher, die AHV hat Probleme. Schliesslich sind die Krisenjahre und Arbeitslosigkeit nicht spurlos an ihr vorübergegangen. Kaum hat sich die Wirtschaft etwas erholt, geht es der AHV finanziell schon wieder besser – wie 1999 beweist. Professor Thomas Ungern-Sternberg, Lausanne, hält das Krisengerede für unangebracht. Wenn nötig, könnte er sich eine zehnprozentige Erbschaftssteuer bei einem Freibetrag von 200 000 Franken vorstellen. Sie allein brächte der AHV jährlich 6 Milliarden Franken. So könnte Blocher, meint der Professor, posthum wieder gutmachen, was er heute versäumt. Der SVP-Vordermann «ist in den letzten fünf Jahren zwar um 1000 Millionen Franken reicher geworden, hat in derselben Zeit aber keine 10 Millionen Franken Einkommenssteuer bezahlt».

Und solche Leute planen eine Wende ins Gestern. Nicht mit uns. Die AHV ist ein Stück schweizerische Identität. Und wird es bleiben. *3.4.2000* ✠

Die «Idioten» im Auto

Autofahren bedeutet Freiheit», das war letzte Woche die Schlagzeile in der SI-Beilage «Auto-Extra-Magazin zum Genfer Salon». Das motorisierte Vehikel wird zum Menschenrecht, Motto: Ohne Auto bist du gar kein richtiger Mensch. So viel Autokult hielt ich früher für eine Erfindung gerissener Werbetexter. Dann erlebte ich Karl und war auf einmal verunsichert.

Fünfundzwanzig Jahre dürften seither wohl vergangen sein. Zum ersten Mal diskutierten wir im Gewerkschaftsvorstand ausgiebig Umweltprobleme. Natürlich spielte dabei das Auto mit den Abgasen, der Luftverschmutzung, den gesundheitlichen Folgen und dem Waldsterben eine zentrale Rolle. Karl, ein Bauarbeiter, gehörte zu den Stillen in der Runde. Er konnte ganze Sitzungen lang schweigen. Wenn er redete, tat er es bedächtig und unaufgeregt. Für einmal fuhr er aus der Haut. Die ökologischen Schuldzuweisungen an das Auto brachten ihn in Rage. Karl ging gegen sechzig und hatte es endlich geschafft, in Landquart eine Zweitwohnung zu mieten. Seither düste er jedes Wochenende von Basel ins Bündnerland. Ausgerechnet jetzt wollten ihm seine Gewerkschaftskollegen das Auto vermiesen. So hatten wir unseren Kollegen Karl noch nie erlebt. Er lief rot an, er schrie seine Enttäuschung wütend heraus und hämmerte die Worte in unsere Köpfe: «Für mich ist das Auto die Freiheit, und die lasse ich mir nicht nehmen. Nicht von euch!»

Wie Karl die Sache heute beurteilt, weiss ich nicht. Vergessen konnte ich seinen explosiven Auftritt nie. Und lernte dabei, heikle politische Probleme besonders subtil anzugehen. Aber lassen wir die Autophilosophie. Mich gelüstet es, ganz andere Erlebnisse mit dem und im Auto zu beichten.

Ich bin Nichtautofahrer, besass nie einen Führerschein. Zuerst fehlte für ein Auto das Geld, dann der Bedarf. In der Stadt geht es besser ohne. Für die Sitzungen im Bundeshaus fährt ab Basel jede Stunde ein Zug. Das ging 34 Jahre lang gut – mit dem GA (General-Abonnement). Und wenn ich abends spät von einer Veranstaltung nach Basel zurückkehre, sitze ich im Zug bequemer als übermüdet am Steuer. Bilanz: Ich wäre ein typischer Sonntagsfahrer geworden. Die aber, warnten mich Bekannte, sind eine Landplage. «Sie fahren wie die Steinzeitmenschen», meinte ein Freund. So war ich Beifahrer von Gret, meiner Frau, geworden. Sie hatte für ihr Restaurant motorisierten Bedarf.

Gret ist belesen, kennt sich in der Literatur viel besser aus als ich. Gret führt eine gepflegte Sprache, hat gediegene Umgangsformen, wer sie kennt, bestätigt das. Warum ich das alles besonders betone, werden Sie schnell begreifen.

Am Steuer nämlich redet Gret eine andere Sprache. Ihr Autodeutsch ist derb, zeitweise von herzlich unanständiger Direktheit. Autofahren ist anstrengend, verlangt Reaktionsvermögen und Vorausblick. Da kann einem ein Fahrer, der in einer unübersichtlichen Kurve überholt und sich darauf verlässt, dass andere für ihn aufpassen, schon nerven. «Idiot», schimpft ihm Gret hinterher. Vermutlich als spontane Reaktion auf die Schrecksekunde.

Sie mag es nicht leiden, wenn das Auto hinter ihr zu nahe aufschliesst und «am Füdli klebt». Vor Wochen geschah das wieder einmal. Wir fuhren nachts, und die Frau blendete mit vollem Scheinwerferlicht in Grets Rückspiegel. «So eine dumme Kuh», fluchte meine sonst so liebenswürdige Fahrerin. Es hätte aber ebenso eine «blöde Gans» sein können.

In diesem Ton geht es munter weiter. Auf der Fahrt vom Jura nach Basel begegnen wir im Schnitt zwei «Idioten» und ein paar «dumme Sieche». Wenn aber, wie kürzlich in Oberwil, ein rassiger Tempobolzer ihr den Vortritt abschneidet, so sich und uns gefährdet, stöhnt Gret erbost über «dieses Arschloch». In anderen Fällen, meistens bei sinnlos riskanten Überholungen, wettert sie über einen solchen «Blödmann» oder ‹Trottel›. Und fragt sich, «wie ein derartiger Dubel je einmal die Fahrprüfung bestanden hat».

Das sind Kostproben des Repertoires. Gret erwischt mich mit ihrem reichhaltigen Wortschatz immer wieder auf dem linken Fuss. Ich wiederhole und beschwöre, sie redet nur beim Autofahren so wüst. Leider halt nicht zu Unrecht. Als Beifahrer kann ich bezeugen, auf unseren Strassen gibt es wirklich «Idioten», die allen korrekt Fahrenden das Leben schwermachen.

Freiheit verpflichtet, die Rechte anderer zu respektieren, Verkehrsregeln einzuhalten. Wer diese missachtet, dem sagt Gret mit ihrem eigenen Autoslang die Meinung. Nur für sich und mich. Eigentlich sollte ich gar nicht darüber schreiben. Sie wird mich dafür kaum rühmen. Also noch schnell ein Bonbon: Gret fährt prima Auto.

6.3.2000 ✛

«Schiedsrichter, ans Telefon!»

Südafrikas Präsident, Thabo Mbeki, Nachfolger von Nelson Mandela, hat kürzlich eindringlich an die Weltöffentlichkeit appelliert, die Fussball-WM 2006 an das Land am Kap der Guten Hoffnung zu vergeben. Damit fände das Millionenspektakel zum ersten Mal in Afrika statt. Die Fifa, der Welt-Fussballverband, wird das Austragungsland im Juli bestimmen. Die Chancen für Südafrika, befürchtet sein Staatschef, hätten sich verschlechtert. Denn rund um den Afrika-Cup passierte in den letzten Tagen Unerhörtes.

Beim Afrika-Cup machen die Nationalmannschaften mit. Die Fussballelf der Elfenbeinküste schied bereits in der ersten Runde aus. Für diese Schmach, entschied das Staatsoberhaupt, General Robert Guie, sollten die Fussballstümper büssen. Er steckte die Nationalspieler, berichtete die «Frankfurter Rundschau» vergangenen Montag, kurzerhand in ein Militärlager. Der beim französischen Club Girondins Bordeaux engagierte Spieler Lassina Diabate plauderte aus der Schule: «Drei Tage lang mussten wir eine patriotische Erziehung über uns ergehen lassen. Uns wurde klargemacht, was wir bei der nächsten schlechten Leistung zu erwarten hätten – drei Monate Erziehungslager.»

Genügt es da, so die Frage, auf das bekannte Sprichwort «Andere Länder, andere Sitten» zu verweisen, um den Sportchauvinismus des Generals zu verstehen oder gar zu billigen? Es legitimiert keinen Freispruch. Das sieht auch Thabo Mbeki so. Betroffen ist ganz Afrika. Der südafrikanische Präsident sorgt sich, wohl nicht völlig zu Unrecht, sein Kollege von der Elfenbeinküste könnte ihm das Fussballmondial vermasselt haben. Der nämlich liess seine Kicker erst laufen, als sich die Fifa eingeschaltet hatte.

Mich hat der Vorfall gereizt, um in die hiesige Fussballszene einzutauchen. Zur fussballerischen Grundausstattung gehören: ein Spielfeld, zwei Tore, zwei Mannschaften, zwei Linienrichter, ein Schiedsrichter, ein Ball. Beide Mannschaften haben drei Möglichkeiten: Sieg, Niederlage oder Unentschieden. Damit einer gewinnt, muss der andere verlieren. Das ist fairer Sport. Sieg oder Niederlage entscheiden nicht über Sein oder Nichtsein. Eine Niederlage kann schmerzen, ist aber keine Katastrophe. Vielleicht sollte ich jetzt beifügen: Das war einmal.

Inzwischen nämlich sind wir in der Leistungsgesellschaft angekommen. In ihr gelten die Gesetze des Dschungels. Die Konzerne fusionieren, um noch grösser zu werden. Die noch grösseren schlucken die kleineren. Das «dicke» Geld wird an der Börse verdient, nicht mit Arbeit. Arbeitseinkommen sind steuerpflichtig, Börsengewinne nicht. Auf der Strecke bleibt die Steuergerechtigkeit. Es gilt das Recht des Stärkeren, nicht die Stärke des Rechts, Geld hat auch den Fussball okkupiert, im Ausland dominanter als bei uns. Geld macht ihn härter. Das Spiel heisst Sieg um fast jeden Preis. Denn die Niederlage bringt rote Zahlen. Der Abstieg aus der Bundesliga gar stürzt Club und Fans im Tal der Tränen nahe an den Abgrund. Mit einem Wort: Im Fussballgeschäft herrscht heute garantiert gnadenloser (Wett-)Kampf.

Wehmütig erinnere ich mich an die wirklich gute alte Fussballzeit. An die Matchbesuche mit meinem Schwiegervater im Basler Joggeli-Stadion. Er war von Beruf Gewerkschaftsfunktionär, daneben noch Grossrat und Laienrichter. Wenn ich ihn beschreiben müsste: besonnen, überlegt, die Ruhe selbst. Nicht mehr im Stadion. Da stand sein zweites Ich. Seine Temperamentsausbrüche haben mich immer wieder verblüfft. Er legte jede Zurückhaltung ab und konnte aus vollem Hals schreien: «Gool», «Pfui», «Sauhund». Und irgendwann kam es mit einem anderen Zuschauer zu einem verbalen Schlagabtausch. Jedes Mal, darauf war Verlass. Im Fussballstadion liess er Dampf ab, wurde er Aggressionen los, betrieb er eine Art Seelenhygiene. Schon auf dem kurzen Heimweg kehrte das friedliche Naturell zurück.

Andreas Gerwig, bekannter Basler Anwalt, Ex-Nationalrat, besucht heute noch die Spiele des FCB, wann immer er kann. Er leidet, fiebert, schwitzt, friert, ist aufgewühlt, geniesst den Sieg «seiner» Mannschaft oder trauert den verlorenen Punkten nach. Ist er im Ausland, auf Kreta zum Beispiel, faxe ich ihm schon mal das Resultat. Sonst schläft er schlecht.

Da wäre Martin Schubarth, heute Präsident des Bundesgerichts. Ein knochentrockener Jurist mit diszipliniertem Auftritt, korrekt bis zur Zehenspitze, ein Richter wie aus dem Bilderbuch. Wir sassen an einem Freundschaftsspiel im Joggeli-Stadion. Lang, lang ist es her, er war damals noch Anwalt. Fast leidenschaftlich folgte er dem Spiel, gestikulierte mit den Armen, sah ein Foul, das der Schiedsrichter ungeahndet liess. Dann juckte Martin auf und zog die Notbremse: «Schiedsrichter, ans Telefon!», rief er laut über den Platz. So herrlich kann Fussball sein.

14.2.2000 ✦

«Mein Bub stottert nicht mehr»

Arturo war ein Mannsbild wie eine Eiche, unerschrocken, liebenswürdig und sanft. Meistens fand er im zwischenmenschlichen Bereich den richtigen Ton. Wenn er etwas hasste, dann schlechte Manieren. Da konnte er durchaus rabiat werden.

DAVOS IM JANUAR. Arturo genoss mit seiner Frau in einem Restaurant das Essen. Unvermutet waren zwei junge Männer aufgetaucht, die sich unflätig aufführten. Sie gingen von Tisch zu Tisch, pöbelten die Gäste an und suchten offensichtlich Zoff. Die Stimmung war geladen. Es herrschte geduckte Stille. Ängstliche Blicke hielten nach Hilfe Ausschau. Alle sassen verdattert da. Nur einer nicht, Arturo: «Ruhe, oder ihr fliegt hinaus!», brüllte er die Radaubrüder an.

Die beiden reagierten spöttisch herablassend. Und machten sich über «Grossväterchen» lustig. Arturo dürfte damals um die sechzig gewesen sein, hatte aber bereits schlohweisses Haar. Das machte ihn natürlich älter, nicht unbedingt geduldiger. Als die «Saukerle» nicht daran dachten, ihr wüstes Tun aufzugeben, forderte er zum Duell: «Los, hinaus in den Schnee!» Übermütig grölend folgten ihm die Grobiane an die frische Luft. Dann passierte alles ganz schnell. «Grossväterchen» machte kurzen Prozess und verprügelte die beiden jämmerlich. «Sie liegen im Schnee», meldete Arturo verschmitzt lächelnd dem staunenden Publikum. Wie «halb tote Fliegen», hätte er beifügen müssen.

ARTURO WAR KUNSTMALER, nicht gerade die Gilde der schlagkräftigen Männer. Das ist zu erklären. Der junge Arturo betrieb den Boxsport und war im Ring ein gefürchteter Fighter. Dann vertauschte er die Boxhandschuhe mit dem Pinsel. In Basel sind von ihm heute noch grandiose Wandbilder zu bewundern. Später spezialisierte er sich auf Kinderporträts. Der feinfühlige Maler spürte die Seele des Menschen. Ihn faszinierte die Einmaligkeit eines Kindes.

Szenenwechsel.

Arturo wartete auf die Bengel, die da kommen sollten. Er hatte richtig gepokert. Lange vor Schulbeginn liefen die ersten Schüler ein. Und waren erstaunt, den «Neuen» schon am «Tatort» anzutreffen. Einer machte sich besonders ruppig bemerkbar. Er trat die Türe mit Fusstritten fast aus den Angeln. Damit nicht genug, er reagierte seine überschüssige Kraft am unschuldigen Mobiliar ab. Aha, dachte Arturo, das ist offenbar der «Boss». Und begann die Stunde mit einem Überraschungscoup.

Er begrüsste die ungefähr 150 Schüler und Schülerinnen, erläuterte den ihm erteilten Auftrag und bat dann den «Boss» zu sich nach vorn. Er schmeichelte ihm auf gefährliche Art: «Gut zwäg, he, du hast zünftige Müskeli, zeig mal deine Bizeps.» Der ehemalige Boxer drückte die Bizeps so lange und so fest, bis der Bursche auf die Knie ging. Die Anwesenden verfolgten die Demonstrationen mit zunehmendem Interesse und staunender Bewunderung für den «Alten». Von da an verlief der Unterricht reibungslos. Es blieb mäuschenstill in der Aula. Der bewährte Trick, den Anführer zu entzaubern, wirkte.

DER UNTERRICHT KONNTE BEGINNEN. Arturo hatte vor, die Farbenlehre nicht nur zu dozieren, vielmehr darüber auch zu diskutieren. Doch da stiess er anfänglich auf eine Mauer des Schweigens. Nach verschiedenen Anläufen meldete sich endlich einer. Der Schüler stotterte, es brach Gelächter aus. Da muss es bei Arturo klick gemacht haben. Er schöpfte seine Menschenkenntnis nicht aus den pädagogischen Lehrbüchern, sondern aus dem Leben. Er stellte den Stotterer vor die Klasse: «Du bist ein grossartiger Kerl; obschon du stotterst, hast du als Einziger den Mut gehabt zu reden. Die dich ausgelacht haben, sind Feiglinge. Denen wird das Lachen schon noch vergehen.» Die Stille war unheimlich geworden. Wohl weniger aus Zuneigung zum Lehrer, eher aus Respekt vor ihm und aus Scham, den Kameraden ausgelacht zu haben.

Am nächsten Tag bekam Arturo einen Anruf von der Mutter des Jungen: «Was haben Sie mit meinem Kind gemacht, wunderbar, der Bub stottert nicht mehr.» Was Arturo gemacht hatte? Einfach das Richtige. Er war dem Schwächeren beigestanden, hatte ihm geholfen. Intuitiv. Deshalb ist er mir in beispielhafter Erinnerung geblieben. Arturo Ermini. *24.1.2000* ✢

Im Himmel ist die Hölle los

Der Blitzableiter ist eine relativ einfach konstruierte, dennoch sehr wirksame technische Schutzvorrichtung. Es dürfte in der Schweiz kaum ein Gebäude ohne dieses Abwehrsystem geben. Und ich mag mich nicht an einen Fall erinnern, bei dem der Blitzableiter versagt hätte. Wenn wir uns vergegenwärtigen, welche Naturgewalt Blitz und Donner entladen, möchte ich fast von einer genialen Erfindung reden.

Von Schriftsteller Karl Kraus, 1936 in Wien verstorben, stammt das herrliche Wort: «Ein Blitzableiter auf einem Kirchturm ist das denkbar stärkste Misstrauen gegen den lieben Gott.» Da waren die Bauherrschaften «unserer» Atomkraftwerke (AKW) offenbar gläubiger. Die atomaren Stromfabriken gehören nicht zum ungefährlichen Inventar einer Industriegesellschaft. Gleichwohl vertrauten ihre Betreiber auf den lieben Gott und nicht etwa auf den Blitzableiter. Das störte die Mitglieder der vom Bundesrat eingesetzten Aufsichtskommission überhaupt nicht. Dort sassen lauter AKW-Fundis. Sogar kritische Befürworter der Atomenergie wurden nicht geduldet, geschweige denn AKW-Gegner. So kontrollierten die Kontrollierten ihre Kontrolleure.

Dann erschütterte im April 1986 eine Schreckensmeldung aus Tschernobyl die westliche Welt. Ein Atomreaktor war explodiert und ausser Kontrolle geraten. Die Fiktion von einer sicheren Atomenergie lag damit im Eimer. Albert Einstein liess den Bundesrat grüssen: «Im Falle eines Atomkriegs gehe ich in die Schweiz, dort findet alles zwanzig Jahre später als anderswo statt.» Mit der von Einstein ironisch vermerkten obligaten Verspätung reagierte der Bundesrat auf Tschernobyl und zog für die AKW-Aufsichtskommission nun auch kritische Fachleute zur Mitarbeit bei. Der eine, ein Meteorologe, verband seinen Einstand mit der simplen Frage, weshalb es ausgerechnet auf Atomkraftwerken keine Blitzableiter habe. Der Mann soll mit diesem doch recht unkomplizierten Hinweis für ordentliche Aufregung gesorgt haben. Das Versäumte wurde nachgeholt. Die Blitzableiter sind montiert worden.

Das Einfache bereitet halt oft die grössten Probleme. Das war auch mit dem Umweltschutz so. Wenn ich an die ersten Debatten im Nationalrat denke, begegnen wir viel arrogantem Unverstand. Als zum Beispiel der damalige Präsident der Schweizerischen Gesellschaft für Umweltschutz, Dr. Bernhard Wehrli, in der Armee Oberst, die National- und Ständeräte mit Unterlagen über verursachte Naturschäden und das drohende Waldsterben belieferte, musste er sich im November 1983 von Nationalrat Christoph Blocher öffentlich wie ein Schulbub abkanzeln lassen: «Nur weil einige Bäume die Nadeln verlieren, gibt das einem Generalstabsobersten noch nicht das Recht, den Verstand zu verlieren.»

In der Herbstsession 1983 des Nationalrates verspottete der gleiche Politiker und SVP-Meinungsführer Andersdenkende, die sich Sorgen um die Umwelt machten: «Das Waldsterben hat auf den Nationalrat übergegriffen, nach den Bäumen kippten reihenweise Parlamentarier um.»

Das war die Sprache der Unbelehrbaren, der Besserwisser, der Sorglosen auch, deren Wahrnehmungsvermögen sich auf die Geschäftsbilanz reduziert. Was nicht rentierte, wurde bekämpft. Und Umweltschutz galt weltweit als brotlose Kunst, lies: «unrentable Investition». Die Tatsache, dass in einer zerstörten Natur und Umwelt keine blühende Wirtschaft gedeihen wird, ist verdrängt oder gar nicht erkannt worden. Vielen dürfte «Lothar», der Weihnachtsorkan, die Augen geöffnet haben.

Mit einer noch nie dagewesenen Wucht fegte dieser Orkan über die Schweiz hinweg und richtete unvorstellbare Schäden an. Den Sturmwind mit riesigen Geschwindigkeiten hatten selbst Wetterfrösche nicht vorausgesehen, wohl nicht für möglich gehalten und dementsprechend spät eindringlich gewarnt. Wie immer streiten sich die Wissenschafter über die Ursachen. Einig sind sie sich, dass die extremen Wettersituationen in den letzten Jahren in beängstigendem Mass zugenommen haben. Die Klimaerwärmung durch Treibhausgase und Schadstoffemissionen, die Zerstörung von Regenwäldern, die verheerende Mentalität, die Natur als Abfallkübel der Industriegesellschaft zu missbrauchen, veränderten das Wetter. Es ist wärmer geworden auf der Erde, die Kältegrenze verschiebt sich, die Natur reagiert. Hurrikane, Taifune, Orkane und gewaltige Überschwemmungen verwüsteten in den letzten Jahren weite Landstriche. Für uns war «Lothar» das erste Schockerlebnis, die erste Warnung, dass die Natur nicht weiterhin straflos geschändet werden kann.

Der Weihnachtsorkan hat uns eines klargemacht: Im Himmel ist die Hölle los. Der Himmel ist unser Dach. Was sich dort oben zusammenbraut, spüren wir auf der Erde. Und dagegen hilft uns kein Blitzableiter. *3.1.2000* ✚

✚ Anekdoten

Gute alte Zeit

Aus einem Rührei gibt es kein Spiegelei mehr. So ist es auch mit der guten alten Zeit. Sie kommt nicht wieder.

War sie überhaupt so gut?

Nicht für meine Grosseltern. Der Fabrikarbeiter brachte einen kleinen Lohn heim. Grossmutter war in der Familie die Finanzchefin. Was sie mit dem wenigen Geld zustande brachte, war schlicht phänomenal.

Ferien hatte es einmal gegeben. Fünf Tage in Adelboden. Wenn Onkel Emil von der Geschäftsreise nach Wien eine Karte schickte, ging das grosse Werweissen los: «Woher hat er bloss das Geld dazu?» Wien lag für meine Grosseltern weit, weit weg.

Die längste Reise in ihrem ganzen Leben führte von Zollikofen bei Bern nach Zürich an die Landi. Die legendäre Landesausstellung von 1939.

Es gab sie aber schon, die gute alte Zeit. Für die Bauern zum Beispiel. Sie dauerte bis Ende der Neunzigerjahre.

Die Eidgenossenschaft hatte für die Landwirtschaft hohe Zollschutzmauern errichtet. Ausländische Produkte wurden so stark mit Zöllen belastet, bis die einheimischen «billiger» waren.

Bei der Milch garantierte der Staat Preis und Abnahme. Der letzte Liter wurde vom Bund übernommen und vermarktet. Entsprechend hoch waren die Preise für Milch, Butter, Käse und weitere Milchprodukte. Emmentaler Käse hätte zu diesen Preisen im Ausland niemals verkauft werden können. Deshalb legte der Bund jährlich 500 Millionen Franken für die Verbilligung des Käseexports drauf. Das war mehr, als er zum Beispiel für die Kultur ausgab. Viel mehr.

Das System ist permanent optimiert worden. Was immer unsere Bauern produzierten, Härdöpfel, Rindfleisch oder Zuckerrüben, um nur diese drei zu nennen, der Bund sorgte für die Preis- und Abnahme-garantie. Das sind nicht nur gute alte, sondern herrliche Zeiten gewesen.

«Landwirtschaftspolitik» gab es auch für die schweizerische Waggon-industrie. SBB, Privatbahnen, städtische Verkehrsbetriebe mussten ihr Rollmaterial bei ihr kaufen. Zu Monopolpreisen. Wettbewerb war in dieser Branche ein Fremdwort.

Die Basler Verkehrsbetriebe wollten Ende der Sechzigerjahre das Preismonopol brechen. Sie hatten bei der Düsseldorfer Waggonfabrik (Düwag) eine Offerte eingeholt.

Düsseldorf offerierte zum halben Preis. Das löste bei den verwöhn-ten Monopolinhabern helle Aufregung aus. Das Bundesamt für Ver-kehr wurde eingeschaltet, die Grenzen dichtzumachen. Dann durften die Düwag-Trämli doch noch beschafft werden. Ende 2009 fahren einige noch auf der Strecke nach Muttenz–Pratteln. Die meisten sind ersetzt worden und verkehren nun in Belgrad.

Die traditionelle Waggonindustrie überlebte die ausländische Kon-kurrenz nicht. Sie hatte sich zu sehr an ihre geschützte Werkstätte gewöhnt.

Erst die Stadler Rail AG von Peter Spuhler kehrte auf die Erfolgs-spur zurück. Sie schreibt als erfolgreiche Eisenbahnbauerin ein neues Kapitel. Wer Bahn fährt, kommt kaum mehr um Züge von Stadler Rail herum.

Die gute alte Zeit gabs auch für die PTT – Post, Telefon, Telegraf. Sie gehörte zur Schweiz wie das Matterhorn. Immerhin, der Berg steht noch.

Die PTT hingegen ist Geschichte. Seit 1998 ist sie in Post Schweiz und Swisscom aufgeteilt worden. Nicht etwa freiwillig. Die Europäi-sche Union hatte Post und Telekom liberalisiert. Ja und, was geht uns das an?

Mehr, als uns lieb ist. Die Schweiz ist zwar bekanntlich nicht EU-Mitglied. Aber sie übernimmt gleichwohl EU-Recht. Aus freier Überlegung, sagt man. Im Amtsdeutsch heisst das «autonomer Nachvollzug». Da lachen sogar die Hühner, und die grosse politische Lüge im Bundeshaus heisst nun «automatischer Nachvollzug».

Item, Swisscom ist jetzt eine Aktiengesellschaft mit dem Bund als Mehrheitsaktionär. Und die Post gehört weiterhin ganz dem Bund. Unter dem komischen Begriff «öffentliche Anstalt». Aber so stehts in der Bundesverfassung.

Das politische Sturmduo SVP-FDP möchte die Post und Swisscom am liebsten privatisieren. Wäre da nicht das störrische Volk. Versuche auf kommunaler Ebene scheiterten allesamt grandios.

Als Christoph Blocher noch Bundesrat war, versuchte er mit seinem Spezi Hans-Rudolf Merz einen Anlauf. Die Swisscom-Aktien des Bundes sollten verkauft werden. Das Unterfangen stolperte bereits an der Schwelle zum Parlament. SP, Grüne, CVP winkten ab.

Rechtsbürgerliche stört immer nur das Staatsmonopol, nicht das private. Mit dieser Ideologie schlafen sie ein und wachen sie auf.

Die PTT besorgte die Grundversorgung mit Post, Telefon, später mit Informationskommunikation. Selbst im kleinen und höchstgelegenen Dörfchen Lü hatte es eine Poststelle plus die Postauto-Verbindung ins Münstertal. Mir imponierte besonders die Dienstleistung für einen Bauern im Hinterrhein. Sein Hof lag irgendwo auf einer abgelegenen Alp. Ohne Telefonanschluss. Dabei hätte gerade er den nötig gehabt. Das Handy gab es damals noch nicht. Der Telefonanschluss wurde hergestellt. Kostenpunkt: 250 000 Franken. Der Bauer zahlte für das Telefonieren den gleichen Tarif wie wir in Basel. Das ist Service public. Für die PTT war der Bauer natürlich ein Verlustgeschäft.

Das PTT-Monopol erlaubte ein dichtes Postfilialnetz. Praktisch blieb kein Dorf ohne Poststelle.

Das hat sich geändert. Jetzt werden kleine Postfilialen geschlossen. Immer wieder. Weil sie nicht rentieren. Die Post Schweiz muss heute anders rechnen. Sie steht im Wettbewerb mit weiteren Anbietern, zum Beispiel der Deutschen Post.

Als Nachtrag noch ein Kuriosum aus der guten alten Zeit. Ein Sportlehrer aus St. Gallen bewarb sich um eine Stelle in Basel. Zeugnisse, Auftreten, sportliche und pädagogische Qualifikation stimmten. Dennoch bekam er die Stelle nicht.

Der Kandidat besass das St. Galler Diplom. In Basel hingegen wurde das nicht anerkannt. Der St. Galler hätte die ganze Ausbildung wiederholen müssen. Um dann mit dem Basler Diplom gewählt zu werden. Weil offenbar in St. Gallen eine andere Hochsprungtechnik galt als in Basel.

So war das damals mit dem Kantönligeist.

War sie tatsächlich so schlecht, die gute alte Zeit? Anders gefragt: Ist sie so viel besser, unsere Zeit?   ✦

Der «Sauhund»-Prozess vor dem Basler Strafgericht

Wie ich da hineingerutscht war, hing mit deutscher Politik zusammen. Was zu erklären ist. Der Kläger kam aus München und hiess Franz-Josef Strauss, zuletzt bayrischer Ministerpräsident.

Konrad Adenauer wurde 1949 als erster Bundeskanzler der Bundesrepublik Deutschland gewählt. Mit nur einer Stimme mehr. Seiner eigenen.

14 Jahre danach übernahm Ludwig Erhard die Nachfolge. Unter Adenauer war er Wirtschaftsminister. Nazi-Deutschland hatte nach der Kapitulation ein Land in Trümmern und Armut hinterlassen, ein Land, das sich aber erstaunlich rasch erholte. Man sprach vom deutschen Wirtschaftswunder. Das Drehbuch dazu: «Wohlstand für alle». Autor: Ludwig Erhard. Als Bundeskanzler reüssierte Erhard weniger. Nach drei Jahren gab er auf.

Es rückte Kurt Georg Kiesinger nach. Ein alter Nazi stand somit an der Spitze der demokratischen Bundesrepublik. Die Welt tat sich schwer mit ihm.

1969 wurde Deutschland von Kiesinger befreit. Mit Willy Brandt stellte die SPD stellte zum ersten Mal den Bundeskanzler. Der Nazi wurde vom Mann des Widerstands abgelöst. (Brandt war während der Nazi-Herrschaft untergetaucht. Nach Hitlers Niederlage kehrte er als Emigrant aus Norwegen nach Deutschland zurück.)

Willy Brandt leitete mit seinem Strategen Egon Bahr einen radikalen politischen Kurswechsel ein. Kennwort: neue Ostpolitik. Gemeint war die Aussöhnung mit der kommunistischen Sowjetunion.

Für die CDU/CSU-Opposition grenzte die Ostpolitik an Landesverrat. Weil man mit Kommunisten keinen Frieden schliessen könne. Brandt hingegen sah sich in der Pflicht, nach den Verbrechen von Hitlers Drittem Reich die Hand zur Versöhnung auszustrecken. Die

Sowjetunion habe im Kampf gegen Hitler-Deutschland die grössten Blutopfer erlitten. 20 Millionen Tote.

Für seine Politik erhielt Willy Brandt 1971 den Friedensnobelpreis. Vorher war er dorthin gereist, wo der Zweite Weltkrieg begonnen hatte. Nach Warschau, der Hauptstandt Polens, das von der Nazi-Wehrmacht als erstes Land überfallen wurde. Das Konzentrationslager Auschwitz erinnert an deren Schreckensherrschaft.

Willy Brandts Kniefall am Mahnmal für den Aufstand im Warschauer Ghetto ist in die Geschichte eingegangen. Nie zuvor hatte ein deutscher Politiker demütiger und überzeugender um Vergebung gebeten als Bundeskanzler Brandt.

Die einmalige Geste brachte langsam auch CDU/CSU-Politiker vom rechten Ufer zur Besinnung. Helmut Kohl setzte denn auch als Bundeskanzler Brandts Ostpolitik bis zum krönenden Abschluss der Wiedervereinigung weiter. Ohne Brandts politische Kehrtwende wäre sie nie möglich gewesen.

1974 trat Brandt als Bundeskanzler zurück. Er stolperte über einen DDR-Spion, der sein persönlicher Mitarbeiter war. Sein Abgang ist weltweit bedauert worden. Mit ihm hat Deutschland den beliebtesten und glaubwürdigsten Politiker verloren.

Nur einer interpretierte Brandts Demission unflätig respektlos: Franz-Josef Strauss, CSU-Vorsitzender in Bayern, indem er Brandt als blauäugigen, unfähigen Naivling diffamierte.

Am Morgen kaufte ich wie üblich die «Frankfurter Rundschau». Frau Meier, die Kioskfrau, redete ungewohnt aufgebracht auf mich ein: «Haben Sie gestern Abend Strauss, diesen Sauhund, auch gehört, was er über Brandt gesagt hat?» Ich hätte nie geglaubt, dass Frau Meier so «wüst» reden würde. Im Tram traf ich einen Bekannten. Auch ihn hatte Strauss, «dieser Sauhund», mächtig genervt. Im Büro empfing mich die Sekretärin mit der gleichen Wut auf diesen «Sauhund». Was ja auch meiner Gefühlslage entsprach.

Damals verfasste ich in der «Basler AZ» meine wöchentliche Kolumne «Café Fédéral» als «Rosa Berner». Neben Klatsch und Tratsch brachte ich News aus der Politik unter. Natürlich auch die «Sauhund»-Story. Sie war ja authentisch dreifach verbürgt.

Fast zwei Jahre später flatterte eine Strafklage ins Haus. Im Auftrag von Franz-Josef Strauss, München, hatte sie ein bekannter Basler Anwalt verfasst. Eingeklagt wurde der «Sauhund».

Vor Strafgericht blieb ich chancenlos. Der Tatbestand konnte nicht geleugnet werden. Meine Kioskfrau, Frau Meier, wäre bereit gewesen, als Zeugin auszusagen und zu bestätigen, dass nicht ich, sondern sie vom «Sauhund» gesprochen hatte. Jedoch allein der Gedanke, vor Gericht erscheinen zu sollen, brachte sie völlig aus dem seelischen Gleichgewicht. Ich verzichtete auf ihren Einsatz.

Das Gericht brummte mir wegen «übler Nachrede» eine Busse von 1000 Franken plus Gerichtskosten auf.

Wie hatte Strauss überhaupt erfahren, wer hinter der Rosa Berner steckte? Ein AZ-Mitarbeiter hatte zum «Blick» gewechselt und wusste, dass ich das war. In der Sommerflaute packte er dann die Story aus. Der Knüller war natürlich, dass Hubacher alias Rosa Berner die Kolumne «Café Fédéral» schreibe. Und da der «Blick» schon damals auch in München gelesen wurde, flog ich auf.

Das Erstaunliche war nicht meine Demaskierung, vielmehr, dass Srauss deswegen Strafklage einreichte.

Die Busse tat finanziell nicht weh. Es gab viele Spenden. Sogar im Tram streckte mir ein älterer Mann eine Hunderternote zu: «Als Dank für den ‹Sauhund›.»

Und auch politisch wirkte sich der Prozess positiv aus. Es wurde darüber ausgiebig berichtet. Der Migros-Gründer Gottlieb Duttweiler hatte mal bekannt: «Mir ist wurst, was man über mich redet, wichtig ist nur, dass man über mich redet.»

So gesehen durfte ich mich nicht beklagen. Künstler, sagt man, leben vom Beifall. Politiker auch.

Zusammenfassend sei festgehalten: Der «Sauhund»-Prozess hat meinem politischen Ruf nicht geschadet. Im Gegenteil. Meine Gegner fühlten sich natürlich bestätigt, dass Anstand nicht meine Stärke sei. Aber denen konnte ich sowieso nichts recht machen.

Meine Anhänger hingegen klatschten Beifall. Ich gehörte zur Sorte Politiker, bei denen man pfiff oder klatschte. Entweder kalt oder heiss also, aber nie lauwarm.

Politik ist nun mal nicht das edelste Geschäft. Deshalb würde ich meinen, der «Sauhund» sei für mich ungewollt zur PR-Aktion geworden.

Der polnische Satiriker Lem sagte es so: «Auf deine Feinde kannst du dich verlassen.» ✛

Weder Wahrheit noch Lüge

Hat, wer die Wahrheit verschweigt, gelogen? Ich meine Nein. Aber die Wahrheit ist es doch auch nicht. Was denn? Vor diesem Dilemma stand ich in der Militärkommission. Aber schön der Reihe nach.

Mit dem Rüstungsprogramm 1984 beantragte das EMD (Eidgenössisches Militärdepartement) einen Kredit von 4,5 Milliarden Franken für 420 deutsche Panzer Leopard. Meine Recherchen in Bonn ergaben, die Bundeswehr hatte den Panzer zum halben Preis beschafft.

Zur Sicherheit konsultierte ich Nicolas Hayek, Unternehmensberater, damals noch nicht Swatch-Konzernchef. Er überprüfte meine Unterlagen aus Bonn. «Sie stimmen, ein Skandal!», so Hayeks Befund.

Nun hatte ich einen Plan. Die Militärkommission sollte Hayek als ihren Experten engagieren. Einen Aussenseiter als Experten – das hatte noch nie gegeben. Um damit in der Kommission durchzukommen, brauchte ich bürgerliche Unterstützung. Ich fand sie bei Nationalrat Adolf Ogi, damals Präsident SVP, und die Mehrheit stimmte dem Vorschlag zu, einen externen Berater beizuziehen. Die EMD-Profis zeigten sich alles andere als erfreut. So viel Misstrauen war neu für sie.

Nicolas Hayek fasste nun den Auftrag, die Beschaffung der Leopard-Panzer gründlich zu überprüfen. Vor allem herauszufinden, weshalb die Schweizer Armee so viel mehr bezahlen sollte als die deutsche Bundeswehr.

Am 9.11.1984 lieferte Hayek dem EMD zuhanden der Militärkommission ein Gutachten mit 179 Seiten ab. Jede Seite wurde mit «vertraulich» angeschrieben. Das Schwarzbuch – das Gutachten war schwarz eingebunden worden – liest sich heute noch wie ein Krimi.

Unterlagen aus dem Bundeshaus werden und wurden per Post zugestellt. Nicht das Hayek-Gutachten. Das EMD liess es allen 23 Kommissionsmitgliedern persönlich zustellen und mit Unterschrift quittieren. Und zwar an einem Samstagnachmittag.

Am nächsten Tag schon stand alles Wesentliche im «Sonntagsblick». Das verstiess natürlich gegen die Geheimhaltung. Ein Fall für die Militärjustiz also.

Am Mittwoch danach fand die Sitzung der Militärkommission statt. Haupttraktandum: «Bericht über die Panzerbeschaffung Leopard 2 im Auftrage der Militärkommission des schweizerischen Nationalrates».

Auf bürgerlicher Seite herrschte dicke Luft. Der Neuenburger Liberale François Jeanneret stellte einen so genannten Ordnungsantrag. Er betraf erwartungsgemäss den Bericht im «Sonntagsblick». Jedes Kommissionsmitglied müsse schwören, so Jeanneret, nicht der Informant gewesen zu sein. Die Veröffenlichtung des geheimen Hayek-Gutachtens sei ein Skandal, das verstosse gegen die Landesinteressen. Der «Verräter» müsse dafür die Konsequenzen tragen.

Nun wurde die Kommission zum Schwurgericht. Der Kommissionspräsident schwor als Erster, «es» nicht gewesen zu sein. Weitere fünfzehn beteuerten ebenfalls ihre Unschuld. Dann war ich an der Reihe. Ich hatte etwas Zeit, mir Gedanken zu machen, wie ich da ungeschoren davonkomme.

«Ich befinde mich an der Sitzung der Militärkommission und nicht im Kindergarten», provozierte ich die Kommissionsmitglieder vom rechten Ufer. Jeanneret jubilierte denn auch. Seine Stimme überschlug sich vor Aufregung: «Ich habe gewusst, dass es der ‹Hübascher› war!»

«Moment, Herr Jeanneret», sagte ich, bewusst cool. Und wandte mich an den EMD-Vorsteher Jean-Pascal Delamuraz. Er solle mir bestätigen, dass dem EMD insgesamt 34 Hayek-Gutachten ausgeliefert worden seien. Davon 23 Stück an die Kommissionsmitglieder. Die restlichen elf Berichte gehörten demnach dem EMD. «Mais oui», bestätigte Delamuraz.

«Wem also im EMD sind diese elf Gutachten ausgehändigt worden?!», fragte ich den Bundesrat. Delamuraz begann sofort aufzuzählen: «Mir, dem Generalstabschef, dem Ausbildungschef, dem Rüstungschef» und, und. Neun Empfänger brachte er zusammen. Den zehnten und elften nicht.

Delamuraz tuschelte mit seinen Generälen. Es blieb definitiv bei nur neun Namen. Jeanneret schluckte seinen Ärger kleinlaut hinunter, denn ich war nun aus dem Schneider.

Ein Jahr lang, an jeder Sitzung, erkundigte ich mich, ob nun die beiden fehlenden Empfänger gefunden worden seien. Es sei verraten, Delamuraz reagierte jedes Mal noch hässiger. Es war für ihn eben wirklich eine peinliche Panne, und der Verdacht, die Indiskretion an den «Sonntagsblick» sei im eigenen Departement passiert, konnte nicht mehr ausgeschlossen werden.

Dass zwei Geheimdokumente irgendwie irgendwo im EMD verschwinden konnten, hätte die Militärjustiz zum Einsatz bringen müssen. EMD-Chef Delamuraz jedoch mochte nicht gegen sich selber beziehungsweise gegen sein Departement eine Untersuchung einleiten.

Seither ist ein Vierteljahrhundert vergangen. Gut ein Drittel der Leopard-Panzer steht eingemottet in Einstellhallen. Und zwar in klimatisierten. Damit sie nicht rosten. Die Leoparden kosten sogar noch recht viel Geld, wenn sie ausser Gefecht sind.

Bleibt noch die Frage, wer denn nun wirklich seinerzeit den «Sonntagsblick» informiert hat? Ich.

Es musste nämlich öffentlicher Druck erzeugt werden, und das Panzergeschäft bleibt nach wie vor als Mischung von Unfähigkeit im Management und Filz in Erinnerung.

Der Experte hatte haarsträubende Fehlleistungen beim Aushandeln Punkt für Punkt nachgewiesen. Beim «Filz in Bern» blieb es bei der Gewissheit. Hayek sagte es so: «Im Rüstungsgeschäft wird nicht mit Gentlemen verhandelt, sondern mit Gaunern.»

Er hatte vorgeschlagen, die 420 Leoparden ab Stange zu kaufen, um so zwei Milliarden Franken einzusparen. Das lehnten die Bürgerlichen ab. Die Panzer sollten im Lizenzverfahren selber hergestellt werden. Das schaffe Arbeitsplätze, legten sie den Köder aus. Gemeint waren lukrative Aufträge für die Wirtschaft.

Hayek verdarb den Spass.

Auch das Basteln in eigenen Werkstätten kostete weniger. Rüstungschef Felix Wittlin, der die Beschaffung gemanagt hatte, erzählte mir viel später, ohne Hayek-Bericht wären niemals über 900 Millionen Franken eingespart worden.

Das ist nicht gerade ein Happy End, aber immerhin eine gute Nachricht. Dass ich die Indiskretion für den «Sonntagsblick» gestanden habe, heisst nicht, dass ich sie bereue. Aber ich wollte beim Schwurgericht in der Kommission nicht in den Hammer laufen. Ich sagte nie, ich sei nicht der Informant gewesen. Also habe ich nicht gelogen, sondern nur die Wahrheit verschwiegen. ✦

Der Alte

Nationalratspräsident wollte ich nicht sein. Alterspräsident aber wurde man einfach. Das älteste Ratsmitglied über Jahrzehnte eröffnete nach den Wahlen die erste Session. 1991 traf es mich. Mit 65 Jahren bin ich der jüngste Alterspräsident gewesen.

Das war schon mal anders. 1967 zum Beispiel eröffnete Karl Dellberg die Session als 81-jähriger Alterspräsident.

Wir reden immer von der Überalterung unserer Gesellschaft. Angstmacher rechnen vor, was das kostet. Als ob Alte nur noch ein Kostenfaktor wären. Ein 81-Jähriger hätte heute gleichwohl keine Chance mehr, von einer Partei nominiert und dann erst noch als Nationalrat gewählt zu werden. Karl Dellberg hörte mit 85 auf.

Das Amt des Alterspräsidenten endet nach etwa anderthalb Stunden. Zuerst berichtet die Wahlprüfungskommission, ob die Wahlen überall korrekt verlaufen seien, bei uns eine demokratische Selbstverständlichkeit. Dann hält der alte Ratspräsident, dessen Amtszeit vor den Wahlen abgelaufen ist, seine Abschiedsrede. Zuletzt wird sein Nachfolger gewählt und der Alterspräsident macht ihm Platz.

Bei mir lief nicht alles so glatt ab. Zwei neu gewählte SP-Nationalräte erschienen im Pullover zur Sitzung. Das war nicht gerade die klassische Art. Nach dem Kleiderreglement – das gibts – ist «modische Kleidung» Vorschrift. Der Pullover gehört auf die Skipiste, weniger in den Nationalratssaal. Weil die anderen 198 Gewählten im gängigen Veston mit Hose oder im Zweireiher einrückten, fielen die beiden im Pullover schon aus dem Rahmen. Michael E. Dreher verlangte das Wort. Gefragt, zu was, meinte er: «Zur Kleiderordnung!».

Der hatte mir gerade noch gefehlt. Ausgerechnet Dreher wollte die eher feierliche Eröffnungszeremonie mit einer an sich unbedeutenden

Kleiderdebatte «versauen». In meinen 34 Jahren im Nationalrat pflegte ich zu vielen im Rat ein gutes bis sehr gutes Verhältnis. Zu anderen zumindest ein korrektes bis distanzierteres. Mit zwei «Kollegen» gabs keinerlei persönlichen Kontakt.

Der eine hiess Ernst Cincera, FDP Zürich. Er hatte über Linke und andere Subversive eine private Schnüffelkartei angelegt. Cincera liess ihm nicht genehme Demokraten überwachen. Um die Observierten bei Gelegenheit zu diffamieren. Beim Arbeitgeber zum Beispiel. Mir war der Mann zutiefst zuwider. Zumal er wie mit Öl geschmiert auftrat. Mit einem sanften, öligen Lächeln. «Falsch wie Galgenholz», hätte Grossmutter gesagt.

Der andere hiess Michael E. Dreher, Führer der Autopartei. Rechts von ihr war der Abgrund. Heute fahren die Autoparteiler im Mannschaftswagen der SVP.

Dreher war für mich ein Widerling. Im Berner Nobelhotel hat er sich mal verraten: «Linke und Grüne an die Wand und mit dem Flammenwerfer darüber.» Er sagte das nüchtern, nicht im Suff. Für mich war dieser Mann die personifizierte Schande für den Nationalrat. Ausgerechnet dieser Herr störte sich an der Kleiderordnung und markierte den Korrekten. Das ist oft so. Die grössten Dreckskerle geben sich als Saubermänner.

Nun also stand das Ekel vor mir und wollte ans Mikrophon. Zuerst übersah ich es mit offenen Augen. Dann fertigte ich ihn ab und schickte ihn an den Platz zurück: «Für einen solchen ‹Seich› von einem solchen Mann gibts nur eine Antwort. Ich erteile Ihnen das Wort selbstverständlich nicht!»

Der Ratspräsident ist gehalten, alle gleich korrekt zu behandeln, aber ich würde noch heute schlecht schlafen, hätte ich diesem Dreher nicht meine Abscheu gezeigt.

Zu Angenehmerem. Die wunderschöne Geschichte vom alten Bauarbeiter mit seiner Frau im Bundeshaus.

Das alte Ehepaar kam aus dem Staunen nicht heraus. Die langen Gänge, die hohe Decke, das vornehme Ambiente. Sie redeten nur leise miteinander. Laut hätten sie sich nicht getraut. Auf einmal wurde er unruhig. «Jesses», schupfte er seine Frau, «dort hinten kommt der Ritschard. Mit dem habe ich ja auf dem Bau noch zusammengearbeitet. Ich darf ihm doch nicht mehr Du sagen, Ritschard ist ja jetzt Bundesrat.»

Ich spürte, der Mann schwitzte. Und das Problem namens Willi Ritschard kam immer näher – um ihn zu erlösen: «Eh, lueg da, der Bärtu, was machsch de du da im Bundeshuus?» Albert, eben Bärtu, fiel fast hörbar ein Stein vom Herzen. Das Du galt noch. Er schaute drein, als ob er hätte sagen wollen: «Herrgott, ist die Welt doch schön!»

Das Beste folgte noch. «Hätten du und deine Frau Zeit, mit mir zum Mittagessen zu kommen?», fragte Ritschard.

«Hättest du Zeit...» Grossartig.

Ein Willi Ritschard täte dem heutigen Bundesrat gut. Das ist Nostalgie, ich weiss, das Privileg des Alten: zu sagen, wies früher war und wie es heute sein müsste.

Gelegentlich scherze ich mit meiner Gret, man könnte meinen, ich hätte in der Politik auf einmal alles richtig gemacht. «So einer wie Sie fehlt in ‹Bern› heute», wird mir geschmeichelt. Sogar als SP-Präsident werde ich plötzlich «vergoldet». Ich müsste lügen, würde ich sagen, das sei mir peinlich. Anderseits frage ich mich, weshalb das Lob so verspätet kommt.

Als SP-Boss war ich von Amtes wegen eine Konfliktfigur. Im tagespolitischen Hickhack habe ich am meisten ausgeteilt und eingesteckt. Da brauchte es wenig, aus mir ein Feindbild zu malen. Zumal ich rekordverdächtig lange Parteipräsident war. Und dementsprechend den politischen Kampfsport nachhaltig ausübte.

Heute bin ich weg vom politischen Tagesgeschäft. Damit aus der Schusslinie. Meine politische Überzeugung ist die alte geblieben.

Angereichert mit Erfahrung. Aber sie ist kein öffentliches Streitthema mehr. Der Alte hat jetzt eine andere Rolle. Dafür bekomme ich Beifall auch von solchen, die mich früher ausgepfiffen haben. Sie behaupten, ich sei «vernünftiger» geworden. Das irritiert mich kolossal. Denn das hiesse ja, ich hätte meine Grundeinstellung verschoben. Nach rechts. Dabei profitiere ich nur vom Altersbonus.

Der Alte erfährt mehr Respekt und Anerkennung als der frühere Frontkämpfer. Man ist nicht mehr dermassen angefeindet. Obwohl ich Dinge heute direkter und deutlicher ausspreche als in jüngeren Jahren, nimmt man mir das ab. Das Alter hat eben doch auch seinen Reiz.

Mit Schmunzeln hörte ich im Tram zwei etwa zwölfjährigen Mädchen zu: «Ich kann mir gar nicht vorstellen, wie man früher ohne Handy leben konnte.» Das andere nickte: «Ich auch nicht.»

Der Alte, also ich, schon. Ich bin bei den Grosseltern in Zollikofen aufgewachsen. Und erinnere mich, wie das erste Telefon montiert und das erste Radio angeschafft wurden. Oder wie Onkel Emil mit dem ersten Auto – innerhalb unserer Familie – aus der Stadt zu uns kam, wie er durch die Landgarbenstrasse fuhr und die Leute ans Fenster rannten: «Schaut, ein Auto!»

Solches und anderes haben nur wir Alten miterlebt. Nicht schlecht, oder? ✦

Moritz zeigt Nerven

Wären Bundesräte Briefmarken, zählten sie zu den absoluten Raritäten. Didier Burkhalter war Ende 2009 der zuletzt Gewählte. Als Nummer 112. So viele Bundesräte nämlich zählen wir seit der Gründung unseres heutigen Bundesstaates. Besser gesagt, so wenige. In Italien würde dieses Kontingent für keine zehn Jahre ausreichen.

Peter Bichsel hat mal gesagt, die Schweiz werde nicht regiert, die Schweiz werde verwaltet. Denn immer dann, wenn Bundesräte regieren wollten, sei es schiefgegangen. Bichsel fügte sich wohl der Erkenntnis, gut verwaltet sei besser als schlecht regiert.

Dafür stand auch Bundesrat Rudolf Gnägi, von 1966 bis 1979 Verkehrs-, dann Verteidigungsminister. Mein Ratskollege Andreas Gerwig meinte mal nach einer Verhandlung mit ihm: «Ich hätte mich gerade so gut mit dem Heizkörper unterhalten können.» Gnägi hingegen war mit sich im Reinen: «Es ist schön, Bundesrat zu sein, überall wird der rote Teppich ausgerollt.»

Das pure Gegenteil war Christoph Blocher. Er habe das Amt nie gesucht, flunkerte er. Das Land brauche ihn. Seine Mission sei, die Schweiz vor dem Abgrund zu retten. Entsprechend führte er sich im Kollegium auf. Wie eine Ich-AG. Das endete böse. Nun hat ihn die SVP wieder. Und wie. Als Parteistratege bleibt Blocher unerreicht. Wer ihn 2007 abwählte, soll 2011 dafür bestraft werden. Nach dem Gebot, des Wilden Westens: «Das habt ihr keinem Toten angetan.» Anschnallen bitte. Die Blocher-SVP fährt bereits wieder auf der Überholspur.

Im Juni 2009 erklärte Pascal Couchepin, Blochers stärkster Widersacher, den Rücktritt. Ich schrieb für die «Schweizer Illustrierte» die Würdigung. Mit etwas Pfeffer drin.

Eigentlich wäre, argwöhnte ich, der Moment für einen Zweierrücktritt gekommen. Gemeint war der Dienstälteste. Doch Moritz Leuenberger möchte 2011 zum dritten Mal Bundespräsident werden. Vermutlich hat er den günstigsten Zeitpunkt für den Abgang verpasst. Irgendwie belastete mich das Gefühl, er sei ausgebrannt. Er hätte sich und der Partei mit seinem Adieu – nach immerhin 14 Jahren – einen Dienst erwiesen.

Oft fragt man sich, ob mit Schreiben etwas bewirkt wird oder nicht. Es wird.

Läck!, war Moritz verschnupft, als wir uns an der Trauerfeier für Aschi Leuenberger, SP-Ständerat, in Solothurn trafen. Ich dachte doch nicht mehr an meine böse Schreibe und ging munter auf Moritz zu. Der würgte ein kaum hörbares «Grüezi» hervor. Den Händedruck erwiderte er mit demonstrativ gelangweilter Miene nur flüchtig. Und weg war er. Moritz liess mich stehen wie einen Regenschirm.

Es sei bemerkt, wir zwei mögen uns. Auch seit er Bundesrat ist, blieben wir in Kontakt. Dass er «muff» auf mich ist, muss ich akzeptieren. Selber schuld.

Im Umgang mit eigenen Bundesräten ist mein Talent bescheiden. Ich denke zum Beispiel an Pierre Graber. Der Waadtländer hatte die sechzig überschritten und musste 1970 «ums Verworgen» noch Bundesrat werden. So hatten es einige Bonzen arrangiert.

Graber übernahm das Departement für auswärtige Angelegenheiten. Aussenpolitik ist bei uns eben eine «Angelegenheit». Graber hatte sich im Nationalrat dafür nie besonders interessiert. Nach seinem ersten Amtsjahr zog ich in der Parteipresse mit seinem Vorgänger Willy Spühler einen Vergleich: «Wenn ich an Pierre Graber denke, bekomme ich Sehnsucht nach Willy Spühler.»

Damit war für den Romand der Zapfen ab. Er sprach von da an kaum mehr mit mir. Nach seinem Rücktritt begegneten wir uns zufällig noch an einem Parteitag. Wie zwei Fremde, die einander nicht ausweichen konnten.

Moritz schickte mir 2009 gleichwohl seine vom Bruder Dieter wie immer kunstvoll gestaltete Weihnachtskarte. Der Mann hat also Format. Auch im Frust. ✚

Bürger und Citoyens

Es gibt Politiker, denen kann man nie etwas beweisen. Aber was beweist das schon? Und am Stammtisch tönt es, Politik sei ein Dreckgeschäft.

Heiri Huber überträgt diese Feststellung folgerichtig: «Auch solche, die Dreck am Stecken haben, tragen eine saubere Weste.» Sitzt einer dieser miesen Gattung jedoch mit am Stamm, wird der Ankläger höflich: «Du bist natürlich nicht gemeint.»

Bei allen Beliebtheitsumfragen liegen Politiker meistens weit hinten. Polizisten, Hebammen oder Feuerwehrmänner figurieren meilenweit vor ihnen.

Das Merkwürdige jedoch ist der seltsame Widerspruch: Der schlechte Ruf der Politiker hindert Herr und Frau Schweizer nicht daran, viel zu viel Respekt vor ihnen zu zeigen. Sie können zum Beispiel nicht mehr normal grüssen. Mich hat stets aufgeregt, wenn mir als Volksvertreter mit dem verbalen Bückling begegnet wurde: «Guten Tag, Herr Nationalrat.» – «Ich heisse Hubacher, nicht Nationalrat», gab ich dann zurück.

Bei uns wird Demokratie grossgeschrieben. Am 1. August noch unterstrichen. Und Ausländern erklären wir die direkte Demokratie mit geschwellter Brust. Um dann vor einem Bundesrat fast in Ohnmacht zu fallen.

Wir sind als Demokraten Bürger, nicht Untertanen. Citoyens sagts eigentlich noch präziser. Citoyens grüssen den Volksvertreter nicht mit dem Titel. Wir sind doch, steht in der Bundesverfassung, vor dem Gesetze alle gleich. Also.

Der populäre Bundesrat Willi Ritschard erfuhr die übertriebene Achtung vor dem Titel sogar beim Einkaufen. Darüber redete er nicht ungern. Aber halt doch aufgebracht.

Als er einmal, um ein Beispiel zu erwähnen, im Haushaltgeschäft eine Bohrmaschine kaufte, die er als gelernter Handwerker brauchte, um an seinem Haus Reparaturarbeiten durchzuführen, musste er sich an der Kasse wehren. Nicht, weil zu viel verlangt worden wäre, bei Gott, nein. «Sie wollen mir das Zeugs immer schenken. Mir, dem Bundesrat. Und nicht etwa einem armen Teufel, der darauf angewiesen wäre», wetterte er los.

Natürlich schmeichelte ihm so viel Aufmerksamkeit. Sie erlaubte ihm ja, auf das Angebot grosszügig zu verzichten. Damit begnügte er sich jedoch nicht. Ihm war klar, dass Absicht dahintersteckte. Sich die Gunst des Mächtigen zu sichern, könnte irgendwann mal nützlich sein. «Mit dem kleinen Filz fängt Korruption an», schlussfolgerte der Genosse Bundesrat, und wir beide gelangten zum Schluss, der Mensch sei wahrscheinlich doch nicht so gut, wie der Papst meint.

Wer wie ich 15 Jahre Parteipräsident und 34 Jahre Nationalrat war, wird zur öffentlichen Person. Wenn Gret und ich uns in Basel verabredet hatten und ich verspätet eintraf, meinte sie: «Hast du dich wieder durch die Stadt geschnörrt?» Das hiess, bist du auf der Strasse angesprochen worden?

Das ist bis heute so geblieben. In Basel hauen mich die Leute auch wegen der Kolumne an, die ich jeden Freitag in der «Basler Zeitung» veröffentliche. Falls das den übrigen Schweizern nicht bewusst sein sollte: Basel ist ein grosses Dorf. Man kennt sich.

Ob es nicht unangenehm sei, auf der Strasse angesprochen zu werden, ist eine der häufigsten Fragen. Nein, ist es nicht. Im Gegenteil. Ich habe bei solchen Gesprächen schon viele gute Tipps bekommen, Interessantes vernommen und Leute kennengelernt.

Mir wird auch gesagt: «Ich bin meistens mit Ihnen einverstanden, aber diesmal nicht.» Bravo! Das ist Demokratie. Kennzeichen: die andere Meinung. Es wäre ja bitter um das Land bestellt, gäbe es sie nicht. Politik ist ja keine Wissenschaft im Laboratorium.

Dann gibts noch die Spanner.

So einer nahm mich im Café Bachmann beim Bahnhof in Basel ins Visier. Er muss lange auf den Moment gewartet haben, mich zu überführen. Sein Lächeln war ein schäbiges Grinsen. Im Sinne von «Dich habe ich durchschaut, du scheinheiliger Politiker».

Schnurstracks sprach mich Mister Unbekannt an: «Wars schön auf Rhodos?»

Die Insel Rhodos ist mir durchaus bekannt. Leider nur aus Prospekten. Unsere Ferieninsel ist Bornholm, nicht Rhodos.

«Wie ist schon Ihr Name?», wollte ich wissen. Das tue nichts zur Sache, meinte der aufdringliche Mensch. Ich antwortete ihm, nein, er täusche sich, ich sei noch gar nie auf Rhodos gewesen.

Das irritierte den Mann keinesfalls. Er habe mich ja gesehen, fuhr er fort und nahm mich ins Verhör. «Ich weiss schon, dabei ists nicht Ihre Frau gewesen, sondern eine junge Blonde.» Fast schon rabiat wiederholte ich: «Ich war meiner Lebtage noch nie auf Rhodos.»

Nun grinste der Schleimer wieder und schob sogar Verständnis für meine Situation vor. «Ich verstehe doch, dass Sie das nicht zugeben wollen, wer tut das schon gerne?» Um dann den obligaten Tröster nachzuschieben: «Auch ein Politiker ist nur ein Mensch.»

Da waren Hopfen und Malz verloren. Der Unbekannte, den ich übrigens seither nie mehr im Café Bachmann angetroffen habe, blieb bei seiner Version. Ich zahlte und ging.

Zwei Dinge sind an dieser Story bombensicher. Erstens: Ich war wirklich noch nie auf Rhodos. Zweitens: Genau das hat mir dieser Mann «ums Verrecken» nicht geglaubt.

So eine Verdächtigung geht nicht spurlos an einem vorüber. Sonst würde ich ja nicht darüber schreiben. Den Schlaf geraubt hat mir diese Rhodos-Story gleichwohl nicht. Wie so vieles fiel sie aus meinem Gedächtnis. Ich kann vergessen. Gott sei Dank.

Jahre später fuhr ich im Nachtzug von Bern nach Basel. Vis-à-vis sass ein Mann, den ich nicht beachtet hatte. Wenigstens nicht genau. Ich las, wie meistens, Zeitung.

«Darf ich Sie stören?», fragte nach Burgdorf mein Gegenüber. Und stellte sich als Herr Meister aus Binningen vor. Er sei zwölf Jahre im Ausland, in Südafrika, gewesen und seit einem Jahr wieder in der Schweiz. Weil er so lange weg gewesen sei, lebe er nun fast als Fremder im eigenen Land. Er habe über den engsten Familienkreis hinaus kaum mehr Bekannte. Dann wurde es spannend.

Dank mir werde er oft angesprochen, lächelte er. «Ich werde gerne mit Ihnen verwechselt und als Herr Hubacher angeredet.»

Nun schauten wir uns an. Jeder prüfte den anderen. Wie der Bauer die Kuh auf dem Viehmarkt. Wirklich: Grösse, Postur, Kopf, Alter stimmten überein. Mir gegenüber sass mein Doppelgänger.

Meister erzählte ein paar Müsterchen, die er als «Hubacher» erlebt hatte, durchwegs erfreuliche. Nur einmal, in der Länggasse in Bern, sei er von einem Besoffenen angepöbelt worden. «Dieser Scheiss-Hubacher!» Ich vergass sogar zu sagen, dass mir das leidtue. Denn plötzlich fiel mir Rhodos ein.

«Herr Meister, haben Sie auf Rhodos schon Ferien gemacht?» – «Ja, mehr als einmal.» – «Mit Ihrer Partnerin?» – «Genau.» – «Ist sie blond?» – «Auch das stimmt. Wieso wollen Sie das wissen?»

Hallo, Mister Aufpasser aus dem Café Bachmann in Basel, lesen Sie mich? ✦

Meine «SBB-Hochschule»

Es ist wie mit der ersten Liebe. Man kann sie nicht vergessen. Gleich gehts mir mit meinem Erstberuf als SBB-Stationsbeamter.

Nach neun Jahren stieg ich um. In die Politik. Von der Bahn losgekommen bin ich nie. Es ist eine liebevolle Nostalgiebeziehung zu ihr geblieben.

Wer, wie ich, kein begabter und schon gar kein ehrgeiziger Schüler war, brauchte die zweite Chance. Die SBB boten sie mir. Je älter ich bin, desto klarer erkenne ich, wie wichtig sie für mich war.

Als Bub war ich ein Spätzünder. Erst mit 18 löste ich mein erstes Kinobillett. Fernsehen gabs damals nicht.

Die Hollywood-Diva Hedy Lamarr spielte in einer Hawaii-Romanze die Hauptrolle. Eine Szene ist mir geblieben: Lamarr sass am Strand, nur mit einem Sarong verhüllt. Den wollte sie gerade ablegen, um ins Wasser zu steigen. Ausgerechnet in dieser Sekunde fuhr ein langer Zug vorbei. Im allerdümmsten Moment also. Nachher schwamm die Schöne schon weit draussen davon.

Ich sah mir den Film noch zweimal an, in der Hoffnung, der Zug werde Verspätung haben. Ziemlich naiv. Nicht für ein harmloses Gemüt wie mich.

Unschwer zu erraten, dass ich mit Selbstvertrauen nicht gerade üppig ausgestattet war. Wer meint, Politiker seien von Geburt an selbstbewusste Wesen, täuscht sich deshalb. Jedenfalls in meinem Fall. Tröstlich immerhin: Schüchternheit unterstellt man mir kaum mehr. Also habe ich sie überwunden.

Als Stationslehrling sehe ich in meiner Erinnerung also einen gehemmten, verunsicherten Jüngling.

Meine erste Lehrstation war Riedtwil-Seeberg – zwischen Burgdorf und Herzogenbuchsee, und in den drei Lehrjahren wechselte ich auf zehn weitere Stationen oder Bahnhöfe.

Nach jeder Versetzung suchte ich am neuen Ort zuerst ein Zimmer. Meistens übernahm ich das des Vorgängers. Mal mit, mal ohne Pension. Mal gut getroffen, mal weniger.

Hingegen stimmte das Finanzielle. An jedem neuen Arbeitsort gab es für die ersten zehn Tage je 15 Franken extra. 150 Franken folglich. Für einen Lehrling in der damaligen Zeit eine Menge Geld. Ein halbes Vermögen fast.

Das Zigeunerleben, wie Grossvater foppte, verlangte Anpassungsfähigkeit. An die neue Umgebung, die neuen Arbeitskollegen (Kolleginnen arbeiteten im Betriebsdienst noch keine) und an das neue Publikum. Ich bin dann doch recht schnell erwachsen geworden.

Jede Station bot Besonderes. Entlebuch den eingleisigen Betrieb, mit noch von Hand gestellten Weichen. Egerkingen das moderne mechanische Stellwerk. Riedtwil-Seeberg das 600 Meter lange Überholgeleise, um darauf einen Güterzug parkieren zu können, damit der Schnellzug passieren konnte. Olten als Morse-Zentrale. Die telegrafische Übermittlung mit Morsezeichen kannte ich bereits aus meiner Pfadfinder-Zeit.

Als Stift faszinierte mich die Zugsabfertigung. Die Arbeit im Stellwerk. Heute werden die Signale und Weichen zentral gesteuert. Im Stellwerk von Riedtwil-Seeberg bediente ich sie selber. Der Vorstand liess mich machen. Er las lieber die Zeitung.

Lehrlinge zahlen bekanntlich Lehrgeld.

Der Schnellzug Bern–Zürich war von der Vorstation Wynigen signalisiert worden. Ich öffnete ihm das Einfahrtssignal. Und stellte es zu früh auf Rot zurück. Der Lokführer schaltete auf die Notbremse. Das ist bekanntlich kein sanfter Prozess. Einer stieg fluchend aus – ihm war ein Koffer auf den Kopf gefallen – und stellte sich vor: «Schaad, Oberinspektor.» Du meine Güte, ausgerechnet der Chef des Lehrlingswesens.

Das Donnerwetter musste der Vorstand über sich ergehen lassen. Er konnte nicht gut zugeben, die Zeitung gelesen zu haben.

Grossrat Weber von Grasswil nahm regelmässig den Zug nach Bern. Für die Leute war der Herr Grossrat ein ganz «hohes Tier». Seine Marotte schaffte für uns Probleme. Weber verspätete sich regelmässig, und immer dann rief seine Frau an, wir sollten den Zug in Riedtwil-Seeberg doch zwei, drei Minuten anhalten. Was der Vorstand auch tat.

Item, Frau Weber hatte wieder mal telefoniert. Das Übliche. Ich sah den Grossrat auf dem Einspänner-Brügiwagen im Galopp heranfahren und liess ihn bis auf die letzten hundert Meter näher kommen. Dann winkte ich den Zug ab.

Uiui!, der Herr Grossrat steigerte sich in einen veritablen Wutanfall. Und lästerte über diesen «Schnuderbub», dem er schon noch Manieren beibringen werde. Der nächste Zug fuhr nämlich erst in zwei Stunden.

Grossrat Weber drohte mit einer Beschwerde «nach Luzern». An die Kreisdirektion. Sie wurde abgewiesen. Musste es. Schliesslich durfte nicht jeder die Abfahrtszeiten persönlich bestimmen. Auch nicht einer, der sich aufführte wie der Fürst von Monaco.

Persönlich notierte ich einen Erfolg, und mich dünkte, ich hätte den Test ganz ordentlich bestanden, denn von nun an traf der Herr Grossrat rechtzeitig auf der Station ein.

Nicht schlecht für einen Lehrling.

Dann verschlugs mich nach Entlebuch. Ziemlich rasch weihten mich Leute in das Dorfgerede ein. Der Metzger Limacher sei ein Halunke. Zuerst betrüge er die Bauern beim Kauf der Schlachttiere. Und dann die Kunden im Laden. Wer nicht aufpasse, zahle ein Pfund und bekomme nur 470 Gramm. Dafür sei Limacher jeden Morgen um 6 Uhr in der Kirche und bete.

Entlebuch war, wie man so schön sagt, stockkatholisch. Ein Vertreter verkaufte mir das Buch «Vom Jüngling zum Mann». 500 Seiten. Format Telefonbuch. Verfasser ein Prof. Hoppeier. Er muss ein Mönch gewesen sein. In Sachen Sex lief bei ihm gar nichts. Erst nach der

Heirat. Und dann nur, um ein Kind zu zeugen. Ich hatte mir die «Aufklärung» anders vorgestellt. Nicht so trostlos enthaltsam.

Stellwerk und Infrastruktur der Station Entlebuch mussten aus dem letzten Jahrhundert stammen. Die Weichen wurden von Hand bedient. Halt auch mal falsch. Der Schnellzug Luzern–Bern rollte nicht vorbei, sondern blieb auf dem Stumpengeleise stecken.

Wer stieg aus? Oberinspektor Schaad. «Schon wieder Lehrling Hubacher», begrüsste er mich unfreundlich. Ohne den Blick fürs Detail verloren zu haben. «Rücken Sie Ihre Mütze gerade, die trägt man nicht so schräg.»

Ich maulte frech zurück: «Das ist das Einzige, was ich bei der SBB auf die Seite bringe.»

Die Replik ist deshalb erwähnenswert, weil ich sie mir noch ein Jahr zuvor niemals zugetraut hätte.

Es ist für mich bis heute erstaunlich, wie vielseitig die Ausbildung als Stationslehrling verlief. Neben dem Fachwissen sind Pünktlichkeit, Zuverlässigkeit oder Selbständigkeit geschult worden. Fast automatisch, ohne es zu merken.

In Rothrist, dann höre ich auf mit diesen Storys, musste der Schnellzug Bern–Zürich aus technischen Gründen anhalten. Für etwa 40 Minuten, so die Ansage. Geschäftsherren stürmten massenweise ins Stationsbüro, um zu telefonieren (Handys gabs noch keine). Die Herren hatten Sitzungstermine, sollten abgeholt werden, die Verspätung stellte alles auf den Kopf. Mein Chef, der Stationsvorstand, schnappte nach Luft. Er war völlig überfordert und verlor die Nerven. Ich schickte ihn weg. In die Dienstwohnung. Und er gehorchte, tatsächlich. Mir, dem Lehrling.

Das meine ich mit der Schule des Lebens: Man(n) wächst an der Aufgabe. Und entdeckt sich selber.

Nach der Rekrutenschule dirigierte mich Oberinspektor Schaad nach Basel. Der ausgelernte Stationsbeamte kam in den Güterbahnhof Wolf.

Und für den 23-Jährigen entpuppte sich der Diensteinteiler-Job als Glücksfall. Auf einmal war ich für 350 Güterarbeiter eine Art Personalchef mit beschränkter Kompetenz. Vorher aber hatte ich mich im Büro, Abteilung Kalkulation, einzuarbeiten. Was kostet eine Wagenladung Emmentaler nach Rotterdam? Ein Klavier nach Emmenbrücke? Acht Tonnen Eisenröhren nach Morges? Oder drei Rennpferde nach Aarau? Rechnen gehörte zu meinen Stärken. So gesehen war ich im richtigen Film.

Mit der Zeit langweilte mich das Taxieren jedoch zunehmend, und die lange Exporttrampe mit den grossen Hallen wurde nun mein Arbeitsplatz.

Die Güterarbeiter mussten mit dem Sackkarren Güter ein- und ausladen. Tagein, tagaus, das war Schwerstarbeit.

Die 350 Mann waren in zehn Gruppen geteilt, geleitet von je einem Hallenchef. Diese Hallenchefs waren meine Ansprechpartner und entschieden, wie viele Leute sie für den täglichen Arbeitsanfall brauchten.

Mein Vorgänger teilte zu, ohne gross zu fragen. Er sei letztlich dafür gewählt worden und verantwortlich, belehrte er mich bei der Einführung.

Ich pflegte mehr den kooperativen Stil: Der Hallenchef kannte sich im Geschäft besser aus als ich. Zudem merkte ich rasch, wer regelmässig zu viele Leute verlangte. Zwei von zehn Hallenchefs.

Praktisch jeder Hallenchef hätte mein Vater sein können. Grossvater hatte mir den Respekt vor dem anderen eingeimpft. Nicht zuletzt der des Jüngeren vor dem Älteren. So ist mit den Hallenchefs bald ein Vertrauensverhältnis entstanden.

Grossvaters «Philosophie» erwies sich auch sonst als hilfreich. «Respekt ja», meinte er, «aber hab keine Angst vor ‹grossen Tieren›. Stell dir den Herrn Direktor in Badehosen vor, er sieht darin nicht besser aus als du.»

Ich sage Ihnen, das funktioniert wunderbar.

In meinen Zuständigkeitsbereich als Diensteinteiler fielen zweitens die persönlichen Alltagsprobleme «meiner» Güterarbeiter. Arzt- oder Zahnarztbesuch in der Arbeitszeit zum Beispiel. Oder Urlaub bei Todesfall in der Familie, Hochzeit und Geburt, Spitalbesuch bei der kranken Frau. Und Ähnliches.

Die ersten Italiener, noch Fremdarbeiter genannt, arbeiteten auf der Exporttrampe. Darunter der 18-jährige Francesco aus Bari. Seine Grossmutter sei gestorben, ob er drei Tage Urlaub haben könne, so die Ausgangslage. Der Gute. Die Grossmutter starb schon zum dritten Mal und lebte immer noch.

Francesco litt ganz einfach unter «Längizyti» nach der Mamma. Und sie sicher nach ihrem Figlio im fernen Basilea.

Natürlich liess ich ihn fahren. Er dankte es mir mit einem Strahlen im Gesicht, als ob er das grosse Los gezogen hätte. Und zahlte zurück. Er gehörte zu den paar Besten.

Mein Chef erfuhr auf Umwegen von meiner Gutmütigkeit. «Sie sind zu lieb mit den Leuten», tadelte er mich. «Die werden Sie nur ausnützen», war er sich sicher.

Irrtum. Die schon damals unvermeidliche Statistik widerlegte ihn. Der Güterumschlag pro Tonne, Mann und Tag war unter meiner Aufsicht gestiegen. Für mich ungewollt und überraschend. Der Chef reagierte konsterniert. Er konnte es sich nicht erklären.

Es gibt halt Vorgesetzte, die null Ahnung haben von einem guten Arbeitsklima. Man muss nicht Managerkurse besucht haben, um zu wissen, dass Mitarbeiter, die sich wohl fühlen, eine bessere Leistung erbringen als im umgekehrten Fall. Wenn die Klimaanlage besser funktioniert als das Betriebsklima, stimmt vieles nicht.

Paul S. plagte die berühmte «Krankheit», blauer Montag genannt. Er fehlte dermassen oft, dass es auffiel. Der Chef fühlte sich darin bestätigt, dass «seine Güte missbraucht» werde.» Er war drauf und dran, eine Kollektivstrafe zu erfinden.

Ich versprach ihm, den Scheinkranken in flagranti zu überführen. Seine Kollegen, bei denen er sich als Superschlauer aufgespielt hatte, zeigten für ihn gar kein Verständnis. Sie wussten Bescheid. Und lieferten mir die genauen Angaben.

Als sich Paul S. wegen «fürchterlichem Kopfweh» abgemeldet hatte, natürlich an einem Montag, wurde dies mein Tag. Ich fuhr an den Doubs nach St-Ursanne. Und fand den Kopfwehmann beim Fischen.

Die Strafe fiel gesalzen aus. Paul S. hat mich, wenn wir uns in der Stadt begegneten, nie mehr gegrüsst. Ich notierte es als Punktesieg. Bei den Kollegen hatte sich der Angeber grausam blamiert. Das kann mehr wehtun als Prügelstrafe.

Die Tanner-Story hingegen ist exemplarisch für Dummheit.

Tanner besorgte den Schriftendient. Er sortierte die Frachtbriefe. Die Begleitpapiere für den Gütertransport. Tanner trat morgens um 4 Uhr zum Dienst an.

Er wohnte in Binningen und fuhr mit dem Moped zum Güterbahnhof Wolf. An einem Januarmorgen blieb er im Schnee stecken. Er verspätete sich. Zum ersten Mal nach 25 Jahren war Tanner nicht um 4 Uhr pünktlich angetreten.

Schwamm drüber, dachte ich. Doch mein Chef erfuhr auf dem Latrinenweg davon. Er meldete den «Fall» nach Luzern. Dort muss der andere Hornochse entschieden haben. Tanner bekam einen Verweis und zehn Franken Busse.

«Diese Sauhunde!» Mehr brachte er nicht heraus. Er war fassungslos, tief gekränkt, verwundet. Tanner hatte kaum einmal krankheitshalber gefehlt. Von nun an meldete er sich häufig mit Arztzeugnis ab. Seine Seele war krank. Sie erholte sich nicht mehr.

Diese blödsinnige Anzeige meines Chefs sowie die idiotisch verfügte Busse bildeten den Auslöser dafür, wie ein hervorragender Mitarbeiter kaputt gemacht worden ist.

Ich werde noch jetzt, beim Schreiben, wütend.

Die zwei letzten Jahre arbeitete ich im Reklamationsdienst.

Wenn auf dem Transport Güter beschädigt wurden, gab es Beschwerden. Herr und Frau Schweizer sind da recht pingelig. Ein kleines, kaum erkennbares Kratzerchen am Kühlschrank konnte ausreichen, um einen Schaden anzumelden. Den handelte ich dann mit dem Kunden aus.

Entweder wurde ein Minderwert in Franken entschädigt oder ich nahm den Kühlschrank zurück. Und verkaufte ihn günstig unter dem Personal.

Das Gleiche geschah mit dem Emmentaler Käse. Der Käse mit den berühmten Löchern – ein Laib wiegt um die 120 Kilo – wurde nach Paris oder Mailand verladen, zum Beispiel. Um ihn dort in den feinsten Comestible-Geschäften als exquisite Köstlichkeit anzubieten. Doch es kam vor, dass ein Emmentaler mit dem Sackkarren verletzt wurde. Dann war es aus mit Export. Ein ehemaliger Käser portionierte und verkaufte ihn dann ans Personal. Wir alle wussten, diese Qualität gabs in keinem hiesigen Geschäft. Nur der beste Emmentaler wurde eben exportiert. Vom Bund erst noch subventioniert.

War nach etwa einem halben Jahr noch immer kein beschädigter Emmentaler im Angebot, konnte dem etwas nachgeholfen werden. Francesco, der mit der Grossmutter in Bari, übernahm dann den vertraulichen Auftrag, «es» zu tun.

Ein Dienst war schliesslich den anderen wert.

Auch Eier sind nicht unbedingt ideal für den Bahntransport. Beim Rangieren kam es immer wieder zu Zusammenstössen. Ergebnis: Eiertätsch im Güterwagen . In solchen Fällen zog ich den Experten bei, um den Schaden fachmännisch berechnen zu lassen. Beeindruckt hat mich besonders, wie die Migros als Geschädigte reagierte. Sie beauftragte meist ihren Lageristen (!) Louis Bloch mit dem Mandat, mit uns den Schaden auszumachen. «Von Eiern versteht Bloch am meisten», meinte der Direktor.

Nach 9 Jahren, 27-jährig, quittierte ich den SBB-Dienst.

Es gehört heutzutage zum guten neoliberalen Rechtston, staatliche Unternehmen wie Bahn und Post schlecht zu reden. Als ob nur privatwirtschaftlich geführte Firmen etwas vom Geschäft verstünden.

Swissair und UBS lassen grüssen.

Ich habe bei der Bahn sehr jung sehr viele Chancen bekommen. Da bewiesen die Zuständigen Risikobereitschaft und Vertrauen. Und wenn ich im Herzen noch immer ein «Bähnler» bin, dann nicht einfach aus Gründen der Nostalgie. Die SBB-Jahre haben mich entscheidend geprägt, geformt, für das spätere Leben fit gemacht.

Deshalb war das für mich die «SBB-Hochschule». Die beste Schule meines Lebens.

Noch ein i-Tüpfchen:

Von den SBB wechselte ich für kurze Zeit zum SEV, zum Schweizerischen Eisenbahnerverband. Mit dem berühmten Robert Bratschi als Chef, SP-Nationalrat, Präsident des Schweizerischen Gewerkschaftsbundes und, mit FDP-Bundesrat Walter Stampfli, Architekt der AHV.

Ich durfte auf der Redaktion des «Eisenbahners» mitarbeiten.

Bratschi gab mir zwei unvergessliche Ratschläge mit auf den Weg: «Schreibe nicht gescheiter, als du bist. Schau diesen Bandwurmsatz. Ich habe ihn schon dreimal gelesen und weiss immer noch nicht, was du sagen willst. Mache kurze Sätze.»

Zusammengefasst hiess das: Schreibe einfach und verständlich.»

Diese Worte begleiten mich beim Schreiben noch heute.   ✦

Der Regierungschef als Concierge

Ich weiss nicht oder nicht mehr, ob ich die typisch schweizerische Untugend, wir seien immer die Besten, auch mit mir herumgeschleppt habe. Falls ja, dann wurde ich geheilt. Mit Erfahrungen im Ausland. Ich erlebte, wie andere es anders machen. Nicht unbedingt besser. Aber auch gut.

Zu dieser Erkenntnis beigetragen hat der Aufenthalt in einem Bildungszentrum der dänischen Gewerkschaften. Es lag ausserhalb von Kopenhagen im Wald. Führungsleute müssten hie und da den Alltag abschalten und sich zurückziehen, um über das wirklich Wichtige zwei, drei Tage nachzudenken. «Am besten geht das hier im Bildungszentrum. Wir sagen ihm auch das rote Kloster», erklärte mir der Gewerkschaftsboss.

Im «roten Kloster» tagte das «Büro» der SI, der Sozialistischen Internationale. Bei uns wäre das der Parteivorstand. Dem «Büro» gehörten ungefähr 150 Mitglieder an. Die gesamte rote Politprominenz Europas. Erst später, unter dem Präsidium von Willy Brandt, reichte die SI über Europa hinaus.

Es war meine erste Sitzung der SI, wo sich Minister, Ex-Regierungschefs und solche, die es werden wollten, trafen. Grosse Namen der europäischen Linken also. Da wurde man als Vertreter der SP Schweiz auf das Normalmass zurückgestutzt. Zum Mister Nobody.

Ich kam nachts um 23 Uhr im «roten Kloster» an. Der Concierge empfing mich ausgesprochen herzlich. Er erledigte die üblichen Formalitäten und begleitete mich dann bis zum Zimmer. «Den kenne ich doch», meldete sich meine innere Stimme. «Unsinn, spinnst du?», wies ich sie zurecht. Ich war schliesslich zum ersten Mal in Kopenhagen.

Natürlich hatte ich ihn erkannt. Ich schaue ja Fernsehen und lese Zeitung. Mein «Concierge» eröffnete nämlich am nächsten Morgen die Konferenz. Es war der dänische Ministerpräsident Jörgensen. «Heilandsack! Das war der Hammer, das muss ich zu Hause erzählen», wusste ich. Denn die Idee, ein Bundesrat der Schweizerischen Eidgenossenschaft würde am Vorabend einer internationalen Tagung Nachtdienst als Concierge verrichten, war mehr als unwahrscheinlich: unvorstellbar.

Die Skandinavier, das bestätigte sich immer wieder, sind unkompliziert praktisch. Eine erste Kostprobe lieferte Olof Palme, damals Schwedens Erziehungsminister. Palme platzierte im «roten Kloster» «Büro»-Mitglieder bei jedem Essen neu. «Sonst sitzen immer nur jene zusammen, die sich sowieso schon kennen», belehrte er uns.

So sass ich mal neben Harold Wilson, dem britischen Labourchef, das nächste Mal vis-à-vis von Shimon Peres, heute Staatspräsident in Israel, oder bei Bruno Kreisky, Bundeskanzler von Österreich. Ohne diese Platzzuweisung hätte ich die Staatsoberhäupter nie so nah erlebt.

Die skandinavische Bescheidenheit kontrastierte auffällig mit dem italienischen Grössenwahn.

Das SI-»Büro» tagte auch mal im Mailänder Museum für Technologie. Gastgeber war Bettino Craxi, der Ministerpräsident Italiens. Als er beim Museum eintraf, sprangen etwa 60 Polizisten aus den Mannschaftswagen, um für Signore Craxi Spalier zu stehen. Für den biederen Sozialdemokraten aus der Schweiz war das ein grausames Szenario.

Der Bluff passte zum roten Boss. Craxi flüchtete später nach Tunis. Sonst wäre er im Gefängnis gelandet. Er war politischer Zuhälter von Silvio Berlusconi. Als linker Regierungschef besorgte er seinem rechten Paten die Konzession für die grösste private Fernsehkette. Damit begann der Aufstieg des Silvio Berlusconi. Craxi hatte dafür mehr als nur ein Dankeschön kassiert.

Solche Vorkommnisse befreien einen von der Vorstellung, Anstand, Moral und Ethik seien linkes Monopolgut. Es gibt sie auch unter den Roten, die politischen Halunken.

In der Sache zeichneten sich Tagungen der Sozialistischen Internationale nicht durch Effizienz aus. Es wurde viel geredet. Es wurden Resolutionen gefasst. Es wurde recht viel Papier produziert. Aber dabei kam recht wenig Konkretes heraus.

Als bleibendes Erlebnis beeindruckte etwas anderes: die persönliche Begegnung.

Die Ideologie, das Parteiprogramm und öffentliche Inszenierungen auf der Bühne gehören zur Politik. Weitaus am spannendsten dabei ist jedoch der Mensch.

Was mir von SI-Tagungen geblieben ist, sind die Hauptdarsteller. Wie sich beispielsweise François Mitterand und Helmut Schmidt offenkundig bemüht haben, ihre gegenseitige Abneigung zu demonstrieren. Der Deutsche hatte dem Franzosen nie verziehen, dass er mit den Kommunisten ein Linksbündnis eingegangen war.

Und der Franzose zahlte dem Deutschen zurück: «Sie haben von der Politik in Frankreich keine Ahnung.» Per Du waren sie nicht; obschon das unter Genossen die gängige Anrede ist.

Wir pflegen auch unsere Marotten. Bekannte Politiker nicht ausgenommen.

1976 wurde Willy Brandt in Genf zum SI-Vorsitzenden gewählt. Danach liess mich der Doyen der schweizerischen Sozialdemokratie, Walther Bringolf aus Schaffhausen, herausrufen. «Sag dem Brandt, ich sei da», schickte er mich zurück. Der reagierte leicht amüsiert. «Ach, der Walther, den muss ich natürlich hereinholen. Am liebsten hätte er noch den roten Teppich.»

Der berühmte Friedensnobelpreisträger begleitete daraufhin den sich nicht minder für bedeutend haltenden Schweizer in den Saal.

Ende 1989 fand in Genf eine SI-Tagung statt. Üblicherweise hielten sich da SP-Bundesräte heraus. Ob das Mitmachen gegen den Konkordanzgedanken oder die Neutralität verstossen hätte – ich weiss es nicht.

Für Genf baten wir René Felber und Otto Stich um eine Ausnahme. Für einmal sollten auch unsere «Minister» dabei sein. Im eigenen Land wenigstens. Beide sagten zu. Unter Bedingungen: dass sie nur kurzfristig präsent sein müssten, beide je eine Rede halten dürften und zwar um 15.30 Uhr. Nacheinander.

Willy Brandt nahm das ungewöhnliche Angebot amüsiert zur Kenntnis. Normalerweise gabs keine Gastredner. «Aber für die Schweiz machen wir doch gerne eine Ausnahme!»

Die zwei Genossen Bundesräte waren pünktlich erschienen, absolvierten den verbalen Teil und verliessen uns rasch wieder.

Die Aufmerksamkeit für die zwei Fremden, niemand kannte sie ja, hielt sich in engsten Grenzen. Peinlich empfand ich, wie die zwei sich inmitten vieler Amtskollegen aus der halben Welt wie Exoten aufführten und nicht merkten, wie daneben sie sich benahmen.

Felber und Stich hätten ebenso gut und unbeachtet am Nordpol Glace verkaufen können.

Im März 1986 fand in Stockholm die Trauerfeier für den ermordeten Olof Palme statt, der inzwischen Regierungschef geworden war. Ich hatte schon fast einen guten Bekannten verloren. Sicher einen aussergewöhnlichen Politiker.

Ich erinnere mich, was er mir über die Jugendunruhen der Achtzigerjahre erzählt hatte. Als damaliger Erziehungsminister meldete er sich beim Ministerpräsidenten ab. Er müsse für zwei Wochen an die «Front».

Palme reiste 14 Tage lang von einer Universität zur anderen, und immer wieder stellte er die gleiche Frage: Warum, warum? Er wollte erfahren, wo die Ursachen für den Jugendaufstand lagen.

Anderswo wurden Wasserwerfer und möglichst viel Polizei eingesetzt. Palme aber hockte nicht einfach im Büro, um sich über die auf-
sässigen Jugendlichen zu ärgern.

Seine Art, auf den Protest einzugehen, machte bei den Betroffenen
Eindruck.

Daran dachte ich an der Trauerfeier in Stockholm. So stellte ich mir
Politik vor: versuchen herauszufinden, was in der Gesellschaft nicht
mehr stimmt.

Zurückgeblieben ist bei mir ein Faible für Skandinavien. Unsere ersten
Dänemark-Ferien verbrachten wir in Karrebacksminde am Meer. Wir
hatten eines von 35 Ferienhäusern gemietet. Mitten im Haus stand das
Cheminée. Leider ohne Holz. Was tut in einem solchen Fall der
Schweizer? Er geht reklamieren. Da machte ich keine Ausnahme. In
leicht gereizt vorwurfsvollem Ton beanstandete ich an der Reception
das fehlende Holz.

Die Antwort haute mich fast um: «Sehen Sie dort den Wald?», unter-
strich der Receptionist das Gesagte mit ausgestrecktem Arm. «Dort
liegt das Holz.»

«Fräche Siech», würgte ich gedanklich meine Empörung hinunter.
Schliesslich hatte man ja eine «anständige» Miete bezahlt, da hätte
Cheminee-Holz ruhig inbegriffen sein dürfen.

Als Eidgenosse war mir die dänische Mentalität noch fremd. «Beim
Holzsammeln lernt ihr euch kennen», erklärte mir der Mann an der
Reception. Aha, da war der Hund begraben.

In der ganzen Feriensiedlung gabs auch nur einen Grill. So hockte
man abends zusammen. Der eine erschien mit der Gitarre, andere
konnten sogar ordentlich singen. Oder auch nicht. Aber gemütlich
wars jedes Mal.

Gemeinschaft wird im skandinavischen Norden ganz gross geschrieben. Da passt dazu, dass der Regierungschef ab und zu Concierge
ist. ✦

Stich wurde unterschätzt

Das fing schon ungut an. 1975 übernahm ich das Präsidium der SP Schweiz. Die Geschäftsleitung zählte 15 Mitglieder: eine Frau, 14 Männer. Dabei Otto Stich. Er leitete die parteiinterne Arbeitsgruppe für Finanz- und Wirtschaftspolitik. Schon hockte ich in der Falle.

Ohne mein Zutun kam es mit Stich zu Spannungen, denn die Mitglieder der Stich-Kommission teilten mir eines Tages ihren Kollektivrücktritt mit. Weil Stich alles allein mache. Entweder müsse er ersetzt werden oder keiner arbeite mehr mit. Die GL wechselte Stich aus. Das hat er mir nie vergessen.

Wir beide sind 1963 in den Nationalrat gewählt worden. Jeder bearbeitete seine Schwerpunkte. Wir liessen uns gegenseitig in Ruhe.

1983 beschloss der Parteitag der Solothurner SP, Stich nicht mehr für den Nationalrat aufzustellen. 20 Jahre seien genug. Nachdem er kein halbes Jahr zuvor einen ersten Dämpfer hatte verkraften müssen! (Als Personalchef von Coop Schweiz wäre er gerne in die Direktion aufgerückt. Die hatte das abgelehnt.)

1983 sollte für ihn dann doch noch ein guter Jahrgang werden.

Im gleichen Jahr, noch vor den Sommerferien, erklärte nämlich Willi Ritschard den Rücktritt als Bundesrat. Im Oktober verstarb er, noch im Amt. Partei und Fraktion schlugen für die Nachfolge Lilian Uchtenhagen vor. Es sei Zeit für die erste Frau. Wir zählten auf den Frauenbonus. Bei einer erstmals kandidierenden Frau würden die Bürgerlichen nicht ihr gewohntes übles Spiel treiben, hofften wir. Das war eine Fehleinschätzung. Gewählt wurde Otto Stich.

Erst später erfuhr ich Näheres. Zum Beispiel, dass Wachtmeister Hans Burri vom Basler Polizeikorps schon am Vorabend des Wahltags beim

Coop-Hochhaus in Basel einen Dienstwagen bereitstellen und ihn nachts bewachen lassen musste. Am nächsten Tag wurde Otto Stich nach seiner Wahl exakt in diesem Auto zur Vereidigung ins Bundeshaus chauffiert. Was sagt uns das? Stichs Wahl war kein Zufall. Vielmehr sorgfältig geplant.

Nach der Vereidigung marschierte die Coop-Direktion in Einerkolonne im Bundeshaus ein. Um ihrem Kollegen zur Wahl zu gratulieren. Dem Kollegen, den sie nicht in ihrer Direktion haben mochten. Es war ein Bild für die Götter. So viele hohe Herren auf dem devoten Wiedergutmachungsgang.

Nach der Wahl von Otto Stich nahm die SP-Fraktion ein Time-out. Fraktionspräsident Dario Robbiani eröffnete die Diskussion. Das Wort wurde nicht verlangt. Die Stimmung lag auf dem Tiefpunkt. Nach einigen Minuten eisigem Stillschweigen schloss er die Sitzung: «Nach eurem Stillschweigen gehe ich davon aus, dass ihr mit der Wahl von Otto Stich zum Bundesrat einverstanden seid.»

Die Parteiführung jedoch konnte nicht zur Tagesordnung übergehen, als ob nichts geschehen wäre. Einmal mehr hatte sich die SP von den Bürgerlichen gefallen lassen müssen, dass sie bestimmen, wer ihr Vertreter im Bundesrat ist. Langsam hatten wir die Nase davon voll. Deshalb wurde für neun Wochen später ein Parteitag einberufen.

1600 stimmberechtigte Delegierte und ebenso viele Gäste kamen in den Kursaal Bern – eine Rekordbeteiligung.

GL und Parteivorstand beantragten dem Parteitag fast einstimmig den Austritt aus dem Bundesrat. Sektionen und Delegierte erhielten ein Argumentarium mit Gründen dafür und dagegen, die in einer paritätisch zusammengesetzten Arbeitsgruppe zusammengestellt worden waren. Der Parteitag beschloss im Verhältnis 3:2, die SP bleibe im Bundesrat. Danach erklärte ich als Präsident: «Damit ist Otto Stich mit dem heutigen Beschluss als unser Bundesrat akzeptiert worden.»

Diese Chance hatte Eveline Widmer-Schlumpf von ihrer Partei nie bekommen.

Die SP-Parteileitung, insbesondere ich als Präsident, erlitten auf den ersten Blick eine herbe Niederlage. Wir hatten ja Stich als Bundesrat verhindern wollen. Auf den zweiten siehts etwas anders aus. Die Nichtwahl einer erstmals nominierten Frau hatte die Wut darüber, dass die SP bei Bundesratswahlen immer wieder fremdbestimmt und gedemütigt wird, verschärft. Deshalb musste diese besonders hart empfundene Provokation der Bürgerlichen ausdiskutiert, konnte nicht einfach wortlos verdrängt werden. Es blieben auch so noch Narben und Verletzungen zurück.

Bundesrat Otto Stich übertraf bald einmal alle Erwartungen. Bei den Bürgerlichen negativ, bei uns positiv. Damit half er mit, die aus dem Gleichgewicht geworfene Partei langsam zu beruhigen. Mit seiner pointierten Politik konnte er die meisten versöhnen und für sich gewinnen. Die Leute draussen redeten vom «Otti». Ein untrügliches Zeichen dafür, dass Stich beim Volk angekommen und sogar populär geworden war. Wer ihn in einem Gartencenter beobachtete, wie er Setzlinge für seinen Garten einkauft, war nicht überrascht. Der anfänglich ungeliebte Bundesrat blieb bescheiden, ohne Starallüren. Wie Heiri Huber von nebenan.

Noch etwas: Während Politiker im Allgemeinen, Bundesräte im Speziellen gerne über den Stress klagen, bewältigte Otto Stich sein Arbeitspensum offensichtlich locker, meist sogar vergnügt. Bei ihm gabs schnell einen Termin. Mit den Geschäften war er à jour. Und Zeit für einen Jass im Hotel Bern, dem früheren Volkshaus, blieb allemal.

Nur etwas gelang ihm nicht: über seinen Schatten zu springen. Vom guten Rat, Sieger sollten grosszügig sein, hielt er nichts:. Für die

Schmach, die ihm aus seiner Sicht die Partei angetan hatte, wollte er sich rächen. Dafür trug ich die Hauptverantwortung. Stich lud mich deshalb zu einem Gespräch unter vier Augen in die «Kurierstube» des Hotel Bern ein. Die Sitzung dauerte fast vier Stunden.

Unverblümt und schnörkellos steuerte Stich auf sein Hauptanliegen zu. Es sollten Köpfe rollen. Ich als Präsident, Peter Vollmer als Vize und Lilian Uchtenhagen als GL-Mitglied müssten zurücktreten. Weil, so der Gnadenlose, wir drei verloren hätten. Er interpretierte seinen Sieg am Parteitag als Niederlage für uns. War sie auch. Nur ist es in der SP nicht verboten, zu verlieren. Das ist demokratischer Usus. Und wird nicht mit einem Misstrauensvotum bestraft. Deshalb musste ich Stichs Forderung zurückweisen: «Die Partei ist noch nicht so tief gefallen, dass der Genosse Bundesrat bestimmt, wer Präsident sein darf und wer nicht.»

Der hartnäckige Otto gab nicht so schnell auf. Deshalb zog sich unsere Gesprächsrunde über Stunden hin. Ihm genügte nicht, dass sich die Partei mit ihm versöhnt hatte. Die Friedenspfeife, die er unentwegt stopfte, änderte etwas nicht: Otto Stich war der Kandidat der Bürgerlichen. Die allerdings bereuten seine Wahl schon recht bald. Auf die Idee hingegen, dass die Partei dieses Diktat zuerst einmal verarbeiten musste, verfiel er nicht. Dazu ist er zu selbstgefällig. Und eine Auswechslung der Parteiführung hätte neue Unruhe in die SP-Reihen gebracht. Ende November 1984, sechs Monate nach unserem Rendezvous, war ein Parteitag vorgesehen. «Wenn du mich weghaben willst, musst du dort antreten», steckte ich meine Position ab. «Das ist der ordentliche Weg und nicht ein Deal im kleinsten Kreis», lese ich in meinen Gesprächsnotizen.

Daraufhin änderte Stich die Taktik. Er schaltete auf sanft um. Plötzlich sorgte er sich um mich. Ich sollte jetzt mal «richtig Geld verdienen». Ich sei «SBB-Beamter» gewesen, da wäre doch BLS-Direktor etwas für mich, lispelte er über den Tisch. Dieser Lockvogel war eine lahme Ente. Die BLS ist die kantonalbernische Staatsbahn. Kein Bun-

desrat hat da das Sagen. Und hätte ich Otto für das vergiftete Angebot gedankt, wäre die Indiskretion den Medien gesteckt worden:
«Hubacher möchte BLS-Direktor werden.» «Dann hättest du mich
politisch schachmatt gesetzt», winkte ich ab. In solchen Situationen,
wenn er durchschaut wurde, reagierte Stich mit Schweigen. Und mit
einem verschmitzten, leicht fiesen Grinsen.

Am Parteitag trat er mit seinem Gegen-Kandidaten Prof. Hans Schmid
von der Hochschule St. Gallen an. Ich wurde glänzend als Parteipräsident bestätigt.

Beim Frühstück am Morgen danach kam Stich auf mich zu: «So, es
ist 1:1. Hören wir auf mit diesen Bubenspielen.»

Von da an haben wir den schwierigen Umständen entsprechend eine
gute Geschäftsbasis miteinander gefunden. Freunde sind wir nie
geworden. Dafür doch noch vernünftige politische Partner.

Stich ist sich treu geblieben. Er vergisst nichts. Sein Computer-
gedächtnis ist phänomenal. Und er kann nicht verzeihen. Otto ist halt
immer unterschätzt worden.   ✦

Genf schlägt Wien

Wer schon mal auf der Bühne stand, weiss, was Applaus bedeutet. Er ist ein Seelenwärmer, ein Glücksgefühl, Beifall kann süchtig machen. Ich kannte einen Kollegen, der hatte auf dem Manuskript immer wieder rot markiert: «Beifall». Gab es keinen, schaltete er auf Fortissimo um. Und wiederholte den seiner Meinung nach beifallsträchtigen Abschnitt oder Satz. Er buhlte regelrecht um den Applaus. Eigentlich bekam er ihn immer.

Komplimente für ein Land sind das, was jede Frau gerne hört: «Ich liebe dich.»

Ich erlebte als Zeuge, wie zwei grosse Staatsmänner sich über unsere Schweiz unterhielten, und schlürfte die Liebeserklärung in mich hinein, als ob sie mir persönlich gegolten hätte.

Doch schön der Reihe nach. «Wie z Paris», wie Grossvater stets maliziös beifügte. Ich glaube nicht, dass er gewusst hat, woher diese Redensart stammt. (Wenn Männer vor einem Pariser Bordell in Paris Schlange standen und drängten, wurden sie von der Puffmutter zur Ordnung gerufen: «Meine Herren, schön der Reihe nach.»)

Der frühere deutsche Bundeslanzler Willy Brandt blieb auch nach seinem Rücktritt 1974 auf der weltpolitischen Bühne ein Hauptdarsteller. Zum einen als Vorsitzender der Sozialistischen Internationale, SI. Unter seiner Führung ist sie eine starke politische Stimme geworden, und bis heute gabs keinen auch nur einigermassen ebenbürtigen Nachfolger. Willy Brandt strahlte Charisma aus – war zudem ein Mensch zum Anfassen. Er konnte sich mit einem Winzer im südbadischen Kaiserstuhl genauso gut unterhalten wie mit dem spanischen Regierungschef Felippe Gonzales.

1977 hat ihm die Uno den Vorsitz der «Unabhängigen Kommission für Internationale Entwicklungsfragen» anvertraut. Man nannte sie Nord-Süd-Kommission. Zwanzig namhafte Politiker, Wissenschafter und Kulturschaffende aus aller Welt gehörten ihr an. Auf dem Sekretariat arbeiteten gut ein Dutzend Leute. Die Arbeit dauerte drei Jahre. 1980 erschien der Bericht unter dem Titel «Das Überleben sichern». Es ging darum, «gemeinsame Interessen der Industrie- und Entwicklungsländer» darzulegen.

Die 400 Seiten sind aktueller denn je geblieben. Ein einziges Zitat: «Für den Preis nur eines Kampfflugzeuges könnte man in armen Ländern etwa 40 000 Dorfapotheken errichten.»

Das «Testament» der Nord-Süd-Kommission ist eigentlich ein trauriges Dokument geworden. Beim Lesen heute wird einem bewusst, wie wenig sich zum Guten verändert hat. Der Rüstungswahnsinn hält an. Die USA und westliche Verbündete verpulvern in einem sinnlosen Irak- und Afghanistankrieg Milliarden. Wut und Tränen überkommen einen beim Gedanken, was damit Sinnvolles finanziert werden könnte.

Zurück zu Willy Brandt. Es war in Mannheim, an einer Tagung des SI-Büros. (Bei uns wäre das der Vorstand.) Willy Brandt und ich sassen beim Frühstück. Wir warteten auf Bruno Kreisky, Bundeskanzler von Österreich. Brandt hatte mich im Voraus informiert, dass er das Sekretariat für die Nord-Süd-Kommission in Genf haben möchte. Bruno Kreisky kämpfte für Wien. Die zwei waren Freunde.

Bruno Kreisky hielt für Wien ein hinreissendes Plädoyer. Aufgetischt mit seinem umwerfenden Charme. Er konnte einen Seitenhieb auf die Schweiz nicht verklemmen. Genf sei neben New York Uno-Zweitsitz, die Schweiz hingegen nicht einmal Uno-Mitglied. Er habe deshalb in Wien eine Uno-Stadt bauen lassen. Für 4000 Arbeitsplätze. Um möglichst viel von Genf nach Wien zu verschieben. «Und nun kannst du doch mit deinem Sekretariat nicht ausgerechnet nach Genf ziehen», schloss er seine Arie «Wien, Wien, nur du allein» ab.

Der Deutsche hörte sich Kreiskys Hohelied leicht amüsiert, wie mich dünkte, an. Dann erläuterte er seinem Freund, weshalb er halt doch nach Genf gehe. Ich erinnere mich an die Begegnung, als ob sie gestern gewesen wäre.

Es war eine Lektion für die Schweiz. «Weisst du, Bruno», lese ich in meinen Gesprächsnotizen, «in Genf funktioniert nicht nur alles, sondern halt noch etwas besser als bei dir in Wien. Die Bahn verkehrt pünktlich, die Swissair ist nicht zu übertreffen, Post und Telefon sind Spitze, Behörden und Verwaltung arbeiten erstklassig, die internationale Vernetzung von Genf ist es ebenso. Du kommst gegen Genf nicht auf, ich werde mein Sekretariat dort einrichten.»

Ich hätte Willy Brandt für diese Sternstunde umarmen können. Er hatte sich für Genf entschieden, weil für sein Verständnis die öffentlichen Dienste, die staatliche Infrastruktur, optimal waren.

Neoliberale Ideologen und andere Privatisierungs-Fundis haben unterdessen deren volkswirtschaftlichen Nutzen längst verdrängt. In ihrem Privatisierungswahn gibt es nur den Markt. Nur die private Wirtschaft. Die Eidgenossenschaft jedoch zeichnet sich durch ihren Mix aus. Service public und Privatwirtschaft.

«Servus, Bruno», verabschiedete Willy Brandt den grossen Österreicher. «Ich habs geahnt», gab Kreisky zurück. **✦**

Mit oder ohne Schuhe?

Es gibt Erlebnisse, die bleiben für immer im Gedächtnis haften. Für mich zum Beispiel der Auftritt der Arbeiterkommission im Büro der Ziegelei Allschwil.

«Komm doch mit», forderte mich Kollege Oreste Fabbri auf. Er hätte mein Vater sein können. Von ihm wurde ich in die Gewerkschaftsarbeit eingeführt. Ich bewunderte ihn. Nicht zuletzt für seine «Flexibilität», wie man heute betonen würde.

An der Generalversammlung der Bauarbeiter wurde das Protokoll der GV vom Vorjahr wie üblich verlesen und dann genehmigt. Oreste Fabbri hatte diesmal keines bei sich. Nur mochte das sein Kopf nicht zugeben. Er las es dennoch vor. Ab einem leeren Blatt Papier. Als ob er das Protokoll geschrieben vor sich gehabt hätte.

Ich durfte Fabbri also zu der Verhandlung mit dem Direktor der Ziegelei begleiten. Die Arbeiter hatten sich eben erst in der Gewerkschaft organisiert. Fabbri erwartete gespannt die erste Verhandlung.

Wir beide sassen bereits im Direktionsbüro, als die Vertreter der Arbeiterkommission eintrafen. In ungewöhnlicher Aufmachung.

Ohne Schuhe nämlich, nur in den Socken.

Wer das angeordnet habe, erkundigte sich Fabbri. «Ich», meldete sich der Direktor. «Es wird nur mit den Schuhen verhandelt», erwiderte Fabbri schneidend scharf.

Der Direktor versuchte seine Massnahme zu rechtfertigen. Mit dem schönen Büro und sauberen Teppich halt. Die sollten nicht dreckig werden. Das beeindruckte Fabbri nicht.

Wer ohne Schuhe verhandeln müsse, betonte er, sei von vorneherein degradiert. Zweitklassig und entwaffnet. «Hier geht es um die Menschenwürde. Ohne ihre Schuhe sind meine Kollegen ohne Würde.»

Der Direktor gab nach, zumal Fabbri mit der Öffentlichkeit drohte. «Sie sind zwar der Direktor der Ziegelei, aber Sie können sich von nun an nicht mehr alles erlauben, dafür sorgt die Gewerkschaft», gab er den Tarif durch.

Gewerkschaftsarbeit, das habe ich bei dieser Begegnung kapiert, fängt im Kleinen an. Bei den Schuhen zum Beispiel. Nur mit solchen ist ein Verhandlungspartner gleichwertig.

Mit der Zeit sammelte ich eigene Erfahrungen. Die folgende Episode legt das Dilemma offen, ob der Gewerkschaftsfunktionär als Fürsprecher der sogenannten kleinen Leute das Vertrauen seiner Mitglieder hat oder nicht:

In jedem Verein gibt es das Traktandum «Allfälliges». Ein Kollege verlangte dazu das Wort. Vorwurfsvoll beklagte er, ich sei mit einem Arbeitgeber essen gegangen. Als ob ich damit einen Vertrauensbruch begangen hätte.

Zuerst konterte ich sachlich. Oft sei beim lockeren Gespräch mehr herauszuholen als am grünen Tisch. Als bei offiziellen Verhandlungen.

Ich spürte, das überzeugte den Kritiker nicht. Also musste Klartext gesprochen werden.

«Kollegen, solltet ihr einen Vertreter haben, der sich für ein Essen kaufen liesse, müsstet ihr ihn subito in die Wüste schicken. Der wäre sein Geld nicht wert. Möchtet ihr mir aber verbieten, mit einem Arbeitgeber am gleichen Tisch zu essen, würde ich gehen.» Ob in der Politik, in der Gewerkschaft oder in jedem anderen Beruf: Ohne Vertrauen ist erfolgreiches Arbeiten nicht möglich. «Ich bin euer Fürsprecher», betonte ich abschliessend. «Ohne euer Vertrauen geht das nicht.»

Es gab Beifall. Endlich. Damit war der «Fall» erledigt.

Ich stieg in den Beruf als Gewerkschaftsfunktionär unter besonderen Umständen ein. Mein Vorgänger beim VPOD Basel, der Gewerkschaft des Staatspersonals, war fristlos entlassen worden. Beschlossen an einer turbulenten Versammlung mit 1500 Anwesenden. Der Entscheid fiel mit 900 gegen 600 Stimmen.

Der entlassene Sekretär zählte zu den politischen Schwergewichten. Man traute ihm sogar einen Sitz als Regierungsrat im Basler Rathaus zu. Dumm war er also nicht. Wo hatte es denn gefehlt?

Ich kannte ihn persönlich. Er gab sich als grosser Stratege der Gewerkschaft aus. Ihn störte dabei das Alltägliche. Die kleinen Sorgen und Sörgeli der Mitglieder. Sich dafür die Zeit zu nehmen, hielt er für unnötig. Er habe Besseres zu tun, war er überzeugt.

Der Obmann der Trämler, des Personals der Basler Verkehrsbetriebe, sah das anders. Ihn bedrängten die Kollegen zunehmend ungeduldig, der Sekretär nehme sich nie Zeit für sie. Ihm sei alles andere, besonders die eigene politische Karriere, wichtiger.

Als der Obmann wieder einmal auf dem Sekretariat um eine Unterredung nachsuchte, vernahm er im Vorzimmer das Übliche. Kollege Imhof sei nicht da. Der Obmann schrieb eine Botschaft, die er dem Abwesenden dann aufs Pult legen wollte. So weit kams allerdings nicht. Der so schmerzlich Vermisste sass nämlich im Bürostuhl, die Füsse auf dem Pult, Zeitung lesend. Er hatte sich verleugnen lassen. Wollte seine Ruhe haben. «So also sieht es mit dir aus», meinte der enttäuschte Obmann.

Der Rest ist schnell erzählt. Die Story ging wie ein Lauffeuer durch die Reihen der Trämler. Sie verlangten eine ausserordentliche Generalversammlung mit dem Antrag, Sekretär Imhof sei fristlos zu entlassen. Ja, dann geschah es halt. Ein an sich tüchtiger Mann scheiterte am eigenen Unvermögen.

Sein Versagen war für mich eine Lehre. Wenn der Heiri Huber mit einem Stipendiengesuch für seine Enkelin nicht weiterwusste, kam er zu mir in meine «Praxis». Ich hielt regelmässig Sprechstunden ab. Das auch als Nationalrat. Vermutlich habe ich dabei mehr erreicht als in der grossen Politik.

Was der entlassene Sekretär sträflich übersehen hatte: Das persönliche Anliegen ist für jede und jeden das Wichtigste. Weshalb sollten er oder sie Beiträge für die Gewerkschaft oder Partei zahlen, wenn man ausgerechnet dann sich nicht um sie kümmert, wenn sie Probleme haben?

Ich habe meinen Titel als Nationalrat nie herausgestrichen. Es gab keine Visitenkarte damit. Als Türöffner für Dritte, die bei mir Hilfe suchten, war er aber Gold wert. Wenn Nationalrat H. am Telefon war und nicht der Heiri Huber, änderte sich die Rechtslage oft schlagartig. Was dem kleinen Mann abgeschlagen wurde, ist dem «Herrn Nationalrat» selbstverständlich genehmigt worden. Beim Heiri Huber hat meistens die Sekretärin einen Fehler begangen. Angeblich.

Bei mir als Nationalrat hat man dann den Fehler korrigiert. Auch angeblich. ✦

General züchtet Fische

Das Bundesheer von Österreich gehörte nie zu den Vorbildern unserer Generäle. Im Kalten Krieg der Nachkriegszeit machten sie sich sogar lustig über diese «Operettenarmee».

Seit Armeechef André Blattmann in der «Neuen Zürcher Zeitung» Ende 2009 gestanden hat, «die Kasernen drohen zu verlottern», weil das Geld für den Unterhalt fehle, sind sich die Militärs der beiden Länder jedoch nähergekommen. Sie verstehen sich nun besser. Österreich hat nie so viel Geld in die Rüstung gepumpt wie die Schweiz. Und für die Schweizer Armee stand nie so wenig Geld zur Verfügung wie heute.

Warum sagte man Kalter Krieg? Das ist der jungen Generation nicht mehr klar.

Ab 1950 spitzte sich der Machtkampf zwischen dem kommunistischen Osten und dem kapitalistischen Westen zu. Zwischen Moskau und Washington also. Zwischen dem Warschauer Pakt unter Führung der Sowjetunion und der Nato unter dem Kommando der USA. Beide Seiten trieben den Rüstungswahnsinn voran. Es kam nur nicht zum «richtigen» Krieg, weil keiner sicher sein konnte, dass er ihn gewinnen und überleben würde.

Mit dem Zerfall der Sowjetunion und seinen Satelliten Polen, Ungarn, Tschechoslowakei, Bulgarien, Rumänien, DDR, Estland, Litauen und Lettland wurde der Kalte Krieg von Tauwetter abgelöst. Als Stichjahr wird 1990 notiert.

In der neutralen Schweiz wurde der Kalte Krieg mit ideologischer Härte geführt. Wer daran zweifelte, dass der militärische Angriff aus dem Osten bevorstehe, und Rüstungskredite kritiserte oder gar ablehnte, galt als subversiv. Sozusagen als Verräter.

Der spätere Bundesrat Rudolf Friedrich war als Nationalrat für den Bereich Landesverteidigung Sprecher seiner FDP-Fraktion. Ich höre ihn noch heute, als ob es gestern gewesen wäre. Für Armeekritiker hatte er scharfe verbale Munition parat: «Moskau einfach».

Das bedeutete zweierlei. Wer nicht vaterländisch stramm dem letzten Franken eines Rüstungskredits zustimmte, war kein Patriot. Und passte somit nicht mehr in den Nationalrat, sondern nach Moskau. Für Friedrich & Konsorten handelten Kritiker im Auftrag der uns bedrohenden Sowjetunion.

Sonst war Friedrich durchaus normal. In wirtschafts- und gesellschaftspolitischen Fragen politisierte er aufgeschlossen liberal. Aber wenn es um militärische Sicherheit ging, machte er auf erbarmungslosen Patriotismus. Ich glaube, Rudolf Friedrich legte sich nur mit dem Sturmgewehr ins Bett.

Österreich bewältigte den Kalten Krieg entspannter, gelassener als wir. Obschon es die Grenzen mit Satellitenstaaten Moskaus teilte, also stärker exponiert war als die Schweiz.

Österreich lag im Kalten Krieg an der Schnittstelle zwischen Ost und West. Mag sein Bundesheer wohl wirklich nicht militärische Spitze gewesen sein, punkto militärische Informationen war es dies dafür schon.

Wenn ich mich als biederer eidgenössischer Militärpolitiker wieder mal umfassend informieren wollte, reiste ich nach Wien. Genauer gesagt: nach St. Pölten bei Wien. In die Landesverteidigungsakademie des österreichischen Bundesheers. Dort erfuhr ich das, was man im Bundeshaus entweder nicht wusste oder selbst uns in der Militärkommission des Nationalrates verschwieg.

In der politischen Farbenlehre der Republik Österreich gabs während Jahrzehnten nur die Schwarzen und die Roten: die Österreichische Volkspartei ÖVP und die Sozialistische Partei SPÖ.

Bei einem Lehrgang in der Karl-Renner-Akademie in Wien kam ich aus dem Staunen nicht heraus. Karl Renner war der erste «rote» Bundespräsident nach dem Zweiten Weltkrieg.

In einer Pause besuchte ich das benachbarte Schulhaus. Der Rektor sagte mir, von den 34 Lehrerinnen und Lehrern besässen 34 das SPÖ-Parteibuch. Ich war in einem «roten» Schulhaus gelandet. Es hätte auch umgekehrt sein können. Also ein «schwarzes».

Die Parteipolitik beherrschte in den Siebzigerjahren das Leben der Österreicher. Und wie immer, wenn eine Partei zu lange an der Macht ist, wucherten Beziehungsfilz und Vitamin-B-Privilegien. Wer eine Staatsstelle, eine Kommunalwohnung, die Bewilligung für den Tabakkisosk wünschte, brauchte das richtige Parteibuch.

Die SPÖ zählte in ihren besten Nachkriegsjahren 700 000 Mitglieder. Zehn Prozent der Bevölkerung. Das war wahrscheinlich westeuropäischer Rekord. Das rote Wien ist bis heute eine Bastion der SPÖ.

Lange hatten die «Schwarzen» allein regiert. Später gabs die rotschwarze Koalition. Für viele bis zum Überdruss.

Irgendwann in den Siebzigern übernahm Otto Rösch als erster «Roter» das Verteidigungsministerium. Zu dritt machten wir einen Antrittsbesuch. Zwecks Ausbau der guten Beziehungen.

Der Armeechef des österreichischen Bundesheers hiess Emil Spannocchi, In der Fachwelt galt er als grosser Stratege. Er empfahl dem Kleinstaat für den Ernstfall den Partisanenkampf. Und hatte dazu ein viel beachtetes Buch geschrieben. Unsere Generäle missachteten es souverän. Sie übten in Manövern nicht Partisanenkampf, sondern die grosse Schlacht im Mittelland.

Emil Spannocchi war ein «Schwarzer». Wie er mit ihm auskomme, fragten wir Rösch: «Ausgezeichnet, es könnte nicht besser sein.»

Die Harmonie war gut gepolstert. Spannocchi betrieb eine Fischzucht mit Fischhandel. Nicht nur so nebenbei, vielmehr professionell kommerziell. Rösch packte seine Beziehungen zu Coop Wien und zu einigen erstklassigen Hotels aus. Die vermittelte er seinem General als neue Kunden. «Spannocchi kann jetzt auch ihnen Fische liefern», bemerkte er trocken. Als ob er über das Wetter geredet hätte.

Wir stellten keine heiklen Fragen, hörten nur zu. Wir mochten den Solidarpakt nicht anzweifeln. Weil wir realisiert hatten: Wien ist halt eine andere Welt. Es liegt doch recht nahe beim Balkan. Worüber wir uns aber noch mehr wunderten: weshalb Spannocchi Fischhandel betrieb und nicht Waffenhandel.

Stellen Sie sich vor, unser Armeechef würde Fische verkaufen und der zuständige Bundesrat ginge auf Kundensuche – unvorstellbar. Dass im Bundeshaus mit Blick auf Österreich die «Operettenarmee» auftauchte, dünkte mich auf einmal nicht mehr so arrogant. Immerhin, ein General, der mit Fischen handelt, kann keine Kriegsgurgel sein, dachten wir. Das wiederum hatte etwas Sympathisches an sich.

Nach der Visite beim Verteidigungsminister durften wir Manöver beobachten. Ein Offizier erklärte uns die Panzerabwehrwaffe Carl-Gustaf. Und forderte uns auf, damit zu schiessen. Ein Nein hätte wie Feigheit vor dem Feind ausgesehen. Alle drei schossen und alle drei trafen, jeder dreimal. Ui, am meisten überrascht waren wir selber. Nicht so der Offizier: «Schweizer können einfach schiessen», meinte er.

Keiner von uns hatte die Waffe Carl-Gustaf gekannt. Offenbar riss sich jeder unverschämt zusammen. Um der Schweiz keine Schande anzutun.

So sind sie halt, die linken Patrioten. ✛

Der höchste Schweizer – nichts für mich

34 Jahre, von 1963 bis 1997, gehörte ich dem Nationalrat an. Das ist eine überdurchschnittlich lange Amtszeit. Aber keineswegs etwa Rekord.

Walther Bringolf aus Schaffhausen brachte es von 1925 bis 1971 auf 46 Dienstjahre. Und Robert Bratschi aus Bern blieb mit 45 Jahren, von 1922 bis 1967, nur knapp darunter.

Bratschi war mal mein Chef bei der Gewerkschaft der Eisenbahner, und Walther Bringolf nahm mich als Nachwuchspolitiker unter seine Fittiche. Er führte mich auf eine unnachahmliche Weise in das politische Metier ein: «Eigentlich wollte ich Schauspieler werden, nun bin ich Politiker geworden. Das ist kein grosser Unterschied. Aber eines musst du dir merken, junger Mann, der Bringolf spielt keine Nebenrollen, nur Hauptrollen.»

Beide, Bratschi und Bringolf, gehörten zu den ganz Grossen der Sozialdemokratie.

Als ich im Bundeshaus einrückte, steckte das Fernsehen noch in den Kinderschuhen. Trotzdem war Walther Bringolf wohl der erste Fernsehstar. Ihn erkannten die Leute auf der Strasse. Legendär waren auch seine wöchentlichen Radiosendungen mit dem Kommentar zur Weltlage. Mit einem Wort, der Schaffhauser Stadtpräsident, auch das über 30 Jahre lang, war wirklich eine politische Diva. Das demonstrierte er bis zuletzt. Bis zum Rücktritt vom Nationalrat.

Bringolf trat nicht am letzten Tag der Legislaturperiode mit dem grossen «Haufen» ab. Vor Neuwahlen sind und waren es regelmässig ein paar Dutzend, die nicht mehr zur Wiederwahl antreten. Sie werden vom Ratspräsidenten kollektiv, wie Namenlose, verabschiedet.

Nicht so Bringolf. Der eitle Politiker gab seinen Rücktritt zwei Tage vor Sessionsschluss bekannt. An einem Mittwoch. Und wurde vom

Ratspräsidenten für seine aussergewöhnlichen Verdienste gewürdigt. Bringolf verabschiedete sich bei stehendem Beifall. Als ich ihm noch persönlich dankte, stupfte mich der Gwunder.

«Gell, Walther, du wolltest nicht am Freitag mit allen anderen das präsidiale Dankeschön entgegennehmen?», fragte ich. «Junger Mann, mein Name ist Bringolf, Walther Bringolf.»

Herrgott, das waren noch Persönlichkeiten. Vielleicht ist es eine Alterserscheinung, aber mich dünkt, es gebe sie heute nicht mehr, diese starken Figuren. Politik ist für meinen Geschmack flacher geworden. Die Homestory ersetzt oft das Können.

Beide, Walther Bringolf und Robert Bratschi, hockten ein Jahr lang auf dem Präsidentenstuhl des Nationalrats. Als profilierte Sozialdemokraten waren sie längst zu nationalen Grössen geworden und deshalb fürs Präsidium prädestiniert.

Wer lange genug im parlamentarischen Club mitgemacht hat, schafft das Ratspräsidium locker. Ich nicht. Könnte man meinen.

1986 stellte die SP wieder mal den Vizepräsidenten, die Vorstufe zum Präsidium des Jahres danach. Ich war inzwischen der amtsälteste SP-Nationalrat und damit für das Amt gesetzt. Aber mich störte diese Altersautomatik grausam. Mit dem Gedanken, Nationalratspräsident sei eine Alterserscheinung, mochte ich mich nicht anfreunden. Zudem lag für mich der Preis zu hoch. Ich hätte das Parteipräsidium abgeben müssen. Es tönt vielleicht anmassend, aber dieser Tausch interessierte mich nicht. Denn ich übertreibe nicht, wenn ich behaupte, ich sei mit Leib und Seele SP-Präsident gewesen.

Oft hat man mich gefragt, wieso ich eigentlich nie Bundesrat geworden sei oder zumindest dafür kandidiert habe. Das ist einfach zu erklären. Als SP-Präsident ist man für die Bürgerlichen das Feindbild, der Gegner, mit dem die anderen sich dauernd herumschlagen. Schaltet er auf Schmusekurs, um sich bei der politischen Rechten beliebt zu machen, wird er für die Partei untragbar. Für ungebührliches Verhalten gibt es von Bürgerlichen nicht noch den Bundesratsbonus. Das wusste ich, schon als ich bereit war, Präsident zu werden.

Der Nationalratspräsident wäre also ein Trostpreis gewesen. Darauf konnte ich verzichten. Zumal dieser ein rundum anerkannter Nationalrat sein sollte. Genau das war ich nicht. Und wollte es ja auch gar nicht sein.

Ergo liess ich meinem Bündner Genossen Martin Bundi den Vortritt. Für ihn war das Ratspräsidium wie auf den Leib geschnitten. Der richtige Mann für das wichtige Amt.

1997 lockte die Versuchung nochmals. Wieder war die SP-Fraktion an der Reihe, den Vizepräsidenten zu stellen. Aschi Leuenberger, damals noch Nationalrat, zeigte Interesse. Erklärte mir aber, ich wäre vor ihm dran. «Kommt nicht in Frage, Aschi», so meine Antwort, «1995 versprach ich meiner Basler SP, nach zwei Jahren, also in der Halbzeit, für meine Nachfolgerin Platz zu machen. Ich werde doch jetzt am Schluss nicht noch wortbrüchig.»

Mein Freund und Basler Ständerat Carl Miville hatte mir schon 1986 zugeredet wie einer kranken Kuh, ich müsse das Nationalratspräsidium unbedingt annehmen. Es sei endlich wieder mal Zeit für einen Basler auf dem Stuhl des höchsten Schweizers. Wie ich feststellen darf, hat Basel-Stadt meinen Verzicht bestens überlebt.

Apropos, wissen Sie noch, wie der vorletzte Nationalratspräsident hiess? Wer also der angeblich höchste Schweizer war? Eben.

Eitelkeit gehört zum politischen Geschäft. Immer wieder bin ich angehauen und gefragt worden, ob es nicht lästig sei, von Leuten auf der Strasse angesprochen zu werden. «Nein», gab ich zurück, «fragen Sie jene Politiker, die das nicht werden. Die leiden, nicht ich.»

So gesehen bin ich eitel genug, ein bisschen stolz zu sein. Auf mich. Dass ich den Verzicht konsequent durchgehalten habe. Landesüblich ist das nämlich nicht.

Noch etwas. Ironie darf sein. Je älter ich werde, desto mehr Komplimente gibts. Man könnte nun meinen, ich hätte als SP-Präsident alles
richtig gut gemacht. Und sei ein breit abgestützter und anerkannter
Politiker gewesen.

Der Altersbonus hat sein Gutes. Vielleicht wäre ich jetzt reif für das
Nationalratspräsidium. Aber nun sind die Frauen dran. Es war höchste
Zeit dafür.   ✚

Fichenskandal

Im politisch meist windstillen Schweizerland passierte am 12. Januar 1989 eine Sensation. Bundesrätin Elisabeth Kopp wurde zurückgetreten. Nach etwas mehr als vier Jahren musste sie die Schlüssel abgeben. Daraus wurde der grösste Politskandal seit Ende des Zweiten Weltkriegs.

Im Herbst 1984 schaffte es Elisabeth Kopp als erste Frau in den Bundesrat. Ihr Ehemann gehörte in Zürich zum Club der Staranwälte. Und war trotzdem umstritten. Sehr sogar. Es gibt Leute, zu denen man kein Zutrauen hat, weil man ihnen alles zutraut. So einer war Hans W. Kopp.

Bevor die Elisabeth für die Bundesversammlung wählbar wurde, stellte die FDP Zürich ihren Hans auf den Prüfstand. Strafrechtsprofessor und FDP-Ständerat Riccardo Jagmetti sollte abklären, ob beim Kopp-Mann alles koscher sei. Die Abklärung endete mit dem gewünschten Persilschein. Die FDP-Fraktion traute der Sache gleichwohl nicht so recht. Und nominierte als Alibifrau Elisabeth Kopp plus Bruno Hunziker, damals Parteipräsident. Gewählt wurde die Frau. Erst Jahre danach gestand mir FDP-Fraktionschef Ueli Bremi: «Ich habe gebetet, Bruno Hunziker würde gewählt.»

Ueli Bremis Gespür hatte funktioniert. Ende 1988 geriet Hans W. Kopp in einen üblen Verdacht. Er sei Verwaltungsrat einer Firma, die dreckige Mafiagelder «sauber» wasche. Das alarmierte die Justizministerin. Sie musste handeln. Und tat das, was jede andere Ehefrau wohl auch getan hätte. Elisabeth Kopp telefonierte ihrem Hans und forderte ihn auf, sofort aus diesem Verwaltungsrat auszutreten.

Das Brisante daran: Die Bundesrätin hatte Informationen, die sie von Amtes wegen erhalten hatte, für private Zwecke missbraucht. Der schlechte Ruf ihres Mannes hatte sie eingeholt. Auf fatale Weise.

Elisabeth Kopp leugnete auf Nachfrage die telefonische Ermahnung ihres Göttergatten. Erst dem eigens mit der Abklärung beauftragten Sonderstaatsanwalt gestand sie den Griff zum Telefon. Also hatte sie gelogen. Ihre Herren Kollegen Bundesräte drängten sie erbarmungslos zum Rücktritt. Die eigene Partei bot ihr kaum Rückhalt. Die erste Bundesrätin war über ihren Mann gestolpert.

Die Kopps hatten Privates mit Amtlichem vermischt. Dem sagt man Amtsmissbrauch. So etwas gehörte untersucht. Genau das geschah. Dass der vorzeitige Rücktritt von Frau Kopp in einem beispiellosen staatspolitischen Drama enden würde, konnte niemand voraussehen. Sämtliche Wetten wären verloren worden.

Zum «Fall Kopp» wurde eine PUK, Parlamentarische Untersuchungskommission, eingesetzt. Zehn Monate später, am 22.11.1989, legte sie ihren Bericht vor. Das Drum und Dran von Elisabeth Kopps Heimkehr nach ihrem Zumikon spielte darin lediglich eine marginale Rolle. Gerade noch als Randbemerkung. Dafür ist die grösste Staatsaffäre schlechthin aufgedeckt worden. Nicht ganz zufällig. Es brauchte dazu einen kleinen politischen «Geniestreich».

Alle Rennfahrer legen an der Tour de Suisse die gleiche Strecke zurück. Im Leadertrikot fährt es sich ungleich leichter. So auch in der Politik. Ein Parteipräsident kann vorne mehr bewegen als im Mittelfeld.

Die Idee, eine PUK einzusetzen, hatte mir Frank A. Meyer, Journalist und Freund, durchtelefoniert. Mit einem exakt ausgedachten Drehbuch. Woran ich mich strikte hielt.

Man(n) braucht in der Politik intellektuelle Unterstützung. Als SP-Präsident bat ich die drei anderen Bundesratsparteien zu einer Sitzung. Dort wurde die PUK vorgeschlagen und beschlossen. Ebenso Nationalrat Moritz Leuenberger als PUK-Präsident. National- und Ständerat stimmten dem Szenario zu.

Der Plan war echt raffiniert. Eine PUK für was? Um abzuklären, ob es unter Elisabeth Kopp Amtsmissbrauch gegeben hat? Damit wäre der

Rechtsstaat verletzt worden. Uns hingegen gings um etwas ganz anderes. Um das Aufbrechen der Dunkelkammer der Bundespolizei nämlich, die bisher selbst für das Parlament eine gesperrte Zone geblieben war. Elisabeth Kopps Abgang lieferte das nötige Stichwort: jetzt oder nie.

PUK-Präsident Leuenberger engagierte zwei juristische «Jagdhunde»: Niklaus Oberholzer, später Gerichtspräsident in St. Gallen, und Alexander Tschäppät, seit 2005 Stadtpräsident in Bern. Die beiden fanden die Spuren zum Schnüffelstaat Schweiz. Die verrücktesten Vorstellungen reichten für die real existierende helvetische Wirklichkeit nicht aus. Ein Ausmass an Willkür wurde da offengelegt, das für unsere Demokratie mehr als ein Tolggen im Reinheft war. Ein Schandfleck.

Die PUK demaskierte die Bundespolizei als eigentliche Geheimpolizei. Sie fand im Archiv sage und schreibe 900 000 Karteikarten, Fichen genannt. 900 000 Frauen und Männer wurden in diesem doch so demokratischen Land observiert und fichiert. Wie konnte das nur passieren? Wie war es möglich, demokratische Rechte derart zu missachten?

Der PUK-Bericht bleibt ein Dokument aus dem Kalten Krieg. Der kommunistische Ostblock und der kapitalistische Westblock, freier Westen genannt, standen sich atomar gerüstet gegenüber. Die neutrale Schweiz bekannte sich zum Westen. Sie führte innenpolitisch den Kalten Krieg ideologisch besonders verbissen. Als Abwehrkampf gegen die Bedrohung aus dem Osten. Wer verdächtig war, wurde als «subversives Element» fichiert.

Verdächtig ist man schnell geworden. Das Kennzeichen «links» genügte schon. Dazu wurden gezählt: AKW-Gegner, Feministinnen, Aktivisten der Friedensbewegung und Gewerkschaften, Journalistinnen, Liberale, Teilnehmer an 1.-Mai-Kundgebungen, um es dabei zu belassen.

Die Bundespolizei muss auf dem rechten Auge blind gewesen sein. Sonst hätte sie nicht 900 000 «Staatsfeinde» links von der Mitte ausgemacht. Eigentlich war das ein demokratischer Verrat.

Noch im Abschlussbericht von General Guisan nach dem Zweiten Weltkrieg wurde der politischen und gewerkschaftlichen Linken besondere demokratische Zuverlässigkeit attestiert. Und Guisan war ein konservativer Waadtländer, kein Linker.

Der «Fichenskandal» bestätigte die Arroganz der Macht. Diesmal waren die Herrschenden ertappt worden.

Das Volk tobte. Der Nachfolger von Elisabeth Kopp im Justizdepartement, Arnold Koller, versuchte zu beruhigen. Mit «Richtlinien im Bereiche des Staatsschutzes». Erlassen am 19. Januar 1990. Zwei Passagen seien daraus zitiert: «Kein Verdacht einer strafbaren Handlung besteht und ist nicht zu melden: bei der Ausübung politischer Rechte oder Teilnahme an rechtmässig durchgeführten Veranstaltungen oder Kundgebungen.»

Der Bundesrat sah sich veranlasst, festzuhalten, die «Ausübung politischer Rechte» sei keine staatsfeindliche Handlung.

Auch Kundgebungen seien erlaubt. Hätte das der Diktator von Nordkorea verkündet, wäre das ein ungeheurer Fortschritt gewesen. Für die Demokratie Schweiz hingegen wars ein Armutszeugnis.

1.-Mai-Kundgebungen gehörten für die Bundespolizei zu den subversiven Veranstaltungen. Vielleicht war im vorletzten Jahrhundert mit einer 1.-Mai-Rede die Revolution gepredigt worden. Das ist längst passé. Schliesslich ist die Arbeiterschaft eine verlässliche Stütze dieses Staates. Item.

Ich war 1972 1.-Mai-Referent in Biel. Bevor der Demozug die letzte Kurve ums Bahnhofviertel unter die Füsse nahm, scherte ich aus und ging in den Grossen Saal im Volkshaus. Dort sass ein einsamer Mann im Regenmantel. Obschon draussen die Sonne schien. Das machte mich neugierig. Als die 1500 Demoteilnehmer in den Saal strömten, grüsste keiner den komischen Gast. Ich beschloss, aufs Ganze zu gehen. Und begrüsste den Fremden, indem ich auf ihn zeigte.

Auf einmal rannte der zum Saal hinaus. Volltreffer. Ich hatte den Aufpasser der Bundespolizei verjagt.

Im 17-seitigen Verzeichnis meiner Fichen steht, «Hubacher hat nicht bemerkt, dass noch ein zweiter Bupomann im Saal war».

Schnüffelagenten der Bundespolizei an 1.-Mai-Kundgebungen sind schon fast wieder harmlos. Wie viele Männer und Frauen aber die Stelle verloren haben oder nicht befördert wurden, weil sie fichiert waren, bleibt unbeantwortet. So gesehen, markiert der «Fichenskandal» ein trübes Kapitel unserer Demokratie.

Die Kopp-Irritationen als Auslöser für eine PUK zu nehmen, hat sich als richtig erwiesen. Der «Fichenskandal» ist kein Fall Kopp. Alle ihre Vorgänger haben ihn begleitet. Und dazu geschwiegen. Der Rücktritt von Kopp hingegen ermöglichte es, ihn aufzudecken. So gesehen, war ihr Abgang für die Schweiz ein Glücksfall. Für sie persönlich allerdings schmerzhaft.   ✦

Politik, Fussball und ein Wunder

Im Herbst 2009 feierte der FC Nationalrat den 40. Jahrestag. Ich gehörte 1969 mit dem verstorbenen CVP-Nationalrat Albin Breitenmoser aus Basel zu den Gründern. Die Idee kam von ihm.

Am Anfang gings im Nationalrat, verglichen mit den zwei letzten Jahrzehnten, gemütlich zu. Wir hatten viel Freizeit. Es gab einfach noch nicht so viele Geschäfte zu beraten.

Jede Vorlage, die ins Plenum kommt, wird von einer Kommission vorbereitet. Sie stellt die Anträge. Also Zustimmung, Ablehnung oder Änderungen gegenüber dem Vorschlag des Bundesrates.

Seit Langem schon finden die Kommissionssitzungen vorwiegend in Bern statt. In meinen ersten zehn, zwölf Jahren war das anders. Man tagte weit weg von Bern. In Lugano zum Beispiel, in Genf oder in Gottlieben am Bodensee. Das geschah nicht zufällig.

Das Sitzungsgeld für einen Tag im Plenum oder in der Kommission betrug damals schäbige 60 Franken. Spesen inbegriffen.

In der ersten Session 1963 übernachtete ich pflichtgemäss im SP-üblichen Hotel Volkshaus Bern. Für 18 Franken pro Nacht. Allerdings ohne Toilette und Dusche. Das erwies sich am Morgen als sehr mühsam. Weil im Volkshaus Engländer, die in Cars angereist waren, die Toilette belagerten. Nach der Wiederwahl wechselte ich ins Drei-Sterne-Hotel Krebs beim Bahnhof. Und zahlte 28 Franken. Damit war schon fast die Hälfte des Taggelds verbraucht. Meine Genossen meinten, ob ich wahnsinnig sei, so viel zu zahlen. Ich fand, Toilette und Dusche seien kein Luxus, auch nicht gerade ein Menschenrecht, immerhin jedoch praktisch und nötig.

Ein Trost: Zum Taggeld zahlte der Bund noch Kilometergeld. Pro Kilometer einen Franken. Für eine Kommissionssitzung in Lugano also etwa 320 Franken. Mehr als fünf Taggelder. Man behalf sich halt mit Tricks, um das mickrige Honorar etwas aufzupolieren. Ich glaube, 1972 bekam dann jeder Volksvertreter das Generalabonnement, und es machte keinen Sinn mehr, Kilometer herauszuschinden. Auch aus Zeitersparnis wurden die Kommissionssitzungen nach Bern verlegt. (Die im romantischen Gottlieben am schönen Bodensee bildeten die Ausnahme.)

Die Idee, unser Politikerdasein in Bern mit etwas Fussball aufzupeppen, fand rasch Anklang. Etwa zwei Dutzend Nationalräte machten im FC Nationalrat mir. Die meisten hatten früher schon mal Fussball gespielt, und ein paar wenige entdeckten ihr Talent erst neu. Während Spitzensport heute mit Doping verseucht ist, waren wir garantiert alle echte Amateure. Bald schon wurden wir herausgefordert. Das erst noch vom «Weltmeister», vom FC Deutscher Bundestag. Die Deutschen reisten nach Bern! Wir holten sie am Bahnhof ab. Beide waren enttäuscht. Sie, weil keine Taxis bereitstanden, und wir, weil sie den Taxiabholdienst vorausgesetzt hatten. Beim Hinauslaufen begegnete uns Bundesrat Roger Bonvin. Wir klagten ihm das Malheur. «Bei uns sagt man, Laufen ist gesund, Bonjour Messieurs!», rief er den Gästen zu.

Die Deutschen brachten noch einen weiteren Traum mit. Für sie war das Wankdorf-Stadion ein Begriff. Dort spielte sich 1954 das «Wunder von Bern» ab. Deutschland wurde Weltmeister, und die von den Nazis moralisch und vom Krieg zerstörte Nation kehrte damit recht eigentlich in die Völkergemeinschaft zurück.

Nein, mussten wir die deutschen Kollegen enttäuschen. Der Match finde nicht im «Wankdorf» statt, sondern in Magglingen. Im Stadion «Am Ende der Welt». Das muss sich für sie trostlos angehört haben. In letzter Minute liess der Coach des FC Bundestag noch einen starken Mittelstürmer auf dem Belpmoos einfliegen: Manfred Wörner, später Verteidigungsminister, zuletzt Nato-Generalsekretär.

Der Match verlief einseitig. Wir sahen das gegnerische Tor kaum einmal von Nahem. Die Deutschen drückten uns permanent in die

Abwehr zurück. Sie spielten, als ob es um eine WM gegangen wäre. Und schlugen uns hoch 5:0.

Das Rückspiel war für den Juli in Bonn abgemacht worden. Beim FC Bundestag spielte ein Nichtparlamentarier mit. Also durften wir uns auch verstärken. Nach freundschaftlichen Gesprächen kam der Transfer zustande. Einer vom Materialdienst der PTT hatte zugesagt, das Tor zu hüten. Seine Name: Walter Eich, gewesener Torhüter des BSC Young Boys Bern sowie zeitweise der Nationalmannschaft.

Mit ihm reisten wir denn auch zuversichtlich zum Rückspiel nach Bonn.

Dort herrschte eine Affenhitze. Die Deutschen setzten ihre gute Kondition in harte Spielart um. Aber unserem Walter Eich schossen auch sie kein Tor. Der Match endete 0:0. Für uns war das ein Erfolg. Anders für den Gegner, wie sich noch zeigen sollte.

Nach dem Spiel schlichen wir halb oder fast ganz kaputt unter die Duschen. Wir konnten uns kaum mehr auf den Beinen halten. Kilias vom FC Bundestag, 52, absolvierte hingegen auf der Aschenbahn noch ein paar Runden. Und stemmte anschliessend Gewichte. «Man muss fit sein für den Sport», rief er uns zackig zu. Er hätte ruhig Kampfsport sagen können. Mir hatte er eine «Bombe» an den Kopf gejagt, dass ich die Sterne im Elsass funkeln sah (wie Grossvater für solche Situationen zu sagen pflegte).

Die Schweizer Botschaft hatte beide Mannschaften zum Nachtessen eingeladen. Von den Deutschen erschien lediglich der Spielführer. Er müsse seine Kollegen entschuldigen, teilte er uns mit. Denen sei der Appetit vergangen.

Du meine Güte, da benahmen sich Politiker wie kleine Buben. Nur weil sie nicht gewonnen hatten, schwänzten sie das kulinarische Finale auf dem Schiff.

Während der Session trainierten wir im Schwellenmätteli unter der Kirchenfeldbrücke an der Aare. Trainer war nun Walter Eich.

Es fehlte uns nicht an Engagements. Der FC Nationalrat war ein gern gesehener Gast für Plauschspiele. 1971 zum Beispiel wurde in Altstätten im Rheintal eine neue Sportanlage eingeweiht. Da wollte man uns dabeihaben.

Am gleichen Wochenende fand in Fribourg der SP-Parteitag statt. Deshalb mussten einige von uns als Spieler des FCN vorzeitig weg. Wir wurden per Militärhelikopter nach Altstätten geflogen. Dort warteten der FC Nationalrat aus Wien sowie der FC Bundestag aus Bonn auf uns.

Apropos Armee-Helikopter: Statt die üblichen Übungsflüge zu absolvieren, wurde das Nötige mit dem Nützlichen kombiniert. Der Flug hätte also auch ohne uns stattgefunden. Das hatten wir wissen wollen, bevor wir einstiegen.

Die Österreicher und wir hatten am Turnier nur ein Ziel: «Die Schwoben schlagen!». Wir spielten zweimal 1:1, und die Österreicher schlugen die Deutschen gar mit 2:1. Damit landeten diese auf Platz drei. Auf dem letzten.

Die Deutschen reisten sofort ab. Für den bunten Abend im Festzelt war ihnen die gute Laune verdorben worden. Kurt Furgler, unser bester Stürmer, meinte fröhlich: «Das sy doch armi Sieche!» Sie bestätigten exakt, womit uns Deutsche Mühe bereiten können. Statt den Plausch Plausch sein zu lassen, hätte man meinen können, es sei um Sein oder Nichtsein gegangen.

Zum Trost sei nachgeschoben, dass sich einiges geändert hat. Die neue Generation (auch beim FC Bundestag) nimmt den Fussball gelassen als das, was er für Politiker sein soll: eine heitere Abwechslung.

Für uns ein schönes Beispiel für Gelassenheit war der Match gegen die YB-Senioren. Gegen die Grossen von einst wie Geni Meier, Häuptli, Casali, Schneiter oder Bigler. Die Herren waren älter geworden, aber natürlich nicht mehr so schnell. Dafür spielten sie ihre Technik aus. Und liessen, wie man in der Fussballsprache sagt, den Ball laufen. Als ob wir gar nicht auf dem Platz gestanden wären. Nach kurzer Zeit stands schon 3:0. Der YB-Torhüter trug eine Brille. Er war kurzsichtig. «Nimm die Brille ab», befahl einer der YB-Senioren. So brachten wir auch noch ein oder zwei Tore zustande. Die alten YB-Stars hatten zudem Gas weggenommen. Es ging ihnen gar nicht um das Resultat. Die alten Könner spielten wirklich zum Vergnügen. Es war ein absoluter Plauschmatch.

Meine Erinnerungen – 1975 hörte ich auf zu spielen – sind gut. Politiker aus den verschiedensten Parteien spielten in einer Mannschaft. Das vertiefte die persönlichen Kontakte. Man lernte sich besser kennen.

Den FC Nationalrat gibts noch immer. Plausch gehört zur Politik. Captain ist Ende 2009 Nationalrat Toni Bortoluzzi. Dazu Abwehrchef. Dass dieser schwergewichtige Mann so gut Fussball spielt, ist fast schon ein kleines Wunder. Womit sich die Gründung des FCN ja schon gelohnt hat.

Wunder gibts in der Politik sonst nicht viele.   ✦

«Die beste Armee der Welt»

Der frühere Generalstabschef Heinz Häsler traf den wunden Punkt: «Es ist weit und breit kein Feind in Sicht.»

Ohne Feind ist eine Armee verloren. Das bereitet jeder Armeeführung schlaflose Nächte. Wie soll da ein einleuchtendes Konzept für den Ernstfall erarbeitet werden?

VBS-Chef Ueli Maurer – Verteidigung, Bevölkerungsschutz, Sport – hat bei Amtsantritt 2009 die Messlatte hoch gelegt: «Ich will die beste Armee der Welt.»

Die Forderung, die Schweiz brauche das bestmögliche Schulsystem, kann ich nachvollziehen. Sie macht Sinn. Aber «die beste Armee der Welt»? Warum überhaupt? Bundesrat Maurer ist uns die Beweisführung noch schuldig.

Dass er als Verteidigungsminister eine bessere Armee will, das wiederum ist verständlich. Dafür ist er schliesslich zuständig. Natürlich koste das mehr Geld, schiebt er nach. Ob er das bekommt, ist eine andere Frage. Armeechef André Blattmann gibt dem Chef Unterstützung. Der höchste Militär klagt, die Armee sei in der reichen Schweiz das arme Verdingkind. Für Manöver fehle sogar das nötige Übungsmaterial. Blattmann erwähnt für diese himmeltraurige Situation ein Beispiel: Beim Manöver «Protector» – jedes Manöver hat sein Kennwort – seis ganz schlimm gewesen: «Von den 20 beteiligten Bataillonen konnten wir gerade noch zwei ausrüsten.» Wie soll da der Ernstfall ernsthaft simuliert werden können?

Es wird noch trister. «Wir könnten im Ernstfall nicht einmal mehr einen Drittel der Infanteriebataillone einsetzen.» Es fehle an allen Ecken und Enden fast alles.

Offenbar haben die Armeegegner ganze Arbeit geleistet. Sollte man annehmen. Aber ich habe mich im Bundeshaus erkundigt. Dort regiert noch immer die bürgerliche Mehrheit. Wie seit 1848, dem Gründungs-jahr unseres Bundesstaates.

Demnach haben die Rechten vollbracht, was die Linken schon immer wollten: weniger Armee nämlich. Nun ist daraus so wenig geworden, dass sich die Frage aufdrängt, wie wenig denn gerade noch genug ist.

Friedenszeiten sind für Militärs harte Zeiten. Weil die Schweiz Krieg im eigenen Land nur noch aus der Geschichte kennt, sind die Militärprofis aus der Übung geraten, die Armee auf den Ernstfall ein-zustellen. Es ist wahrscheinlich, so makaber das tönt, fast einfacher, Krieg zu führen, als ihn nur immer zu üben.

Jedenfalls ist das meine Erklärung für das kontinuierliche Versagen der Generäle bei Rüstungsbeschaffungen. Und das nun schon seit 50 Jahren en suite.

Es liegt uns eine eindrückliche Bilanz von Fehlleistungen vor. Ich kenne in der schweizerischen Politik nichts Vergleichbares. Aus dem enormen Pannenangebot skizziere ich zum besseren Verständnis sechs (Un)Fälle.

Beginnen wir gleich mit einem «dicken Hund».

1961 hatten National- und Ständerat für 100 Mirage-Kampfflug-zeuge den Kredit von 827,9 Millionen Franken bewilligt. Nicht etwa 828 Millionen, sondern angeblich exakt 827,9 Millionen. Wie sich dann herausstellte, ist damals vom EMD (Eidgenössisches Militär-departement) eine Scheingenauigkeit vorgetäuscht worden.

Bevor nämlich auch nur ein einziger Mirage-Kampfjet über die Startbahn rollte, hatten sich die Kosten um 620 Millionen Franken erhöht. Das ergab dann die Summe von 1,48 Milliarden Franken. Aber nicht mehr für 100 «Mirages». Der aufgestockte Kredit reichte nurmehr für 57 «Stück». Damit hatte sich der Stückpreis verdreifacht. Aus den 8,2 Millionen pro Kampfjet wurden 25 Millionen Franken.

Dieser «Rechnungsfehler» führte zur Mirage-Krise. Sie erschütterte die Schweiz wie selten zuvor. Der Generalstabschef, der Fliegerkommandant und mit Verzögerung der EMD-Bundesrat mussten den Hut nehmen. Nachzulesen im Bericht der PUK, der Parlamentarischen Untersuchungskommission, vom 1.9.1964. Ein Politkrimi der Extraklasse.

Die Story über den P-68, Panzer 68, ist nicht minder brisant.

Die Armee verlangte Panzer, die Wirtschaft Aufträge. Die bürgerliche Mehrheit akzeptierte gegen die Stimmen der SP den Kredit für 390 P-68, «made in Switzerland». Obschon er eine militärische Fehlgeburt war.

Die «Panzerkommission» hatte gewarnt. Ihr gehörten externe Fachleute an. Und zwar als Berater des EMD-Chefs sowie der Armeeführung. Mit Bericht vom 3.4.1973 fällte die «Panzerkommission» ein vernichtendes Urteil: Der P-68 sei, wörtlich, «kriegsuntauglich».

Politiker und Militärs, die noch bei Trost sind, würden einen solchen Panzer niemals wollen. Müsste man meinen. Falsch.

Wir von der SP blieben damit in der Minderheit. Obschon Panzergeneral Häner noch nachgedoppelt hatte. Vor der nationalrätlichen Militärkommission redete er Klartext: «Der P-68 ist sehr gut.» Dann machte er eine längere Verschnaufpause. «In Friedenszeiten. Leider nicht im Krieg.»

Die Bürgerlichen flüchteten für ihr Ja in Ausreden. Es gehe um Arbeitsplätze. Also nicht um die Landesverteidigung im Ernstfall.

Bei der Lektüre könnte man zum Schluss gelangen, in der Politik gehe es nicht immer mit rechten Dingen zu. Falls Sie das denken, liegen sie richtig.

Da hatten uns Militärs und der Gemischte CVP-FDP-SVP-Chor ständig damit drangsaliert, ein Angriff aus dem Osten sei wahrscheinlich. Um dann der Armee «kriegsuntaugliche» Panzer zu überlassen. Wie sagt man diesem Unverstand? Politische Schizophrenie wohl.

Wir von der SP wollten dann von den Industriellen wissen, weshalb sie nicht imstande seien, einen kriegstauglichen Panzer zu produzieren. In der Runde sass auch Dieter Bührle, damals grösser Waffen-fabrikant der Schweiz. Bührle erzählte Haarsträubendes. Das EMD habe einen «eisenbahntransporttauglichen» Panzer verlangt. So habe das Pflichtenheft gelautet. Wie ist das zu verstehen?

Normale Panzer, der deutsche Leopard zum Beispiel, sind breiter als der P-68. Zwei Züge mit solchen Panzern beladen kämen nicht unfall-frei aneinander vorbei. Könnten, um in der Fachsprache zu bleiben, sich nicht kreuzen.

«Eisenbahntransporttauglich» hiess, zwei Panzerzüge müssten sich auf der Strecke kreuzen können. Wenn also der eine Zug mit Panzern von der Front kommt und der andere in der Gegenrichtung an die Front fährt.

«Nur passiert das im Krieg nicht», meinte Dieter Bührle. «Das gibts einzig in den Manövern.»

Bührle legte noch einen drauf: «Der P-68 ist ein militärischer Krüp-pel. Drin haben nur Appenzeller Platz!»

Übrigens: Jene, die den «kriegsuntauglichen» P-68 schluckten, setz-ten dann eine Untersuchungskommission des Nationalrats ein. Um herauszufinden, weshalb er so viele Mängel aufweise.

Ich schreibe hier nicht eine militärpolitische Satire, sondern berichte vom Tatort Bundeshaus. Über die helvetische Wirklichkeit.

Der nächste Flop liess nicht lange auf sich warten. 1984 wurde für 420 deutsche Panzer Leopard ein Kredit von 4,5 Milliarden Franken beantragt. Die 40 ersten Leoparden sollten ab Stange gekauft schnellst-möglich verfügbar sein. Für die restlichen 380 war der Lizenzbau im eigenen Land geplant. Mit einer Produktionskadenz von drei Stück pro Monat. Der letzte Panzer wäre so nach elf Jahren abgeliefert worden. Ab Stange hätte die Armee nach anderthalb Jahren über die gesamte Panzerflotte verfügen können.

Wiederum kontrastierte die herbeigeredete Bedrohung aus dem Osten mit der Genügsamkeit der Armeeführung. Offensichtlich glaubte sie nicht an das Gerede vom Angriff. Sonst hätte sie für die Beschaffung der Panzer Leopard nicht elf Jahre einplanen können.

Die nächste Panne, bitte.

Noch unter VBS-Chef Samuel Schmid wurden 2,2 Milliarden Franken für 33 neue Kampfflugzeuge reserviert. Maurer zog im Herbst 2009 die Notbremse. Das Geld hätte kaum für einen Drittel gereicht.

Weshalb Militärs im Kopfrechnen dermassen schwach sind, bleibt ihr Geschäftsgeheimnis.

1989 bewilligte das Parlament 246 Millionen Franken für 2750 eigens in der Schweiz entwickelte Funkgeräte SE-225. Die SP-Fraktion stimmte dagegen. Ursprünglich hätte damit die ganze Armee ausgerüstet werden sollen. Mit 25 000 SE-225.

Unsere EMD-Nieten hatten wieder einmal das Rad neu erfinden wollen. Denn Funkgeräte gabs schon damals zuhauf auf dem Markt. Nach 23 Jahren endlich funkte das CH-Funkgerät. Nur gestand Generalstabschef Jörg Zumstein in der Militärkommission, bei der Ablieferung (1989) werde es bereits veraltet sein. Die 2750 Stück wurden beschafft, um das Gesicht nicht ganz zu verlieren. Ein teurer Flop mehr.

«Nid mööglich», hätte der Zirkusclown Grock in die Manege gekreischt.

2010 wiederholt sich das Ganze noch einmal. Jetzt gehts um das FIS, Führungs-Informations-System Heer. Bisher wurden 701 Millionen Franken in die Computer-Soft- und -Hardware investiert. Es brauche weitere 1100 Millionen, heisst es aus dem Bundeshaus.

In der Finanzkommission warnte Rot-Grün rechtzeitig vor der «Kostenbombe». VBS-Chef Schmid, naiv wie meistens: «Wir haben alles im Griff.» Im falschen leider. SVP-Nationalrat Theo Pfister sorgt sich, man habe «700 Millionen in den Sand gesetzt». Und VBS-Chef

Maurer schliesst nicht aus, dass FIS Heer 2015, wenn es auf «Sendung» gehen sollte, «nicht mehr auf dem neusten Stand ist».

Mit dieser kleinen Pannenserie wird angedeutet, wie mühsam Maurers Weg zur «besten Armee der Welt» sein wird. Die grösste Gefahr stellt für ihn nicht der potenzielle Feind dar, sondern die Unfähigkeit der eigenen Generäle.

Wie sagte Generalstabschef Häsler? «Es ist weit und breit kein Feind in Sicht.» Irrtum. Der Feind ist unsichtbar. Er heisst Klimaerwärmung, Wassernot und Hunger. Die Bedrohung naht schleichend. Dagegen ist auch die «beste Armee der Welt» wehrlos.　　　　✛

«Will Dienst tun»

In meinem Dienstbüchlein steht tatsächlich «Will Dienst tun».

Wie ist das zu verstehen? Bin oder war ich ein Militarist? Einer, der es nicht erwarten mochte, endlich die Rekrutenschule absolvieren zu dürfen?

In meiner Jugendzeit gabs noch festgegossene Begriffe. «Sei ein Mann und rauche Stumpen» war so einer. «Als Bub rückt man in die RS ein, und als Mann kommt man zurück», gehörte ebenfalls zum Repertoire.

Item. Dem Politiker H. traute jedenfalls keiner zu, er könnte mal Armeefan gewesen sein, denn als Nationalrat gehörte ich ohne Übertreibung zu den schärfsten Kritikern des EMD (Eidgenössisches Militärdepartement, heute VBS). Bin ich vom vaterländischen Weg abgekommen? Als Mischung aus Opportunismus, Irrtum aus Überzeugung und dem bösen Virus Anti-Militaria?

Das Ganze ist um einiges komplizierter.

1963 rückte ich im Bundeshaus ein. Als damals jüngster Nationalrat. Mit immerhin schon 37 Jahren auf dem Buckel. Es war die Zeit der alten Männer. Sie gaben auch in der SP-Fraktion den Ton an. Ein paar «Elefanten» waren die Leittiere. Sie bestimmten die Politik, zogen die Fäden, sassen in den wichtigen Kommissionen, bildeten mit- und untereinander Seilschaften. Zu meiner Überraschung wurde ich von den Bossen als Nachwuchshoffnung akzeptiert. Mit autoritärer Zuneigung.

Neugewählte werden gefragt, welche Interessen und Kommissionswünsche sie hätten. Nicht zu meiner Zeit. Der Fraktionschef teilte mit, er habe mich für die Finanzkommission angemeldet. Im Fussball wäre das die Super League, früher die Nationalliga A. (Englisch ist heutzutage in. Das als Nebenbemerkung.) Ich fühlte mich geschmeichelt. Dennoch gab ich zu, von Finanzpolitik so gut wie nichts zu verstehen.

Es gibt Momente im Leben, die vergisst man nie: «Soso, du verstehst also nichts von Finanzpolitik? Warum hast du dich denn wählen lassen? Dann lernst dus gefälligst!»

Mathias Eggenberger, so sein Name, war Lehrer in Uzwil, Fraktionspräsident und gelegentlich unser Zuchtmeister. Ich hätte auf seine Zuteilung in die Finanzkommission gerade so gut Stellung annehmen können: «Zu Befehl, Chef.»

Schon bald wusste ich den Einsatzbefehl zu schätzen. Ich blieb für diese finanzpolitischen Lehrstunden bis heute dankbar. Finanzen sind in der schweizerischen Politik das A und O. Geld spielt immer eine Hauptrolle. Mit meinen Jahren in der Finanzkommission habe ich begriffen, um was sich Politik meistens dreht. Um das liebe Geld.

Mein zweites Thema suchte ich mir selber aus. Mir ist schnell aufgefallen, dass sich in der Fraktion keiner so richtig für Militärpolitik interessierte und engagierte. Fraktionssprecher war meistens Karl Dellberg, der «Löwe von Brig» genannt (das wegen seiner furchtlos leidenschaftlichen Art, wie er kämpfte). Dellberg gehörte zur Generation, die den Ersten Weltkrieg durchgemacht hatte. Und nach Kriegsschluss sich der Bewegung «Nie wieder Krieg» anschloss. Das heisst, mein Fraktionskollege war ein überzeugter Pazifist.

Wie er jedoch als Fraktionssprecher bei einem Rüstungskredit den Spagat zwischen Ja und Nein beherrschte, war hinreissend. Im Prinzip sei er für die Landesverteidigung, teilte er dem längst nicht mehr überraschten Rat mit. Mit dem zweiten Satz nämlich platzierte er dann das grosse Aber. Das wiederum war so zu verstehen, dass Karl Dellberg für die Armee keinen Franken zu bewilligen bereit war. Ich kapierte den Unterschied zwischen Ouvertüre und Schlussakkord schnell. Wenn Politiker erklären, sei seien im Prinzip dafür, sind sie dagegen. Im Prinzip dafür ist ein platonisches Wortspiel. Mit dem Sinn: Ich könnte im Prinzip dafür sein, wenn nicht das und das wäre.

Ich habe Karl Dellberg geliebt. Wir gingen abends etwa miteinander aus. Spätestens um halb neun jedoch wollte er im Bett sein.

Der Mann war eine Legende. Mit 85 trat er als Nationalrat zurück. Nicht freiwillig. Er hätte gerne nochmals kandidiert. Dellberg lebte spartanisch einfach. Zum «Zmorge» bestellte er eine «Muchle» Milch und tunkte Brot darin. Das halte ihn gesund, meinte er. Zu viel sei ungesund.

Als Fraktionssprecher für Rüstungsvorlagen war der Pazifist Dellberg also die ideale Fehlbesetzung, und ich hielt es für eine Bundesratspartei als unseriös, nur im Prinzip für die Landesverteidigung und damit dagegen zu sein. Deshalb übernahm ich das Dossier. Für mich wurden bei der Armee zu viele Milliarden Franken budgetiert, um sich mit Militärpolitik am Sandkasten zu begnügen.

Langsam arbeitete ich mich in die Materie ein. Ein Topfachmann half mir dabei als Berater. Die nötigen Informationen holte ich in Bonn, Wien oder Stockholm. Bei befreundeten Regierungen. Nur wer informiert ist, kann unbequeme Fragen stellen. Mit der «Kost» aus dem Bundeshaus wäre ich verhungert, denn das EMD praktizierte das Prinzip der Scheininformation. Es herrschte ja der Kalte Krieg zwischen Moskau und Washington. Wer dennoch zu viel wusste und Rüstungskredite erst noch ablehnte, machte sich verdächtig. Mehr als einmal wollte mir die Militärjustiz den Prozess machen. Mich hat das EMD gelehrt, mutig zu werden.

Noch immer steht im Dienstbüchlein «Will Dienst tun». War das ein Irrtum? Bin ich reuig geworden? Das alles ist viel banaler, als es sich anhört.

Als ich nach neun Jahren die Schule verliess, gehörte ich zu den Kleineren im unteren Drittel. Nachher allerdings legte ich zu. Und schoss in die Höhe: 186 Zentimeter. Grossmutter meinte, ich sei gewachsen wie ein Lauchstengel.

Bei der Aushebung für die Rekrutenschule hat der Sanitätsoffizier dann zu wenig Brustumfang gemessen. Damit wäre ich für die Armee ein Sicherheitsrisiko gewesen, so meine Vermutung. Obschon sonst «alles in Ordnung ist», wie der Arzt bestätigte, wurde ich für «dienstuntauglich» erklärt. Das wäre für mich die absolute Katastrophe gewesen.

Ich war im zweiten Lehrjahr als SBB-Stationsbeamter, und man muss wissen, dass sich die SBB den Luxus leisten konnten, nur diensttaugliche Männer einzustellen. Der Aushebungsoffizier begriff meine Notlage. Wenn das so sei, eröffnete er mir den Ausweg, würde er den Eintrag im Dienstbüchlein vorschlagen: «will Dienst tun». Natürlich war ich damit einverstanden. Ich wollte ja meinen SBB-Job behalten.

Hätte ich wegen zu wenig Brustumfang gesundheitliche Probleme bekommen, wäre der Eintrag für die Militärversicherung der Vorbehalt gewesen: «Sie sind auf eigenes Risiko in der Armee.»

Es war nie anders: Bei Kampfflugzeugen spielen ein paar Millionen mehr oder weniger keine Rolle. Beim Personal schon.

Meine militärische Laufbahn verlief schnurgerade. Ich bin in die Armee als Rekrut eingetreten und habe sie als Füsilier verlassen. Da lag wenig Steigerung drin. Genau gesagt: keine. Weniger als Füsilier ging gar nicht.

Aber mit etwas sehr viel Optimismus könnte ich notieren, die militärische «Karriere» nachgeholt zu haben: bei der Süsswassertruppe. Mit dem gelben Dienstbüchlein: «Passiver Luftschutz» der SBB. Aus unerfindlichen Gründen war ich dort Korporal geworden. Um dann einen Blitzstart hinzulegen. Neun Tage später lautete der Eintrag im gelben Dienstbüchlein bereits Leutnant. Das nach fünf Tagen «Ausbildung» in Wangen an der Aare.

Diese Schnellbleiche änderte nichts daran, dass ich von meinem neuen Job als Offizier so gut wie nichts verstand. Gleichwohl stand mir das Schlimmste bevor. Der Auftrag nämlich, im Güterbahnhof

Basel eine Übung mit 350 Arbeitern vorzubereiten und zu leiten. Die Vorgesetzten hiessen Hallenchefs. Zwei davon freuten sich spitzbübisch auf meinen ersten Einsatz. Beide kommandierten in ihrem Dorf die Feuerwehr. Der eine in Aesch, der zweite in Arlesheim. Da sollte also der Lehrling den Profis den «Ernstfall» beibringen. Das konnte nur schiefgehen.

Weshalb war ich und nicht der Feuerwehrkommandant Leutnant geworden? Weil irgendein Bürokrat im Reglement festgeschrieben hatte, einzig Beamte dürften Offizier werden. Die Befehlsgewalt lag nun einmal bei mir.

Ich machte davon Gebrauch. Und ernannte die zwei Feuerwehrkommandanten zu Übungsleitern. Meine Rolle glich der eines Fussballers. Nur umgekehrt. Ich sass auf der Ersatzbank und war heilfroh, nicht «spielen» zu müssen.

Daraus zog ich für mein ganzes Leben eine Lehre: «Was du nicht kannst, machen andere besser.»   ✦

Kalbskopf als Rache

Meine Befindlichkeit als Schüler kam dem folgenden Beschrieb recht nahe: «Gehst du schon zur Schule, Kleiner?» – «Ich gehe nicht, ich werde geschickt.»

Ich würde sagen, ich sei ein unauffälliger Schüler gewesen. Angesiedelt im Mittelfeld. In Deutsch und Geografie recht gut, in den meisten Fächern jedoch Durchschnitt. Mit ein, zwei Aussetzern. Zum doch eher mageren Leistungsausweis passt der negative Höhepunkt: ein Kalbskopf für das Lehrerzimmer.

Wenn meine Schulzeit in meinem Beisein nostalgisch verklärt und als die schönste Zeit im Leben überhaupt glorifiziert wird, bleibe ich schweigsam. Meine Gret hingegen blüht dann auf. Kunststück, sie bekam im Zeugnis Bestnoten am laufenden Band. Ein solches Glückskind hat ja null Ahnung, was unsereins mitgemacht hat.

Ich erwähne deshalb lediglich das letzte Schuljahr. Klassenlehrer Fred Dähler interessierte sich für unsere Berufspläne. Ich berichtete, was man für mich entschieden hatte: «Ich mache die Aufnahmeprüfung für die Verkehrsschule am Technikum Biel.»

Dähler schaute mich streng an und blamierte mich vor der ganzen Klasse: «Das kannst du dir ersparen, du fällst sowieso durch.»

Ich war sprachlos. Wahrscheinlich kreidebleich vor Scham oder güggelrot vor Wut. Wie es in meinem Inneren aussah, weiss ich heute noch ganz genau: «Gemeiner Kerl! Dir werd ichs schon noch zeigen.»

Der Klassenlehrer, meine ich rückblickend, hatte mich offenbar durchschaut. Und mir auch viel zugetraut. Zum Beispiel, dass ich seine pädagogisch äusserst riskante Provokation positiv umsetzen werde. Wie sagt man auf Berndeutsch? Er verpasste mir einen «Chlapf zum Gring». Sein Kalkül ging auf. Ich riss mich zusammen und bestand die Prüfung.

Die Verkehrsschule diente der Vorbereitung auf die Betriebsbeamtenlaufbahn bei Post und Bahn. Unsere Klasse zählte 30 Jünglinge. Das alles ist wenig spannend, wäre da nicht der Deutschlehrer gewesen. Eine typische Reizfigur. Er löste eher Heiterkeit denn Respekt aus, dafür viel Lust, mit ihm Schabernack zu treiben.

Dazu animiert hat uns sein Unterricht. Ein geschlagenes Jahr lang schikanierte er uns mit dem Waltharilied, einem Heldenepos aus dem 10. Jahrhundert. Ein literarisches Abenteuer, das uns gefesselt hätte, wars nicht gerade.

Dasselbe traf auf Walther von der Vogelweide zu. Eine Art Liedermacher und Minnesänger an fürstlichen Höfen. Da hätte uns Gottfried Keller schon mehr interessiert.

Diese knappen Angaben dürften für den Nachweis einleuchten, dass der Deutschunterricht katastrophal langweilig war.

Was tun Schüler in einer solchen Situation? Sie spielen dem Lehrer Streiche und haben ihren Spass daran. Wir hatten mit dem Mann unser Gaudi.

Besonders gelungen fanden wirs, wenn ihn beim Eintreten ein Becken voll Wasser, das herunterfiel, ordentlich duschte. Dann verlor er jede Kontrolle über sich, tobte, bot ein jämmerliches Mannsbild, und der letzte Rest von Autorität war endgültig futsch.

Wir schickten zwar noch eine Delegation zum Rektor – ich gehörte dazu. Wir wünschten einen besseren Deutschunterricht. Fanden jedoch kein Gehör.

Lehrer Leuenberger, so der Name, erfuhr selbstverständlich davon. Ein Beitrag zum besseren Verständnis ist aus seiner und unserer Sicht daraus nicht geworden. So quälten wir uns miteinander durch das zweite Jahr. Bis zum bitteren Ende.

Bis zum Abschlusszeugnis mit Diplom. Mein Lieblingsfach wäre Deutsch gewesen. Lehrer Leuenberger entliess mich mit der Note 3. Das bedeutete: Deutsch ungenügend.

Wäre das im Werken gewesen, hätte ich es akzeptieren müssen. Handwerklich habe ich zwei linke Hände. Ich wäre, müsste ich davon leben, längst verhungert.

Schreiben gehört aber zu meiner Leidenschaft. Schon als Schüler redigierte ich zusammen mit einem Kollegen eine Schülerzeitung. Daraus schliesse ich, dass Deutsch mein Lieblingsfach war. Ich wollte daher die schlechte Note nicht einfach hinnehmen.

Der Versuch, mit dem Deutschlehrer zu reden, scheiterte. Ein vernünftiges Gespräch mit ihm war schlicht unmöglich. Sofort reagierte er aufgeregt. Und fuchtelte mit den Händen im Zeugs herum. Dann passierte es einfach.

Ich gab ihm einen Box. Keinen starken, aber halt doch einen Box. Der «geschlagene» Mann rannte sofort zum Rektor. Minuten später wurde ich zu ihm zitiert. Er teilte mir mit, ich sei soeben von der Schule entlassen worden. Profaner formuliert, ich flog ohne Diplom am letzten Tag hinaus. Wegen der «Schlägerei».

Mein Einsehen hielt sich in Grenzen.

Die Idee finde ich noch heute prima. Nach dem Hinauswurf klagte ich mein Leid dem nächstgelegenen Metzger. Er hiess zufällig Leuenberger.

Metzgermeister Leuenberger war klasse. Sein Einfall schlicht «genial»: «Wir schicken meinem Namensvetter einen schön dekorierten Kalbskopf ins Lehrerzimmer. Mit Gruss vom Schüler H.H.»

Das Hallo der Kollegen soll boshaft-heiter gewesen sein. So, als hätte er diese Blamage mehr als verdient. Die Rache jedenfalls fiel zufriedenstellend aus.

Damit ist die Story nicht zu Ende. Die Schlusspointe folgte erst viel später. Nach fast 40 Jahren nämlich rief mich der Rektor des Technikums Biel an. Sie hätten meine Unterlagen über die verpasste Diplomfeier von 1944 im Archiv aufgestöbert, und ich wurde zur ordentlichen Diplomfeier nach Biel eingeladen.

Nach den ersten hundert Diplomierten kam ich an die Reihe. Erzählt wurde meine Geschichte.

Unter allgemeinem Gelächter bekam ich nachträglich mein «Diplom». Mit grafisch stilisiertem Kalbskopf, schön eingerahmt. ✦

A-Bombe im Bundeshaus

Im dritten Jahr als Nationalrat rutschte ich in das höchste parlamentarische Kontrollorgan nach, in die Finanzdelegation. Ihr gehören je drei National- und Ständeräte an. Was sonst eher politische Krönung bedeutet, war bei mir Anfang. Die prominenten SP-Anwärter passten aus Zeitmangel. Und liessen mir notgedrungen den Vortritt.

Die Finanzdelegation hat unglaubliche Kompetenzen. Als im Herbst 2008 der Kollaps der UBS drohte, beschloss die Finanzdelegation die Milliardenspritze. Das Parlament musste in der darauffolgenden Session schlucken, was bereits gekocht war.

Meine erste Sitzung wurde gleich zum Härtetest. Der Luzerner CVP-Ständerat Peter Müller hiess mich im Sechserclub willkommen. Und gab gleich den Tarif durch. «Alles, was wir beraten und beschliessen, ist vertraulich.»

Wie das zu verstehen sei, fragte ich nach. Ich dürfe doch sicher meine Fraktion über wichtigere Geschäfte der Finanzdelegation informieren? «Nein, das geht nicht», belehrte mich Müller. «Und meinen Fraktionschef?» «Den auch nicht.»

Wo das geschrieben stehe, wollte ich wissen. Ich hätte kein entsprechendes Reglement bekommen. «Nirgends», holte Müller zum rhetorischen Gegenschlag aus, «das ist einfach so.»

Aha, da war ich also in einen Privatclub geraten. Als neues Mitglied der verschworenen «Sechserbande», die nach eigenen Spielregeln arbeitet. Demokratie, dachte ich, müsste eigentlich anders funktionieren.

Erst kürzlich las ich im Politmagazin «Der Spiegel»: «Politik ist vor allem eine Mutprobe.» Hintendrein dünkt mich, ich hätte in der Finanzdelegation ein recht couragiertes Debüt gegeben.

«Ich bin als Vertreter meiner Fraktion in die Finanzdelegation geschickt worden und nicht als Privatperson», erklärte ich der Fünferrunde. In meinen Notizen von damals lese ich weiter: «Ich muss doch meinen Fraktionspräsidenten über Geschäfte, die ich für wichtig halte, informieren dürfen. Ob er sie dann der Fraktion weitergibt oder nicht, ist sein Entscheid.»

Beifall bekam ich dafür nicht. «Frostiges Stillschweigen» trifft die Reaktion schon genauer. Anfänglich hatten wir Mühe miteinander. Das heisst, sie eher mit mir. Bald verstanden wir uns dann doch recht gut. Ich entwickelte mich ja nicht zur Plaudertasche, sondern behandelte Persönliches natürlich vertraulich. (Wenn ein Botschafter im Ausland wegen zu hohen Spesen gerüffelt wurde, um ein Beispiel zu nennen.)

Heikle Entscheide sollten einstimmig erfolgen. Nur so bewies die Finanzdelegation Bundesrat und Verwaltung gegenüber Stärke und wurde ernst genommen. Die sechs Mitglieder vertraten vier Bundesratsparteien. Sie marschierten nicht automatisch in geschlossenen Zweierkolonnen. Sie rauften sich zusammen.

Auch beim wohl heissesten Geschäft, das die Finanzdelegation je behandelt haben dürfte, trat die Finanzdelegation geschlossen auf: bei der A-Bombe.

Was die Atombombe mit der Schweiz zu tun haben sollte, werden Sie sich vielleicht fragen. Viel mehr, als man für möglich gehalten hätte.

Im und ums Bundeshaus schwirrte ein diffuses Gerücht von der eigenen, schweizerischen A-Bombe. Die Finanzdelegation wollte «es» nun genau wissen. Ihr Sekretär fasste den Auftrag, allfällige Akten aufzufinden.

Wochen später rapportierte Sekretär Käser über seine «Mission». Er kam dem absoluten Irrsinn auf die Spur. Zuerst sei er überall aufgelaufen, wurde abgewimmelt. Doch Käser wurde immer misstrauischer. Weil er Widersprüche herausgehört hatte und zum Schluss kam, an diesem «Gerücht» sei was dran. Ergo drehte er auf: «Es gibt für die Finanzdelegation keine Tabus, ihr darf nichts verheimlicht, sondern es müssen sämtliche vorhandenen Unterlagen ausgehändigt werden.»

Käser brachte ein brisantes Dossier aus dem Jahr 1958 mit. In der höchsten Geheimhaltungsstufe klassiert. Daraus ging hervor, Armee und Bundesrat hatten eine Zeit lang tatsächlich mit der Idee geliebäugelt, eine eigene A-Bombe bauen zu lassen. Im gleichen Jahr hatte die Landesregierung einen entsprechenden Forschungskredit bewilligt. Militärischer Projektleiter war Divisionär Eugen Studer, später Fliegerkommandant. In die Arbeit einbezogen wurde das Reaktorinstitut der ETH in Würenlingen. Plus jede Menge Fachleute.

Der Abschlussbericht enthielt nach heutigem Kenntnisstand den «hellen Wahnsinn». Kernaussage war, im Inneren des Gotthardmassivs könnten A-Bombenversuche riskiert werden. Und zwar geheime, ohne dass die Öffentlichkeit etwas davon erfahren würde. Das im Wasserschloss der Schweiz! Man stelle sich das mal vor. Dass dafür auf dem Plan schon nur ein Strich gezogen, ein Bericht geschrieben, ein Kredit gesprochen worden war, grenzte an utopischen Grössenwahn.

Für die A-Bombe braucht es einen Kampfjet als Waffenträger. Nur so kann sie eingesetzt werden. Für «unsere» Militärs wäre dafür der französische Mirage-Kampfflieger vorgesehen gewesen. 1961 wurde die Beschaffung von 100 «Mirages» beantragt.

Der Spuk flog jedoch bald einmal auf, und der Forschungsauftrag wurde nachträglich zur blossen Studie degradiert (um ganz allgemein über A-Bomben informiert zu sein). Finanzdruck führt zur Vernunft. Das Vorhaben hätte das Budget gesprengt.

In diesem Zusammenhang erinnere ich mich an Generalstabschef Jörg Zumstein. Er hatte uns in der Militärkommission erklärt, die Schweiz würde auch einen Atomkrieg überleben. «Wir haben die besten Zivilschutzräume der Welt.»

Ich fragte Zumstein, ob er das im Ernst behaupte. Der General wiederholte das Glaubensbekenntnis bereitwillig. Und doppelte mit dem «besten Zivilschutz der Welt» nach.

Meine nächste Frage konnte er dann nicht beantworten: «Angenommen, Sie hätten Recht, die Leute überlebten im Schutzraum. Aber irgendwann müssten sie den ja verlassen. In was für eine Welt kämen sie zurück? Doch in eine zerstörte, unbewohnbar gewordene Schweiz? Oder?»

Das verzweifelte Schweigen des Generals war gespenstisch. Es verriet den totalen Realitätsverlust. Genau wie der Gedanke an eine eigene A-Bombe. Diesen Leuten wäre das Land im Ernstfall ausgeliefert gewesen. Da schüttelts einen. Aus Angst.

Es gibt nun mal Männer in Uniform, die können ihren gesunden Menschenverstand nur deshalb nicht verlieren, weil sie gar keinen haben. ✚

Eine starke Frau

Man sagt, hinter einem erfolgreichen Mann stehe eine starke Frau. Gret und ich machten beide bei den Juso mit. Richtig kennengelernt haben wir uns bei einem Volkshochschulkurs. Schuld war mein Velo, das einen «Platten» hatte. Gret begleitete mich auf meinem Fussmarsch. Später gestand sie, «gelüftelet» zu haben. Sie hatte beim Hinterrad die Luft herausgelassen. Weil ich mich sonst, wie an den Kursabenden zuvor, davongemacht hätte.

Wir heirateten jung. Von Anfang an gehörte Politik dazu. Schon als SBB-Beamter betätigte ich mich in der Eisenbahnergewerkschaft. Mit 23 wurde ich Präsident der Beamtensektion Region Basel. Vier Jahre danach wechselte ich hauptamtlich zur Gewerkschaft. Zum Verband des Personals öffentlicher Dienste, zum VPOD Basel. Ich betreute 35 verschiedenartige Berufsgruppen. Das bedingte viele Sitzungen und Versammlungen. Fast an jedem Abend.

Dazu kam ja noch meine politische Arbeit in der SP.

Dieses Sitzungspensum bedeutete für Gret, zeitweise zu leben wie eine alleinstehende Mutter. Von zu Hause kannte sie das. Ihr Vater arbeitete für den Schweizerischen Eisenbahnerverband und reiste in der ganzen Schweiz herum.

Gleichwohl rebellierte meine Gret hie und da. Eigentlch hätte ich mich nicht wundern dürfen, wäre das öfters geschehen. Zu Hilfe kam mir dann unsere Nachbarin. Die hatte mal bei Gret geklagt. «Frau Hubacher, haben Sie es schön. Mein Mann ist jeden Abend, die ganze Woche, nein, das ganze Jahr daheim. Er macht in keinem Verein mit. Er geht nie allein aus. Er hockt abends da, ist nicht einmal gesprächig, ich bin am Verzweifeln.»

Zwei Jahre später trennte sich die Frau von ihrem Stubenhocker. Sie hat ihn nicht mehr ausgehalten. «Er ist zu allem Elend auch noch ein

Langweiler. Er schaut mich an wie ein Ölgötz. Wortlos.» Was genau ein «Ölgötz» ist, habe ich nicht herausgefunden.

Die Frau von nebenan erlebte das andere Extrem. Für eine Ehe kann ein zwar interessanter Mann, der aber als Politiker zu viel abwesend ist, auch zur Last werden. Ich lernte Frauen von Nationalräten kennen, die an ihrem Alleinsein zerbrochen, einige sogar depressiv geworden sind. Weil der Partner sie nirgends in seine Arbeit einbezogen, sondern links liegen gelassen hat. Wie mein verstorbener Parteikollege Mundi Wyss. Das höchste Kompliment für seine Maria war: «Sie macht den besten Fruchtsalat.»

Dieser Mann ist immerhin mal Präsident der SP-Fraktion im Bundeshaus gewesen. Meine Gret wäre mir bei so viel Lieblosigkeit längst davongelaufen.

Meine Schreibmaschine ist bis heute das wichtigste «Werkzeug» geblieben. Gret hat meine Manuskripte viele Jahre durchgelesen und entweder für gut oder für unbrauchbar befunden. Wenn ich zu hören bekam: «Das willst du nicht etwa abgeben?», hätte ich sie manchmal weiss wohin verwünschen können. Dabei hatte ich den Murks selber gespürt. Es gibt Tage, da läufts gut, an anderen halt weniger. Gret hätte mir überhaupt keinen Gefallen getan, einen ungenügenden Artikel schönzureden. Wobei ihre harte Gangart natürlich auch zu Auseinandersetzungen geführt hat. Man(n) ist doch sensibel. Mit der Mimose als Lieblingsblume im Knopfloch.

Die zeitliche Belastung in Politik und Gewerkschaft hingegen ist ein echtes familiäres Problem. Im Rahmen des Möglichen löste ich es nicht schlecht. Als ich Nationalrat wurde, änderte sich unser Leben nochmals. Zum einen landete ich auf der Liste der Prominenten, zum anderen flatterten Einladungen am laufenden Band ins Haus. Hätte ich sie alle angenommen, wäre mein Zeitbudget völlig überzogen worden. Ich traf zum eigenen Schutz und dem der Familie zwei Massnahmen: «Samstag-Sonntag nie». Zweitens schmiss ich gut 95 Prozent der Einladungen in den Papierkorb.

Es ist das Elend vieler Politiker, dass sie das Repräsentative überschätzen. Ich wäre mir vorgekommen wie ein Hamster auf dem Laufrad. Bei so viel Betriebsamkeit bleibt keine Zeit mehr übrig zum Nachdenken, zum Reflektieren, zum Faulenzen, zum Bücherlesen oder für die Familie.

Wenn ich 34 Jahre lang sämtliche Bankette bewältigt, also zu viel gegessen und getrunken und zu wenig geschlafen hätte, müsste ich wohl den Arzt häufiger aufsuchen als jetzt.

Das zweite Geheimnis hiess, ausgiebig Familienferien zu machen. Das hat mir mein Freund und langjähriger Ratskollege Andreas Gerwig beigebracht. Ich war mal Zeuge, wie er den CVP-Nationalrat Remy Kaufmann massiert hat.

Er könne sich, meinte der St. Galler Kollege, keine Ferien leisten. Zu viel Arbeit. Dort hängte Gerwig ein: «Mach nur so weiter, du siehst jetzt schon krank aus. Statt das Geld für Ferien auszugeben, bringst du es ins Spital.»

Das fuhr Kaufmann in die Knochen. Von nun an gönnte er sich Ferien. «Jesses, bin ich blöd gewesen, ich hole ja den Arbeitsrückstand nach den Ferien spielend auf.» Eine Erkenntnis, von der auch meine Familie profitiert hat.

Ab 1982 wurde Bornholm unsere Ferieninsel. Dort trifft man ganz selten jemanden aus der Schweiz. Nicht so wie am Strand in Rimini oder Golfo del Sole, als sie und er mich fixierten und werweissten: «Den kennen wir doch aus dem Krimi.» Sie konnten sich nur nicht einigen, aus welchem.

Unsere drei Kinder liegen altersmässig 15 Jahre auseinander. Als der Jüngste von daheim auszog, meinte meine Gret: «Das ist kein spannendes Leben, zu warten, bist du gedenkst, aus Bern heimzukommen. Ich mache die Wirteprüfung und übernehme dann ein Restaurant.»

Eine «Beiz», wie wir in Basel sagen, war immer ein Traum von Gret gewesen. 1981, mit 55 Jahren, absolvierte sie den Wirtekurs samt Abschlussprüfung und übernahm im April 1982 das «Maxim», die «Beiz» im Gewerkschaftshaus am Claraplatz in Kleinbasel.

Das «Maxim» heisst heute «Lily's» und ist nicht etwa ein kleines «Käfeli», sondern ein veritables Lokal mit etwa 90 Stühlen. Im Sommer mit Garten sind es das Doppelte.

An sich wäre das ein Restaurant für ein Ehepaar. Umso grösser die Leistung von Gret, als Wirtin dort 14 Jahre lang gewirkt zu haben.

Gret war es schnell gelungen, das «Maxim» zum linken Kultlokal zu machen. Links hiess nicht nur SP und Gewerkschaften. Auch Kommunisten, POBler, Grüne, Alternative, Umweltschützer, Anti-AKW-Aktive, Sozial- und Gassenarbeiter verkehrten hier. Mit vielen anderen.

Der runde Tisch am Mittag war hochgradig politisch belegt. Man traf sich, um News auszutauschen, die politische Lage zu erfahren und zu besprechen, vermischt mit etwas Tratsch und Klatsch.

Ein berühmter Gast hiess Hans Peter Tschudi, alt Bundesrat. Gret pflegte mit ihm ein spezielles Verhältnis. Einst, im VPOD, war Tschudi ihr Chef. Dann wurde er Regierungsrat, Ständerat, Bundesrat. Stets begrüsste sie ihn als «Herr Tschudi». Auch bei einem offiziellen Empfang. Tschudi allerdings machte es sehr formell: «Willkommen, Frau Nationalrat.» So rot angelaufen habe ich sie nie mehr gesehen.

Jahre später, bei Tschudis erstem Besuch im «Maxim», begrüsste er sie wiederum formell: «Grüss Gott, Frau Wirtin, Sie haben ja jetzt einen eigenen Titel.» Gret jedoch blieb immer noch stur bei Tschudi ohne Titel.

Der Clou folgte am SP-Parteitag 1997 in Spiez. Tschudi hatte den 83. Geburtstag hinter sich und bot Gret das Du an: «Wir sind ja jetzt schliesslich alt genug, um einander Du zu sagen.»

Dass Gret mit 55 eine völlig neue Herausforderung riskiert und bravourös gemeistert hat, spricht für die These der starken Frau. Sie hörte altershalber auf und fiel eine Zeit lang in ein Loch. Erst damals begriff ich richtig, wie sehr das «Maxim» für sie ein Treffpunkt gewesen war. Mit alten Bekannten und täglich neuen Gästen.

Gret brauchte etwas Distanz zu Basel. Deshalb leben wir nun im Jura. Plus den Kompromiss zwischen ihr und mir: Wir haben ein Bein in Basel behalten. Mit einer Stadtwohnung im Gerbergässlein. Zmitts in Basel.

Der duale Wohnsitz ist keine schlechte Lösung. Zwischendurch sind wir zwei, drei Tage getrennt. Wir gehen uns so nie auf den Wecker. Und keines von uns beiden langweilt sich.

Wie sagts Erich Kästner:

«Denkt an das fünfte Gebot:

Schlagt eure Zeit nicht tot!» +

Helmut Hubacher

Tatort Bundeshaus

Offen und ungeschminkt gewährt uns Hubacher Einblick in die Mechanismen von Bern. Kritisch würdigt er die wirtschaftlichen und gesellschaftlichen Zusammenhänge und zeigt, wie zurückliegende Ereignisse nachhaltig ins aktuelle Tagesgeschehen einfliessen. Ob er die Geschichte der Waffenbeschaffungen oder den Kampf für soziale Gerechtigkeit kommentiert, immer sind seine Aussagen mit präzisen Fakten belegt.

Helmut Hubacher

Wohlfahrt oder Talfahrt
Eine verunsicherte Schweiz

«‹Politiker sind fast durchwegs eitle Menschen.› Das sagen nicht wir; so urteilt der Grand Old Man der Schweizer Politik über jene Gilde, der er über fünfzig Jahre angehört hat. Einer wie er – ein bald prägnanter, bald populistischer Formulierer – könnte darum leicht der Versuchung erliegen, einfache Rezepte anzubieten. Er tut es nicht. Er blickt zurück, analysiert, kritisiert.» (‹Weltwoche›)

Helmut Hubacher

Aktenzeichen CH
Micheline, Moritz, Merz + Co.

Helmut Hubacher zieht Fazit, was per Saldo die neue Grosswetterlage in Bundes-Bern für uns AHV-, IV- und anderweitig Abhängige hervorbringt. Was den Autor auszeichnet, sind seine pragmatische Beobachtungsgabe und seine Fähigkeit, eine passende Anekdote oder Aussage abzurufen, die jede angetippte Problematik erhellt.

Helmut Hubacher

Schaubühne Bern
Bundesräte und andere Solisten

«Hubacher zeichnet meist keine abgerundeten Porträts. Er wirft einerseits Schlaglichter, erzählt Erlebtes und Gehörtes, anderseits immer wieder kleine politische Exkurse oder Abschweifungen – immer noch ist der Beobachter selber ein wenig Akteur. Elf Bundesräte aller Pateien aus den letzten vier Jahrzehnten haben einen Abschnitt erhalten, zudem zwei Fast-Bundesräte (Leo Schürmann und Lilian Uchtenhagen) und einzelne weitere interessante Figuren, von Jean Ziegler bis zu Arthur Liener. Was der Autor positiv hervorhebt, sind Mut, Eigenständigkeit der Meinung, die Fähigkeit zum Eingeständnis eines begangenen Fehlers, die Stärke der Toleranz gegenüber Andersdenkenden.» (C.W., ‹NZZ›)

August R. Lindt

Die Schweiz das Stachelschwein

«Lindt war ein aktiver Gegner Hitler-Deutschlands. Er erzählt in seinen Erinnerungen seine persönliche Geschichte des Zweiten Weltkriegs, seine Aktivitäten im Rahmen der Widerstands-organisationen, die Angst und Unsicherheit der Bevölkerung und die weitverbreiteten Zweifel am Bundesrat. Ein lebendiges, spannendes Stück jüngster Schweizer Geschichte.» (Peter Moser)

José Ribeaud

Es war einmal die Schweiz...
Ein Plädoyer
Vorwort von Erich Gysling

Ribeaud behandelt die Themen des modernen Staats: die Blockierung des Systems, die Widersprüche im demokratischen Entscheidungsprozess, die parteipolitischen Grabenkämpfe, das zum Alibi erstarrte Leitbild vom eidgenössischen Sonderfall, Wirtschaftskrise und Globalisierung, soziale Sicherheit und Polarisierung von Arm und Reich.

Jakob Kellenberger
Diplomat und IKRK-Präsident im Gespräch mit Hansjörg Erny

Jakob Kellenberger hat mitgewirkt, die Schweiz bilateral in Europa einzubinden. Zurzeit ist er verantwortlich für 12 000 MitarbeiterInnen, die sich in 80 Ländern um Kriegs- und Katastrophenopfer kümmern. Im Gespräch mit Hansjörg Erny erläutert er – zurückhaltend und als Präsident des IKRK der Sorgfalt verpflichtet – die Arbeit, die im Geiste Henri Dunants in Genf und weltweit geleistet wird.

Kurt Siegenthaler

Tanz um die Konkordanz
Rauchzeichen aus dem Bundeshaus

Seine Meinung hat Siegenthaler nicht geändert. Blocher war nie «wählbar» für ihn. Und weiterhin beobachtet er die Vorgänge in Regierung, Parlament und Parteien. Er zieht kritische Bilanz der letzten Jahre, spekuliert, wagt erneut Prognosen und kann sich eine mögliche, verjüngte Regierung mit drei, vier Frauen vorstellen. Er blickt aber auch zurück, in «Frauen-Power», «Die Netten und die Fetten», «Die alten Freunde noch ...».